노동자가 원하는 것

노동자가 원하는 것
공존을 위한 설문 보고서

1판 1쇄. 2018년 12월 10일

지은이. 리처드 프리먼·조엘 로저스
옮긴이. 이동한

펴낸이. 정민용
편집장. 안중철
책임편집. 이진실
편집. 최미정, 윤상훈, 강소영

펴낸 곳. 후마니타스(주)
등록. 2002년 2월 19일 제300-2003-108호
주소. 서울 마포구 양화로6길 19, 3층(04044)
편집. 02-739-9929, 9930
제작·영업. 02-722-9960
팩스. 02-733-9910
블로그. blog.naver.com/humabook

인쇄. 천일 031-955-8083
제본. 일진제책 031-908-1407

값 21,000원

ISBN 978-89-6437-317-0 93300

이 도서의 국립중앙도서관
출판시도서목록(CIP)은 e-CIP
홈페이지(http://www.nl.go.kr/ecip)에서
이용하실 수 있습니다(CIP제어번호:
CIP2018037820).

노동자가 원하는 것

공존을 위한 설문 보고서

리처드 프리먼·조엘 로저스 지음 | 이동한 옮김

후마니타스

포기하지 않고 이 모든 작업을 완수하도록

도와 준 제니퍼 아마데오 홀과

알리다 카스티요 프리먼에게

차례

자료 차례   9

용어 사용에 대해   13

개정 증보판 서문   15

감사의 말   17

개정 증보판 서론   19

1장   노동정책은 노동자에게   58

2장   노동자가 원하는 것 알아내기   82

3장   노동자가 원하는 대로 되지 않는 이유   122

4장   노동자는 노동조합을 어떻게 생각할까?   158

5장   노동자는 회사 경영을 어떻게 생각할까?   194

6장   노동자는 정부 규제를 어떻게 생각할까?   234

7장   노동자가 선택할 수 있다면   270

8장   새로운 노사 관계   294

옮긴이 후기   341

미주   347

찾아보기   372

자료 차례

〈자료 1-1〉 소속 직장의 주요 복지 혜택에 대한 노동자의 만족·불만족 비율   27

〈자료 1-2〉 직장 내 '권리' 항목별 회사 측의 수행 정도에 대한 평가   32

〈자료 1-3〉 직장 내 현안에서 회사 측의 이행 정도에 대한 노동자들의 평가   34

〈자료 1-4〉 직장 내 공정한 대우와 영향력 행사의 중요도   37

〈자료 1-5〉 직장 내 현안에 대처할 때 집단행동과 개인행동의 효과에 대한 비교 평가   39

〈자료 1-6〉 노조 설립에 대한 지지 경향(하트 리서치 서베이, 1984~2005)   43

〈자료 1-7〉 노동조합에 대한 찬성과 반대(갤럽과 하트 설문조사, 1947~2005)   46

〈자료 1-8〉 노동자들이 생각하는 노동조합의 효과에 대한 WRPS 이후 설문조사 결과   48

〈자료 1-9〉 공공 정책과 관련한 논쟁에서 노조의 기여도에 대한 노동자들의 신뢰도   51

〈자료 1-10〉 경영진과의 관계에서 노동자의 이익을 대표하기 위해 노동조합이 아닌 임의
의 노동자 협의회를 설립하자는 찬반 투표에서 응답자들의 분포   54

〈자료 1-11〉 노동자 협의회를 지지하는 사람들과 노동조합을 지지하는 사람들의 비율   55

〈자료 2-1〉 WRPS와 그 후속 연구들   120

〈자료 3-1〉 직장 내 의사 결정 과정에서의 영향력에 대한 만족 혹은 불만족 비율   126

〈자료 3-2〉 노동자의 3분의 1은 불만족스럽다   130

〈자료 3-3〉 회사에 대한 노동자의 애착과 신뢰   132

〈자료 3-4〉 작업장에서의 영향력에 대한 만족도와 회사에 대한 만족도의 비교   134

〈자료 3-5〉 작업장 의사 결정 과정에서의 영향력에 대한 희망 수준과 현재 수준 사이의
격차   136

〈자료 3-6〉 작업장 내 의사 결정 과정에서 영향력의 희망 수준과 현재 수준에 대한 총화평정
척도   140

〈자료 3-7〉 개별적 발언권 대 집단적 발언권   144

〈자료 3-8〉 노동자들은 경영진과의 협력이 필수적이라고 생각한다   148

〈자료 3-9〉 관리자 성적표   153

〈자료 4-1〉 누가 노조를 원하는가?   166

〈자료 4-2〉 노동조합을 원하는 노동자의 비율   169

〈자료 4-3〉 왜 조합원이 노조를 지지하는지는 쉽게 설명되지 않는다   171

〈자료 4-4〉 유사한 노조 경험을 가진 경우, 현재 조합원이 과거 조합원보다 노조 지지 성

향이 높다 173

〈자료 4-5〉소속 노동조합에 만족해하는 조합원의 비율 179

〈자료 4-6〉노동조합은 조합원을 위해 어떤 역할을 하고 있다고 생각하는가? 180

〈자료 4-7〉노조에 대한 영향력과 작업장에서 의사 결정에 대한 영향력에서 조합원이 느
끼는 만족도 분석 181

〈자료 4-8〉비조합원 중 노동조합을 원하는 비율 183

〈자료 4-9〉비조합원의 노조 찬성율 예측 186

〈자료 4-10〉매우 독립적인 작업장 조직을 원하는 노동자의 비율 187

〈자료 5-1〉현대적 인적 자원 정책은 광범위하게 확산되어 있다 198

〈자료 5-2〉선진적인 인적 자원 제도의 분포 205

〈자료 5-3〉선진 인적 자원 제도를 가진 상위 10% 기업에 속한 노동자의 비율 207

〈자료 5-4〉인적 자원 제도가 선진적일수록 노동자의 만족도는 높아진다 209

〈자료 5-5〉종업원 참여(EI)가 회사에 미치는 영향 217

〈자료 5-6〉EI 참여자들은 자신의 직장과 경영진에 대해 보다 긍정적인 태도를 가진다 224

〈자료 5-7〉종업원 참여(EI) 프로그램 참가는 노동자의 영향력을 증가시킨다 226

〈자료 5-8〉종업원 참여(EI) 참가 여부에 따른 대표와 참여 격차 227

〈자료 5-9〉종업원 참여(EI)는 독자적인 노동자 조직에 대한 요구를 감소시킨다 230

〈자료 5-10〉종업원 참여(EI) 프로그램은 노동조합에 대한 만족도를 높여 준다 232

〈자료 6-1〉노동자들은 현행법이 자신들을 실제로 보호해 주지 못하는 경우에도 보호해
주고 있다고 생각한다 238

〈자료 6-2〉법률 시스템에 대한 불만이 노조나 회사 시스템에 대한 불만보다 높다 247

〈자료 6-3〉소송을 제기하거나 당국에 고소하는 노동자 비율 251

〈자료 6-4〉노동자들은 보다 많은 법적 보호 장치를 원한다 255

〈자료 6-5〉법이 노동자는 보호하지 않으면서 경영진에게는 아무런 제한도 가하지 않고
있다고 답한 노동자의 비율 257

〈자료 6-6〉법적 분쟁 해결을 위해 중재를 사용하는 것에 대한 노동자의 견해 261

〈자료 6-7〉노사 분쟁을 해결하는 '이상적인' 중재 시스템 263

〈자료 6-8〉근로 기준 준수를 위한 노사협의회를 바라보는 노동자의 견해 266

〈자료 6-9〉근로 기준을 강제하는 '이상적인' 노사협의회 268

〈자료 7-1〉노동자가 선택한 이상적인 조직의 특징들 273

〈자료 7-2〉직장 조직의 회사에 대한 독립성 정도와 노동자 선호의 관계 280

〈자료 7-3〉노사 관계가 노동자 조직의 독립성에 대한 노동자의 요구보다 우선한다 283

〈자료 7-4〉 대다수 노동자들은 노사공동위원회를 원하며, 노조를 원하는 사람들의 수는
노조 가입자보다 많다 286

〈자료 7-5〉 노동자의 발언을 증가시키기 위한 방법들에 대한 노동자의 선호 비율 289

〈자료 8-1〉 조직화를 위한 산술 방법과 비용 304

〈자료 8-2〉 오픈소스 노동조합 운동 대 전통적 노동조합 운동 318

〈자료 8-3〉 오픈소스 노동조합 실험: 기업, 직능, 지역 단위의 혁신 322

〈자료 8-4〉 일반적인 오픈소스 모델 326

일러두기

- 본문의 대괄호([ ]), 각주는 옮긴이의 첨언이다.

- 인용문의 경우, 대괄호([ ])는 지은이의 첨언이다.

- 단행본, 정기간행물에는 겹낫쇠(『 』)를, 논문에는 큰따옴표(" ")를, 표 제목, 시·영화·연극·텔레비전 프로그램 등에는 가랑이표(〈 〉)를 사용했다.

용어 사용에 대해

노동자, 근로자, 종업원 등의 용어 사용에 대해 간단히 언급하고자 한다. 이 책에 가장 많이 등장하는 worker나 labor란 단어에 가장 적합한 우리말은 "노동자"라고 생각한다. "근로"는 부지런히 일한다는 의미로서 그 이면에 규범적 가치가 내포되어 있는 용어인 반면, "노동"은 필요한 재화와 서비스를 얻기 위해 육체적 노력이나 정신적 노력을 들이는 행위라는 의미의 가치중립적이고 학술적 용어인 만큼 "근로자"보다는 "노동자"로 통일해 사용하는 것이 바람직하다고 여겼다.

그러나 문제가 있다. 우리나라 법률에서는 이 단어를 사용하지 않고 있어 관련 국책 연구 기관에서도 "근로자"라는 단어를 사용하고 있다. 노동부와 노동연구원처럼 "노동"이라는 단어가 버젓이 사용되고 있음에도 불구하고 정작 해당 용어의 당사자들에게는 "근로"라는 이데올로기적인 용어를 법률적으로 강제하고 있는 상황이다. 이런 상황에서 근로자라는 단어를 사용하고 싶지는 않지만 그렇다고 노동자라는 단어를 사용하는 것도 자연스럽지 않은 경우가 있다.

원저의 제목인 *What Workers Want*를 『노동자가 원하는 것』이라고 번역하고 나니 Worker Representation and Participation Survey도 "근로자" 대신 "노동자" 대표제 및 참여에 관한 설문조사WRPS라고 해야 했다. 그러나 노동법에 사용되고 있는 용어는 '근로자 대표', '근로자대표제'이기 때문에 Worker Representation를 근로자대표제로 번역하는 것이 더 일반적이다. 노동 분야 국책 연구 기관인 노동연구원에서도 '근로자대표제'라는 용어를 사용하고 있고 검색을 해도 '근로자대표제'는 나오지만 '노동자대표제'는 나오지 않는다. 하지만 이 책에서는 노동계에서 선호하는 노동자대표제로 번역하기로 했다.

종업원참여위원회Employee Involvement Committee와 같이 employee는 '종업원'으로 번역했다. 임금노동자 개념에 유사한 피고용인이라는 의미가 있고, 위의 불편한 현실을 피하려는 이유도 있다.

개정 증보판 서문

이 개정 증보판에는 초판 각 장들의 구조는 물론 본문 내용이 그대로 포함돼 있다. 다만 초판의 부록에 수록되었던 방법론, 전화 설문조사 문항, 두 차례에 걸친 '노동자대표제와 참여에 관한 설문조사'Worker Representation and Participation Survey(이하 WRPS)는, 모든 내용이 전미경제연구소NBER 누리집www.nber.org/~freeman/wrps.html에서 쉽게 찾아볼 수 있어 이번 개정판에서는 제외했다. 또한 해당 누리집에는 우리가 실시한 모든 조사 결과 데이터가 종합적으로 제공되어 있으며, WRPS를 모델 삼아 유사하게 진행된 다른 나라의 조사 결과도 링크되어 있다. 관심 있는 독자들은 관련 데이터를 내려받을 수 있다.

이 개정 증보판에 새로 추가된 내용은 서문과 결론이다. 서문에서는 WRPS 이후 다른 연구 기관들이 수행한 유사 연구들 속에서 이 책 초판의 결과들이 어떻게 자리매김될 수 있는지 검토한다. 새로운 결론은 마지막 장(8장)에 추가했다. 노동자들이 바라는 직장 내 노동자대표제와 참여의 형태를 실현하기 위한 노동관계 시스템의 개혁 방안을 제시하고 있다.

이번 개정 증보판의 출간을 제안해 준 코넬 대학교 출판사의 프랜 벤슨과 연구를 도와 준 위스콘신 대학교 사회학과 대학원 과정의 파블로 미트닉에게도 감사의 뜻을 전한다. 이 책 초판을 위한 연구에 조언을 해준 분들은 정말 많았다. 일일이 이름을 거론하지는 못했지만, 동료 연구자들과 이번 개정 증보판에 소개된 새로운 조사를 수행한 이들에게도 고마움을 전한다. 자사의 사적 데이터를 흔쾌히 제공해 준 하트리서치 어소시에츠의 제프 가린에게는 특히 감사 인사를 전하고 싶다.

2006년 5월
매사추세츠 주 케임브리지와 위스콘신 주 매디슨에서
프리먼과 로저스

감사의 말

WRPS를 진행하고 이 책을 저술하는 동안 우리는 많은 사람들로부터 큰 도움을 받았다.

우선 재정적인 지원을 해준 러셀 세이지 재단, 조이스 재단, 앨프리드 P. 슬론 재단, 그리고 스펜서 재단에 감사의 뜻을 전한다.

자료와 조언을 구하고자 수시로 만남을 요청했음에도 불구하고 불평 없이 상담해 준, 폴 얼레어, 마르셀라 벌랜드, 일레인 버나드, 브루스 카스웰, 조슈아 코헨, 다이앤 콜라산토, 필 컴스톡, 던 크로스랜드, 존 던롭, 샘 에스트라이처, 마이크 패런, 래리 골드, 리디아 데-그로세일리에, 래리 허긱, 수전 제숍, 잭 조이스, 마이클 카츠, 토머스 코챈, 랜들 맥도널드, 카린 매치, 안젤라 맥더모트, 노라 케이트 새퍼, 주디 스콧, 바니 싱어, 어니 사부아, 데이비드 실버맨, 엘리자베스 스미스, 앤디 스턴, 그렉 타피니언, 폴라 부스, 루이 텍세이라, 조 우홀라인, 에릭 워너, 폴 와일러, 에릭 올린 라이트, 클리프 주킨에게 고마움을 전한다.

이중에서도 특히 큰 도움을 준 다이앤 콜라산토에게 감사 인사를 전한다. 또한 제니퍼 아마데오 홀과 알리다 카스티요 프리먼에게도 특별히 감사 인사를 전해야 한다. 제니퍼는 이 연구 조사의 개발과 이 책의 원고 작성을 맡아 진행해 주었다. 알리다는 예측할 수 없는 WRPS

자료에 정통했으며 이 연구의 바탕이 되는 모든 실 데이터를 분석해 주었다. 두 분 모두 이 모든 작업을 완수하기까지 장시간 우리를 도와 일했다. 진심으로 고마울 뿐이다.

개정 증보판 서론

이 책의 초판에서 우리는 미국 민간 기업 노동자들과 경영자들을 대상으로 수행한 대규모 설문조사인 '노동자대표제와 참여에 관한 설문조사'Worker Representation and Participation Survey(이하 WRPS) 결과를 분석했다. WRPS의 기획 목적은 노동자들이 소속 기업의 의사 결정 과정에 스스로 얼마나 영향을 미친다고 생각하는지, 기업 경영에서 자신의 역할을 강화하기 위해 실현 가능한 방법은 무엇이라고 보는지 파악하는 데 있었다. 조사는 1994년 가을부터 1995년 봄까지 이루어졌다. 노동자들이 직장 내 각종 현안을 어떻게 생각하는지 알아보는 과정은 까다로웠고, 이따금 정치적인 이유로 더 힘들었다. 여론조사의 특성상 내적 한계도 있었다. 하지만 WRPS 프로젝트는 매우 성공적이어서, 이후 우리의 방식을 본받아 주요 영어권 국가들과 독일·일본·한국의 연구자들이 유사한 설문조사를 실시했다. 이는 WRPS의 전반적인 방법론의 타당성을 암묵적으로 증명해 주었을 뿐만 아니라, 미국 노사 관계의 특수한 양상과 여타 선진 자본주의국가들의 좀 더 일반적인 상황을 구분해 분석할 수 있도록 해주었다. WRPS를 통해 미국 사례에서 발견한 사실은 크게 세 가지이다.

첫째, 노동자 대표 조직과 노동자 참여의 형태 및 범위에 있어서, 설문 참여자들이 생각하는 '현재 수준'과 '희망 수준' 사이에는 상당한 격차가 있었다. 그 격차는 다양한 노동자 그룹(남성과 여성, 상이한 인종, 숙련자와 비숙련자 등)과 다양한 이슈(보상 체계, 감독·훈련 시스템, 기업 경영 계획과 정보에의 접근 가능성, 신기술의 사용 등)에 걸쳐 존재했다. 경영진이 작업장과 관련된 사안들에 대해 노동자들과 논의해 보겠다는 요량으로 종업원참여위원회Employee Involvement Committee를 설치해 놓은 경우조차 노동자들은 그 과정에서 더 많은 발언권과 더 많은 권한을 갖고 싶어했다. 직장에서 집단적 발언권을 더 많이 원하는 노동자들은, 문항에 따라 차이는 있었지만 10~20% 정도 수준으로, 그 수가 상대적으로 적었다.

둘째, 노동자들은 경영진과의 대립적인 관계보다는 협력적인 관계를 선호한다. 여기서 '협력적 관계'란 노사 간의 상호 존중과 일정한 권한 공유를 의미한다. 노동자들은 직장에서의 발언권과 노동자 대표 조직의 확대가 자신은 물론 회사를 위해서도 바람직하다고 믿는다. 노동자대표제와 참여 문제에서 '희망 수준'과 '현재 수준'의 격차가 큰 이유는 무엇일까? 노동자들이 지목한 주요 원인은 권한 공유에 대해 경영진이 갖는 거부감이었다. 경영진의 부정적 인식에 대한 노동자들의 지적은 노동조합 설립이라는 사안에서 더욱 강하게 표출됐다.

셋째, 노동자들은 직장 내 참여를 확대하기 위한 여러 방안들에 개방적이었다. 노동조합과 단체교섭의 경우에는 지금 수준보다 진전된 노동자대표제를 희망했다. 대부분의 조합원은 노동조합이 유지되기를 바랐고, 노조가 약화되고 있다는 사실에 위기의식을 느꼈다. 무노조 기업에서도 노동자 대다수는 투표로 선임된 각종 노사협의회Workplace Committee가 경영진과 정기적으로 협의해 주기를 원했다. 특히 노사 양측이 대립하는 사안에 대해서는 제3의 중재자를 희망했다. 산업 안전과 보건 문제는 노사협의회를 설립해 작업환경을 조절하는 방안이 낫다고 답했다. 사측과 개인 사이에 갈등이 생길 경우 노동자 대부분은 소송보다는 중재를 통한 해결 방식을 선호했다. 다만 소송이냐 중재냐의 선택은 개인이 하길 원했고, 회사가 중재기구의 구성이나 중재 의뢰 등을 주도하는 방식에 대해서는 부정적인 입장이었다. 노조가 있는 경우에도 조합원들은 노사협의회를 지지했으며, 위원회가 노동조합과 연대해 업무를 수행해 주기를 바랐다.

이 책의 초판이 나올 당시 우리가 내린 결론은, 미국의 직장 내 거버넌스 시스템은 실패했다는 것이었다. 미국의 노사·노무 제도는 의사결정 과정에서 노동자들이 스스로 맡고 싶어 하는 역할을 외면했고, 작업 현장에서 경영진과 노동자가 모두 참여할 수 있는 제도도 다양하게 마련해 주지 못했다. 마련된 유일한 제도는 단체교섭이었으며, 이마저도 대개의 경우 경영진의 반대에 부딪혔다. 또 독립적인 노동자 대표 조직을 도입하거나, 작업장에서의 참여를 지원하는 방안은 거부됐다.

그렇다면 지금은 어떤가? 사실 이 서문과 마지막 장의 결론 부분을 제외하면, 핵심 내용에서 개정 증보판이 초판과 달라진 점은 별로 없다. 7장만 사소한 수정을 가했을 뿐이다. 추가된 내용이 두 개의 장에 불과하고, 주요 부분의 개정이 없었다는 점 때문에 우리가 임무를 회피하거나 게으름을 피운 것처럼 비칠 수도 있겠다. 어쨌든 WRPS 프로젝트 이후에도 미국은 여러 가지 측면에서 변화를 겪었으며, 우리가 발견한 사실들 중 상당 부분이 이미 철 지난 이야기가 되어 버렸을 수도 있다.

WRPS 활동이 시작된 1994년 당시 미국은 클린턴 정부 시기로 민주당이 집권당이었으며, 미국노동총연맹 산업별조합회의AFL-CIO는 새

지도부를 선출해 노동운동에 활력을 불어넣고 있었다. 세월이 흘러 이 책의 개정 증보판이 나올 무렵인 2005년, 미국은 조지 부시가 대통령이 되어 공화당이 집권당이 되었으며 노동운동은 분열됐다. 1994년 당시에는 북미자유무역협정NAFTA과 멕시코와의 무역 증가에 따른 제조업 분야의 실업 문제를 놓고 온 나라가 논쟁 중이었다. 2005년 미국은 제조업 부문의 중국 이전과 서비스업 부문의 인도 역외 투자에 관심을 보였는데, 이들 두 나라에선 멕시코보다 더 싼 값에 훨씬 더 큰 규모의 노동력을 쉽게 구할 수 있다. 1995~2000년 사이 미국은 총생산과 고용 면에서 보기 드문 성장을 이루었고, 전체 노동자들의 임금이 상승했다. 그 결과 재정 흑자를 기록한 연방 정부는 이를 기회로 국가경제를 강화할 수 있었다. 2000~05년의 경우 생산성은 계속 증가했지만 평균 임금은 정체됐다. 또 부자들을 위한 대규모 감세로 연방 정부의 재정은 적자로 돌아섰다. 그 가운데 미국 정치에 새로운 이슈들이 등장했다. 2001년 9월 11일, 테러 집단이 미국을 공격했다. 곧바로 미국은 아프가니스탄을 침공했고, 2003년에는 이라크를 침략했다. 2005년엔 허리케인 카트리나가 뉴올리언스 주 등 미국 남부의 걸프 만을 휩쓸었다.

이처럼 WRPS 이후 중요한 사건 사고들이 많았기 때문에, 개정 증보판을 읽는 독자들은 자연스레 이런 의문을 가지게 될 것이다. "이 책은 이제 유효기간이 지난 게 아닐까요? 새로 조사해서 책 전체를 다시 쓰지 그랬습니까?"

이 질문에 대한 우리의 대답은 "아니오"다. 물론 미국의 노사 관계 시스템이나 노동자들의 태도가 변했다면, 우리는 다시 프로젝트를 실시해 '제2차 노동자대표제와 참여에 관한 설문조사' 결과를 책으로 냈을 것이다. 하지만 우리가 그동안 여러 단체들과 여론조사 기관들이 실시한 설문조사 결과를 분석한 바에 따르면 놀랍게도 이 책 초판의 결론은 여전히 유효하다. 정치적으로나 경제적으로 많은 것들이 변했지만, 직장 내 노동자의 영향력 행사 방식의 측면에서 희망 수준과 현재 수준 사이의 불일치는 여전히 크다.

이런 결론은 WRPS 설문조사와 WRPS 이후 다른 기관들이 수행한 여론조사 내용을 자세히 검토한 후 내린 것이다.[1] WRPS 이후의 설문조사들은 대개 직업 만족도, 노조 설립에 대한 입장, 고용주에 대한 태도 등 특정 사안에 초점을 맞췄다. 이는 우리의 WRPS 프로젝트가 직장 내 모든 부문의 이슈들에 주목했던 것과 차이가 있다. 새로운 여론조사에서 일부 설문은 우리 프로젝트와 같은 내용을 물었지만 일부러 조금 상이한 방식으로 표현했다. 질문의 표현 방법이 달라지면 답변도 달라질 수 있다는 것을 감안한 전략이었다. 일부는 우리가 던진 질문을 그대로 옮겼다. 완전히 다른 방식으로 동일한 내용을 물어본 항목도 있었다. 이들 조사는 우리의 연구보다 규모가 작고 불충분하지만, 함께 취합해 보면 WRPS가 다뤘던 거의 모든 핵심 이슈들을 포괄하고 있으며, 노동자들이 오늘날 직장 내 거버넌스에 대해 어떻게 생각하는지 명확한 그림을 그려 볼 수 있다.

WRPS 이후에 이루어진 조사들에서도 노동자들은 미국의 노사 관계 시스템이 제공하는 것보다 여전히 더 많은 발언권을 가지기를 원하고 있었다. 심지어 몇몇 최근 조사에서는 노동자들이 바라는 대표 및 참여의 희망 수준과 현재 수준의 격차가 오히려 우리 연구 때보다 더 커졌다. 이런 현상은 자신들을 대표하는 조직으로 노조를 원한다고 응답한 노동자들에게서 더 특징적으로 나타났다. 이처럼 WRPS 이후에 이뤄진 설문들 역시 노동자대표제와 참여에 대한 관심의 증가, 경영진의 리더십에 대한 믿음의 감소를 보여 준다. 이 책 초판의 기본 내용이 여전히 타당함을 입증 받은 셈이다. 이것이 초판의 본문 내용을 그대로 둔 이유다. 이 책은 설문조사 혹은 기타 응용 사회과학에 관심 있는 연구자들에게 매력적일 수 있다. 우리가 어떻게 설문조사를 기획하고 진행했는지, 과열된 정치 분위기에서 노사 간에 대립하는 의견을 조율하기 위해 어떤 시도를 했는지 등이 연구를 기획하고 진행하는 학자와 학생들에게 많은 도움을 주리라 믿는다. 아무튼 우리는 초판에서 크게 세 가지 결론을 내렸는데, WRPS 이후 설문조사들의 결과와 종합하면 그 내용은 다음과 같다.

결론 1. 직장에 대한 노동자의 태도와 노동자대표제/참여의 격차

대부분의 설문조사에서, 직업 만족도를 물을 때 던지는 질문은 이런 식이다. "귀하는 직장 생활에 어느 정도 만족하십니까?" 그러나 우리의 관심사는 직장 내 의사 결정 과정을 개선하려는 노동자들의 태도였기 때문에, 특정 분야(수당 지급, 새로운 기계의 사용, 직업훈련 등)의 의사 결정에 영향을 미치고 싶어 하는 노동자의 바람과 노사 관계 등과 같은 좀 더 구체적인 이슈들에 초점을 맞추었다. 우리 입장에서는 자신의 직업에 만족하지만 직장 내 교육 훈련에 관한 의사 결정에 더 큰 영향을 미치고 싶어 하는 노동자가, 자신의 직업에 만족하지 않지만 직장의 개선에도 별 관심이 없는 노동자보다 더 흥미롭고 중요한 대상이었다. 다만 직접 묻는 대신에 다음처럼 우회해서 응답자의 포괄적인 만족도를 확인했다. 즉, 평소 직장에 ① 가고 싶은지 ② 가고 싶지 않은지 ③ 어느 쪽이든 상관없는지를 물었다. 답변은 ①이 66%, ②가 25% ③이 9%였다. 이와 같은 응답뿐만 아니라 2장의 다양한 결과들에 입각해 볼 때 우리는 노동자들 가운데 자기 일에 만족하는 이들은 3분의 2, 만족하지 못하는 이들은 3분의 1 정도인 것으로 결론 내릴 수 있었다.

WRPS 이후 이뤄진 포괄적인 직업 만족도 설문에 대한 응답 패턴은 포괄적인 직업 만족도 질문을 하지 않기로 한 우리의 선택이 옳았음을 보여 준다. 포괄적인 만족도를 묻는 설문의 경우 만족도의 수준과 경향의 측면에서 상당한 편차가 존재한다.

먼저 다음 두 기관의 설문조사 내용을 살펴보자. 두 조사 모두 직업 만족도가 일정하게 낮은 수준을 유지하고 있다. 그중 하나로, 시카고 대학에서 수행한 '종합 사회 조사'General Social Survey(GSS)는 1972년부터 줄곧 노동자들에게 "대체로 당신이 맡은 업무에 얼마나 만족하십니까?"라는 질문을 해왔다. 그 결과 '다소 불만족스럽다'와 '매우 불만족스럽다'는 응답이 14%, '적당히 만족스럽다'와 '매우 만족스럽다'는 응답이 86%였고, 이 수치는 연간 변동이 거의 없었다.[2] 다른 하나는 갤럽의 자료로 "귀하의 직업에 얼마나 만족 혹은 불만족하십니까?"라고 물었다. 1997~2005년 사이, 만족이 86%, 불만족이 14%를 기록했는데 역시 연간 변동은 거의 없었다.

언뜻 보면 GSS와 갤럽이 그동안 사회과학에서 찾지 못한 일종의 일반 상수나 과학 법칙을 발견한 것 같다. 직업 만족도에 대한 응답 비율은 '만족 86 대 불만 14'로 고정되어 있다. 하지만 작업장의 특성을 더 자세히 조사한 다른 기관의 설문 결과는 전혀 상이한 비율을 보인다. 오히려 불만족스럽다는 답변이 높게 나타나기도 한다.

WRPS에 이어 가장 광범위하게 시행된 직업 만족도 설문조사는 미국의 대표적 경제 조사 기관인 컨퍼런스 보드Conference Board가 1995년과 2004년 두 차례에 걸쳐 진행한 조사이다. 컨퍼런스 보드의 첫 조사 때인 1995년에는 약 60%의 노동자가 만족을 표시했다. 그런데 마지막 해인 2004년에는 만족도가 10%나 하락했다. 즉 응답자의 50%만이 만족했는데, 우리가 보아 온 직업 만족도 중 최저 수치였다. 만족도의 하락은 모든 세대와 가계 수준에서 일어났고, 특히 조사 대상이 연령 및 소득 분포의 중간층에 위치할 경우 가장 수준이 낮았다.[3] GSS와 갤럽의 조사와는 다른 결과가 나온 것이다.

2005년 여론조사 기관인 해리스Harris가 실시한 설문조사에서, 불만족도는 컨퍼런스 보드의 연구와 유사했으며 WRPS보다는 높은 수치를 보였다. 이 조사에서 자신의 직업에 대해 '매우' '어느 정도' '약간'을 포함해 만족한다고 응답한 사람은 59%였지만, 41%는 불만족이었다. 이 조사에서 해리스는 "만족하는가?"라는 상투적 문구 대신에 좀 더 혁신적인 질문을 제시했고, 응답자의 불만족 수준도 더 높아졌다. 즉 "다른 회사가 아닌 지금의 회사를 선택한 것에 만족한다"라는 문구에 동의한 비율은 44%에 그쳤고, "회사에서 앞으로 어떻게 해야 할지 막막할 때가 있다"고 느끼는 사람은 약 33%였으며, "과중한 업무에 대처하느라 힘들다"고 말한 비율은 42%였다.[4]

WRPS 정신에 더욱 근접한 설문조사들도 있다. 여기서는 포괄적인 직업 만족도를 묻기보다는 직장 생활의 구체적 측면이나 보상 체계 등에 초점을 맞춘다. 그중 특별히 가치 있다고 생각되는 작업이 뉴욕에 있는 스토니브룩 대학의 미국의료동향조사Health Pulse of America surveys다. 이 조사는 의료 문제에 집중하지만, 다양한 측면의 직업 만족도를 함께 살핀다. 스토니브룩 대학의 설문에 응한 노동자 중 자신의 임금에 불만

소속 직장의 주요 복지 혜택에 대한 노동자의 만족·불만족 비율

단위: %

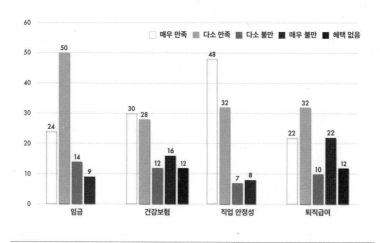

출처: Stony Brook University, Health Pulse of America(2004/06)(http://bit.ly/2qsKuz6)

족스러워 하는 비율은 약 23%였고, 회사의 의료보험 혜택에 불만이 있거나 혜택을 받지 못한다는 비율은 40%로 더 많았다. 44%는 퇴직급여에 불만이 있거나 혜택을 받지 못하고 있었다. 의외로 모든 미디어가 관심을 보이는 직업 안정성에 대해선 불만족 수준이 가장 낮았다(〈자료 1-1〉).[5]

우리는 여러 조사를 검토했는데, 직장에 대한 불만족도는 GSS나 갤럽의 설문과 유사한 비율에서부터 WRPS에서 나타난 불만족도의 3분의 1 수준에 이르기까지 편차가 컸다. 물론 앞선 GSS와 갤럽의 설문조사가 거의 일정한 비율을 나타내기 때문에 다른 조사 기관에서의 이런 편차는 조사의 신뢰성을 떨어뜨릴 수 있다. 하지만 이 책의 3장에 따르면 응답자들이 과거에 회사 안에서의 역할이나 참여에 관한 질문을 받아 봤는지, 이런 문제를 깊이 의식하고 있는지에 따라 반응이 달라진다. 각 여론조사마다 만족도에 편차가 나타나는 이유도 이 때문일 수 있다. 어쨌든 WRPS의 기획 의도 혹은 문제의식에 근접한 조사들은 우리가 파악한 직업 만족도와 유사하거나 더 높은 직업 불만족도를 보였다. 결론적으로 추상적인 만족도를 묻기보다는 노동관계의 세부적인 측면에서 접근하는 편이 WRPS의 기획 취지와 잘 부합한다는 사실이 명확해졌다.

경영진에 대한 노동자들의 충성도와 신뢰도

WRPS의 주요 결과를 보면 노동자들은 자신이 받는 대우보다 더 큰 충성을 회사에 바친다고 생각한다. 설문에 참여한 노동자의 56%가 사용자에 대해 충성심을 가지고 있다고 답했다. 하지만 경영진이 노동자와 한 약속을 어느 정도 신뢰하느냐는 질문에 '상당히 신뢰한다'라고 답한 경우는 38%에 그쳤다. 노동자의 충성심과 경영진에 대한 신뢰도 사이의 격차는 18%p였다.

우리의 조사 이후에 이뤄진 설문조사들 역시 WRPS보다 더 크거나 비슷한 격차를 보였다. 2005년 '란스타드 노스아메리카'Randstad North America라는 여론조사 기관의 전화 설문에 따르면 응답한 노동자의 59%는 회사에 충성한다고 밝혔다. 하지만 경영진이 자신들에게 충성한다고 답한 비율은 26%에 그쳐 둘 사이의 격차는 33%p나 됐다.[6] 2002년 일간지 『크리스천 사이언스 모니터』의 조사에서는 응답자의 63%가 회사에 매우 충성한다고 말했다. 하지만 반대의 경우는 40%에 불과해서 양자는 23%p의 차이가 났다.[7] 2004년 갤럽 조사도 WRPS와 유사한 결과를 보여 줬다. 85%의 응답자가 회사에 충성심을 보였지만, 회사가 자신에게 충성심을 가지고 있다는 답변은 67%에 그쳐 18%p의 격차를 보였다.[8] 마지막으로 2005년 해리스의 여론조사도 유사한 양상을 보여 준다. 먼저 "최고 경영자가 정직하고 도덕적으로 보인다"라는 표현에 63%의 응답자는 동의하지 않았다. "경영진이 노동자의 능력 향상에 헌신적이다"라는 문구에도 71%는 그렇게 생각하지 않는다고 답했다. 특히 후자는 대부분의 노동자들이 관심을 기울이는 사안이며, 경영진이 노동자의 신뢰와 충성을 얻는 데 중요한 요소이다.

노동자들이 경영진을 어떻게 바라보는지 다른 방법으로도 알아볼 수 있다. 직장에서 양자의 관계가 좋은지 나쁜지를 직원들에게 물어보는 것이다. WRPS의 경우 답변은 '매우 좋다'가 18%, '좋다'가 49%, '보통이다'가 22%, '나쁘다'가 7%였다. 1996~2005년까지 여론조사 기관인 '피터 D. 하트 리서치 어소시에이츠'Peter D. Hart Research Associates (이하 하트 리서치)는 평범한 직장인들을 대상으로 뉘앙스가 약간 다른 질문을 던졌다.[9] 과연 경영진이 지나치게 많은 권한을 가졌는지, 직원들 쪽이 그런지, 아니면 공정하게 균형을 이루고 있는지 물어본 것이다. 조사에 따르면 경영진이 직원들에 비해 지나치게 많은 권한을 가졌다고 응답한 비율은 1996년 47%에서 2005년엔 53%로 증가했다. 반면에 관계가 "매우 공정하게" 균형을 이루고 있다는 응답은 41%에서 36%로 감소했다. 직원들이 과도하게 많은 권력을 가졌다고 응답한 비율은 7%뿐이었는데, 10년 동안 변동이 거의 없었다. 2005년의 마지막 조사에서 하트 리서치는 '분할 표본 설계'split sample design라는 설문 방식을 채택했다. 질문 표본을 둘로 분할하고, 한쪽의 문항에는 '경영진'

이 들어갈 자리에 '회사'라는 단어를 집어넣은 것이다. 그러자 회사가 지나치게 많은 권한을 가지고 있다는 답변이 경영진이라는 용어를 쓸 때보다 10%p나 늘어난 63%에 달했다. 직원들과 매우 공정하게 균형을 이루고 있다는 비율은 28%로 줄었고, 직원들의 권한이 과도하다는 답변은 4%에 그쳤다. 단지 '회사'라는 말을 사용한 것만으로도 부정적인 응답이 증가한 것은 법적 구조물에 불과한 회사보다는 살아 있는 인물들로 구성된 경영진에게 더 온정적인 감정을 가지기 때문인 듯하다. 어쨌든 2002년 조사 역시 회사가 너무 많은 권한을 가지고 있다는 생각이 증가하는 추이의 연장선상 속에서 설문 대상의 58%는 부시 정부 하에서 대기업의 영향력이 과도하다고 보았고, 22%는 적절하다고 보았으며, 대기업의 영향력이 너무 미약하다고 보는 이들은 8%였다.[10]

이 시기에 엔론, 월드콤 등 여러 대기업에서 발생한 회계 부정 스캔들의 영향으로, 기업의 리더십에 대한 신뢰는 바닥까지 떨어진 상황이었다. 2002년 미국 CBS 방송의 설문조사에 따르면 일반 국민 중 기업의 최고 책임자 대다수가 정직하다고 믿는 사람은 27%뿐이었다. 1985년에는 32%였다. 2005년 갤럽의 한 여론조사에서는 대기업의 규모와 영향력에 '매우 만족스럽다'고 답한 비율이 7% 이하에 그쳤다. 기업의 영향력이 감소해야 한다는 의견은 60%에 달했다.[11] 사실 대중은 노조 리더십에 대해서는 크게 신뢰했던 적이 없었지만, 2005년 5월 조사에서는 노조에 대한 신뢰도가 12%로 대기업에 대한 신뢰도(8%)에 비해 제법 높았다. 노조에 대해 거의 혹은 전혀 신뢰하지 않는다고 답한 비율은 25%로, 기업을 거의 혹은 전혀 신뢰하지 않는다고 답한 31%보다 나았다. 정리하자면 2000년대 경제 발전과 기업들의 성장 이후 기업에 대한 대중의 신뢰는 감소했다. 추측컨대 이 사실이 노동자의 이익을 보호하기 위한 노동자대표제와 참여 등에 대한 노동자들의 욕구가 증가하는 데 잠재적 영향을 미친 것으로 보인다.

노동자들에게 중요한 것

이번에는 WRPS에서 나타난 직장 내 주요 현안들의 의사 결정 과정과 노동자 참여 간의 관계를 살펴보자. 3장에서도 다루겠지만 직원들이 의사 결정에 미치는 영향력의 희망 수준과 현재 수준은 현격한 격차를 보였다. 가장 큰 격차는 수당 및 임금과 관련된 '먹고사는' 문제에서 나타났으며, 교육 훈련 문제가 그 뒤를 이었다. 반면, 격차가 가장 작게 나타난 부문은 자기 일에 대한 작업 계획을 결정하는 문제였는데, 이에 대해서는 대부분이 어느 정도 독립성을 지니고 있었기 때문이다.

WRPS 이후, 여론조사 기관들은 직장 내 현안에 대한 회사 측의 이행 정도를 노동자들이 어떻게 평가하는지 물었다. 2001년 하트 리서치는 설문 대상자들에게 직장에서의 여러 가지 '권리'가 얼마나 중요한지 물은 뒤, WRPS의 방식을 본떠서 회사가 노동자들의 권리를 얼마나 보장하는지 A부터 F까지 학점식으로 등급을 매기도록 했다. 여기서 언급하는 '권리'란 대부분 법에 명시되어 있지는 않지만, 정확히 말한다면 '노동자들에 대한 고용주의 정당한 대우'라 말할 수 있는 그런 것들이다. 용어의 문제는 제쳐 두고 하트 리서치가 조사한 〈자료 1-2〉를 살펴보자. 설문은 노동자들이 사내에서 누릴 수 있는 여러 가지 권리를 스스로 얼마나 중요하게 생각하며(A), 회사는 얼마나 잘 보장하는지(B) 평가한 내용이다. 자료에서 볼 수 있듯이 A와 B 사이에는 현

자료 1-2

직장 내 '권리' 항목별 회사 측의 수행 정도에 대한 평가

단위: %

	해당 권리가 "필수적이다" 혹은 "매우 중요하다"고 생각하는 노동자의 비율(A)	현재 잘 보장된다고 생각하는 노동자의 비율(B)	격차 (A−B)
전일제 노동자에게 최저생계비보다 높게 지급하는 생활임금	87	47	40
회사의 해외 이전 시 교육 훈련과 각종 지원 제공	81	55	26
부당해고 없는 일자리 안정성	85	58	27
교육 및 훈련 기회 제공	82	59	23
초과근무 수당 지급	87	72	15
직장에서의 사생활 보호	82	59	23
회사로부터의 존중	94	63	31
병가 휴직	90	65	25
육아 휴직 혹은 간병 휴직	90	66	24
안전하고 건강에 유익한 직장	98	70	28
연령 구분 없는 공평한 대우	92	55	37
성차별 없는 임금 지급	95	57	38
장애인 의무 고용률 준수	88	61	27
인종차별 없는 공평한 대우	97	63	34
성희롱 예방 대책	96	73	23

출처: Peter D. Hart Associates, Study no. 7704(2005/08).

격한 격차가 존재하며, 항목별 편차 역시 상당히 크다. WRPS에서도 유사한 질문을 던지고 있지만, 하트 리서치의 문항과는 일정한 차이가 있기 때문에 절대적으로 비교하기란 어렵다. 다만 명확한 것은 양쪽 조사 모두 노동자들이 중요하게 생각하는 권리의 희망 수준과 회사가 보장하는 현재 수준이 상당한 격차를 보인다는 사실이다.

또 시간에 따른 노동자들의 관점 변화를 살펴보기 위해 1999년과 2005년에 이루어진 하트 리서치 자료를 비교해 보자.

다음은 여러 노동 현안을 언급한 내용입니다. 회사나 사용자가 노동자를 대하는 방식을 생각하시고, 얼마나 각 항목을 잘 이행하는지 다음 네 가지 중에서 선택하시기 바랍니다.

> 1. 매우 잘하고 있다.
> 2. 대체로 잘하고 있다.
> 3. 다소 부족한 것 같다.
> 4. 매우 부족한 것 같다.

〈자료 1-3〉은 회사가 잘하고 있다고 말한 노동자와 부족하다고 말한 노동자들의 비율, 그리고 둘 사이의 격차를 정리한 것이다. 분석을 위해, 각 범주의 마지막마다 긍정적인 응답과 부정적인 응답의 평균을 제시했다. 1999년도엔 대부분의 현안에서 사용자가 잘하고 있다고 응답한 비율과 못하고 있다고 응답한 비율 사이의 격차가 크지 않았다. 즉 생계 문제는 평균 5%p, 미래 승진 기회 및 작업장 환경 문제는 평균 2%p밖에 차이가 나지 않았다. 가장 큰 격차는 직장 내 노사 관계의 문제로 17%p였는데, 응답자들은 회사가 자신들과 이윤을 공유하지 않는다고 느꼈기 때문이다. 2005년 통계에선 모든 범주에서 격차가 증가했다. 생계 문제의 경우 사용자가 잘한다는 비율과 못한다는 비율의 격차는 네 개 항목 모두에서 증가했고, 평균 격차는 31%p나 됐다. 미래 승진 기회 및 작업장 환경 항목에서 양자 사이의 격차는 평균 7%p였

자료 1-3

직장 내 현안에서 회사 측의 이행 정도에 대한 노동자들의 평가

단위: %

	년도	잘한다 (A)	부족하다 (B)	격차 (A-B)
생계 문제				
생계비 상승에 따른 임금 조정 기회의 정기적 제공	1999	43	52	-9
	2005	27	70	-43
충분한 퇴직급여 보장	1999	44	52	-8
	2005	31	65	-34
충분한 복지 혜택 및 평생 일자리 제공	1999	50	46	4
	2005	35	62	-27
직원 의료비의 공정한 분담*	2002	44	50	-6
	2005	38	57	-19
4개 항목의 평균	1999*	45	50	**-5**
	2005	33	64	**-31**
승진 기회/노동조건				
승진 기회 제공	1999	54	41	13
	2005	44	52	-8
맞벌이 부부 지원 제도	1999	39	56	-17
	2005	35	55	-20
교육 훈련 제공 등 인적 자원 투자 제도	1999	51	47	4
	2005	50	45	5
성차별 없는 공정한 임금 지급	1999	48	54	-6
	2005	42	48	-6
4개 항목의 평균	1999	48	50	**-2**
	2005	43	50	**-7**
직장 내 노사 관계				
장기근속 근로자 우대	1999	44	53	-9
	2005	32	64	-32
이윤 추구가 아닌 직원에 대한 순수한 애정	1999	39	58	-19
	2005	31	65	-34
직원들의 아이디어와 관심에 대한 경청	1999	46	51	-5
	2005	45	50	-5
전체 직원과의 이윤 공유	1999	29	66	-37
	2005	24	67	-43
4개 항목의 평균	1999	40	57	**-17**
	2005	33	62	**-29**

출처: Peter D.Hart Research Associates, Study no.7704(2005/08).
* 의료비 분담에 대해서는 2002년 데이터가 사용됨.

지만 역시 1999년보다 다소 상승한 수치였다. 직장 내 노사 관계의 경우, 잘하고 있다와 부족하다는 답변 사이의 격차는 과거에도 높았지만, 2005년에는 29%p로 더욱 벌어졌다. 1999년은 노동시장이 호황을 누리던 시기였지만 2005년은 그만한 호황을 누리지 못했는데, 이는 2001년의 경기 후퇴에서 미처 회복되지 못한 영향뿐만 아니라 노동자들의 태도에도 구조적 변화가 있었던 때문인 것으로 보인다.

질문을 좀 달리했던 다른 하트 리서치 역시 비슷한 결과를 보여 준다. 2005년 2월 하트 리서치는 노동자들에게 업무 중 가장 개선되기 바라는 점을 한두 가지 지적해 달라고 한 뒤, 그 결과를 1990년대와 비교했다. 2005년과 1990년대 두 시기 모두 응답자의 18%가 개선하고 싶은 영역 중 하나로 고용 안정을 꼽았다. 보건의료 혜택을 꼽은 사람들의 비율은 25%에서 39%로, 임금 인상을 선택한 응답자는 42%에서 45%로, 퇴직급여 인상을 바라는 비율은 25%에서 29%로 증가했다.[12] 2005년 8월 하트 리서치는 과거의 주관식 문항을 객관식으로 바꾸면서 몇 가지 선택지를 제시했다. 질문 내용은 "요즘 당신이 현장에서 가장 중요한 문제라고 생각하는 것을 다음 중에서 고르시오"(2개까지 복수 응답 가능)였다. 이때 밝혀진 주요 현안 목록과 응답률은, 보건의료 비용 35%, 해외 파견 근무 31%, 연료비 상승 29%, 생계비 상승에 못 미치는 임금 인상 23%, 퇴직급여 부족 14%, 가족에 대한 책임을 방해하는 작업 스케줄 10%였다.[13] 이번에도 금전적인 문제들이 두각을 나타낸 것이다.

종합해 보면, 노동자들의 견해는 이슈별로 다양하지만, 일반적인 패턴은, 회사가 제공하는 노동조건과 노동자가 원하는 것 사이의 격차는 계속 증가하는 경향을 보인다는 점이다. 몇몇 만족도 조사에서 볼 수 있듯이, 특정 이슈들에 대한 노동자들의 관점은 일정하지 않지만,

노동시장의 환경과 기업 행태가 어떻게 변화하느냐에 따라 시기별로
달라진다.

결론 2. 노동자들은 협력적 노사 관계와 집단행동을 선호한다

WRPS에 따르면, 설문에 응답한 노동자들의 63%가 직장 내 의사 결정
과정에서 현 수준보다 **더 많은** 영향력을 행사하기를 원한 데 비해, 35%
는 현 상황이 유지되기를 원했다. 3장과 5장에서 자세히 설명하겠지만,
우리는 노동자들이 어떤 영역에서 영향력을 발휘하고 싶어 하며, 노동
자들의 집단적 발언권은 얼마나 커져야 한다고 여기는지 조사했다.

우리의 연구 이후에 있었던 설문조사들 역시 노동자들이 의사 결
정 과정에서 발언권을 더 갖고 싶어 한다는 사실을 뒷받침해 주었다. 이
렇게 **더 많은** 영향력을 행사하길 원하는 노동자들의 열망은 우리 조사
가 실시된 이후로 계속 증가하는 경향을 보였다. 가장 설득력 있는 증거
는 2001~02년 사이 버클리 대학이 실시한 캘리포니아 노동 인력 설문
조사(이하 '캘리포니아 설문')에서 나왔다. 캘리포니아 설문은 노동자들을
대상으로 근무 중 **더 많은** 존중과 공정한 대우를 받는 것, 그리고 직장
내 의사 결정 과정에서 **더 많은** 발언권을 갖는 것이 얼마나 중요한지
물었다. 특히 질문에 "더 많은"이라는 문구를 추가해, 현재 상태에 대
한 만족도를 넘어 변화에 대한 열망을 파악했다. 캘리포니아 설문은 우
리 방식처럼 현재 수준과 희망 수준을 독립적으로 물어보지는 않았지
만 그 답변은 양쪽의 격차를 반영하고 있다. 〈자료 1-4〉에 나타나듯이
조사에 응한 노동자의 75%가 업무 중 **더 많은** 존중과 공정한 대우를

자료 1-4

직장 내 공정한 대우와 영향력 행사의 중요도

개인적으로 직장에서
더 존중받고 공정한 대우를 받는 것은
얼마나 중요한가?

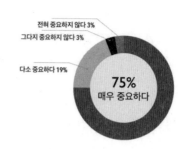

전혀 중요하지 않다 3%
그다지 중요하지 않다 3%
다소 중요하다 19%
75%
매우 중요하다

개인적으로 직장 내 의사 결정 과정에서
더 많은 발언권을 가지는 것은
얼마나 중요한가?

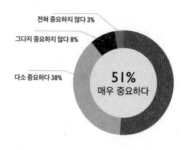

전혀 중요하지 않다 3%
그다지 중요하지 않다 8%
다소 중요하다 38%
51%
매우 중요하다

출처: http://bit.ly/2qW9OMZ(2001/07~2002/01).

받은 것이 매우 중요하다고 답했다. 의사 결정 과정에서 **더 많은** 발언
권을 갖는 것은 51%가 매우 중요하다고 했고, 38%가 다소 중요하다
고 했다. 두 비율의 합계는 89%로, WRPS 조사 당시 의사 결정에 더
많은 영향을 미치고 싶다는 63%의 응답률을 능가했다. 다만 이 결과
가 질문 설계상의 차이 때문인지, 아니면 경향이 변화한 때문인지는 확
실치 않다.

이제 주제를 바꿔 집단행동을 노동자들이 어떻게 보고 있느냐에
대해 알아보자. WRPS에 따르면 질문을 어떻게 하느냐에 따라 달라지

긴 했지만, 43~56%의 노동자들이 개인적으로 노력하는 것보다는 집단행동을 선호했다. 노동자들은 개인이 해결해야 하는 분야와 집단이 지원해야 하는 분야를 구분하고 있었다. 하트 리서치는 1996년, 1997년, 1999년, 2001년에 걸쳐 집단행동과 개인행동 중에서 "근무 조건 개선을 위해 어떤 방법이 적절하다고 생각하는지 귀하의 견해에 더 가까운 것을 고르시오"라고 물었다. 〈자료 1-5〉의 '조사 대상 그룹 A'를 보면 평균적으로 응답자의 47%가 집단행동을 선호한 반면, 39%는 스스로 해결하는 쪽을 선호했다. 연도별 차이는 거의 없었다. '조사 대상 그룹 B'는 하트 리서치가 1985년, 1993년, 2001년, 2003년에 조사한 결과인데, 질문은 다음과 같다. "종업원들이 직장 문제를 해결할 때 집단적으로 문제를 제기하는 경우와 개인적으로 문제를 제기하는 경우 중 어느 쪽이 더 성공적일 것이라고 생각하십니까?" 〈자료 1-5〉를 보면 1993년, 2001년, 2003년 결과를 알 수 있는데, '조사 대상 그룹 A'의 경우보다 더 많은 사람들이 집단행동을 선택했지만 해마다 큰 변동이 있었다. 평균치로 보면 응답자의 67%가 집단행동이 더 효과적이라고 판단한 반면, 개인행동을 선호한 응답자는 22%에 머물렀다. 〈자료 1-5〉 하단의 주를 보면, 첫 조사가 시작된 1985년엔 집단행동에 대한 선호도가 더 낮았다. 결과적으로 시간이 지날수록 집단행동에 대한 호감도가 높아졌다고 풀이할 수 있겠지만, 응답률에 큰 편차가 있기 때문에 일반화하기는 조심스럽다.

자료 1-5

직장 내 현안에 대처할 때 집단행동과 개인행동의 효과에 대한 비교 평가

조사 대상 그룹 A

근무 조건 개선을 위해 어떤 방법이 적절하다고 생각하는지 다음 중 귀하의 견해에 더 가까운 것을 고르시오.

	1996년 4월	1997년 2월	1999년 3월	2001년 1월	평균
집단적 대응이 좋다	47	46	48	45	**47**
개인적 대응이 좋다	41	40	36	40	**39**
두 가지를 혼합하거나 모두 해야 한다	8	13	13	13	**11**
잘 모르겠다	4	1	3	2	**3**

조사 대상 그룹 B

노동자들이 직장 문제를 해결할 때 집단적으로 문제를 제기하는 경우와 개인적으로 문제를 제기하는 경우 중 어느 쪽이 더 성공적일 것이라고 생각하십니까?

	1993년 2월	2001년 1월	2003년 2월	평균
집단적으로 하는 게 더 성공적이다	73	59	70	**67**
개인적으로 하는 게 더 성공적이다	20	28	18	**22**
아무 차이가 없다	3	7	6	**5**
잘 모르겠다	4	6	6	**5**

주: 2003년 2월 이전까지 위의 질문은 다음과 같았다.
"근무 중 문제를 해결할 때 집단적으로 제기하는 경우와 개인적으로 제기하는 경우 중 어느 쪽이 더 성공적일 것이라고 생각하십니까?" 또 이 질문은 1985년에도 있었는데, 54%는 집단적으로 제기할 때 더욱 성공적이라고 했으며, 개인적으로 제기할 때 더 성공적이라고 대답한 비율은 37%였다. 4%는 무관하다, 5%는 잘 모르겠다고 답했다.
출처: 조사 대상 그룹 A, Peter D. Hart Associates, Study no 6221(2001/01)
　　　조사 대상 그룹 B, Peter D. Hart Research Associates, Study no. 6924(2003/02).

노사 협력에 대한 노동자의 열망과 사용자의 태도

다음 장에서 자세히 다루겠지만, WRPS로 알아낸 중요한 사실이 있다. 노동자들은 바람직한 직장 내 노사 관계를 위해 경영진과의 협력이 결정적이라고 여기지만, 경영진이 권한을 공유하고 노동자의 관심을 반영하려는 의지에 대해서는 약하다고 평가했다. 노동자 대부분은 경영진이 노조 설립에 반대하는 입장임을 잘 알고 있었다. 어떤 이들은 이런 경영진의 태도가 비밀투표로 이루어지는 노조 찬반 투표에 영향을 미칠 수 있다고 했다.

WRPS 이후에 이뤄진 설문조사들도 노동자들이 노조를 통한 집단행동에 대한 경영진의 태도가 적대적이라고 인식하고 있음을 보여 주며, 이 때문에 자연히 노조 설립에 신중해진다고 지적한다. 2005년 하트 리서치의 조사에 따르면, 노동자들 가운데 53%가 "일반적으로 사측은 노조에 반대하며" 전국노동관계위원회NLRB 선거에서◀ "노동자들이 노조 반대 쪽에 표를 던지도록 설득하려 한다"고 생각한다. 반면에 그 절반에 해당하는 26%의 노동자만이 "일반적으로 회사는 어떤 입장도 취하지 않으며 직원들이 각자 알아서 결정하도록 놔둔다"고 생각한다.[14] 또 다른 하트 리서치의 설문도 비슷한 내용을 담고 있다. 설문에서 응답자 5명 중 1명꼴인 22%는 회사 측이 노조에 반대하는 술

▶ 미국에서 노동조합이 사용자와 단체교섭을 하려면 우선 사용자가 노조를 인정해야 한다. 이를 위해 노동조합은 (한국의 노동위원회에 해당하는) 전국노동관계위원회에 노조 인증 청원을 하고, 전국노동관계위원회 주관 아래 해당 직원 전체를 상대로 비밀투표를 해 과반수의 지지를 받아야 적격 노조로 인정된다.

책(업무 시간에 직원들을 노조 반대 강좌에 참석하라고 요구하거나, 노조 지지자를 해고하는 등의)을 "언제나 혹은 매우 자주 사용한다"고 생각했다. 23%는 "매우 자주 사용하지는 않는다"고 답했고, 25%는 "이따금씩만 사용한다"고 답했다. 사측이 결코 그런 전술을 사용하지 않는다는 답변은 10%, 잘 모르겠다가 18%였다.[15] 하트 리서치의 질적인 설문 응답을 가지고 실제 회사가 선거운동 과정에서 이런 술책을 어느 정도 사용하는지 양적 수치를 추정할 수는 없지만, 일반적인 여론의 예상보다는 많은 것으로 보인다.[16]

일반적인 여론은 경영진의 노동법 위반 행위들뿐만 아니라 법의 테두리 내에 있다 하더라도 이런 술책을 쓰는 것에 대해 부정적이다.[17] 여러 번에 걸쳐 노조는 이런 반대 여론을 이용해 일종의 공분을 일으키려고 노력해 왔다. 이를 통해 의회를 압박해 부당 노동 행위를 저지른 고용주에 대한 처벌 수위를 높일 수 있다는 판단에서다. 하지만 노조의 이런 활동이 성공적이지는 못했다. 물론 대부분의 미국인들이 관념적으로는 노동조합의 설립과 가입의 권리를 보장하는 강력한 법률이 중요하다고 믿는다. 2005년 하트 리서치의 설문조사에서 일반인들의 50%는 그런 법률이 매우 중요하다고 답했으며, 23%는 대체로 중요하다고 응답했다.[18] 하지만 사측에 지금보다 엄중한 처벌을 내리도록 법을 개정하는 문제에 대해서는 찬성하는 비율이 반대하는 비율을 가까스로 상회했다. 즉 사용자 측의 위반 행위에 대해 엄중한 처벌 내용을 포함하는 법률 개정에는 47%가 찬성했고, 43%는 찬성하지 않았으며, 10%는 의견을 표하지 않았다. 심지어 조합원조차도 과중한 처벌을 바라는 의견은 59%에 불과했다.[19] 흥미롭게도 또 다른 하트 리서치의 조사에서는 약 3분의 1이 노조 설립 반대 활동에 찬성했고, 이에 반대하는(즉, 노조 설립을 보장하라는) 사람들은 절반을 조금 넘었다. 이런 입장 차이는 지지하는 정당에 따라 달랐다. 공화당 지지자들은 찬성과 반대의 비율이 균등한 반면, 민주당 지지자들은 반대하는 쪽이 더 많았다.[20]

2003년 하트 리서치는 사측의 반노조 경향에 대한 노동자들의 우려와 노사 협력적 관계에 대한 노동자들의 열망을 한꺼번에 조명해 볼 수 있는 질문을 했다. 세 가지 보기 가운데 노조 설립의 가장 큰 단점은 무엇인가 라는 게 질문이었는데, 보기는 각각 노사 관계의 악화, 파업으로 치닫는 상황, 과중한 조합비 부담이었다. 일반인의 경우 가장 큰 단점은, 38%가 노사 관계 악화라고 지적했으며, 뒤를 이어 29%가 파업으로 치닫는 상황이라고 답변했다. 과중한 조합비 부담이라고 답변한 비율은 20%였다. 조합원의 경우는 32%가 노사 관계 악화를 가장 큰 문제로 지적했으며, 29%는 노조의 혜택보다 과중한 조합비 부담을 들었다. 파업 상황으로 치닫는 문제는 18%만이 단점이라고 답했다.[21]

결론 3. 노동자들이 원하는 노동자대표제
: 노조와 노조가 아닌 형태들

앞서 언급했듯이 실질적으로 미국의 노동 시스템이 제공하는 노동자들의 집단적 발언 형태는 하나밖에 없다. 비밀투표를 통해 교섭 단위로 인정된 노동조합이 그것이다. 노동자들은 이 유일한 대표 조직을 통해 회사와 단체교섭을 할 수밖에 없다. 이외에 독립적이고 집단적으로 경영진과 소통할 수 있는 발언 형태는 없다. 따라서 노동자의 집단적 발언 기구를 다루는 대다수의 노사 관계 연구는 노동조합에 대한 노동자

노조 설립에 대한 지지 경향(하트 리서치 서베이, 1984~2005)

단위: %

귀하의 직장에서 노조 설립 여부를 묻는 투표가 내일 시행된다면 다음 중 무엇을 선택하시겠습니까?

반드시 노동조합 결성에 찬성할 것이다.
아마도 노동조합 결성에 찬성할 것이다.
아마도 노동조합 결성에 반대할 것이다.
반드시 노동조합 결성에 반대할 것이다.

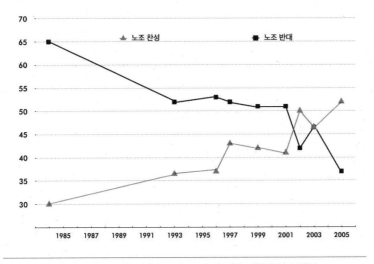

출처: 1983년을 제외하곤 모두 Peter D. Hart Research Associates에서 수행한 여론조사 결과다.

들의 열망에 초점을 맞춰 왔다. 그렇다면 노동조합이 없는 회사의 노동
자들은 노조를 원하고 있을까? 이를 알아보기 위해 WRPS는 다음과 같
은 질문을 던졌다. "만약 노동자들을 대표할 기구로 노조 설립 여부를
결정하는 투표가 오늘 열린다면, 찬성하시겠습니까 아니면 반대하시
겠습니까?" 노조가 없는 기업의 응답자 중 32%가 노동조합을 지지한
다고 선택했다. 1970, 80년대에도 노조 설립 찬성 여부를 묻는 설문조
사가 있었는데, 당시의 결과와 WRPS의 결과는 대체로 비슷했다. 우리
의 조사에서 노동조합에 가입한 노동자의 경우는 90%가 노조를 지지

할 것이라고 응답했다. 무노조 기업의 노동자와 노동조합원에 대한 WRPS의 조사 결과를 종합하면, 민간 기업 부문에서 노조를 지지하겠다는 비율은 44%로 꽤 높으며, 조사가 이뤄진 1995년 당시 실제 노동조합 설립률의 네 배에 이른다.

1993~2005년까지 하트 리서치 역시 설문조사를 통해 노동조합 설립에 관한 찬반 의사를 물었다. 1984년에는 여론조사 기관 해리스가 유사한 문항으로 설문을 실시했다. 〈자료 1-6〉은 두 조사를 종합한 결과다. 1984년에 이뤄진 해리스의 설문조사를 먼저 보면, 무노조 기업 노동자의 30%가 노동조합 설립에 찬성투표를 하겠다고 대답해 WRPS와 유사한 결과를 보였다. 1993년 하트 리서치의 노조 설립 찬성 응답률은 37%로 WRPS의 조사 결과보다 높았다. 가장 인상적인 것은 시간이 지날수록 노조 설립에 찬성할 가능성이 증가한다는 점이다. 2002년과 2005년, 대중적으로 잘 알려진 그 어떤 여론조사를 살펴봐도 노조 설립에 찬성한다는 노동자의 비율이 반대한다는 비율을 넘어선다. 앞선 하트 리서치의 조사가 맞는다면, 현재 미국은 노동조합 형태의 노동자대표제를 추구하는 흐름에 올라탄 셈이다.

그러나 최근의 모든 설문조사에서 노조 설립을 원하는 비율이 그처럼 높게 나타나지는 않았다. 2005년 유명한 여론조사 기관인 조그비의 설문조사를 보면, 무노조 기업 노동자들 가운데 노동조합 설립에 찬성하는 입장은 36%였다.[22] 찬성 비율은 1995년 WRPS 설문조사의 32%보다는 4%p가 높았지만, 같은 해에 나온 하트 리서치의 53%보다는 한참 낮았다.[23]

어떤 면에서 보면, 이런 비율의 변화만으로 미국의 노동 시스템을 이해하기는 어렵다. 어쨌든, 종합해 보면 32%든, 36%든, 53%든 간에 미국 노동자들 가운데 다수가 노조를 원하고 있지만, 기존의 노동 시스템하에서 그 바람을 실현하지 못하고 있다는 점을 알 수 있다. 미국 노동자들 가운데 3분의 1 내지 2분의 1이 요구하는 노동조합주의는 아직 달성되지 못했다.

동시에 중요한 사실은 정말로 노조 설립의 요구가 〈자료 1-6〉에서처럼 높아지는 추세인가의 문제다. 설문조사의 수치는 다르게 나타나고 있지만, 본질은 같은 것인가? 아니면 노동조합을 통해 집단적으로 발언하고 싶은 노동자들의 요구에 변화가 일어나고 있는가?

WRPS 이후 노동자들이 얼마나 더 노조 친화적인 성향을 띠는지 갤럽과 하트 리서치의 설문조사를 통해 알아보자. 미국 대중에게 노동조합에 대한 태도를 묻는 내용이다. 검토에 들어가기 전 우리의 가설은 이랬다. 실제로 노동조합 지지도가 증가하는 추세라면, 노동조합주의에 관한 여러 질문에서 비슷한 경향이 나타나야 한다. 오로지 노동조합 인증 선거에서만 친노조 성향이 보여서는 안 된다. 〈자료 1-7〉은 1947~2005년까지 갤럽이 "당신은 노동조합에 찬성합니까, 반대합니까?"라는 질문으로 조사한 결과다. 미국에서 노동조합을 찬성하는 비율은 항상 반대하는 비율을 상회했다. 그러나 1947~81년까지 찬성과 반대 사이의 격차는 40%p에서 20%p로 감소했다. 이후의 경향은 뒤바뀌어 1995~2005년까지는 노동조합 설립에 반대하는 비율이 급격히 감소했다. 2005년 찬성 비율과 반대 비율 사이의 격차는 43%p에 이르렀는데 1947년의 찬반 차이보다 조금 더 커진 것이다. 노조 가입을 원하는 노동자들이 크게 늘어났기 때문이다.

또한 갤럽은 과연 노조가 사회적으로 일정한 영향력을 미치길 원하는지 물어보았다. 그 결과 노동조합의 영향력이 커지길 바라는 노동자의

자료 1-7

노동조합에 대한 찬성과 반대(갤럽과 하트 설문조사, 1947~2005)

단위: %

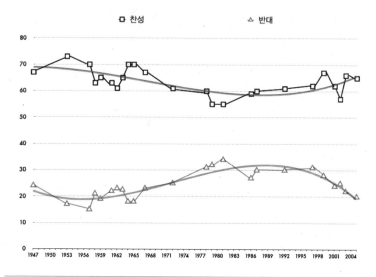

일반적으로 당신은 노동조합 설립에 찬성합니까, 반대합니까?

□ 찬성   △ 반대

출처: 1947~2000년까지는 Gallup. 2001~05년까지는 Peter D. Hart Research Associates, Study no. 7518 (2005/02)

비율이 증가하고 있었다. 2005년의 경우 응답자의 38%가 노동조합이 더 많은 영향력을 미치길 원했으며, 30%는 영향력이 축소되기를 원했고, 나머지 29%는 현재 수준에서 유지되기를 원했다. 6년 전인 1999년 에는 30%가 노조의 영향력이 증가하기를 원했는데, 2005년과 비교하면 8%p가 적은 것이다. 또 당시 32%는 노조의 영향력이 작아지기를, 나머지 36%는 현 상태로 유지되기를 바랐다. 하지만 2005년의 조사에 선 미국 노동 시스템에 문제가 될 만한 징후가 보이기 시작했다. 응답자의 53%는 시간이 지남에 따라 노동조합이 약해지리라고 예상했던 것이다. 1999년의 같은 질문에서 이런 대답은 44%에 그쳤다.[24]

노동조합의 역할에 대한 판단

이 책의 4장은 WRPS의 결과를 바탕으로 노동자들이 노동조합을 어떻게 바라보는지 보여 준다. 여기서 발견한 사항은 크게 두 가지다. 첫 번째는 만약 미국의 전국노동관계위원회가 관장하는 대표 인증 선거에서 노동조합 지지 여부를 놓고 투표한다면 조합원들은 어떤 선택을 할 것인가의 문제다. 조합원들은 90%라는 압도적인 비율로 현 노조를 지지하겠다고 답했다. WRPS 이후의 설문조사 중 하나인 버클리 대학의 2002년 캘리포니아 노동 인력 설문조사는 똑같은 주제에 관해 우리의 설계를 그대로 도입했다. 이때도 지지하지 않겠다는 응답은 13%에 그쳤고, 86%가 현 노조를 지지하겠다고 답했다.

두 번째는 압도적 지지에도 불구하고 노동조합원들은 노조를 비판적으로 바라본다는 점이다. 조합원들은 대체적으로 지역의 단위 노조가 역할을 잘한다고 생각하지만, 전반적인 노동운동과 삶의 질 개선에 대한 노동조합의 노력에 대해선 비판적이다. 3장에서 지적하겠지만 노동조합이 있는 기업의 노동자들은 노조에 애착은 있으나, 결코 맹목적이지는 않다. 〈자료 1-8〉은 버클리 대학의 캘리포니아 조사와 하트 리서치, 해리스의 설문조사를 종합해 다양한 영역에서 노동자들이 어떻게 노동조합을 평가하는지 보여 준다. WRPS의 결과와 마찬가지로 대다수 조합원들은 임금, 복지 혜택, 작업환경을 향상시키는 항목(1번 문항), 직원들의 발언권을 더 많이 보장하는 항목(2번)에서 소속 노동조합에 중간 등급을 매겼다. 두 항목의 경우 많은 구성원들은 노동조합이 어느 정도 효과적이거나 그다지 효과적이지 않다고 중간 수준의 평가를 내린 것이다. 노동조합의 전반적인 성과나 노조와의 경험에 관한 질

자료 1-8

노동자들이 생각하는 노동조합의 효과에 대한 WRPS 이후 설문조사 결과

조사 대상 그룹 A: 노동조합원

1. (Hart, 2003) 임금 인상, 복지 혜택 제공, 조합원을 위한 작업환경 조성이란 측면에서 최근의 노동조합을 전반적으로 평가하신다면 얼마나 효과적이라고 생각하십니까?

매우 효과적이다.	24%
적당히 효과적이다.	36%
어느 정도 효과적이다.	32%
효과적이지 않다.	8%

2. (California, 2002) 조합원들에게 더 많은 직장 내 발언권을 부여한다는 측면에서 노동조합이 얼마나 효과적이라고 생각하십니까?

매우 효과적이다.	22%
어느 정도 효과적이다.	38%
별로 효과적이지 않다.	22%
효과적이지 않다.	9%

3. (Hart, 2003) 현재 가입하고 있는 노동조합을 생각해 볼 때, 조합원을 대표한다는 측면에서 노동조합의 수행 정도에 등급을 매긴다면 다음 중 어느 것입니까?

훌륭하다.	20%
좋다.	52%
그다지 좋지는 않다.	20%
나쁘다.	7%
모르겠다.	1%

4. (California, 2002) 귀하가 개인적으로 경험해 본 노조는 어떠했습니까?

매우 만족스러웠다.	23%
만족스러웠다.	54%
그다지 만족스럽지 못했다.	17%
매우 불만족스러웠다.	6%

5. (Harris, 2005) 노동조합이 조합비만큼의 가치를 제공하고 있다는 사실에 동의하십니까?

매우 동의한다.	26%
어느 정도 동의한다.	35%
매우 부정한다.	20%
어느 정도 부정한다.	19%

조사 대상 그룹 B: 일반인

6.(Hart, 2003) 노동조합은

조합원이 내는 조합비만큼 대표자로서의 역할을 훌륭히 수행한다.	36%
제공하는 혜택보다 더 많은 조합비를 걷는다.	39%
두 가지 혼합 / 모두	5%
잘 모르겠다.	20%

7. (Harris, 2005) 노동조합의 성취도에 어떤 등급을 매기시겠습니까?

훌륭하다.	7%
좋다.	25%
그럭저럭 좋다.	48%
나쁘다.	17%
잘 모르겠다.	3%

출처: The Harris Poll no. 68(2005/08/31), "지난 10년 사이 노동조합에 대해 부정적인 태도에서는 거의 변화가 없는 것으로 나타난다."; Peter D. Harris Associates, Study no. 6924(2003/02); 2001~02 *California Workforce Survey*, http://sda.berkeley.edu/cgi-bin/hsda?harcsda+calabor

문에서도 유사한 결과가 나타났다. 3번 문항에 나온 2003년 하트 리서치의 조사 결과를 보면, 조합원의 대표자로서 노조의 활동 수행 정도를 묻는 질문에 20%가 훌륭하다, 52%가 좋다, 20%가 그다지 좋지는 않다, 7%가 나쁘다고 답했다. 4번 문항은 캘리포니아 조사의 결과인데, 질문과 조사 대상 선정 방식이 다른데도 불구하고 하트 리서치와 유사한 패턴을 보인다. 즉 노동조합과의 개인적 관계에 중간쯤의 평가를 내린 것이다. 5번 문항에서 2005년 해리스의 여론조사를 보면 조합원의 61%는 그동안 납부한 조합비만큼의 가치를 노조가 했다고 말했지만, 39%는 동의하지 않았고, 19%는 강하게 부정했다.

　나머지 문항들은 노동조합이 조합원의 대표로서 역할을 잘하는지, 조합원이 아니라 일반 대중의 의견을 물었다. 대중의 견해는 조합원보다 덜 긍정적이었다. 2003년 하트 리서치의 설문에 따르면, 대체로 일반 대중의 의견은 비슷하게 나뉘었다. 36%는 노동조합이 조합비 만큼 대표 역할을 잘하는 중이라는 입장이었고, 39%는 노조의 혜택에 비해 조합비가 너무 많다는 입장이었다. 2005년 해리스의 조사에서 일반 대중의 7%는 노동조합이 훌륭하게 업무를 수행한다고 답했으며, 25%는 꽤 잘하고 있다고 응답했다. 반면에 48%는 그럭저럭 좋다고 평했으며, 17%는 나쁘다고 평가했다. 표에는 나타나 있지 않지만, 노동조합에 가입한 조합원들의 가족 구성원도 노조 활동 전반에 대해 약간 높은 평가를 했을 뿐이다.

WRPS에 따르면 노동자들의 만족도가 가장 낮은 분야는 노조의 정치 활동 개입과 관련된 것이었다. 2005년 해리스의 조사 결과를 보면 노조의 정치 참여는 조합원과 일반인 모두에게 만족스럽지 못하다는 평가를 받았다. 대중의 67%가 노동조합이 지나치게 정치 참여적이라고 지적했다. 60%는 노조가 변화를 위해 노력하기보다 변화에 맞서는 데 집중한다고 응답했으며, 55%는 노조가 개인의 문제 제기를 억압한다고 말했다. 하지만 동시에 일반인들 가운데 과반수는 노동조합이 조합원과 비조합원을 넘어 모든 노동 계층에 이로운 법안을 마련할 것이라고 믿고 있었다.

이처럼 노동조합에 대한 견해는 미묘하면서도 비판적이다. 과연 일반 대중과 조합원들의 신뢰와 불신은 노조의 어떤 활동 영역에서 갈리는가? 2001년 하트 리서치는 이 문제를 알아보기 위해 설문 참여자에게 "다양한 공공 정책 현안에서 논쟁이 있을 때 노동조합이 얼마나 긍정적인 기여를 하리라 확신하는가"라는 질문을 던졌다. 〈자료 1-9〉가 보여 주듯 일반 대중과 조합원들은 사안마다 노조에 대한 판단이 매우 달랐다. 양측 모두 직장 내 현안, 즉 노조가 전문성을 가지고 있다고

자료 1-9

공공 정책과 관련한 논쟁에서 노조의 기여도에 대한 노동자들의 신뢰도

국내 현안과 관련한 논쟁에서 노조는 얼마나 기여한다고 생각하는가	"많다" ①(%)	"많지 않다" + "없다" = ②(%)	① - ② (%p)
일반 대중			
직장 내 보건 및 안전	41	10	31
초과근무 수당과 주당 근무일 수를 다루는 법률	32	9	23
노동과 가족 관련 이슈(예: 가족의료휴가법)	29	13	16
의료보험	26	18	8
근로빈곤층 지원책	21	24	-3
노인 의료보험	20	27	-7
사회보장	17	29	-12
경제정책	12	22	-10
무역협정	13	32	-19
환경 정책	10	35	-25
세금	7	31	-24
이민정책	10	34	-24
노조원			
직장 내 보건 및 안전	60	0	60
초과근무 수당과 주당 근무일 수를 다루는 법률	57	0	57
노동과 가족 관련 이슈(예: 가족의료휴가법)	48	8	40
보건의료	36	16	20
근로빈곤층 지원책	36	22	14
노인 의료보험	19	16	3
사회보장	28	17	11
경제정책	24	11	13
무역협정	19	26	-7
환경 정책	17	38	-21
세금	12	30	-18
이민정책	17	34	-17

출처: Peter D. Hart Research Associates, Study no. 6221(2001/01).

판단되는 분야에 대해서는 노조의 말을 상당히 신뢰하고 있었다. 예를 들어, 기본급 확보나 빈민 구제 등과 관련된 현안들에 대해서는 노조를 신뢰했다. 하지만 좀 더 폭넓은 정책 이슈들에 대해서는 노조의 말을 신뢰하지 않았는데, 심지어 세금, 무역협정, 이민정책 등과 같이 노동자들에게 명백히 중요한 현안들에 대해서도 그랬다. 물론 조합원들은 일반 대중보다 노조를 더 믿었지만, 직장 내 현안의 범위를 넘어서자마자 신뢰도는 급격히 떨어졌다.

이 증거들은 무엇을 의미할까? 대중과 조합원들은 노동이나 업무와 관련된 현안들에서 노조가 영향력과 발언권을 가진다고 인정한다. 반면 특별한 전문지식이 없는 회사 밖의 문제에 노조가 설득력 있는 견해를 제시한다고는 여기지 않는다. 즉 공공 정책 분야에서 영향력을 발휘하기 위해선, 노조가 직장 내 현안에 대해서부터 먼저 권위를 인정받아야 한다는 것을 의미한다.

간과하고 있는 제도들: 노조 이외의 통로들

WRPS 프로젝트의 최대 혁신은 노동자들이 경영진 앞에서 자신들의 이해관계를 대변할 제도를 선택하는 데 있어서 좀 더 폭넓은 선택지를 제공한 데 있었다. 일반적으로 미국의 노동 시스템과 기존의 다른 설문조사들은 노조를 찬성하느냐 반대하느냐에만 초점을 맞추었기 때문이다. 7장에서 소개하겠지만 설문조사 과정에서 인상적인 결과가 나왔다. 단체교섭권이 보장되지는 않지만 경영진과 현안을 논의하는 노사협의회를 원한다는 노동자의 비율이 자신을 대변해 줄 노동조합을 원하는 노동자의 비율보다 높았다. 우리는 노동자들에게 직장 내에서 발언권을 키우고 공정하게 대우받기 위해 노동조합, 법률 제정, 노사협의회 중 하나를 선택하라고 했다. 그러자 52%가 노사협의회를 택했다. 또 이번에는 '협상하는 노동자 조직'(모든 면에서 노동조합을 가리키지만 명칭만 바꿈), 법률 제정, 노사협의회, 아무것도 필요 없다 중에서 선택하라고 했다. 이때는 46%가 노사협의회를 골랐다. 일반적으로 조합원들은 노동조합이 유지되기를 원하면서도 자문위원회Consultative Committee에 대해서도 매우 호의적인 반응을 보였다.

WRPS 이후의 설문조사들은 우리가 제시하고 노동자들이 원했던 노사협의회의 장점을 제대로 파악하지 못했다. 하지만 노동자들이 이 제도의 매력을 인식했다는 사실 정도는 확인하고 있다. 〈자료 1-10〉은 하트 리서치의 설문조사로, **노동조합이 아닌** 임의의 노동자 협의회'Employee Association가 노동자들의 이해를 대변하고 경영진과 정기 회의를 가진다면 지지할 것인지 물었다. 종합하자면 설문에 응한 노동자들의 약 40%가 "반드시 찬성하겠다"고 답했고 다른 40%가량은 "아마도 찬성할 것이다"라고 말했다. 반드시 또는 아마도 반대할 것이라는 응답은 18%에 그쳤다. 1997년의 조사에서 하트 리서치는, 노동자 협의회를 원하지만 노동조합은 원하지 않는다고 응답한 노동자에게 둘이 뭐가 다르다고 생각하는지 물었다. 10%는 조합비를 내고 싶지 않아서라고 답했고, 7%는 협의회가 노조만큼 강력하거나 지배력이 크지 않을 것 같아서라고 답했다. 하지만 대다수의 이유는 대립적인 관계를 기피하는 경영진과 대화하고 싶어서였다. 이를 자세히 살펴보면 19%는 협의회가 (노조보다는) 덜 적대적으로 자기 목소리를 낼 것이라는 이유에서였고, 16%는 협의회가 노동자의 이익을 더 잘 지켜 줄 것이라고

자료 1-10

경영진과의 관계에서 노동자의 이익을 대표하기 위해 노동조합이 아닌 임의의 노동자 협의회를 설립하자는 찬반 투표에서 응답자들의 분포

단위: %

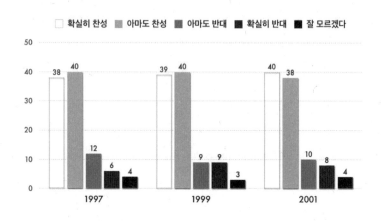

출처: Peter D. Hart Research Associates, Study no. 6221(2001/01). 질문은 다음과 같았다. "당신의 회사에 노조가 아닌 노동자 협의회를 만들자는 제안이 나왔다고 가정해 보자. 이는 노동자들의 이해관계를 대변하고 정기적으로 경영진과 만나 중요한 직장 내 현안에 대해 논의하는 기구라 한다. 당신은 노동자 협의회를 설립하는 것에 대해 어떻게 생각하는가?"

생각해서였으며, 마지막으로 14%는 협의회가 의사소통을 더 잘할 것 같아서라고 답했다. 따라서 노동조합보다 협의회를 선호하는 응답자의 절반가량이 원하는 것은, 회사에서 단체교섭이나 조합비 납부, 노조 조직화 실패 등에 대한 걱정 없이 독립적인 발언권을 갖는 데 있었다.

2001년 하트 리서치는 노동조합과 노동자 협의회에 대한 지지도의 연관관계를 조사했다. 분석 결과 노동조합을 선택한 노동자의 92%는 협의회를 선호했는데, 아마 협의회를 기존의 노조 외에 추가로 존재하는 조직으로 생각한 듯하다. 노동조합을 반대하는 노동자 가운데 68%는 노동자 협의회를 선호했다. 이들은 전통적인 노동조합 지지자

자료 1-11

노동자 협의회를 지지하는 사람들과 노동조합을 지지하는 사람들의 비율(2001년)

단위: %

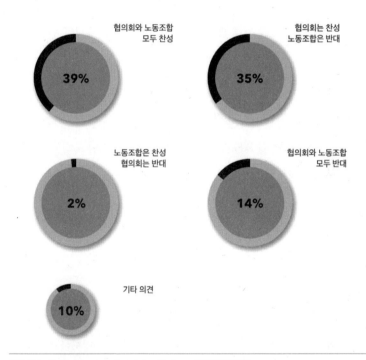

협의회와 노동조합
모두 찬성

39%

협의회는 찬성
노동조합은 반대

35%

노동조합은 찬성
협의회는 반대

2%

협의회와 노동조합
모두 반대

14%

기타 의견

10%

출처: Peter D. Hart Research Associates, Study no. 6221(2001/01).

들과는 매우 달라 보인다. 상대적으로 공화당 지지자, 사무직·고소득
노동자에 백인일 확률이 높다.[25] 〈자료 1-11〉은 이처럼 복잡한 반응
을 고려해 노동자들의 성향을 네 가지 — 노동조합과 노동자 협의회 모
두를 선호하는지, 노동조합만 선호하는지, 협의회만을 선호하는지, 둘
다 선호하지 않는지 — 로 분류한 결과다. 노동조합과 협의회 모두를
지지한다는 39%가 가장 큰 비중을 차지하고 있으며, 이들은 집단적

발언권을 가장 강력히 지지하는 이들이다. 현재 미국의 노동법 체계에서 [노동자 협의회가 합법적으로 인정되지 않기 때문에] 노동조합은 결코 이들을 대표하지 못한다. 두 번째로 큰 비중을 차지하는 이들은 노동자 협의회는 선호하지만 노동조합은 선호하지 않는 이들로 35%였다. 현재 미국의 노동법이 그대로 유지된다면, 이들은 누구도 자신이 원하는 대표제와 참여의 기회를 얻지 못할 것이다. 자신이 원하는 바를 달성할 유일한 집단은 노조와 협의회 모두에 반대하는 14%의 노동자뿐이다.

전체적으로 WRPS 결과에 따르면, 노동자들의 노조에 대한 지지도는 1990년대 중반보다 2000년대 들어 더 증가한 것처럼 보인다. 하지만 노동자들이 노동조합을 원하든 원하지 않든 간에 가장 인기 있는 제도는 직장 내 의사 결정 과정에서 자신들을 대표해 줄 독립적인 노사협의회다.

결론

WRPS 이후 진행된 설문조사들은 이 책의 각 장에서 제시할 결론들을 뒷받침해 줄 것이다. 우리의 조사가 이뤄진 1990년대 중반과 마찬가지로, 개정 증보판이 나온 2000년대 중반의 노동자들도 직장 내의 노동자대표제와 참여에 있어서 희망 수준과 현재 수준에 상당한 격차가 존재한다고 말한다. 10년 전에 그랬듯이 2000년대에도 노동자들은 노동조합에서부터 경영진과 여러 현안을 함께 논의하는 노사공동위원회 Joint Committee에 이르기까지 자신들의 목소리를 더 잘 전달해 줄 다양한 통로들을 찾고 있다. WRPS와 여러 설문조사를 보면 노동자들은 경영진과의 협력적 관계를 원하지만 불신은 더 커졌다. 경영진이 자신의 이익만 챙긴다고 생각하기 때문이다. 또 2000년대의 설문조사 역시 노동자대표제와 참여에 대한 요구가 WRPS 프로젝트 당시보다 더 증가했다는 사실을 말해 준다.

우리의 프로젝트 당시보다, 아니 그때 이상으로 노동자들이 더 많은 목소리를 내려 하는 이유는 그동안 고용 시장에서 벌어진 사건들 때문이다. 1990년대 후반의 경제적 호황과 생산성 증가에도 불구하고 미국 경제는 임금 상승을 거의 허용하지 않았다. 노동자에 대한 기업 측의 의료보험과 연금 제공 실적은 1990년대 중반보다 더 줄어들었다. 대기업들은 불법적인 경영을 자행하다 파산에 이르기도 했다. 세계화는 고용 보장과 임금 및 복지 혜택의 상승 기회를 현저히 감소시켰다. 노조에 의해 대표되는 노동자들의 비율은 계속해서 감소하는 추세다. 노동자의 입장에서 보면 노동법은 대공황기에 시행되기 시작해 그 이후 약간의 수정을 거치긴 했지만 기의 변한 게 없다. 이 모든 사실에도 불구하고 우리는 개정 증보판에 새로 추가한 8장에서 이와 같은 상황을 개선할 방안들을 검토해 볼 것이다. 하지만 우선은 우리의 연구 결과가 10년 전과 다름없이 유효하다는 점을 염두에 두고 WRPS가 수집한 "노동자가 원하는 것"에 대해 자세히 살펴보자.

1장

노동정책은
노동자에게

일하러 가는 게 즐거우십니까? 회사의 윗분들은 당신과 동료들을 공정하게 대우해 줍니까? 당신은 직장과 업무에 더 많은 영향력을 미치기를 바랍니까? 그렇다면 다음 중에서 무엇이 가장 필요한지 한 번 생각해 보세요. 경영진과 좀 더 개인적인 의사소통을 나누는 것인가요? 당신을 대표할 노동조합을 건설하는 것입니까? 노조가 아니라면, 경영진과 의견을 나눌 수 있는 노동자 위원회의 구성원으로 참여하는 것입니까? 혹시 법적인 보호 장치를 더 많이 확충하는 것인가요?

미국이라는 나라에서, 내가 얼마나 잘 사느냐 하는 문제는 두 가지에 달려 있다. 즉 고용 시장에서 얼마나 능력을 발휘해 좋은 직장을 얻는지, 그리고 회사가 나와 동료들을 어떻게 대우하는지에 따라 결정된다. 이런 현상은 다른 선진 국가들에서보다 미국에서 특히 심하다. 실제로 미국인은 다른 선진국 사람들보다 더 많은 시간을 직장에서 보낸다. 생활수준 역시 직장에서 얻는 수입과 회사의 복지 혜택에 더 크게 의존한다. 다른 나라에서는 정부가 전체 국민을 대상으로 다양한 복지 혜택을 제공하지만, 미국에서는 유급휴가, 직업교육, 의료보험 등을 회사 측의 결정으로 시행하며 혜택의 수준도 직장마다 다르다. 물론 일부 제조업과 서비스업 분야에서는 정부가 일정한 기준을 제시하며 회사 측에 따르라고 요구하기도 한다. 하지만 노동조합의 힘은 약하고 단체교섭은 제한적으로 진행되기 때문에 소기의 성과를 달성하기 어렵다. 실례로 미국 민간 기업의 노동자 중 겨우 10%만이 노동조합에 가입되어 있으며, 단체교섭을 통한 합의는 노조가 설립된 기업으로 한정된다.[1] 그 결과, 미국의 노동 시스템에서 '좋은' 일자리와 '나쁜' 일자리 사이의 격차는 다른 나라의 경우보다 더 클 수밖에 없다. 노동자들을 어떻게 취급할지 결정하는 데 있어서, 미국 기업의 사용자들은 다른 선진국의 기업들보다 더 많은 권한을 가지고 있다.

이처럼 미국인의 삶에서 직장 생활이 큰 비중을 차지하고 있고 [노동자보다는] 고용주가 그 직장 생활의 질에 [더 큰] 영향력을 미치고 있음에도 불구하고, 미국은 지금까지 반세기가 지나도록 노사 관계를 규정하는 기본 틀을 진지하게 검토해 본 적이 없다. 미국 노사 관계의 기본 틀은 제조업 공장이 보편적이고 남성 노동자가 대부분을 구성하던 1930, 40년대에 형성되었다. 당시 미국 정부는 작업장을 가장 잘 관리할 수 있다는 판단에서 노조 설립과 단체교섭을 장려했다. 하지만 경제의 구조와 환경이 크게 변한 오늘날, 노동조합은 과거의 실체를 잃고 이름뿐인 존재가 되었다. 낡은 노동법 역시 성공적인 노동자 조직을 만들어 내는 데 도움이 안 됐다. 시대에 뒤떨어진 노동 시스템에도 불구하고, 미국은 작업장의 관리·운영 방식에 대해 국가 차원의 진지한 논의를 해본 적이 없다.[2]

거의 2, 3년마다, 노동계와 재계는 노동법 개정을 제안했지만, 보통 이런 제안들은 근본적인 개혁을 추진하기보다는 기존 틀을 만지작거리는 정도에 그쳤다. 노조의 힘이 약한 주에서 노조들은 모든 가능성을 열어 둔 채 노동법 개정 논의를 할 경우 어떤 결과를 초래할지에 대해 불안해한다. 기업은 노동조합보다는 우위를 점하고 있기 때문에, 현 시스템의 비효율성을 알면서도 유지하려 한다. 결국 대부분의 개혁 논의는 그들만의 리그에서 벌어지는 싸움으로 비치는데, 자기들끼리는 죽도록 싸우지만 일반 대중들로부터는 외면받는 것이다. 미국의 노동정책에서 흥미로운 점은 가장 많은 영향을 받는 당사자, 즉 노동자 자신이 논의 테이블에 앉지도 못한다는 사실이다. 이는 정말 희한한 상황으로, 마치 선거를 치루면서 귀찮다고 개표도 하지 않는 것과 같다.

이 책의 목표는 기업의 노동자가 과연 무엇을 원하는지 알리는 것이다. 작업장을 관할하는 법률과 규칙의 방향, 기업 지배 구조 개선 방안 등에 대한 국민적 논쟁을 촉진시키고, 정책 당국이나 노사 지도자가 아니라 노동자가 원하는 것을 알리고자 한다는 말이다. 이 책은 공동 저자인 리처드 프리먼이 클린턴 1기 행정부의 미래노사관계위원회Commission on the Future of Worker-Management Relations에 제공한 자료에서 출발했다. 이 위원회는 노동법 개정을 위해 구성된 공적 기관이다. 그러나 초기에 진행된 공청회 자리는 법 개정과 관련된 내부 참여자들의 입장에만 초점을 맞추었을 뿐, 현장 노동자들이 무엇을 원하는지에 대해선 크게 주목하지 않았다. 법 개정 논쟁에 노동자의 목소리를 반영하기 위해, 우리는 노동자들의 현재 직장 생활에 어떤 문제가 있는지, 그리고 어떻게 개선되어야 할지에 대한 노동자 자신의 견해를 최대한 객관적이고 과학적으로 조사해 보기로 했다. 이 책은 그 과정에서 진행된 '노동자대표제와 참여에 관한 설문조사'WRPS의 결과이다.

여기 등장하는 미국 노동자들의 목소리가 자극과 길잡이가 되어 우리 시대 노동자들과 회사들에 맞는 노동정책 개혁과 노동제도 발전에 힘을 보탤 수 있기를 바란다.

공정하고 정확한 조사를 위한 숨은 노력들

최근 30년 동안 여러 설문조사들이 직장 내 권력 및 노사 관계에 대한 노동자들의 시각을 알아봤지만, WRPS 프로젝트는 가장 광범위한 연구 분석이라고 우리는 자부한다.[3] 이 프로젝트를 통해 우리는 노동자들이 추구하는 직장 내 노동자대표제 및 참여의 수준과 종류를 조사했다. 또 노동자들이 노동조합, 경영자 주도적 인사관리, 정부 규제 등 작업장의 지배 구조에 관한 기존 제도를 어떻게 평가하는지, 그리고 노동자들이 원하는 개혁의 유형은 무엇인지 판단하고자 했다. 조사 대상에 관리자는 포함시켰지만 최고 경영자와 노무·감독 업무를 수행하는 이들은 제외했다.

조사 과정은 유사 직종의 노동자들로 구성된 조사 대상 집단들을 단위로 설정했으며, 전국에서 2,400명 이상을 대상으로 개인당 30분간의 전화 설문을 진행했다. 이중 8백여 명의 최초 응답자를 대상으로 우편·전화를 통한 추가 설문이 이뤄졌다. 추가 설문은 앞선 조사의 응답을 철저히 분석한 뒤에 실시했고, 노동법 개혁안에 대한 자료도 조사 대상자들에게 미리 보내 읽어 보도록 한 뒤 반응을 수집했다. WRPS 이후 우리의 결과를 검증·재현하기 위해 전국적인 규모의 유사 프로젝트가 다수 등장했다.[4] 모든 자료를 취합한 결과, 우리는 연구자들의 관심을 끌 만한 엄청난 양의 데이터를 확보했다.[5]

사실 WRPS는 논쟁거리가 많은 프로젝트였다. 노사 관계란 원래 논쟁적인데다, 어쨌든 조사 결과가 정책에 영향을 미칠 것으로 보였기 때문이다. 우선 기업의 의사 결정 과정에 노동자가 참여하는 방식에 대한 논란이 있다. 개인적인 방식도 가능하고, 노동조합이 대표하도록 할 수도 있고, 그 외 제삼의 통로도 있을 수 있다. 어떤 방식이든 직장 내 권력의 분배와 관련되기 때문에 대립은 첨예하다. 노사는 이런 권력 분배를 둘러싸고 의회와 행정부 앞에서 주기적으로 논쟁을 벌인다. 특정 문구, 법조문의 어휘 하나하나, 그리고 각종 전문용어들에도 — 예컨대 노동권법right-to-work laws,◀ 기업별 노조, 파업 참가자 대체 근무, 팀워크, 그리고 심지어는 노동법 개혁에 이르기까지 — 양측은 아주 민감하게 반응한다. 이런 반응은 실제 밑바닥 작업 현장에서 벌어지는 각종 논란과 긴장을 반영한 것으로, 우리가 모집한 응답자들의 회사들도 마찬가지였다. 그런 분위기에서 노동자들이 직접 참여나 대표제 등을 통해 진정으로 얻고자 하는 것은 무엇인지를 알아내기란 쉬운 일이 아니다. 노동자들이 우리에게 솔직히 털어놓고 말할 수 있도록 하기 위해서는 질문지 작성에 특별히 신중을 기해야 했다. 정확한 답변을 얻어 내기 위해서는 여론조사 전문가들이 걱정하는 모든 문제들 — 예컨대 질문 어구, 문항 순서, 답변자 태도를 척도화하는 작업 등 — 에 신경을 써야 했다.

WRPS 조사는 미래노사관계위원회 덕분에 정책에 영향을 미칠 가능성이 있었다.6 위원장은 존 던롭(노동관계론의 권위자이자 전 노동부 장관을 역임했다)으로 위원회는 "던롭 위원회"라 불렸다. 던롭을 비롯해 위원회의 여러 구성원들은 노동자의 목소리를 정책 논의에 반영하려는 우리의 노력을 환영했다. 하지만 재계와 노동계 모두 WRPS가 자신들에게 불리한 결과를 내놓지는 않을까 우려했다.

▶ 노동조합 보호 시책을 금지하는 미국의 주법. 가령 채용 후 일정 기간 안에 노조에 가입해야 하는 유니온 숍 등을 허용하지 않는다.

우리는 이런 긴장들 속에서 순조로운 조사 진행을 위해 WRPS가 공정하고 정확할 뿐만 아니라 조사 결과를 그대로 받아들여야 한다는 점을 확신시키기 위해 노력했다. 우리는 학계에서 권위 있는 조사·분석 전문가들을 선별해 객관성과 타당성을 검증했으며, 더 중요하게는 경영진과 노조 대표자들의 지도 편달을 부탁했다. 노사 양측이 WRPS의 조사 설계가 유효하다고 인정해야 미국 노동자들이 원하는 것을 존중하고 귀 기울일 수 있기 때문이었다. 우리가 조사 과정에서 노사 측과 작업하며 겪은 일들과 그 경험으로부터 얻은 교훈들은 그 자체로 또 중요한 이야기가 되었다. 우리는 이 책에서 WRPS의 조사 결과들뿐만 아니라 이렇게 사회과학을 논쟁적인 공공 정책 이슈에 적용하는 과정의 어려움에 대해서도 보여 주고 싶다.

노사 모두 골치 아픈 진실들

과연 우리는 무엇을 배웠는가? 다음은 기업의 의사 결정 과정에서 노동자들이 원하는 것과 그것을 획득하는 데 있어 그들이 실제로 느끼는 장벽들이다.

- 미국 노동자들은 현재 직장에서 행사하는 권한보다 더 많은 영향력을 원한다. 더 많은 발언권, 더 많은 참여, 제대로 된 대표제 등 어떤 표현을 쓰든 마찬가지다. 우리는 노동자가 원하는 수준의 발언권과 현재 수준 사이의 격차를 **대표제와 참여 사이의 격차**라고 부르겠다. 격차의 크기는 집단별로, 직장 내 현안별로 다양하지만 어디나 존재한다.

- 노동자들이 더 많은 발언권을 희망하는 이유는 두 가지다. 우선 노동조건을 향상시킬 것이고, 또 이로 인해 회사도 더 생산적이고 성공적으로 만들 것이라고 생각하기 때문이다(회사의 성장은 다시 노동자 자신의 삶을 윤택하게 할 것이다).

- 노동자들은 개인적으로뿐만 아니라 집단적으로도 참여의 폭이 더 넓어지기를 원한다. 일반적으로 노동자들은 열린 문 정책open-door policies,◀ 건의함 설치 등 경영진에게 개인적으로 접근할 수 있도록 사용자 측이 제공하는 제도들을 선호한다. 많은 직장 내 현안들에 대해 노동자들은 개인적으로 경영진을 상대하는 것을 선호하지만, 직장 내 의료보험이나 안전 문제, 임금과 복지 혜택 등과 같이 노동자 집단에 영향을 미치는 특정 현안들에 대해서는 집단적으로 소통하기를 원한다. 노동자들은 이 경우에도 대개 그런 집합적 의사 표시가 자신들뿐만 아니라 회사에게도 이로우리라 생각한다.

- 노동자들은 경영진과 **협력적인 관계**를 맺으려 한다. 사실 응답자 중 3분의 1은 경영진이 노동자를 다루는 방식에 불만을 품고 있으며, 노동자에 대한 관심도 및 신뢰도, 권한 공유 의지와 같은 항목들에서 경영진에게 낮은 점수를 준다. 하지만 관행화된 노사 간 갈등으로 문제를 해결해야 한다고 생각하는 노동자는 거의 없다. 오히려 대부분은 노조와 같은 조직들이 효과적으로 작동하려면 경영진의 참여와 지원이 있어야 한다고 생각한다. 노동자들은 경영진과 전쟁이 아니라 건설적인 관계를 원한다.

- 노동자들은 경영진과의 관계에서 **독립성과 함께 이를 보호할 장치**를 원한

▶ 직장 상사와 직원들이 직급을 넘어 동등하게 필요한 대화를 할 수 있도록 하는 제도. 인텔이나 휴렛팩커드 등에 도입된 바 있으며, 말단 직원이라도 필요하면 사장과 만나 자신의 아이디어나 고충을 이야기할 수 있도록 한 것이다.

다. 경영진과 협력적인 관계를 맺는다고 해서 사용자의 어떤 요구에도 "네, 사장님"만을 외치는 그런 관계를 뜻하는 것은 아니다. 이를 위해서는 공동 의사 결정을 위한 몇 가지 조치가 수반돼야 한다. 협력적 관계를 구현할 조직 형태는 어떤 노동자 집단이냐에 따라 다르다. 노동조합원들은 노동조합을 통한 대표제가 지속되길 바라며, 무노조 기업의 노동자들은 대체로 노동조합이 설립되기를 원한다. 단체교섭까지는 아니더라도 대표를 뽑거나 분쟁을 해결하는 데 어느 정도 독립성을 가진 노사협의회 형태를 원하는 노동자들은 훨씬 더 많다. 대부분은 노동자에 대한 정부의 보호조치가 더 많아지길 바라지만, 당국의 지원이 직장 내 조직보다 중요하다는 답변은 손에 꼽을 정도다. 물론 현재로선 노사협의회 같은 조직을 갖춘 직장은 매우 소수다.

• 노동자들은 직장에서 자신이 희망하는 만큼 영향력을 미치지 못하는 일차적 원인으로 **경영진의 저항**을 꼽는다. 노동자들은 기업 역량 강화의 측면에서는 관리자에 높은 점수를 주었지만 사측이 권한을 공유하려 하지 않으며, 의사 결정시 자신들에게 독립성을 허용할 의지도 없다고 생각한다. 또 노동조합을 설립하려면 경영진과의 갈등을 감수해야 하며, 자문위원회에 독립적인 노동자 대표가 참여하는 것조차 경영진은 반대할 거라고 생각한다.

다음은 최근의 직장 내 거버넌스 및 노동자 보호 제도(노조, 인사 정책, 정부 규제)가 작동하는 방식에 대한 노동자들의 생각이다.

• 노동조합이 있는 기업의 노동자들은 노조를 열렬히 지지한다. 대부분의 노동자들은 노조의 대표성을 인정하는 선거에서 노조를 지지하겠다고 밝혔다. 이처럼 조합원들은 단위 노동조합이 자신의 이익을 잘 대변하고 있다고 믿지만, 전국 단위의 상급 단체에 대해서는 회의적이다. 특히 정치 문제에

서는 더욱 그렇다. 무노조 기업 노동자들의 노조에 대한 입장은 이보다 덜 긍정적이었지만, 기회가 주어질 경우 이들 중 3분의 1 정도(32%)는 노동조합을 지지하겠다고 답했다. 여기서 노동조합이 있는 기업과 없는 기업의 응답자들을 모두 합할 경우 우리 조사에서 드러난 노조 지지율은 44%로, 일반적인 미국 민간 기업 직원들의 노조 지지율과 같았다. 44%는 노조 등 노동자대표제를 시행하는 기업에 소속된 응답자의 비율 16%보다 세 배 정도 높고, 미국 민간 부문의 노조 설립률보다 네다섯 배 높은 수치다.7◀

• 노동자들은 일반적으로 경영진이 주도하는 '종업원 참여'employee involve -ment(EI) 프로그램과 선진화된 인적 자원 관리 정책을 환영하지만, 대다수는 이런 프로그램이 직원들에게 권한을 부여할 정도로까지 나아갈 거라고는 생각하지 않는다. EI 프로그램이 있는 회사의 경우 노동자들의 회사 생활에 대한 만족도가 더 높으며, 노동조합에 대한 요구도 상대적으로 적은 편이다. 하지만 대부분의 참여자들은 만약 경영진이 노동자에게 의사 결정 과정에서 더 많은 권한을 부여한다면 프로그램이 더욱 잘 작동할 것이라고 생각한다.

• 노동자들은 직장에서 자신들이 갖고 있는 법적 권한에 대해 일종의 착각에 빠져 있다. 노골적으로 부당해 보이는 행위들은 거의가 불법일 거라고 생각하는 것이다. 하지만 사실 이 나라의 노동법은 "부당하다"고 간주될 만한 많은 행위들을 허용하고 있다(가령 아무 이유 없이 해고가 가능하다). 대다

▶ 이 책의 초판 출판 당시인 1999년, 민간 부문 노조 가입률은 10.4%, 개정 증보판이 발행된 2005년 민간 부문 노조 가입률은 7.5%였다. 2011년 1월 기준으로 미국 전체 노조 가입률은 11.3%이며, 민간 부문은 6.9%로 역대 최저를 기록했다. 2010년 기준으로 한국의 노조 가입률은 9.7%로 OECD 국가 중 최하위권이다.

수 노동자는 회사에 부담이 될 것을 알면서도, 정부가 더 많은 보호조치를 마련해 주길 바란다. 조사 대상 노동자의 5% 이상은 회사에 대한 불만을 법정 혹은 정부의 공식 규제 기구에 제기한 경험이 있으며, 10% 정도가 이를 심각하게 고려한 적이 있다. 그러나 노동자들은 직장 현안을 법적으로 처리하는 상황을 반기지는 않는다. 회사 내의 조직이나 제도를 통한 문제 해결을 선호한다.

마지막으로 노동자들은 직장 내 제도나 기구에 대해 그들이 바라는 바를 다음과 같이 일관되게 이야기하고 있다.

- 대다수 노동자는 직원과 경영진이 공동으로 운영하는 조직을 원한다. 그 조직에는 자신들의 대표자도 선임되어야 하고, 노사 간 갈등은 경영진의 재량이 아니라 독립적인 중재기관을 통해 해결되어야 한다.
- 노동자 대다수는 법적 권리와 관련한 문제가 발생할 경우 중재기관을 통해 해결하기를 원하며, 법정이나 행정기관을 찾는 것보다는 대안적 분쟁 해결 제도를 이용할 거라고 이야기했다. 간혹 고용계약에서 피고용자에게 기업이 만든 중재 시스템에 대한 일방적 동의를 강요하거나, 법적 구제 수단으로 갈 권리를 포기하도록 종용하기도 하는데, 응답자들은 이 같은 행위도 금지되기를 바랐다. 아울러 직장 내 규제위원회regulatory committee도 권한을 확대해서 현행 노동법상 근로 기준의 미비점을 보완해야 한다고 답했다.
- 노동자의 지위 향상을 위해 노사위원회, 노동조합 혹은 경영진과 단체교섭을 하는 노동자 조직, 더 많은 정부 규제 중에서 하나를 고르라고 했을 때 약 25%의 노동자가 노동조합 혹은 이와 유사한 조직을 택했다. 더 많은 정부 규제는 15%에 그쳤다. 노사위원회는 경영진에 대해 독립성을 확보할 수

있고, 선거를 통한 대표 선임도 가능하며, 경영진과 의견 조율에 실패할 경우 이를 외부 중재자에게 위임할 수도 있는데, 약 60%가 선호했다[이 책 7장 〈자료 7-4〉 참조]. 종합해 보면, 45%의 노동자가 (현행 미국의 노사 제도에서는 오직 노동조합만 제공할 수 있는) 아주 독자적인 직장 내 조직을 원했으며, 43%는 어느 정도 제한된 독자성을 갖는 조직을 원했고, 나머지가 경영진만이 지배하는 직장을 원했다[이 책 7장 〈자료 7-2〉 참조].

이제 관리자 측의 이야기도 들어 보자.

- 자기들과 권한을 공유하려 하지 않는다는 노동자의 평가를 관리자들은 대체로 인정한다. 대부분의 관리자들은 노동조합 설립이나, 회사의 지배·관리에 대한 최종 의사 결정에서 자신들을 배제하려는 프로그램에 반대한다.
- 또한 대다수 경영진이 노사공동위원회에서 노동자들의 좀 더 생생한 목소리를 듣고 싶어 했다. 가장 놀라운 점은, 관리자의 약 50%가 직원들이 위원회의 노측 대표를 선거로 뽑는 것도 찬성한다고 밝혔다는 것이다.

(관리자뿐만 아니라) 노동자들이 이런 견해들을 가지고 있다는 사실은 어떤 이들에겐 꽤나 놀라운 사실일 것이고, 많은 이들에게 상당히 골치 아픈 일이 될 것이다. 관리자들은 노동자가 사측의 권한 공유 의지에 낮은 점수를 주고, 회사에서 일정한 독립성을 원하고, 노동조합이 인기 있다는 사실에 불편함을 느낄 것이다. 심지어 노동자 측의 노사위원회 위원 선출이 민주적이라며, 동료 관리자의 절반이 호의적인 태도를 보이는 데 화가 날 수도 있다. 노동조합이나 과거의 계급투쟁의 필요성을 믿는 사람들 역시 불쾌할 수 있다. 경영진의 동의 없이는 직장

내 조직을 실현하기 어렵다는 의견, 급진 노동운동이 관리자들과 협력적 관계를 추구하지 않고 기업의 건강함에 관심이 없다는 노동자들의 견해에 화가 날지 모른다.

이런 결론에 대한 반응은 여러 갈래로 나뉘겠지만, 우리는 이 책이 다음과 같은 확신을 주리라 기대한다. 즉, 노동자들은 기존 제도와 전혀 다른 노사 관계 시스템을 일관되고 강력하게 바라고 있다. 그들은 경영진과 좀 더 협력적이고 동등한 관계 속에서 더 다양한 노동자대표제와 참여 시스템이 도입되기를 희망하고 있다.

우리는 이런 노사 관계 시스템이 미국을 위해 바람직할 뿐만 아니라 실현 가능하다고 생각한다. 새 시스템은 노동자들을 행복하게 만들며, 기업 생산성도 높여 줄 것이다. 하지만 이 책의 목적이 이런 시스템의 도입을 설득하려는 것은 아니다. 그런 시스템의 특징을 기술하려는 것도 아니고, 그것을 달성하기 위해 노동자, 노조, 기업이 어떤 방법을 써야 할지 전략을 세우려는 것도 아니다. 이 책의 목적은 그보다는 좀 더 단순하게, 노동자들의 열망에 대해 가능한 한 명확하고 정확한 사실을 제공함으로써 논의의 장을 여는 데 있다.

왜 노동자가 원하는 것에 주목하는가?

그런데 우리는 왜 '노동자들이 원하는 것'을 알아낸다는 목적만으로도 전체 프로젝트를 진행할 만한 가치가 있고, 또 결국은 책 한 권을 쓸 만하다 생각했을까?

이 프로젝트를 시작할 때도 우리는 이런 질문을 가져 본 적이 없었다. 왜냐하면 거의 모든 사람이 노동자로서 먹고사는 자본주의 사회에서 노동자가 원하는 것이 무엇인지 알아본다는 것은 회사 차원에서나 국가적 차원에서나 제대로 된 노동정책을 발전시키는 데 필수적인 요소라는 게 분명해 보였기 때문이다. 하지만 연구를 진행하는 과정에서 비판자들과 회의론자들은 가끔씩 우리에게 이런 질문을 제기했다. "왜 그런 문제에 주목하는가?" 지금부터 반론들을 정리해 보자.

첫째, 평생직장이라는 게 과거의 유물이 되어 버린 마당에 노동자가 회사에 원하는 것에 대체 왜 주목해야 하는가? 『포춘』의 논의를 따서 우리는 이를 "직장의 종말" 반론이라 부를 것이다.8

또 회사에 불만이 있으면 다른 회사로 옮기면 되는데 왜 노동자가 원하는 것에 신경을 써야 하나? 우리는 이 반론을 "절이 싫으면 중이 떠나야지" 반론이라 부를 것이다.

셋째, 우리가 이 책을 쓰던 당시에는 미국의 모든 고용과 수입 지표가 호조를 보이고 있었다. 비판자들은 **취직도 잘되고 월급도 잘 주는데 왜 직장 내 거버넌스에 주목해야 하느냐**고 말한다. 우리는 이를, 빌 클린턴의 대통령 선거운동 표어의 표현을 빌려, "문제는 경제라고!" 반론이라 부를 것이다.

마지막으로 작업장 운영 체계나 노동법에 대해서는 경영진이나 노동 분야 전문가가 더 정통하다. 그런데 **왜 평범한 노동자들이 원하는 것에 주목해야 하는가?** 우리는 이를 "전문가는 따로 있다" 반론이라 부를 것이다.

이런 문제 제기들에는 노동시장이나 공공 정책이 어떤 식으로 작동하고 결정돼야 하는지에 대한 강한 신념과 관점이 내포되어 있다. 사실 이들 견해 중 일부는 명백히 틀렸고, 어느 것은 일관성이 없으며 미국 민주주의의 이상에도 맞지 않는다. 그러나 이들 비판이 엄연히 존재하는 상황이므로 노동자들이 원하는 것을 제시하기에 앞서 우리가 설정한 그 과제에 대한 이런 반론들에 대해 잠시 답변하는 시간을 갖도록 하겠다.

[1] 직장의 종말?

요즘 노동자들은 직장을 자주 바꾸는데다 회사 일에 소극적이기 때문에, 노사 관계 개선에 대한 관심과 지식을 얻으려고 그들을 조사하는 건 어리석다고 비판자들은 말한다. 여기엔 고용 관계가 장기 계약이 아니라 단기 계약의 집합체라는 인식이 깔려 있다. 즉 기업은 자본과 기술, 공급자와 구매자 간의 임시적이고 임의적인 계약들로 이루어진다는 견해다. 이 주장에 따르면 회사란 물리적으로 실재하는 존재라기보다는, 사업 목적에 맞는 노동자를 일정 기간 빌리고 그 대가로 돈(임금)을 지불하는 가상의 존재다. 이런 세상에서, 노동자들은 이곳저곳 직장을 옮겨 다니게 되기 때문에 직장 내 지배 구조의 문제란 어떤 의미이고, 왜 고민하고 개선해야 하는지 관심이 없을 수밖에 없다.

이에 대해서는 이런 현상에 비판적인 이들의 이야기와 이런 현상을 반기는 이들의 이야기가 다르다. 이를 비판적으로 바라보는 이들은 노동자들이 임금 외 급여 및 복지에서 소외되고, 노동법의 보호를 받지 못하는 임시직 노동과 하청 계약이 증가한다고 주장한다. 이를 반기는 이들은 단기 계약으로 재택 근무하는 (중세 장인과 같은) 독자적인 전문가가 늘어날 것이라며 장점을 부각시킨다. 두 입장은 대립적이지만 모종의 공통점이 있다. 관리자와 노동자는 결코 상대방에게 뭔가 바라는 게 생길 만큼 충분한 시간을 함께 보내지 않는다는 것이다. 연애로 치면 이차, 삼차 술을 마시다 하룻밤 즐기거나 잠깐 데이트나 하는 정도의 관계이지 영속적인 관계는 아니라는 뜻이다.

미국의 고용 시장을 이렇듯 현물시장spot-market◂으로 보는 견해는 현재 대중적이긴 하지만 틀린 것이다. 비정규 일자리와 하청 계약은 예전보다 분명 중요해졌다. 인력 파견 회사는 가장 빠르게 성장하는 사업 분야다. 단기 집중적인 작업을 위해 젊은 전문가들을 고용하는 경영컨설턴트 회사 역시 성장세에 있다. 특별히 뛰어나고 능력 있는 노동자들 — 자유계약 상태의 프로 운동선수, 새 음반사를 찾는 스타들, 기업 회생 전문 CEO 등 — 은 자신의 특별한 기술에 맞는 보상을 요구하고, 단기 계약을 통해 엄청난 돈을 벌어들인다. 이들은 오늘은 보스턴 레드삭스, 내일은 밀워키 브루어스, 다음 주엔 뉴욕 양키스로 가면 그만이다.

하지만 이런 상황이 일반적이지는 않으며, 가까운 미래에 폭넓게 펼쳐질 리도 만무하다. 직장이 소멸할 거라는 주장과는 반대로, 전형적인 미국 노동자들은 오랜 기간 같은 회사에서 일하며("직장의 종말"을 이야기하는 『포춘』지 담당자도 분명 그럴 것이다), 따라서 자기 회사가 어떤 식으로 움직이고 노사 관계를 어떻게 처리하는지 당연히 관심을 가질 수밖에 없다.[9] 우리가 실시한 WRPS 조사에서 응답자들의 근속 연수는 평균 7.6년이었다. 이럴 경우 통계학에서는 재직 기간을 평균 2배, 즉 약 15년으로 본다.[10]

더구나 노동자와 회사 사이의 관계는 단지 재직 기간뿐만 아니라

▶ 현물시장이란 계약할 때 상품의 양도 시점과 대금 결제 시점이 일치하는 시장을 말한다. 이런 현물 계약과 대조되는 개념으로는 고용계약이 있는데, 대금 결제(임금 지급)와 상품의 실질적인 양도(노동력 제공) 사이에 일정한 시간이 소요된다.

노동자의 회사 내 직위와 그 개인에 대한 회사의 신뢰도에 따라서도 크게 달라진다. 기업 내부에서 중요한 기능인 관리·감독의 사례를 들어 보자. 미국 기업들 내에 관리·감독직은 놀라울 정도로 많다. WRPS 응답자 중 약 15%는 자신이 전일제로 관리·감독 업무를 담당하는 관리자급이라고 보았으며, 관리직이 아닌 직원들 가운데서도 31%가 업무의 일환으로 다른 노동자들을 관리하는 일을 하고 있다고 응답했다. 응답자 수를 고려해 이를 미국 전체에 확대 적용해 보면, 미국 노동자의 41%는 일정 정도 관리·감독 일을 하고 있다고 볼 수 있다. 따라서 아무리 못해도 이들 41%는 임시직·비정규직 노동자가 아니라 회사에 결정적으로 중요한 인적 자본이라 봐야 한다.

WRPS 응답자의 60% 이상이 현재 회사를 평생직장 혹은 승진 기회가 있는 직장으로 간주하고 있다는 점 역시 이런 사실의 연장선상에서 해석해 볼 수 있다. 현재 자신의 직장을 다른 회사로 옮기는 데 도움을 줄 발판으로 간주하는 이들은 15%뿐이었다. 하지만 기업을 현물시장으로 바라보는 견해에 잘 들어맞는 이 15%의 노동자들조차 자기 직장이 어떻게 돌아가는지에 대해 관심을 보였다. 2, 3년 다니고 말 회사지만, 자신이 필요한 기술과 경력을 쌓는 데 결정적으로 중요하기 때문이다. 제한된 기간일지라도 회사가 그들을 어떻게 대우하느냐에 따라 그들의 삶이 고락을 오갈 수 있는 것이다.

다만 똑같은 문항에서 나머지 약 25%는 현 직장을 오래 몸담지 못할 일, 즉 기간제 업무나 비경력직으로 보고 있었다. 이 가운데 절반쯤은 18~24세 사이의 도·소매업 종사자들로 많이 받아 봤자 주급이 2백 달러에 불과한 이들이다. 이들은 사회 초년생들이거나 미숙련 집단(최근 미국 고용 시장에서 최악의 임금 손실로 고통을 겪었던)에 해당한다.

그런데 기업의 고용계약을 현물시장 계약으로 바라보는 시각은 잘못이지만, 직장에 대한 노동자의 애정이 부족하리라는 예측만큼은 맞을 수도 있다. 말인즉슨, 아무리 오랫동안 회사와 함께한 노동자라 할지라도 회사가 어떻게 굴러가든 전혀 신경 쓰지 않는다는 것이다. 하지만 실제로는 그렇지 않았다. 관리직이 아닌 응답자의 과반수는 회사에 대한 충성심이 크다고 대답했으며, 최소한의 충성심만 가지거나 일말의 충성심도 없다고 대답한 비율은 15%에 불과했다.[11] 직급이 더 높은 관리직의 경우 회사에 대한 충성심이 크다고 응답한 비율은 훨씬 더 높았고, 이는 재직 기간이 늘어날수록 더 그랬다. 직원들이 회사 그 자체보다는 직속상관과 동료 직원들에게 더 충성심을 느끼고, 관리직도 회사보다는 그들의 상관과 밑에 일하는 사람들에게 더 충성심을 느끼는 것은 맞다. 하지만 전반적으로 볼 때, 대다수 노동자들은 자신들이 회사에 대단히 충성하고 있다고 응답했다.

정리하자면 노동자들은 직장 내 거버넌스에 관심을 가질 만한 이유가 충분하며, 고위 경영진도 직원의 관심사가 무엇인지 알아야 할 이유가 충분하다. 이들은 앞으로도 꽤 오랫동안 서로 의지하며 공존해 살아갈 것이다.

[2] 절이 싫으면 중이 떠나야 할까?

미국의 노동계약을 현물시장으로 바라보는 관점이 근본적으로 잘못된 것이라면, 노동자가 쉽게 직장을 나간다는 견해 역시 마찬가지다. 이런 관점은 노동시장을 마치 소비 시장처럼 취급한다. 즉, 소비자가 일상 용품을 사러 가는 슈퍼마켓을 자주 바꾸듯이, 노동자 역시 아무 비용도 들이지 않고 직장을 바꾸는 곳이 바로 고용 시장이라는 것이다. 만약 고용 시장이 슈퍼마켓과 같다면, 현 직장에 만족하지 못한다면 노동자는 다른 회사로 옮기면 그만인 것이다. 그리고 아주 만약에[12] 노동자들이 회사를 떠날 때 회사가 이직의 이유를 명확히 파악한다면 개선에 힘쓰겠지만, 그렇지 못하면 노동력 부족으로 생산성, 시장 점유율, 이윤율 저하를 경험하게 될 것이다.

그러나 대다수 노동자의 경우 "절이 싫으면 중이 떠나야지"라고 하기는 쉬운 일이 아니다. 비록 전 세계에서 이직률이 가장 높은 나라가 미국이라 해도, 우리가 목격한 상당수 노동자들은 한 직장을 오래 다니고 있었다. 대부분은 이미 회사에 투자한 것이 많았다. 저임금 직종에서 일하고 있다면 그만둔다 해도 잃을 게 별로 없고 더 나은 직장을 얻을 수도 있으니 그만두기도 더 쉬울 것이다. 또 잘 팔리는 기술을 가지고 있고, 부양가족이 없어 이직으로 인한 걱정도 적고, 무엇에도 얽매이지 않는 젊은 기술자나 장인이라면 주저 없이 사표를 낼 수도 있을 것이다. 하지만 경력이 특정 업종에 국한되어 있고, 각종 고지서가 쌓여 있고, 아이가 있고, 비슷한 지역에서 일하는 배우자가 있다면 직장을 바꾸기란 결코 쉽지 않다. 쉽게 회사를 그만둘 수 없는 것은, 사회적 안전망이 부족한데다 직장에서 제공하는 다양한 복지 혜택이 사라지기 때문이기도 하다. 미국인의 경우 직장을 그만두면, 의료보험은 물론이고 아직 수급권이 부여되지 않은 연금의 효력 역시 당장 상실될 것이다. 자발적 실업자는 실업 급여도 받지 못한다. 특히 실업의 불이익은 다른 선진 자본주의국가들보다 미국에서 더 크다. 다른 선진국들보다 미국이 특히 더 그렇지만, 대부분의 노동자들이 수입의 대부분을 회사 급여에 의존하기 때문에 '이탈 전략'exit은 손쉬운 선택지가 아니다.

따라서 대부분의 미국 노동자들에게 지위 상승의 방법은 이직과 같은 이탈 전략이 아니라 직장 내에서의 '발언 전략'voice — 현 직장과 고용 관계를 지속하면서, 자신들이 바라는 바를 놓고 개인적으로 또는 집단적으로 소통하고 협상하는 방안 — 이다.13 이는 사적인 관계에서도 마찬가지다. 만일 누군가가 배우자와 갈등이 생겼다면, 그 사람은 이탈 전략을 써서 이혼할 수 있다. 이혼이 아니라면 부부 관계를 유지하면서 갈등의 원인을 얘기하고 해결책을 협상해야 한다. 해결책의 효과가 서로에게 이혼으로 인한 불확실한 혜택보다 크다면, 대화와 관계 개선이 새 배우자를 구하는 것보다는 낫다.14 노동자-사용자 관계 또한 마찬가지다. 직장에서 논의와 변화의 가능성은 노동자의 발언권과 협상력에 달려 있다. 노사 양측 모두가 의사 결정 과정에서 일정한 발언권을 가지고 있다면, 각자의 문제와 요구 사항을 제시하고 논의를 생산적으로 만들 필요성을 느낄 수 있다. 반대로 직장 내 모든 권력이 한쪽으로만 쏠려 있다면 권력을 가진 쪽은 정보를 움켜쥐고 내놓지 않을 것이다. 자신에게 불리하게 쓰일 수도 있는 정보를 뭐 하러 내놓겠는가?15

[3] 문제는 경제라고?

우리가 노동자가 원하는 것에 주목하는 이유에 대해 가장 많이 들었던 문제 제기는 미국 경제의 전반적 성과와 관련된 내용이었다. 당시 연방준비제도이사회 의장에 따르면, 낮은 실업률, 고용률의 빠른 증가, 낮은 인플레이션 등으로 인해 전체 경제 상황이 이전까지의 50년과 비교해 최고 성과를 내고 있었다. 이처럼 국민소득과 총고용이 바람직하게 성장하는 상황에서 왜 직장 내 노사 관계에 대한 노동자들의 우려를 고려해야 하는가? 일반 미국인의 삶을 개선하는 데 있어서 더 중요한 것은 어느 직장에서 무슨 일이 벌어지는가가 아니라 나라 전체의 경제력이 아닌가? 현재 노사 관계에 어떤 변화가 생길 경우 모두에게 이롭게 멀쩡히 잘 돌아가고 있는 경제에 행여나 누가 되지는 않겠는가?

물론 경제가 모두에게 이롭게 멀쩡히 잘 돌아가고 있다면 우리는 이런 문제 제기에 동의할 수 있을 것이다. 직장 일과 노사 관계의 질이 노동자의 자부심과 복지에 있어서 중요한 것 못지않게, 완전 고용과 소득 증가 역시 생활수준을 보장해 주는 중요한 요소다. 따라서 경제성장의 과실이 모든 노동자에게 어느 정도 공평하게 돌아간다면, 혹은 직원들이 원하는 노사 관계의 변화가 경제를 위태롭게 만든다면, 우리가 직장 내 노동자대표제와 직접 참여 등 노동자가 원하는 것에 주목할 필요는 없을 것이다.

하지만 미국 노동자들은 공정한 분배 몫을 얻지 못하고 있다. 대부분의 미국 노동자들에게 시간당 실질 임금은 한 세대 이상 정체하거나 감소했다. 반면에 같은 기간 다른 선진국 노동자들의 소득은 상승했다.[16] 그 결과 미국의 소득 불평등도는 급상승했으며, 미국은 선진국들 가운데 가장 불평등한 나라가 되었다. 실제로 경제협력개발기구OECD 자료에 따르면, 미국 노동자 상위 10%는 하위 10% 소득의 5.6배를 벌어들였다. 반대로 유럽연합EU과 일본의 상위 10%에 해당하는 노동자는 각각 하위 10%의 2.1배와 2.4배를 벌었다.[17] 이 기준으로 보면 미국은 다른 주요 자본주의국가들보다 세 배 가까이 더 불평등하다.

특히 미국에서 전임 근로자들 가운데 전체 임금 구조의 바닥에 위치한 이들의 처지는 유럽연합이나 일본의 같은 계층들보다 특히 더 열악하다. 미국의 빈곤율은 선진국 중 최고이며, 전문직, 임원, 기술직의 수가 증가한 만큼 복지 혜택을 못 받는 저임금 직종의 수 역시 증가했다. 현재 미국에서 가장 급속히 증가하고 있는 '직종'이자 미국 남성의 2% 이상이 가진 직업이 '죄수'라는 사실은 정말 부끄러운 일이다.

미국 경제가 정점을 이룬 1979~96년 사이에, 미국의 실질 국내총생산GDP은 2조5천억 달러(1996년 기준) 정도 증가했다. 1가구당 평균 소득 기준으로 6,360달러씩 돌아가는 수입이다. 하지만 늘어난 수입 중 거의 3분의 2가 소득 분포상 상위 5% 가구에 흘러갔다. 이들의 소득은 평균 7만2천 달러 증가했고, 나머지 증가분마저 상위 40% 가구에 돌아갔다. 1996년 기준으로 소득 분포상 하위 60% 가구의 평균 소득은 1979년 당시보다 더욱 낮아졌다. 경제성장률에 비해 소득이 상대적으로 떨어진 것이 아니라, 빈곤이 절대적이고 실질적으로 증가한 것이다. 경제성장의 효과에 대한 비유로 "높은 파도는 모든 배를 위로 들어 올린다"는 말이 있다. 성장은 모든 사람을 윤택하게 하고 빈곤율을 낮춘다는 뜻이지만, 지난 20년간은 그렇지 않았다.[18] 부유층의 요트는 파도에 올라탔지만, 빈곤층의 쪽배는 가라앉았다.

왜 이런 일이 생겼는지 정확히 그 이유를 댈 수 있는 사람은 아무도 없다. 제3세계 국가들과의 무역 증가를 탓하는 이들도 있고, 기술 변화를 탓하는 이들도 있으며, 이민자들 때문이라고 하는 이들도 있다. 하지만 확실한 것은, 노사 관계와 직장 내 의사 결정에 영향을 미칠 수 있는 노동자들의 능력의 문제 역시 이 이야기의 중요한 한 부분이라는 점이다. 최근의 미국 경제 상황은 사실 노사 관계에 대해 신경 쓸 필요가 뭐가 있느냐는 이들의 주장과는 거리가 멀다. 오히려 노사 관계를 좀 더 면밀히 살펴보아야 할 필요성이 커졌다. 이 책이 우리 경제의 큰 결점, 즉 성장의 이익이 소수에 집중된 문제를 완화하는 데 도움을 줄 수 있기를 바란다.

[4] 전문가는 따로 있다?

마지막으로 "전문가는 따로 있다"라는 비판에 대해 살펴보자. 직장 내 거버넌스의 문제는 정부와 학계 전문가들, 경영진, 노조 등 "전문가"에게 맡기는 방안이 최선이며, 비전문가인 노동자로부터는 배울 게 없다는 말이다. "전국노동관계법 제8조 (a)항 (3)호◀ 위반이 뭔지 모른다는 소리요? 그러면서 직장이 어떻게 변했으면 좋겠다는 둥 이러쿵저러쿵 이야기하지 마시오!" "지난주에 제7항소법원이 선고한 성희롱 건에 대해서 뭐라고 했는지 모른단 말이오? 그러면서 직장 여성의 딜레마에 대해 말할 자격이 있다고 생각하시오?" "전문가에게 맡기시오! 말할 자격이 있는 사람은 그들뿐이오."

우리는 전문가를 존중한다. 사실 우리도 전문가다. 바로 그 이유 때문에 우리는 "전문가는 따로 있다"라는 견해가 틀렸다는 걸 안다. 노사 관계 연구자로서 우리는 전문가가 가장 잘 아는 것은 아님을 너무나 잘 알고 있다. 고용 관계는 난해하고 다양하고 상황마다 다르다. 어려운 법적 논변이나 추상적인 경제모델이 아닌 인간과 관련된 문제다. 전문가는 지금의 경제가 1930년대와는 다르다고 지적해 줄 수는 있을 것이다(경제를 운용하는 사람들이 다르니 다를 수밖에 없다). 하지만 아무리 뛰어난 전문가라도 그것이 영희나 철수의 직장 생활에서 어떤 의미를 갖는지는 그들의 말을 직접 가까이서 들어보지 않고서는 말할 수 없을 것이

▶ 1935년, 뉴딜 정책의 일환으로 노동조합을 보호하기 위해 제정된 전국노동관계법(일명 와그너법)은 1947년에 수정되어 현행 미국의 노동법인 노사관계법(일명 태프트-하틀리법)(Labor-Management Relations Act, LMRA)이 되었다. 제8조 (a)항 (3)호는 사용자의 부당노동행위 중 노동단체의 회원 지위 취득을 장려하거나 혹은 장려하지 않기 위해 고용, 고용 기간, 고용 조건 등을 차별하는 행위를 금지하고 있다.

다. 노동 분야 전문가들은 육아 분야 전문가인 스포크 박사[1903~98, 유명한 소아과 의사]가 걱정 많은 젊은 엄마들에게 했던 말을 새겨들어야 한다. "나는 당신만큼 당신의 아이를 잘 알진 못합니다." 자기 직장에 대해 가장 잘 아는 사람은 누가 뭐래도 노동자들이다.

회사를 개선시키는 방법을 정말 알고 싶다면, 우리가 자신 있게 추천하는 방법은 바로 이것이다. 거기 일하는 사람들에게 물어보라! WRPS를 통해 우리가 한 일도 바로 이것이다. 이 책은 지금까지 드러나지 않았던 노동자들의 속마음을 보여 줄 것이다.

2장

노동자가 원하는 것
알아내기

그렇다면 연구자들은 저마다 다른 회사에 소속된 그 많은 노동자들이 어떤 변화를 원하는지 어떻게 알아낼 수 있을까?

첫 번째는 학계에 통하는 방법으로, 연구실에 앉아 어떤 자본주의 이론이 노동자의 바람을 설명해 줄 수 있을지 궁리해 보는 방식이다. 마르크스주의자들의 경우 노동자가 원하는 것을 알고 있다고, 즉 그것은 자본주의 붕괴와 사회주의 낙원의 창조라고 생각했다. 일부 자유 시장주의 이론가들은, 노동자들이 이미 원하는 것을 가지고 있다고 생각한다. 그렇지 않으면 자신이 원하는 조건에 부합할 때까지 회사를 바꿨을 테니 말이다.

두 번째는 저널리스트에게 맞는 방법으로, 도시락 판매점의 영회, 매니저 지영, 프로그래머 철수처럼 소수의 사람들을 선택해 인터뷰를 하는 것이다. 시간이 더 많다면, 베스트셀러 구술사 『일』*Working*[노승영 옮김, 이매진, 2007]을 쓴 스터즈 터클처럼,◀ 전국의 노동자들 가운데 몇 명을 선정해 심층 인터뷰를 진행할 수도 있을 것이다.[1] 또 전직 대학 총장이었던 존 콜먼이 1970년대 했던 작업처럼,◀◀ 본업을 버리고 전혀

▶ 그는 1960, 70년대 미국 사회의 구석구석에서 다양한 직업을 가지고 살아가는 133명을 인터뷰했다.

▶▶ 노동경제학자로 해버퍼드 대학의 총장을 역임한 존 로이스턴 콜먼(John Royston Coleman, 1921~)은 안식년 휴가 동안 건설 노동자, 환경 미화원, 교도소 간수, 레스토랑 직원 등 다양한 육체노동을 체험해 본 후 이를 바탕으로 『블루칼라 일기: 어느 대학 총장의 안식년』*Blue-Collar Journal: A College President's Sabbatical*을 썼다.

다른 직장에서 동료 노동자들과 교류하며 참여 관찰을 해보는 방법도 있을 것이다.

세 번째는 정치가들이 하는 방법으로, 관련 기관에 의뢰해 기존의 질문지에 한두 줄짜리 질문을 추가하는 것이다. 가령 "현재 직업에 만족하십니까?" 혹은 "대통령과 의회 중 어느 쪽이 노동 현안을 더 잘 처리한다고 보십니까?" 같은 질문을 던지는 것이다. 그 뒤 컨설턴트를 고용해 결과를 이런 식으로 해석한다. "오늘밤 텔레비전에 나가 말씀하실 내용은 A입니다. 반대편의 약점이 B니까요. 우리 편에 유리하게 쟁점이 갈리는 지점은 바로 여기고, 멘트 따기 좋게 이렇게 이야기하시면 됩니다."

이 세 가지 방법은 저마다 쓸모가 있긴 하지만 전체 미국 노동자들의 견해에 객관적으로 접근하는 올바른 방법이라고 인정받기는 어려울 것이다. 노동시장이나 계급투쟁에 관한 일반 이론들은 명쾌해 보이고 인상을 남길 수는 있겠지만, 실제 작업장의 관행을 이해하는 데는 공허하고 실제를 오도하는 이론이 될 가능성이 높다(이 대목에서 '전문가는 따로 있다'라는 말이 생각난다). 또 소규모 노동자 그룹을 대상으로 한 집중 인터뷰의 경우, 참여자들의 생각을 이해하는 데는 유익하겠지만, 더 포괄적인 노동자 집단의 견해를 대표하기 어렵다. 여론조사 방법의 경우 로비를 하거나 선거 광고를 하는 데 유용하게 쓰일 수 있을 것이고 사람들이 일상적으로 무엇을 고민하며 사는지 어느 정도 알 수 있겠지만, 보통은 심사숙고한 판단보다는 성급한 반응을 요구하기 마련이다. 답변들도 질문지가 어떻게 구성되느냐에 따라, 또 질문하는 이슈에 대해 생각할 시간과 정보가 더 주어질 경우 달라질 수 있다.

우리는 '노동자대표제와 참여에 관한 설문조사'WRPS를 통해 더

야심찬 목표를 이루고 싶었다. 이 조사가 모든 노동자의 견해를 정확히 대표하길 바란 것이다. 인적 자원 관리 및 인사 제도, 다양한 노동자대표제와 참여 형태, 법적 규제와 그 법의 집행을 위한 새로운 방안 등 다양한 노동 현안들에 대한 노동자들의 태도를 포착하고 싶었다. 설문에 참여한 응답자들 역시 자신들이 한 답변들을 다시 숙고하고 곱씹어 새로운 정보에 반응해 주기를 바랐다. 미국의 노동정책을 둘러싼 논쟁에 노동자의 목소리를 반영하기 위해, WRPS는 평범한 여론조사의 기준을 뛰어넘어 과학적 타당성을 추구했다. 작업장 내 노사 간 권력의 동학에 대한 연구에 있어 WRPS는 "모든 직장인 대상 설문조사의 모태"가 되고자 했다.

하지만 이미 언급했듯이 노동정책 분야가 첨예한 논쟁의 대상인데다 우리 연구 역시 결과를 내야 하는 상황이었기 때문에 우리는 특히 주의를 기울여야 했다. 학문적으로 엄밀해야 했을 뿐만 아니라, 노동정책을 만드는 관련자들을 설문지 설계에 참여시켜야 했다. 학문적 연구의 기준에서 보면 과학적 비판에 대해 우려할 이들도 있을 것이다. A교수는 표본 설계에 대해 이의를 제기할 수 있고, B교수는 질문 순서를 문제 삼을 수 있다. C교수는 자신이 중요하다고 생각하는 질문이 왜 없는지 따지고 들 수도 있다. D교수는 자료 분석에 자신이 선호하는 최신 통계 기술을 사용하지 않았다며 비판할지 모른다. 이 나라에서 비판이란 세미나와 강의가 있는 곳이라면 늘 있는 일이며 이는 너무도 당연한 일이다. 연구자들은 다른 연구자들이 어떻게든 작은 결점이라도 찾아내려 한다는 걸 잘 알기에 더 엄밀하고 세심한 주의를 기울이게 된다. WRPS는 또한 정치적 동기를 가진 다른 종류의 비판, 즉 노조나 사측에서 결과에 동의하지 않을 경우 제기할 공격에 대해서도 각오한 상태였다. 노측이나 사측의 관심사는 주로 WRPS의 조사 결과가 미국노동총동맹–산업별조합회의 대표자 회의, 미국기업인원탁회의Business Roundtable, 전미제조업자협회National Association of Manufacturers, 전국자영업연맹National Federation of Independent Business, 상공회의소Chamber of Commerce 같은 단체들의 견해에 위배되지는 않을까 하는 데 있을 테니 말이다. 만약 그렇다면 조사 결과는 틀린 것이거나 아니면 틀린 것처럼 공격받을 테니 말이다.

그렇다면 어떻게 해야 할까?

우리는 조심스럽게 일을 진행했다. 초기 계획은 단순했다. 직장 내 현안에 대해 이야기해 줄 포커스 그룹◀을 전국 각지에서 모집한 뒤, 여기서 나온 토의 내용을 토대로 설문조사지를 만들어 노동자 대표 표본을 대상으로 이를 조사하는 것이 바로 우리의 계획이었다. 이 노동자들이 우리가 제안한 노동개혁안을 어떻게 평가할지 파악하는 방법을 고민하던 중, 단 하루만이라도 할리우드 영화 제작자가 되고 싶어 했던 어느 연구원이 아이디어를 제시했다. 개혁안의 내용이 담긴 짧은 비디오 강좌를 제작해서 보여 주자는 것이었다. 우리는 표본 집단의 노동자들에게 집에서 비디오를 시청한 후 의견을 달라고 요청하기로 했다. 그리고 마지막으로 우리가 노동자들의 반응을 적절히 해석했는지 확인하기 위해 우리가 내린 결론들을 논의하는 자리를 마련한 후 포커스 그룹 미팅을 잡기로 계획을 세웠다.

▶ 포커스 그룹 인터뷰는 특정 주제에 대해 소수의 그룹을 대상으로 하는 인터뷰로 진행자(moderator)의 주제로 6~8명 정도의 참여자들이 자유롭게 이야기하는 방식으로 이루어진다.

우리는 수많은 전문가들에게 설문조사 기획을 도와 달라고 요청했으며, 프로젝트를 운영할 리서치 회사도 몇 군데 선정해 면접을 보았다. 이들 가운데는 민주당 및 노동계와 관련을 맺고 있는 쪽도 있었고, 공화당 및 기업과 관계를 맺고 있는 이들도 있었다. 또 어떤 이들은 데이터 분석에 우리가 원하는 만큼 주의를 기울이지 않는 것 같았다. 회의를 거듭한 끝에 다이앤 콜라산토Diane Colasanto와 프린스턴 설문조사 연구회Princeton Survey Research Associates(PSRA)를 파트너로 결정했다. 다이앤과 PSRA는 지칠 줄 모르는 열정과 뛰어난 능력 외에도, 다른 기관들은 갖추고 있지 못했던 정치적 중립성을 지니고 있었다. 또 우리 재단의 후원자들이 지원해 줄 연구 용역비만이 아니라, 우리 프로젝트의 목적에도 진심으로 관심을 보였다. 그리고 무엇보다 과거 학계에 몸담으면서 설문조사 설계를 연구하고 가르쳐 봤기 때문에 우리를 괴롭힌 복잡한 방법론적 논의들에 대해서도 잘 알고 있었다. 게다가 다른 조사원들과 달리, [앞서 언급한] A교수와 C교수는 물론 매우 비판적인 D교수 같은 사람들과도 잘 아는 사이였다.

포커스 그룹 구성

포커스 그룹의 구성 작업은 단순해 보인다. 연구진이 알고 싶은 내용을 정하고, 적당한 장소를 찾고, 만나고 싶은 사람을 초청한다. 커피나 음료, 샌드위치, 과자를 제공하고, 참석자에게서 듣고 싶은 내용을 듣는다. 그리고 나서는 이를 촬영한 비디오나 의사록을 검토한다. 그러면 짜잔! 이제 어떤 사안에 대한 미국 사람들의 생각이 무엇인지 알게 되는 것이다. 만약 당신이 정치인이라면, 덤으로 떨어지는 게 더 있다. 바로 깊이 생각해 보면 마침내 그 사안에 대한 자신의 의견도 알게 된다는 것이다!

하지만 상황이 그렇게 쉽지만은 않다. 포커스 그룹을 구성하는 과정에서 이루어지는 많은 결정들이 참여자들의 답변이나 연구자의 분석 결과에 영향을 미칠 수 있기 때문이다. 첫 번째로 결정해야 할 것은 그룹 자체의 구성을 어떻게 하느냐이다. 전체 노동인구 구성의 다양성을 반영해 서로 이질적인 노동자 집단 하나를 포커스 그룹으로 만들 것인가? 아니면 인종, 성, 직업, 연령 등에 따라 노동자 집단을 나누어 좀 더 동질적인 포커스 그룹을 구성해야 하는가? 이 문제가 중요한 이유는 포커스 그룹을 어떻게 구성하느냐에 따라 연구자가 제기할 수 있는 질문뿐만 아니라 참여자들의 발언까지 달라질 수 있기 때문이다. 여성이나 소수자들은 남녀가 뒤섞여 있거나 다양한 인종이 섞여 있는 집단에서 말수가 적어지는 경향이 있다. 또 생산직 노동자들은 전문가나 관리자 앞에서 평상시와 다르게 말할지도 모른다. 젊은 노동자들이 선임 노동자들 앞에서 연공서열을 비판하기는 쉽지 않을 것이다.

두 번째로 어떻게 논의를 효율적으로 이끌어 갈 것인지에 대해서도 결정해야 한다. 포커스 그룹에 속한 모두가 말할 기회를 가져야겠지만, 특별히 말수가 많은 사람도 있을 것이다. 논의가 주제에 집중되어 있지 않고, 진행자 역시 충분히 훈련받지 못해 효과적으로 토론을 이끌어 가지 못한다면, 회의 자리는 말 많은 사람 하나가 혼자 떠드는 자리가 되어 버릴 것이다. 또 다른 위험도 있다. 진행자가 자연스럽게 논의가 진행되도록 내버려 두기보다는, 논의 과정에 개입해 답변을 유도하는 경우다. 예컨대 회사가 산업 안전 문제를 다루는 방식에 노동자들이 불만을 품고 있다고 판단되면, 포커스 그룹 진행자에게 다음과 같이 대놓고 물어보라고 할 수도 있다. "사내 안전 문제에 불만 있으신 분?" 아니면 자연스럽게 안전 문제가 제기되기를 기다리면서 직장 내에서 벌어지는 전반적인 문제들에 대해 이런저런 이야기를 나눠 보라고 할 수도 있다.

하지만 고민거리는 이것 말고도 많다. 포커스 그룹이 객관적 사실을 혼동하고 있다면 어떻게 해야 하는가? 전문가의 해설을 덧붙여야 하는가, 아니면 노동자가 올바른 정보를 모르는 상태에서 그냥 진행해야 하는가? 만일 미국이 세계 최고의 산업 안전성을 자랑하는 나라라고 그룹 구성원들이 믿고 있다면 어떻게 논의를 진행할 수 있는가? 실제 산업 안전에 있어 미국은 선진국들 가운데 하위 그룹에 속해 있는데 말이다. 혹은 미국 노동자의 노조 가입율이 절반을 넘는다거나, 미국 노동법이 보장하지 않는 것을 보장한다고 그룹 구성원들이 잘못 알고 있다면 연구진은 어떻게 대응해야 하는가? 만약 연구진이 개입하지 않는다면 그 시점에 그 사안에 대한 사람들의 관점에 대해서는 정확히 알 수 있겠지만, 이는 제대로 된 정보를 제공받은 상태에서 그들이 갖게 될 생각과는 다른 것이 될 것이다. 연구진이 포커스 그룹의 잘못된 생각을 바로잡으려는 의도로 개입한다면, 사실 한두 가지만 제시해야지 하나부터 열까지 모든 걸 이야기해서는 안 된다.

포커스 그룹의 사전 준비를 위해 한 연구원이 뉴욕시를 찾았다. 친노조 성향의 한 연구 단체가 조직한 어느 노동자 모임을 참관할 계획이었다. 모임은 성별에 따라 나뉘어져 있었다. 우리 연구원은 반투명 거울 뒤에서 토론을 지켜봤는데(포커스 그룹 연구에서는 일반적인 관행이다), 이 과정에서 WRPS의 포커스 그룹 구성에 필요한 두 가지 교훈을 얻었다.

첫 번째 교훈은, 자기 일에 관해서 이야기할 때는 성별과 인종이 직업상의 구분보다 중요하지 않다는 것이었다. 특히 성별은 다양한 토론에서 중요한 요소가 될 수 있지만 직장과 관련한 문제에서는 예외였다. 사람들의 태도는 인구통계학적 특성보다는 업무 종류에 따라 달라졌다. 여성 생산직 노동자는 남성 생산직 노동자와 관심 분야가 비슷했다. 전문직 여성은 전문직 남성과 관심사가 비슷했다. 생산직 노동자는 노동조합에 관심을 가졌지만 사무직 노동자는 그렇지 않았다. 인구통계학적 요소가 유일하게 중요한 요인이었던 분야는 노동조합 선호도로, 모든 직종에서 흑인이 백인보다 더 노동조합을 선호했다.

두 번째 교훈은, 노동자들은 자기 직장에 대해서는 아는 게 많아도 워싱턴 DC의 노동 현안이나 관련 인사에 대한 지식은 별로 없다는 것이다. 다음은 뉴욕 시 여성 노동자들과 나눈 대화다.

진행자	여기 계신 분 중에서 현재 노조 위원장 이름을 아시는 분 있습니까?
	(잠시 정적)
여성 노동자 1	왜 병원노련 대표로 있는 푸에르토리코 출신 남성 있잖아요. … 이름이 뭐더라? 잘 모르겠네.[2]
진행자	다른 분들은요?
	(잠시 정적)
진행자	자 그럼, 레인 커크랜드Lane Kirkland(당시 AFL-CIO 위원장이자 미국에서 가장 유명한 노조 위원장)라는 이름을 들어 보신 분?
여성 노동자 2	아, '일'레인 커크랜드 말인가요? 지난주 〈오프라 윈프리

쇼)에서 오렌지 다이어트를 했던 뚱뚱한 여자 말이죠?

믿을 수 없다고 생각하겠지만, 실제 있었던 이야기이다.

뉴욕시는 노조 조직률이 매우 높은 도시다. 그럼에도 불구하고, 일반 노동자들은 말할 것도 없고 노조원들조차 초대 위원장인 새뮤얼 곰퍼스Samuel Gompers 이래 가장 오랫동안 AFL-CIO의 위원장직을 맡고 있는 레인 커크랜드에 대해 전혀 아는 바가 없었던 것이다. 이를 교훈 삼아 우리는 되도록 워싱턴의 정치 논쟁을 언급하지 않으면서 노동자들이 직접 경험해 알고 있는 작업장 현안을 다루려 노력했다. 만약 노동자들이 새로운 분쟁 해결 기구나 전국노동관계법(일명 '1935년 와그너법') 개정에 대해 어떻게 생각하는지 알아보려면, 그런 변화가 그들의 직장 생활에 어떤 영향을 미칠지 알려 줘야 하는 것이다. 이를 반영해 WRPS의 설문지에는 "회사에서 당신은(혹은 당신의 상사는)…"으로 시작하는 질문은 많아도 "미국에서 피고용인(혹은 고용주)…"으로 시작하는 질문은 거의 없도록 했다.

포커스 그룹 토론을 위해 우리는 노동자들을 직업별·출신지별로 구분했다. 참여 노동자들의 직업은 다음과 같다. ① 중소기업 노무직(상점 계산원, 조리사, 웨이터, 포터, 지붕 수리공, 자동차 정비원) ② 대기업 노무직(전선 기술자, 회사 건물 관리인. 칵테일 웨이트리스나 식품 점원, 트럭 운전사, 가공식품 판매점 점원, 트럭 운전사) ③ 제조업 노동자(기계공, 공구 설계자, 배관공, 금속가공 기술자, 창고 직원, 지게차 운전사) ④ 중·하위 사무직(금융 데이터 애널리스트, 외판원, 부기 계원, 보험업자) ⑤ 지식 노동자(국방 연구원, 소프트웨어 개발자, 의료 장비 기술자, 컴퓨터 프로그래머, 기술 전문 저술가) ⑥ 중간 관리자(금속 제조업이나 보건의료 서비스업에서 소매업 및 컴퓨터 지원 서비스업까지). 지역

별로는 세 개 권역에서 포커스 그룹을 각각 두 개씩 구성했다. 노스캐롤라이나 주의 샬럿(그룹 2와 4), 피츠버그(그룹 3과 6), 샌디에이고(그룹 1과 5). 각 그룹은 1994년 2월, 직장 내 현안을 주제로 토의를 진행했고, 우리는 반투명 거울 뒤에서 관찰했다.

포커스 그룹 참여자들의 이야기

포커스 그룹 분석에서는 일반적으로 그 그룹의 토론을 주관한 전문 기관이 결과를 검토하고 사람들의 발언에 대한 해석을 요약해 제공해 준다. 이런 질적 접근법은 특히 인상적이거나 유용한 발언, 그리고 회의의 전반적인 진행 과정을 모두 고려해 이루어진다. 프린스턴 설문조사 연구회가 정리한 토론 내용은 다음과 같았다.

- 참여자들은 작업환경과 경영진과의 관계에 대해 적극적으로 이야기했다 (우리에겐 반가운 소식이었다. 회사에 대해 발언하고 싶은 노동자의 의지는 장시간 전화로 설문을 진행해야 하는 우리의 작업에서 매우 중요했다).
- 자신의 고용주에게 만족한다고 이야기한 노동자들은, 호응을 잘해 주는 사장과 경영진과의 의사소통이 용이하고 회사의 의사 결정 과정에서 노동자에게도 발언권을 주는 관행을 들었다(이는 노동자가 원하는 것에 대한 실마리를 제공해 주었다).
- 대부분의 참여자들은 회사가 노동자의 헌신과 노력을 과소평가한다고 생각했다. 경영진에 대해서도 어느 정도 불신을 표했다. 또 많은 이들이 직장에서 일어나는 일에 대해 자신들과 잘 소통하지 않는다고 불평했다(이는

WRPS의 관심 사안, 즉 발언권 보장과 노동자대표제의 문제가 노동자들에게 매우 중요하다는 사실을 보여 주었다).

• 많은 노동자들은 새로운 형태의 노동자대표제와 참여 방안에 대해 의구심을 보였다(우리는 이를 통해 노동자들에게 대안적 제도에 대한 평가를 요청할 때 주의 깊게 접근해야 한다는 점을 깨달았다. 이는 노사 측 대표들도 강조하는 핵심이었다).

• 노동자들은 기업의 존재 이유가 이윤 추구이며, 경영진의 의사 결정에서 수지 타산의 기준이 가장 중요하다는 사실을 인정했다(이는 노동자들이 기업의 의사 결정 과정에 대한 자신들의 참여가 늘어나길 바라고 있긴 하지만, 이런 변화가 기업의 경쟁력에 방해가 되어서는 안 된다는 점을 이해하고 있음을 보여 주었다).

그러나 이와 같이 프린스턴 설문조사연구회가 강조한 핵심들 외에도 더 인상적인 점은 노동자들이 경험한 노사 관계의 질적 차이가 상당했다는 것이다. 거의 모든 그룹에서 한두 명씩은 자기 직장의 노사 관계가 좋다는 이야기가 나왔다. 아마 그 회사에는 종업원 참여 프로그램이 잘 돌아가고 있거나, 노동자들에게 중요한 결정을 맡기는 사장이 있거나, 관리자가 노동자들을 기업의 소중한 자산으로 인정하고 있음을 보여 주는 뭔가 다른 점이 있었던 것 같다. 그러면 다른 이들은 부러움의 한숨을 짓곤 했다. "정말 운이 좋으시네요. 우리 회사는 전혀 그렇지 않아요." 그리고 어김없이 누군가는 이런 말을 던졌다. "이유가 뭘까요? 왜 그렇게 다른 걸까요?" 하지만 "그냥 그렇다"라는 말 말고는 그 누구도 이 질문에 제대로 답하지 못했다.

이와 같은 논의에서 우리는 전국 규모의 설문조사를 설계하는 데 중요한 세 가지 결론을 이끌어 냈다.

첫째, 모든 노동정책과 제도는 미국의 노동인구 구성과 그들의 관심사가 매우 다양하다는 사실에 기초해야 한다.

생산직과 사무직이 걱정하는 문제는 서로 다르다. 공장 노동자는 노동 현장의 안전 문제와 일자리 안정성 문제에 대한 걱정이 컸으며, 시장 상황에 따라 이런 조건이 달라질 수 있음을 잘 알고 있었다. 피츠버그 지역 포커스 그룹의 논의에서 한 공장 노동자는 이렇게 말했다. "지금 저희 작업장이 산업안전보건국의 규정에는 어긋나지만, 노조가 시정을 요구할 경우 오히려 회사가 문을 닫을지도 모릅니다." 한편 사무직 노동자들은 일자리 안정성과 승진을 더 걱정했다. 한 사무직 노동자는 "새로 온 사장은 자신이 누구보다도 노동 친화적인 사람이라고 하더군요. 하지만 이번 정리 해고 때 50세 이상을 찾고 있더군요. 그 사람들을 자르고 싶었나 봐요. 결국 50세 이상 노동자들은 전부 퇴사했는데, 그러고 나니 제가 그 나이가 되면 무슨 일이 벌어질지 생각하게 되더라고요." 일반적으로 지식 노동자는 자신들이 가진 기술 때문에 어느 정도 고용 안정성이 보장된다는 점을 알고 있었지만, 그렇지 않은 경우도 있긴 했다. 샌디에이고 포커스 그룹에 참여한 어느 국방 분석가는 전에 다니던 회사 사장이 한 번은 이런 내용으로 협박한 적이 있다고 했다. "여기 그만두고 싶은 사람 있나? 나가고 싶으면 당장 그렇게 하라고. 5분이면 그 자리에 다른 사람 앉힐 수 있으니." 하지만 이런 노동자들 가운데 상당수는 퇴사 후에도 빠른 시일 내에 재취업이 가능할 것이다.

그러나 미숙련 노동자의 경우엔 상황이 전혀 달랐다. 이들에게 고용 불안은 자신이 소모품으로 전락하고 있다는 의식과 합쳐져서 거의 절망적인 분노를 불러일으킨다. 여러 포커스 그룹들에서 이런 노동자들은 발견하기 어려웠을뿐더러 그나마 일자리라도 있어 다행이라 생각했으며, 그 자체에 대해 고민하는 걸 꺼려하는 듯했다. 그들은 취업 시장에 너무 치여 살고 있는 것 같았다. 노스캐롤라이나 주 샬럿의 어느 음식점 직원은 "부속품" 같은 느낌에 대해 이렇게 불평했다.

현관에 까는 매트 있잖아요. '환영합니다'라고 새겨진 거요. 그게 저예요. 제 이마 위에 '환영합니다'라는 말이라도 새겨져 있나 봐요. 제가 허접한 일을 해서 그런가? 작년 한 해만 해도 세 군데를 옮겨 다녔어요. 대우가 하나같이 거지 같았어요. [지금 사장은] 종업원이 소모품인 줄 알더라고요. …… 그래요, 저는 그런 사람이죠. 허접한 일들을 너무 오랫동안 참 많이도 했어요. 이제는 더 이상 입 다물고 있지 않을 거예요. 제 생각은 정확히 밝힐 거예요. 그날도 사장이 저한테 그러더라고요. …… 그래서 제가 그랬죠. "저는 그렇게 생각하지 않습니다. 당신 생각이 그렇다면, 우라질, 내가 관두고 말지." 하지만 전 아직도 거기서 일하고 있어요.

한 청소 노동자는 이렇게 말했다. "그러니까 제가 다녔던 거의 모든 직장에서, 경영자들은 언제나 일할 사람은 차고 넘치기 때문에 우리가 참고 견뎌야 한다고 생각하는 것 같았어요. 둘 중 하나라는 거죠. 지시대로 하거나, 아니면 해고당하거나. 아시다시피, 일할 사람은 많으니까요.'"

한 마디로 포커스 그룹은 우리가 1장에서 봤던 미국 내 소득 불평등의 진면목을 보여 준다. 우리 사회는 '가진 자'와 '못 가진 자'로 나뉘어 있다. 불평등은 소득뿐만 아니라 자신의 직업에 대한 사고방식, 그리고 고용주와의 관계에서도 나타난다.

포커스 그룹에서 얻은 두 번째 결론은, 대부분의 노동자들은 회사에 헌신하고 있고 지금보다 더 많이 기여하고 싶어 함에도 불구하고, 특정 문제들에 대해서 이야기해 보면 회사의 운영 방식에 불만이 있다는 점이다. 참여자들은 전반적인 이야기를 나누는 처음 몇 분 동안은 직장이 괜찮다고 했다. "딱히 불만은 없어요. 꽤 만족해요." 하지만 논의가 특정 현안 — 예를 들어, 업무 독립성, 경영진과의 의사소통, 산업 안전 등 — 으로 옮겨지자 문제를 제기하기 시작했다. 노동자들은 훌륭한 사장의 조건이 무엇인지, 자기 회사의 경영진은 어떤 점이 부족한지 명확히 지적했다. 많은 노동자들이 회사에 종업원 참여 프로그램, 종합적 품질 경영total quality management(TQM),◀ 팀·품질관리조teams or quality circles◀◀ 등 경영진이 다양하게 이름 붙인 프로그램이 있다고 했으며, 이를 반길 만한 조치라고 생각했다. 하지만 몇몇은 이런 프로그램이 완전히 허구라고 생각했으며, 대부분은 프로그램이 약속한 성과를 내지 못하고 있다고 생각했다. 논의 과정이 보다 편안해지자 참여자들은 온갖 문제들을 자발적으로 쏟아 냈다. 샬럿 지역 포커스 그룹의 경우 마지막에는 다음과 같이 끝이 났다.

| 진행자 | 이제 끝났습니다. 제가 맡은 부분은 모두 마쳤는데요, 혹시 더 하시고 싶은 말씀이 있나요? |
| 참여자 1 | 한두 가지 얘기할 게 있긴 해요. (웃음) |

▶ 제품과 서비스뿐만 아니라 조직과 업무 관리 등 기업 활동 전반에 걸쳐 품질을 높여 고객 만족을 추구하는 경영 방식. 여기에는 제품 및 서비스 생산과정의 개선뿐 아니라, 지속적인 직원 교육, 바람직한 기업 문화 창출 등이 포함된다.

▶▶ 1980년대에 유행했던 일본식 경영 기술로 직원들로 팀을 구성해 독자적으로 서비스나 제품의 품질을 향상시키는 방법을 찾도록 한다.

참여자 2	매번 그렇게 생각하는 건 아니지만, 회사에 대한 제 불신이 어느 정도인지 알게 됐어요.
참여자 3	저도 그래요.
참여자 4	저도 그런 생각이 들어 기분이 별로 안 좋네요.
참여자 1	마치 눈가리개를 하고 살았던 것 같아요.
참여자 3	맞아요.
참여자 5	우리 회사에 처음 왔을 땐 저한테 딱 맞는 회사 같았어요.
진행자	그래요, 처음엔 다 그렇게 말하죠.
참여자 1	하지만 이제는 여러분도 뭔가 깨달았을 거라고 생각해요.
참여자 5	(중간에 끼어들며) 맞아요.
참여자 4	이 일은 할 게 못 된다.
참여자 1	하지만 먹고살려면 어쩔 수가 없잖아요.
참여자 4	(중간에 끼어들며) 이거라도 없으면 그렇죠.

포커스 그룹 논의가 진행되면서 직장 문제에 대한 참여자들의 어조가 바뀐 것이다. 이는 기존의 직업 만족도 조사에 대한 우리의 불안감을 다시금 확인시켜 주었다. 기존의 설문들은 직장에서 벌어지는 구체적인 사안들에 대한 사람들의 태도를 정확하게 캐내지 못하고 있었다. 효과적인 설문조사를 위해 우리는 다른 여론조사보다 더 긴 시간을 가지고 응답자들의 태도에 더욱 주의를 기울이기로 했다.

세 번째로, 우리는 심사숙고 끝에 노동자들은 자신들이 원하는 형태의 노동자대표제와 참여제도를 구체화할 능력이 있음을 알게 됐다. 이번에도 샬럿의 사무직 노동자들로 구성된 포커스 그룹이 가장 눈에 띄었다. 몇몇이 노동자대표제에 대한 자신의 명확한 입장을 밝히며 논의를 시작했고, 결국엔 다음과 같은 이야기로 이어졌다. "우리는 남부 사람입니다. 노조를 좋아하지 않아요. [이들에게 '노동조합'이라고 하면 콧수염을 기른 대머리 뚱보 아저씨 같은 노조 위원장 이미지가 떠오르지 결코 노마 레이◀의 이미지는 아니었다] 그러니 앞으로 노조 얘기는 하지 맙시다." 그러자 포커스 그룹의 진행자가 말했다. "좋아요, 노조 얘기는 하지 않기로 하겠습니다. 다른 질문을 하죠. 여러분이 다니는 직장에 아무런 문제가 없다고 생각하십니까? 아니면 경영진과 이야기해 보고 싶은 문제가 있습니까?"

이어 샬럿의 사무직 노동자들은 직장 내 발언권과 회사 운영에 대해 많은 문제를 제기했다. "감히 우리가 이런 문제들을 경영진에게 직접 제시할 수는 없어요." "왜 못하시죠?" "문제 사원이라는 딱지가 붙잖아요." "그러면 어떻게 해야 합니까?" "우리의 요구 사항을 경영진에게 전해 줄 대변인을 뽑아야지요. 물론 대변인은 경영진과 말할 때 자기 얘기가 아니라 그저 다른 사람들이 원하는 것을 전달할 뿐이라고 해야죠. 그렇지 않으면 대변인도 난처해질 테니까요. …… 가만, 다시 생각해 보니 외부인을 고용하는 편이 더 안전하고 갈등도 덜할 것 같아요. 설사 다른 문제가 생긴다고 해도 말이죠."

노동조합과 한 끗 차이 아닌가!

하지만 다른 포커스 그룹의 논의는 또 다른 방향으로 흘러갔다. 샌

▶ 영화 〈노마 레이〉(Norma Rae)(1979)의 주인공. 1970년대 보수적인 미국 남부의 한 마을을 배경으로 서른한 살의 미혼모이자 이혼녀인 노마 레이가 열악한 노동 현실에 눈뜨게 되면서 자신이 일하던 방직공장에 노조를 결성하기까지의 이야기가 펼쳐진다. 이는 실제로 전설적인 노동운동가 크리스틸 리 서튼의 실화를 바탕으로 한 것이었다.

디에이고의 지식 노동자들은 자신들의 문제에 집단적인 해결 방식을 원하지 않았다. 또 저숙련 노동자들은 그들대로 진이 빠져서 스스로의 운명을 개선할 수 있다고 생각조차 못하는 듯했다. 이처럼 이질적인 미국의 노동자들에게 유일하게 적용할 수 있는 노동자대표제 혹은 참여제란 애초에 불가능하다는 사실이 뼈저리게 다가왔다. 한 가지 스타일과 크기의 신발이 미국 노동자의 다양한 발에 맞지 않는 것은 당연하다.

재검토

프린스턴 설문조사연구회와 함께 포커스 그룹의 논의를 끝낸 지 몇 주가 지났지만, 과연 올바른 결론이 나왔는지는 확신할 수 없었다. 우리는 포커스 그룹에게 듣고 싶은 것들만 들은 것은 아닌가? 토론 과정에서 조심스럽게 말하는 사람은 배제하고, 명확하게 말하는 사람에게만 집중하지는 않았는가? 지금까지의 결론을 되짚어 보기 위해 우리는 두 명의 연구원을 새로 고용했다. 그들은 포커스 그룹의 논의 과정이 담긴 영상을 시청하고 참여자들의 반응을 다양한 차원에서 데이터화하는 작업을 했다. 이를 통해 우리는 사람들의 발언을 양적으로 측정해 PSRA와 그 결과에 대한 우리의 질적인 해석을 보완할 수 있었다. 두 연구원의 정리에 따르면, 전문적인 포커스 그룹 보고서의 내용과 그것을 바탕으로 한 우리의 분석은 제대로 방향을 찾아가고 있었다. 포커스 그룹 참여자들이 불만을 가진 부분은 따로 있었다. 그들은 작업장에서 더 많은 발언권을 원했다. 직업과 교육 수준에 따라 가장 신경을 쓰는 문제는 각기 달랐다. 또 비록 모호하기는 하지만, 직장 내 문제 해결과 노동환경 개선을 위한 아이디어도 갖고 있었다.

물론 6개 포커스 그룹의 60명 정도 되는 노동자들의 이야기가 미국 노동자들을 대표하기는 힘들 것이다. 하지만 포커스 그룹 토론의 핵심 목표는 어떤 결론을 내리는 게 아니라 설문조사에 들어갈 질문을 구체화하려는 것이었다. 우리는 포커스 그룹을 통해 ① 대다수 노동자들이 관심을 가지는 문제와 ② 그들이 이런 관심사를 어떤 식으로 표현하는지를 더 잘 알게 되었다. 또한 직장에서 일어나는 문제들에 대해 곧바로 답변을 얻어 내기는 힘들다는 것, 따라서 충분히 긴 시간을 가지고 인터뷰를 해야 하며 몇 가지 특정 문제에 대해서는 면밀한 조사가 필요하다는 것도 알게 되었다. 그 밖에 무엇이 다소 쉽게 답할 수 있는 문제인지, 진행자가 어떤 질문을 폐쇄적으로 묻고(응답자에게 제시된 답변 중 하나를 선택해 달라고 요구하는 방식) 어떤 질문을 개방적으로 물어야 하는지도(응답자들은 자신의 스타일대로 말하고, 질문자는 이를 녹음하고 나중에 데이터화하는 방식) 알게 되었다.

이와 같은 경험을 바탕으로 우리는 전국을 대상으로 한 전화 설문조사의 초안을 작성해 나갔다. 설문에는 현재 직장에서 벌어지는 일들에 대한 질문뿐만 아니라 앞으로 달성 가능한 개혁 방안에 관한 질문들도 많이 포함시켰다.

노동계와 경영계, 제동을 걸다!

다음 단계는 재계와 노동계에 자문을 구하는 작업이었다. 우리는 자문해 줄 분들을 구해 놓은 상태였지만 직접 만나 우리의 프로젝트 설계

전반을 검토하지는 못한 상태였다. 우리가 바라는 건, 프로젝트 초기부터 그들의 지식을 활용해 그쪽에서 제기될 수 있는 반론을 최소화하는 것이었다. 지금까지 우리는 여러 가지 일들을 비교적 잘 해냈다고 생각하고 있었다. 포커스 그룹의 논의 결과는 유익했으며 우리의 문제의식을 실증해 주고 있었다. 훌륭한 여론조사원이 우리와 함께했고, 질문들은 매우 명확했으며, 물어보는 방식도 자연스럽다는 확신이 들었다.

우리는 워싱턴 D.C.에서 노사 양측과 회의를 열고 앞으로의 활동계획을 제시했다. 회의 장소의 한편에는 재계 인사와 기업 로비스트, 맞은편에는 노동조합 간부와 집행부가 앉았다. 마치 역사적인 '계급투쟁'을 예고하는 모양새였다. 대부분 오래전부터 서로 알고 있었고, 수년간 의회에서 설전을 벌여 온 사이였다. 회의에 들어가기 전까지 우리의 가장 큰 우려는, 목적도 방향도 없는 논쟁으로 전락하지나 않을까하는 것이었다. 어떻게 해야 양 진영이 서로를 헐뜯지 않고 설문조사 방법을 개선하는 데 힘을 모을 수 있을까?

그런데 회의는 전혀 엉뚱한 방향으로 전개됐다. 재계와 노동계가서로 싸우는 게 아니라 한편이 되어 우리가 계획한 조사 방식에 반대하는 상황이 펼쳐진 것이다.

사측 로비스트　　그 방식대로 가기는 어려울 겁니다. 문제가 많아서 도대체 어디서부터 얘기해야 할지 모르겠네요. 우선, 법이나 규칙이 작업장에서 어떻게 작동하는지 비디오로 보여 주고 사람들에게 그걸 판단해 달라고 해서는 아무것도 얻어 낼 수 없을 겁니다. 관리자 역할을 누가 할건데요? 콧수염 달린 뚱뚱하고 머리가 벗겨진 아저씨를 데려다 놓

	을 건가요?
노조위원장	맞습니다. 그렇게는 안 될 거예요. 노조 활동가 역할은 누가 할 건가요? 콧수염 달린 뚱뚱하고 머리가 벗겨진 아저씨? 당신들은 결코 사람들의 진심을 알 수 없을 거요. 사람들은 로버트 레드포드 같이 생긴 사람이면 누구든 좋아할 겁니다.
재계 인사	사람들에게 어떤 방식으로 정보를 제공할지 아주 조심스럽게 접근해야 합니다. 원하는 답을 얻어 내기는 쉽죠. 그건 제가 잘 알죠. (하하하)
노동조합 로비스트	대다수 노동자들은 설문조사에 응하려 하지 않을 겁니다. 노조 지지자를 알아내려고 회사가 꾸민 획책이 아니란 걸 어찌 알겠소?
재계와 노동계 모두 일제히	직장 생활이나 경영진과의 관계에 대해 물어보는 건 좋습니다. 하지만 정책 개혁 같은 것에 대해서는 안 돼요. 무엇을 한다면 좋을까 같은 가설적 질문도 안 됩니다. 노동법 개정은 우리에게 맡겨요.

참 불쾌한 일이었다. 우리 조사에 대한 지지를 얻기는커녕, 동네북이 된 것 같았다. 거의 모든 문제에서 의견을 달리해 왔던 노동계와 재계는 우리가 제 역할을 다하고 있지 못하다는 데 대해서만은 의견 일치를 본 듯했다. 마치 이런 식이었다. 도대체 책만 보던 샌님들이 직장 내 노동 현안에 대해 뭘 알겠어? 정치하는 사람들이 알아서 할 테니 신경 끄라고.

우리는 다시 전열을 가다듬어야 했다.

설문의 재설계

첫 회의가 끝나고 마음이 진정되자, 어떻게든 일을 진행하고 노사 양측의 비판에 대응해야 한다는 사실이 명확해졌다. 어쨌든 그들은 협조했고, 그 수준은 처음에는 미약했지만 점차 커졌다. 불과 몇 달 사이에 우리는 재계 및 노동계 대표는 물론이고, 노사 양쪽이 각각 설문조사를 위해 고용한 전문 조사관들과 수많은 대화를 가졌다. 우리는 계속 이렇게 이야기했다. "비난만 하지 마시고, 우리가 작업을 마칠 수 있도록 도와주세요! 여러분이 진행한 설문조사 결과를 우리에게도 보여 주세요. 어떤 질문이 효과적이고, 어떤 질문이 불필요한지 여러분이 알아낸 정보를 주세요."

많은 사람들이 유용한 정보를 제공했다. 자료 중에는 대외비를 전제로 노동자들과 노조원을 대상으로 실시한 조사도 있었다. 특히 일부 기업이 수행한 설문조사 결과는 의미심장한 내용을 담고 있었다. 그중에는 대기업의 중간 관리자 및 전문가 중 상당수가 최고 관리자들을 전혀 신뢰하지 않는다는 내용도 있었다. 도대체 그 기업 CEO는 이 조사 결과를 우리에게 건네주기 전에 직접 읽어 보기는 한 건지 의아할 정도였다. 제조업 분야의 대표 기업 한 곳에서는 내부 설문조사를 맡긴 경영컨설턴트에게 우리가 작성한 질문들을 자세히 검토해 보라고 여러 번 지시한 것 같았다(그 과정에서 질문의 단어 선택에 있어 분명한 개선도 있었다). AFL-CIO의 고위 간부는 우리가 노조에 대해 부주의했던 사항을 조정할 수 있도록 도와주었다. 그는 또한 열일곱 가지나 되는 우리 설문지 초안들을 검토해 주었고 정기적으로 우리를 불러 의견을 전해 주었다.

결과적으로 재계와 노동계 모두 참다운 기업가 정신을 발휘했다고 볼 수 있었다. 기업 측 설문조사원은 과도하게 기업 친화적인 응답을 유도하는 질문은 쓰지 말라고 조언했다. AFL-CIO의 직원과 노동조합 측 설문조사원은 과도하게 노조 친화적 응답을 유도하는 표현을 수정해 주었다. 여러 가지 문제를 경고했던 외부 교수들에게도 조사 내내 중간중간 확인 절차를 밟았다.

WRPS 프로젝트는 크게 개선됐다. 원래 우리 기획은 거의 전적으로 노동자대표제만을 다룰 생각이었지, 경영진이 직원 참여 관행들을 어떻게 생각하고 있는지에 대해서는 별 생각이 없었다. WRPS에서의 'P'Participation[즉 참여], 그리고 종업원 참여 프로그램에 초점을 맞춘 설문들은 경영자 대표들의 제안을 반영한 것이다. 노조 조직 국장이 우리에게 했던 다음과 같은 질문 하나가 분석에서 중요한 역할을 했다.

잘 아시겠지만, 저는 당신들이 이런 걸 보여 줬으면 합니다. 노동자들이 노조 결성에 대해 생각할 때 제일 큰 걱정거리는 회사가 어떻게 나올까 입니다. 우리는 노동자가 노동조합을 원하지 않는다는 말을 귀에 못이 박히도록 듣고 있어요. 노동자가 원하는 것을 노조가 제공해 주지 않아서, 다양성을 충분히 보장해 주지 못해서 등등 이유는 많죠. 하지만 다 말도 안 되는 소리입니다. 실제 노동자들의 선택을 결정짓는 요소는 '권력을 가진 경영진이 과연 무슨 짓을 할까' 하는 생각입니다. 그렇지 않으면 공공 부문의 노조 조직률이 민간 부문보다 높은 이유가 뭐겠어요? 공기업이든 민간 기업이든 노동자들은 그다지 다르지 않습니다. 단지 경영진과 그들의 역할이 다를 뿐입니다.

좋은 지적이다. 그래서 우리는 노동자들이 노동자대표제나 경영 참여를 열망하면서도 노동자 조직의 특성보다는 경영진의 반응에 더 민감한지 아닌지를 알아보고자 질문 하나를 고안했다. 즉 우리는 이렇게 물었다. 당신은 경영진에 협조적인 약한 노동자 조직과 경영진에 협조적이지 않은 강한 노동자 조직 중에서 어느 쪽을 더 선호하십니까? 뒤에서 살펴보겠지만 이 질문에 대한 응답은 일부 노조 활동가들을 격노하게 만들었다.

경영진과 노동자 대표들이 도움을 준 부분은 이런 포괄적 문제들에 관한 내용만이 아니었다. 사실상 WRPS의 질문들 모두가 이런저런 방식으로 이런 비판들 덕분에 더 나은 질문이 되었다. 그 사이 설문조사 전문가인 다이앤 콜라산토는 우리에게 최신 조사 기법을 가르쳤다. 질문 표현법이나 배치 방식이 응답을 왜곡할 가능성에 대처하기 위해, 우리는 '스플릿 설문'split questions과 '질문 순서 변경'alternative sequencing 기법을 열심히 배웠다. 스플릿 설문이란 표본 집단을 여러 개로 나누어 동일한 내용을 표현 방식을 달리해 물어보는 방식이다. 질문 순서 변경은 응답자의 응답에 따라 질문 순서가 달라지는 방식으로 이는 설문이 응답자에 미치는 영향을 추적할 수 있게 해준다. 또 우리는 효율적인 시간 활용을 위해, 응답자가 불필요한 질문을 건너뛸 수 있도록 설문지를 작성했다. 예를 들어, 어떤 응답자가 노조원이거나 종업원 참여 프로그램에 활발히 참여한다고 답한다면, 추가로 관련 질문을 제시하고, 이런 활동과 관계가 없다고 하면 새로운 영역의 질문으로 넘어가는 식으로 말이다. 이렇게 해서 우리는 해당 이슈에 관심이 없는 응답자가 지루해하지 않도록 하면서도 표본의 일부가 가진 특정 관심사를 추적할 수 있었다. 우리는 컴퓨터의 지원을 받는 전화 인터뷰 방식을 사용했는데,

컴퓨터에 질문 순서가 프로그래밍되어 인터뷰 진행에 따라 컴퓨터 화면에 질문이 나타나는 식이어서 작업이 훨씬 수월했다. 이 때문에 모든 설문 내용이 담긴 하나의 설문지를 가지고 특정 응답자에 맞는 조사를 실시할 수 있었다. 즉, 진행자는 다양한 내용을 다양한 방식으로 질문할 수 있었고, 응답자의 반응에 따라 질문을 달리할 수 있었다.

여름이 끝날 즈음 우리는 모두가 보기에 과학적이고 훌륭할 뿐만 아니라 어느 정도 폭발력을 지닌 설문지를 완성했다. 우리는 ① 사람들이 설문에 답하는 데 걸리는 시간과 ② 곤란해 하거나 지루해 하는 질문은 없는지 혹은 특정 답변을 유도하는 질문은 없는지 알아보기 위해, 새로 완성된 설문지로 예비 설문조사를 진행했다. 예비 조사의 가장 큰 성과는 응답자들이 우리 설문에 흥미를 보였다는 사실이다. 사람들은 회사와 일에 대해 이야기하고 싶어 했다. 물론 자식 얘기, 워싱턴 정가의 최신 스캔들, 가장 인기 있는 텔레비전 쇼나 스포츠 경기만큼은 아니겠지만, 전화로 30분 가까이 진지한 질문들을 들으며 응답할 만큼은 되었다.

아, 하나 더. 우리는 콧수염을 기르고 뚱뚱하고 머리가 벗겨진 아저씨 같은 배우에 실망해 비디오 아이디어를 폐기했다. 이제 우리는 현장으로 달려갈 준비를 마쳤다. 드디어 전화기를 붙잡고 사람들에게 직장 생활에 대해 물어볼 준비가 된 것이다.

관리자들에게는 무엇을 물을까?

미국의 직장인 열 명 중 한 명은 관리자manager로 일하고 있으며, 이런저런 형태로 감독[관리자]supervisor 역할을 하는 노동자들은 그보다도 많다. 관리자도 노동자이기 때문에 그들에게도 다른 노동자들에게 하는 질문과 같은 질문들을 할 수 있다. 하지만 일부 질문들은 관리직 노동자들과 아예 상관이 없거나 어색하게 느껴질 수 있다. 예컨대 노동자들이 노조를 설립할 때 관리직이 마주하는 문제는, 노조에 가입할지 말지가 아니라 노동자들에게 가입하지 말라고 설득해야 할 것인지, 또 그 설득이 얼마나 어려울지 하는 문제이다. 한편 노조가 없는 기업에서 관리직들은 종업원참여위원회에 어느 정도의 권위를 부여할지, 기대에 미치지 못하는 노동자들을 어떻게 규율할지, 노사 관계의 핵심 이슈와 노동자의 다양한 불만을 어떻게 처리할지 거의 일방적으로 결정한다. 따라서 관리직에게 스스로의 활동을 평가해 달라는 주문은 적절하지 않다.

이런 상황을 고려해 일단 몇 가지 질문에서 관리자들을 제외하기로 했다. 노조가 없는 회사의 노동자에게 노조가 제 역할을 하고 있는지 물어보는 질문을 빼고, 종업원 참여 프로그램이 없는 회사의 노동자들에게 종업원 참여 프로그램이 어떻게 운영되고 있는지를 묻는 질문을 제외하는 것처럼 말이다. 그런데 그때 좌파 성향의 동료 교수인 에릭 올린 라이트Erik Olin Wright(어떤 사람은 그를 미국의 마지막 마르크스주의자라고 부른다)가 우리 설문지를 검토해 보더니 더 좋은 아이디어를 제시했다. "경영진의 관점을 알아보는 질문으로 수정해 보면 어떨까요? 노조 설립을 반대한다면 그 이유가 뭔지, 노동자들을 집단이 아니라 개인으로 대할 때는 어떤 느낌인지 등을 물어보면 어떻습니까?"

이와 같이 묻는다면, 동일한 현안에 대해 직위에 따라 관점이 어떻게 달라지는지, 즉 관리직과 노동자가 보여 주는 견해 차이를 비교해 볼 수 있을 것이다. 자본의 관점! 우리는 관리직이 노동자이자 관리자로서 직장 현안에 대해 어떻게 생각하는지 알 수 있게 됐다. 다음 3장에서는 우리 WRPS 조사의 이런 측면을 더욱 부각할 것이다.

당신이라면 무엇을 선택하겠습니까?

재계 및 노동계 대표자들과 회의를 거치면서 우리는 노동자가 원하는 작업장 개혁을 위한 새로운 전략을 개발할 수 있었다. 하지만 새로운 개혁안이 직장에서 얼마나 효력이 있을지 평가할 사람은 노동자들이었다. 우리는 노동자들의 견해가 워싱턴의 권력자들만큼이나, 아니 오히려 그들보다 더 객관적일 수 있다고 생각했다. 그러나 그동안 어떤 개혁도 경험하지 못한 노동자들이 과연 개혁을 원할지 어떻게 알 수 있을까?

가상의 상황을 제시하고 응답자가 솔직하게 답변하도록 하는 문제는 설문조사 연구에서 늘 관심거리다. 핵심은 가상의 상황을 어떻게 설명하느냐에 달려 있다. 예컨대 법적으로 임대료 인상이 규제되고 있는 아파트에 건물주가 장기간 거주하는 독거노인의 집세를 올리는 문제를 생각해 보자. "그동안 세금과 건물 유지비용이 늘어나서, 건물주가 세를 올렸다"라고 설명한다면 임대료 인상이 정당하다고 판단하는 사람의 비율이 높을 것이다. 하지만 "부동산 시장이 경색되었고, 주변 주택은 고급화하고 있으며, 건물주는 나이 든 세입자들을 쫓아낼 궁리를 하고 있다"라고 한다면, 그 비율은 줄어들 것이다. 하물며 "아파트가 사업하기 좋은 장소라고 마약상이 임대를 원해서 건물주가 집세를 두 배로 올렸다"라고 할 경우, 정당하다고 할 사람은 거의 없을 것이다.

이처럼 질문의 맥락이 답변을 좌우하는 상황을 피하기 위해서는 다음 중 하나를 선택해야 한다. 하나는 최대한 중립적인 문맥으로 질문을 하는 것이고, 또 하나는 상이한 문맥을 반영해 질문을 분리하는 이른바 스플릿 설문을 하는 것이다. 직장 내 현안에 대한 의견 차이가 상당하기 때문에 아무리 주의해서 설문조사를 설계하더라도 가설적 질문에 대해 의도치 않게 응답자들을 어느 한쪽으로 유도할 위험이 있다. 게다가 이런 편향은 이어지는 설문에까지 영향을 미칠 수 있다.

이에 대한 우리의 해결책은 세 가지였다.

첫째, 설문조사에서 특정 제도나 개혁안을 어떻게 평가하는지 물어보는 질문은 제일 처음이 아니라 마지막에 넣었다. 이런 식으로 우리는 설사 의도치 않게 우리가 특정 답변을 유도하는 질문을 했다 하더라도, 그것이 다른 설문에 일으킬 편향을 최소화하고자 했다.

둘째, 새로운 제도나 노동 개혁안에 대한 노동자의 선호도를 알아보려 한 경우 제도의 포괄적인 체계가 아니라 구체적인 특성을 제시해 주고 선택하도록 했다. 가령 가상의 '직장 내 노동자 조직' 같은 것을 가정하고 질문을 할 때, 그 조직의 노동자 참여자는 어떻게 결정되는지, 그 조직의 권한은 무엇이 되어야 하는지, 분쟁은 어떻게 해결되는지 등으로 구분해서 질문을 던졌다. 예를 들면 이런 식으로 말이다. "만약 당신이 결정을 내리고 다른 사람들이 따른다면, 당신의 선호는 A라는 특성을 지닌 조직인가, B라는 특성을 지닌 조직인가("회사의 기밀 정보에 대한 접근권이 있는 조직인가, 없는 조직인가", "같은 직군으로만 이뤄진 조직인가, 사업장 전체 직원들로 이루어진 조직인가", "재정 마련은 노동자들만을 기반으로 하는 조직인가, 경영진의 지원을 받는 조직인가"). 이렇게 여러 가지 특성들을 집중 조명하고 이를 명확히 적용함으로써 — 그리고 의회가 아니라 응답자들의 직장 현장을 참고해 — 우리는 구체적 형태를 특정하지 않고도 뜬구름만 잡지 않고 새로운 제도적 형태들에 대한 노동자들의 선호를 알아낼 수 있었다.

셋째, 응답자들에게 구체적인 개혁안에 대한 평가를 요청할 때는 그에 대한 짤막한 논평글을 제공했다. 이는 개혁안에 대한 찬반 논리를 제시하는 형태로 이루어졌으며, 최대한 담백하고 균형 잡힌 서술을 위해 노력했다. 그러고 나서 우리는 응답자들에게 그 개혁안이 **자신의** 직장에서 지속적이고 항구적으로 제대로 작동할 것 같은지 물어보았다.

1차 조사: 전국 단위 대규모 설문조사

제1차 WRPS는 약 2,400명의 응답자가 참여한 가운데 전국에 걸쳐 전화 설문 방식으로 진행했다. 조사 기간은 1994년 9월 중순에서 10월 중순 사이였다. 참여자들은 고용 규모 25명 이상의 민간 기업에서 일하는 이들로, 최고 경영자, 자영업자, 기업 소유주와 그 친인척, 공기업 노동자, 영세 기업 노동자들은 제외했다. 이는 이들이 더 큰 규모의 민간 기업에서 일하는 노동자들과는 겪는 문제도 다르고, 그에 대한 제도적 해결 방안도 다를 것이라는 판단 때문이었다. 실제로 자영업자에게 고용주와의 관계를 물어볼 수는 없는 노릇이다. 고용 규모도 중요했는데, 상식적으로 서너 명만 일하는 기업의 노동자들에게 종업원참여위원회를 평가하라고 하기는 어렵다. 이런 사정으로 일부 직원을 제외시킬 수밖에 없었지만, 다수를 차지하는 노동자들의 입장은 대부분 포함시킬 수 있었다. 우리는 대략 7,000만 명에 이르는 민간 기업 노동자 중 75%에 해당하는 5,250만 명의 모집단에서 표본을 추출했다.

2,400명은 전국 단위의 여론조사가 표준적으로 다루는 표본의 약 두 배에 해당하는 규모다. 조사 대상이 많은 데는 이유가 있었다. 질문의 표현을 달리하거나 순서를 바꿔 물어야 하고, 노동조합이나 종업원 참여위원회 같은 단위별로도 충분한 수의 노동자들을 조사해야 우리 스스로도 확신을 가질 수 있었기 때문이다. 조사 시간은 1인당 평균 26분이었는데, 전화 설문조사가 이뤄지는 통상 시간의 최대한도를 넘어섰다고 본다.

1차 WRPS의 응답률[3]은 높았고, 인터뷰 도중에 답변을 그만두는 응답 거부율도 우려보다 낮았다. 우리는 끝까지 응답이 진행된 설문서만 자료로 활용했다. 연령, 인종, 성별, 교육, 출신 등의 인구통계학적 비율은 조사 대상 모집단을 전국 규모에서 잘 대표하고 있었다. 1차 조사가 끝난 후 우리가 추정한 응답률의 표본 오차는 ±2%로 매우 낮았다.

척도 정하기

그러나 우리에게는 마지막으로 한 가지 불안 요소가 있었다. 완성된 설문지로 조사를 시작한 지 얼마 지나지 않아, 앞서 초안 작성에 도움을 주었던 AFL-CIO의 수석 고문이 매우 화가 나 연락을 해왔다. 그동안 그는 우리에게 많은 제안을 했었고, 그중에는 우리가 반영한 것도 있고 배제한 것도 있었다. 우리가 배제한 제안 중 하나가 그가 보기엔 정확한 결과를 얻어 내는 데 결정적인 것이었던 게다. 당시 우리가 설문조사를 의뢰한 프린스턴 설문조사연구회와 이 수석 고문(그리고 아마도 AFL-CIO의 설문조사 전문가들)은 기술적으로 의견을 달리했다. 그것은 바로 특정 변수들의 척도였다. 전반적으로 WRPS는 질문에 응답할 때 4점 척도 방식 — (4) 매우 그렇다 (3) 다소 그렇다 (2) 그다지 아니다 (1) 전혀 아니다 — 을 사용했다. 예를 들어 이렇게 질문한 것이다. "직장 내 교육과정에서의 발언권에 대해 어떻게 평가하십니까? (4) 매우 만족한다 (3) 다소 만족한다 (2) 그다지 만족스럽지 않다 (1) 전혀 만족스럽지 않다."

수석 고문은 이 방식에 문제를 제기했다. 첫째, 그는 4점 척도라면 만족과 불만족의 수위를 똑같이 나눠야 한다고 했다. 예컨대 "매우 만족" "다소 만족" "다소 불만족" "매우 불만족" 같은 형태로 제시하자는 것이었다. 둘째, 그는 응답자들이 만족도 아니고 불만족도 아닐 경우 중립적인 옵션을 선택할 수 있도록 하는 5점 척도를 더 많이 사용해야 한다고 생각했다.

이런 비판은 우리의 답변 구조가 '만족'에 해당하는 응답률을 높일 것이라는 우려 때문이었다. "그다지 만족스럽지 않다"와 "전혀 만족스럽지 않다"가 "다소 불만족"과 "매우 불만족"보다 의미가 약하다는 주장이었다. 수석 고문은 그 때문에 만족스럽지 않다는 쪽을 택하는 응답자는 줄어들게 될 것이라 했다. 특히 노조가 없는 대부분의 미국 노동자들은 노사 협약workplace arrangements에 만족한다는 답변이 실제보다 더 높게 나온다는 것이다. 더구나 응답자들이 중간 입장을 취할 수 없는 탓에 실상은 더 어긋난다. 일반적으로 사람들은 불만족을 인정하지 않으려는 경향이 있기 때문이다. 이렇게 주장하며 수석 고문은 전화기에 대고 소리쳤다. "당신은 그저 노동자가 행복하다고 보여 주는 설문조사를 하기 위해 우리를 조종하고 있는 겁니다!"

우리는 그가 틀렸다고 믿었다. 초기에 진행한 사전 조사 과정에서 우리의 포커스 그룹 노동자들은 자신의 견해를 솔직하게 밝혔다. 또 프린스턴 설문조사연구회는 4점 척도가 5점 척도보다 낫다는 것을 밝혀냈다. 4점 척도의 설문조사는 5점 척도 방식보다 소요 시간이 더 짧았고, 참여자가 대부분의 질문에 3점을 주면서 이도 저도 아닌 애매한 입장을 갖게 하는 대신 만족이나 불만족을 선택하도록 강제하는 측면이 있었다. 바로 이런 이유 때문에 우리는 그의 제안을 거부했던 것이지만, 수석 고문이 하듯이 완강하게 반대하는 목소리를 낼 수는 없었다. 애초에 그들의 어떤 비판도 달게 받겠다고 약속하지 않았던가. 우리는 생각했다. 여기서 무엇을 더 할 수 있을까? 누가 옳은지 판가름하는 과학적인 방법이 있을까?

WRPS의 답변 방식을 바꾸기는 너무 늦었지만, 매주 전국적으로 실시하는 '옴니버스 서베이'omnibus survey(여론조사 회사들이 여러 의뢰인에게 받은 질문들을 모아 매주 실시하는 조사)를 활용할 수 있었다. 우리는 옴니버스 서베이 응답자들에게 우리가 이전에 실시했던 내용과 똑같은 질문을 할 수도 있었지만, 절반에게는 AFL-CIO의 수석 고문이 원하는 방식대로 묻기로 했다. 비용도 많이 들고 위험도 따르는 결정이었다. 만약 수석 고문이 옳다면, 우리가 만들어 놓은 설문조사 일부는 의미가 없어진다. 하지만 비난의 여지가 없는 결과를 만들기 위해 그 어떤 비판도 달게 받아야 했다.

예산 부족이 현실로 다가오고 있었지만, 선택지의 표현을 달리했을 경우와 5점 척도를 제공했을 때 사람들의 반응을 살피기 위해 전국 옴니버스에 몇 가지 설문을 의뢰했다. 옴니버스 서베이는 1994년 11월에 의뢰해 1차와 2차 조사를 수행했고, 2차 조사에서는 표본 수를 1,100명까지 늘렸다. 결과는 정말 만족스러웠다! 4점 척도와 5점 척도에서 눈에 띄게 나타나는 차이는 별로 없었다. 오히려 수석 고문이 원했던 방식으로 질문했을 경우 우리보다 '만족스럽다'는 답변이 더 많았다. 수석 고문의 예상과 반대되는 결과가 나타난 것이다.

추가 조사

우리의 설문조사는 꽤 오랜 시간에 걸쳐 자세하게 이뤄졌다. 하지만 여전히 우리는 이런 궁금증이 남았다. 만약 추가로 정보를 더 접한다면 대답이 달라질까? 더 오래 생각할 시간을 주면 대답이 달라질까? 또 사측과 노동계의 비평가들이 우리에게 하지 말라고 했던 작업도 해보고 싶었다. 바로 노동자들에게 실현 가능한 구체적 정책 개혁안을 판단해 보라는 것이었다.

큰돈을 들이지 않고 우리 목표를 달성할 방법이 있었다. 전국 단위의 1차 전화 설문이 끝난 뒤 참가자 일부에게 추가 조사를 실시하는 것이다. 우리는 1차 설문이 끝나고 각 참여자에게 이런 질문을 던졌다. 미국의 노동정책에 변화를 줄 개정안이 있다면, 내용을 읽은 뒤 의견을 제시할 의향이 있는가? 설문 조사에 이미 30분의 시간이 들었지만, 상당수가 추가 설문에 응하겠다고 대답했다.

그 뒤 우리는 1차 설문조사의 주요 결과를 공개하지 않은 상태에서 약 한 달 뒤인 1994년 11월에 2차 설문조사를 실시했다. 1차 설문 당시 추가 상담에 응하겠다고 한 참여자에게 세 가지 정책 제안이 담긴 자료를 우편으로 발송했다. 몇 주 후 2차 참여자들에게 전화를 걸어, 반응을 수집하고 새로 몇 가지 질문을 던졌다. 대략 800명에게서 답변이 왔다. 2차 조사 표본은 우리의 초기 표본에서 추출한 대상자들의 인구통계학적 혹은 경제적 특성들과 별반 다르지 않았다. 규모 역시 전국 단위의 독립적인 여론조사로 인정받기에 충분했다.

미국의 민간 기업에만 해당하는 것인가? 아니면 일반화될 수 있는 것인가?

이 설문조사로 "모든 직장인 대상 설문조사의 모태"가 완결됐다고 생각할 수 있지만, 어머니가 아이를 낳듯이 WRPS도 후속 작업을 낳았다.

모든 설문조사는 표본을 추출하는 기간 동안에 그 대상이 된 모집단에 대해서만 신뢰도를 지닌다. 하지만 우리는 WRPS가 좀 더 전체적인 모습을 보여 주길 바랐다. 21세기를 목전에 둔 중대한 시기에 미국 내 민간 기업 노동자들의 근본적인 입장 — 노동자들이 자신의 직장에서 다양하게 느끼는 감정의 소위 "심층 구조" — 을 포착하고 싶었던 것이다. 과연 우리가 이 숭고한 목표를 실현한 것인가? 아니면 단지 1990년대 중반 미국의 노동시장이라는 특정 상황에서의 감정만을 반영한 것인가?

특히 가능성 하나가 우리를 괴롭혔다. 우리가 발견한 새로운 사실 중 하나는, 강력한 노동자 조직과 경영진과의 협력 중에서 어느 것을 더 선호하는가라는 질문에 노동자들은 경영진과의 협력을 선호한다고 답한 것이었다. 거칠게 말하자면, 자본주의와 갈등 관계에 있는 마르크스의 계급 관점과는 반대되는 것이었다. 우리는 이런 답변이 노동자들의 뿌리 깊은 태도에서 나왔는지, 아니면 1990년대 노동운동 세력의 약화를 반영한 것인지 궁금했다. 노동조합의 힘이 강해지고 최고 경영자만이 아니라 일반 노동자의 임금도 상승한다면, 협력을 바라는 욕구가 감소하고 좀 더 전투적인 노동자가 될 수도 있을 것이다. 일반적으로 파업 발생 횟수와 같은 노동자 전투성labor militancy을 나타내는 척도는 시간의 경과와 경기 순환에 따라 달라진다. 어쩌면 우리의 조사 결과는 지금 여기에만 국한된 것일지도 몰랐다. 만일 그렇다면 마르크스가 런던 하이게이트 공동묘지의 무덤을 뚫고 나와 가볍고 일시적인 '태도'에 불과한 것을 진정한 계급의식으로 오인했다며 우리를 비난할지도 모른다.

우리의 결론이 노동자들을 전반적으로 대표할 수 있는지 아니면 특정 시기 미국 민간 기업의 노동자들에게만 국한된 것인지를 확인하는 방법 중 하나는, 우리 조사에서 서로 다른 노동시장에 속한 노동자들의 반응을 비교해 보는 것이다. 노동조합이 있는 기업에 다니는 노동자가 무노조 기업 노동자와 태도가 다른지, 실직 상태에서 이전 조건과 비슷한 일자리를 쉽게 찾을 거라고 믿는 노동자와 그렇지 않은 노동자의 답변이 과연 다른지 등을 확인해 보는 것이다. 이들 사이의 차이가 작을수록, 우리가 발견한 결과가 특정 시간과 장소에 국한된 것이라기보다는 어느 정도 보편적인 태도라 볼 수 있는 가능성이 커진다(좀 더 자세한 내용은 다음 장들을 참조하라).

또 다른 방법은 미국 노동자와 노동운동이 더 강성인 다른 나라 민간 기업 노동자를 비교해 보는 것이다. 명백히 미국과 대비되는 나라는 바로 캐나다다. 많은 측면에서 이 나라는 미국과 유사한 노사 관계 시스템을 갖고 있지만 민간 기업 노동조합 조직률은 미국에 비해 두 배나 높다. 캐나다의 노동법은 미국보다 훨씬 더 노동 친화적이며, 재계 역시 역사적으로 미국 기업들보다 노동조합주의에 더 관대하다. 그렇다면 캐나다 사람을 대상으로 우리의 설문조사를 진행하는 것도 좋은 방법이다. 이미 설문조사를 위한 작업은 거의 완성되어 있기 때문에 비용도 그다지 들지 않을 것이고, 무덤에서 일어난 마르크스에게도 할 말이 생길 것이다. 1995년 11월, 우리는 1,000명의 노동자를 대상으로 캐나다판 WRPS를 시행했다. 그동안 캐나다에서 비슷한 문제의식으로 시행된 조사 중 가장 규모가 컸다.

우리의 결과가 일반성을 갖는지 확인하는 또 다른 방법으로는 미국의 공기업 노동자들을 살펴보는 것도 있었다. 미국에서 민간 부문의 노동조합이 약해지고 노조 조직률이 감소하는 동안, 공기업 노동자는 강력한 힘과 안정적인 노조 가입률을 유지해 왔다. 1995년에 공기업의 노조 조직률은 약 40%였다. 따라서 공기업 노동자에게도 우리가 민간 기업 노동자들에게 했던 질문과 똑같은 질문을 던져 본다면 훌륭한 대비가 될 것이다. 문제는 비용이었다. 전국 차원에서 공기업에 종사하는 노동자를 조사하는 데는 큰돈이 들었다. 공기업에 소속된 노동자는 전체 노동자의 10%에 불과하고, 전국 단위의 조사인 만큼 충분한 표본을 얻기 위해서는 전화 통화도 많이 해야 한다. 하지만 당시 예산은 얼마 남지 않은 상태였다. 그런데 운 좋게도 클린턴 행정부가 공기업의 노사 관계에 대한 전문 조사단을 꾸렸다. 이름은 좀 장황했는데 '노사 협력을 통해 각 주와 지방 정부의 역량을 강화하기 위한 노동부 장관 특별전문위원회'The Secretary of Labor's Task Force on Excellence in State and Local Government through Labor-Management Cooperation[4]였다. WRPS의 결과를 미리 전해들은 이 위원회는 공기업 직원을 대상으로도 우리의 조사가 가능한지 물어 왔다. 우리는 위원회가 조사에 적합한 표본을 제공해 준다면 가능하다고 대답했다. 하지만 위원회가 제공한 표본에는 문제가 있었다. 노조가 있는 공기업의 노조원 명단과 미국 남부 어느 한 주의 노조가 없는 공기업 노동자들의 표본뿐이었다. 비록 불충분한 자료였지만 우리는 작업을 진행하기로 결정했다. 공기업 노동자 일부만을 대상으로 한 조사라도 우리 연구를 일반화하는 데 유용할 수 있기 때문이었다. 만약 그들의 견해가 우리가 조사한 민간 기업 노동자들의 설문조사 결과와 일치한다면, 우리는 마르크스 유령에게 이제 그만 무덤으로 돌아가라고 조심스레 말할 수 있을 터였다. 어쨌든 우리는 1995년 11월, 공기업을 대상으로도 설문조사를 실시했다.

이만하면 됐을까? 적어도 우리는 만족했다. 그런데 영국의 어느 경영자 단체가 우리의 연구를 보고는 영국 노동자들도 자신들의 일자리를 어떻게 생각하는지 알아보고 싶어 했다. 이 단체는 옥스퍼드 대학의 두 연구자에게 연구를 의뢰했고, 결과적으로 우리는 영국의 조사 결과를 통해 또 다른 국가 간 비교 연구 결과를 얻을 수 있었다. 또 이 책을 저술하는 중에 WRPS의 설문이 일본과 호주에서도 이루어졌다.

이 책에서 우리는 WRPS의 '자손들'에 대해 언급하지는 않을 것이다. 다만 캐나다의 민간 기업 노동자들은 미국의 민간 기업 노동자와 많은 부분에서 입장이 같았으며, 미국의 공기업 노동자 역시 민간 부문과의 입장 차이가 아주 사소하게만 달랐다는 점을 밝혀 두고 싶다.5 하지만 영국 노동자는 미국이나 캐나다에 비해 경영진에게 그다지 협력적이지 않았고 더 적대적인 태도를 가진 듯했다. 하지만 이런 후속 설문조사들 가운데 그 어떤 것도 미국 민간 기업 노동자들에 대한 우리의 새로운 조사 결과를 거스를 만한 것은 없었다.

최종 설계도

이와 같이 이 책의 기반이 되는 WRPS는 단일 설문조사를 넘는 방대한 작업이다. 〈자료 2-1〉에서 볼 수 있듯이, WRPS는 크게 네 부분으로 나뉘게 되었으며, 각 부분은 이미 끝난 설문에 새로운 지식을 제공하거나, 추가적으로 신뢰성을 검증하기 위해 마련됐다. 마지막에 추가로 이루어진 세 가지 설문조사는 기존 설문조사 결과가 과연 보편성을 가질수 있는지를 알아보기 위한 것이었다. 우리는 연구의 권위를 확립하기위해 다음과 같은 주의를 기울였다. 포커스 그룹에서 나온 노동자들의 발언 내용을 반영해 설문을 설계하려 했고, '스플릿 설문'과 '질문 순서 변경' 기법을 도입했으며, 비판을 적극 수용했고, 조사 수단을 최대한 활용해 후속 조사를 실시했으며, 공공 부문의 조사 결과를 가지고 다른 나라들과 비교 연구도 했다.

우리가 WRPS 설문조사 설계의 핵심 사항들을 공유한 데는 두 가지 이유가 있었다. 첫째, 이 책에서 밝히고 있는 설문조사 결과가 타당한 모든 수단을 동원해 얻어 낸 틀림없는 사실이며, 미국 노동자들의 태도가 거의 십중팔구 정확하게 반영되어 있다는 점을 독자들에게 확신시켜 주고 싶었다. 그 어떤 나라도 노동자들의 입장을 반영하지 않고서는 노사문제를 다룰 수 없을 것이다. 둘째, 사회과학 설문조사란 일부 여론조사 기관이나 정부 기관으로부터 마술처럼 등장하는 게 아니라, 실수를 할 수 있는 일반인들의 총의를 모아 만든 과학적인 작업이라는 점이다.

과연 우리가 모든 노력과 방어기제를 동원했다고 해서 옳다고 말할 수 있을까? 사회과학은 실험실 안의 과학, 즉 (거의) 모든 조건을 통

자료 2-1

WRPS와 후속 연구들

WRPS

포커스 그룹

총 56명의 노동자를 6개 직업군으로 나눠 각 1시간 30분간 토의. 직장 내 일반적인 관심사를 더 잘 이해하고 질문 작성 시 적절한 언어를 선택하기 위해 마련.

1차 설문조사

2,408명을 대상으로 1인당 26분간 진행되는 전국 규모의 설문조사. 객관성 확보를 위해 스플릿 설문과 질문 순서 변경을 광범위하게 사용.

2차 설문조사

1차 설문조사 응답자 중 801명을 대상으로 15분간 진행된 추가 설문조사. 이들은 추가 조사에 앞서 노사문제의 정책 대안을 우편물로 받아 읽고 설문에 응함. 1차 조사 때의 답변을 더 자세히 검토하고 응답자들이 정책 대안들을 간략하게나마 생각해 볼 수 있도록 진행.

옴니버스 서베이

응답자 1,000명을 대상으로 10분간 진행된 설문조사. 5점 척도와 4점 척도로 된 질문을 시험하기 위해 실시.

후속 조사

캐나다 설문조사

WRPS의 1·2차 설문조사를 적절히 조합해 1,100명을 대상으로 26분 동안 진행. WRPS의 어떤 부분이 미국 민간 기업 노동자들의 특수성을 반영하는지, 어떤 부분이 캐나다의 민간 기업 노동자에게까지 일반화될 수 있는지를 알아보기 위해 마련.

공공 부문 설문조사

미국의 공기업을 대상으로 노조가 있는 기업과 그렇지 않은 기업의 종업원 1,002명을 대상으로 26분에 걸쳐 진행. WRPS의 어떤 응답이 미국 민간 기업 노동자의 특성을 반영하고, 어떤 응답이 미국 공기업 노동자에게까지 일반화될 수 있는지 알아보기 위해 마련.

영국 설문조사

영국 민간 기업의 종업원 1,000명을 대상으로 26분에 걸쳐 진행. 이 프로젝트의 많은 질문은 WRPS의 1·2차 설문조사로부터 가져왔으며, 노사 간 '새로운 고용계약' 개발을 위해 마련.

제하면서 변수나 모수[모집단의 특성을 나타내는 수치]를 변화시켜 분석하는 학문 분야가 아니다. 사람들 역시 [변하지 않고 쪼개지지 않는] 쿼크[물질을 이루는 가장 작은 단위]가 아니다. 사람들은 변화할 수 있고 변화한다. 사회 운동이 언제 일어날지는 알 수 없다. 우리는 올바른 결론을 내렸다고 믿는다. 그렇지 않았다면 우리는 이 책을 저술하지 못했을 것이다. 어느 때보다 불평등이 심하고 노동자는 침묵하는 이 시대, 미국에서 분명히 이보다 더 '옳은' 것은 없을 것이다. 하지만 우리가 이 책에서 이야기한 사람들의 태도가 가까운 장래에 크게 변화한다면 참으로 놀라운 일이 될 것이다.

3장

노동자가 원하는 대로
되지 않는 이유

우리는 '노동자대표제와 참여에 관한 설문조사'WRPS를 완수하자마자, 재계 및 노동계는 물론이고 클린턴 행정부의 미래노사관계위원회에도 서둘러 결과를 알렸다. 박수를 보내는 이들도 있었고, 비판하는 이들도 있었다. 노조 대표들은 우리의 연구가 AFL-CIO의 입장에 모두 부합하기를 기대했지만, 예상과 어긋나자 화를 냈다. WRPS에 따르면 노동자들이 강력한 조직보다는 협력을 원하며, 직장 내 대표 기구로 노동조합보다 노사공동위원회를 선호하기 때문이었다. 이런 결과를 대서특필한 언론 보도는 필요 이상으로 노조를 자극했다. 한편으로 WRPS에 따르면 노동자들은 직장 내 의사 결정 과정에서 더 많은 의견을 제시하고 싶어 하며, 많은 무노조 기업의 노동자들이 노동조합을 원했다. 하지만 재계 대표들은 이 사실을 대수롭지 않게 여겼다. 1994년 중간선거에서 공화당이 승리한 때문이었다. 재계는 자신의 이익에 반하는 어떤 노동법 개정도 공화당을 통해 막을 수 있다고 생각했다. 한 로비스트는 우리에게 자신이 로비를 맡고 있는 회사 뜻대로 노동정책이 정해질 것이라고 자랑스레 떠벌렸다. 노동정책이 노동자의 위임이나 설문조사가 아니라 사장과 기업의 뜻에 따라 정해진다는 것이었다. 그러니 우리가 노동자가 원하는 것을 알아냈다고 한들 누가 관심이나 가지겠냐는 것이었다.

위싱턴 정가에서 중요한 것은 당면 과제다. 우리의 내용이 중요하다고 해도, 금주의 정치 쟁점이나 이번 회기의 입법 일정과 상관이 없다면 어떻게 주목을 끌겠는가? 이런 점에서 보면 한 장의 요약문으로

WRPS의 내용을 전달하면 그만이었다. 노사 관계에 대한 노동자들의 태도의 '심층 구조'를 파악하고, 노동자들이 노사 관계 개선에 공헌할 수 있음을 보여 주고자 했던 우리의 바람은 그저 상아탑 바보들의 허황된 소리로 간주되었다.

하지만 "모든 직장인 대상 설문조사의 모태"라는 제목의 요약문만으로는 우리가 만족할 수 없었고, 독자들도 만족시키지 못했을 것이다. 한 장짜리 보고서로는 조사 결과에 대한 우리의 분석 내용을 제대로 알릴 수 없을뿐더러 직장에 대한 노동자들의 다양한 입장도 전할 수 없었다. 또 직장 내 의사 결정 과정에 대한 자신의 영향력에 만족하는 노동자들이 있는가 하면, 왜 어떤 노동자들은 자신의 상황에 불만을 표시하면서 새로운 제도가 필요하다고 말하는지도 제대로 검토할 수 없었다.

이 장에서 우리는 직장 내 발언권 강화에 대한 욕구가 노동자 특성에 따라, 그리고 작업장에 따라 어떻게 달라지는지 살펴볼 것이다. 우선은 우리의 결과를 좀 더 넓은 관점에서 살펴볼 수 있도록 간단히 요약해 볼 것이다. 또 비판적인 독자라면 제기할지도 모를 반대 의견에 대해서도 다뤄 볼 것이다. 학계 세미나에서 그랬듯이 말이다.[1]

노동자는 회사에서 더 많은 영향력을 원한다

WRPS가 가장 결정적으로 보여 준 게 있다면, 그것은 노동자 대다수가 자신들의 작업장에 영향을 미치는 회사의 의사 결정 과정에 더 많이 개입하고 발언하고 싶어 한다는 것이다. 이 결과는 "더 많은 발언권을 원하는가, 원치 않는가?"라는 하나의 질문으로 얻어 낸 것이 아니다. 우리는 그런 욕구를 알아보기 위해 수많은 질문을 던졌다.[2] 우리가 영향력에 대한 노동자들의 욕망에 그토록 집착했던 것은 이 문제가 어떤 결론에 이르느냐에 따라 나머지 연구가 좌우되는 상황이었기 때문이다.

노동자가 의사 결정 과정에서 더 많은 영향력을 원하는지의 여부는 과연 어떻게 판단할 수 있을까? 한 가지 방법은 현재의 직무 만족도를 물어보는 것이다. 하지만 문제는 사람들이 자신의 상황을 깊이 생각하지 않고 질문에 대답할 수도 있다는 것이었다. WRPS의 사전 작업으로 진행한 포커스 그룹 토론에서는, 사람들이 직장 내 관심사들에 대해 깊이 생각할수록 시작할 때보다 점점 더 비판적인 입장을 나타냈다. 질문 하나만 던졌을 때에는 별 생각 없이 "그냥저냥 만족해요"라고 대답하기 쉽지만, 직장 생활의 다양한 측면들에 대해 조금이라도 이야기를 나눈 뒤에는 그런 피상적인 대답을 하기가 어려워지는 것이다.

우리는 이런 잠재적 문제를 해결하기 위해, [설문 참여자를 두 집단 이상으로 나누고, 같은 주제를 다른 방식으로 조사하는] 표본 분할split-sample design 방식으로 설문지를 구성했다. 표본 집단 가운데 두 집단에는 이런 질문을 던졌다. "전반적으로 볼 때, 직장 내 의사 결정 과정에서 스스로 갖고 있는 영향력에 대해 얼마나 만족하십니까?" 이때 조사 대상자 절반에게는 직장 문제에 대한 사전 토론을 생략한 반면(A그룹), 나머지 절반에게는 토론을 진행한 후 물어보았다(B그룹). 우리는 토론을 거친 B그룹이 그렇지 않은 A그룹에 비해, 자신의 직장 내 영향력에 대해 더 비판적일 것이라고 예상했다.

결과를 보면(〈자료 3-1〉)[3] A그룹에서는 28%가 자신의 영향력에 "매우 만족"이라고 응답한 반면, 19%는 "다소 또는 매우 불만족"이라고 답했다. 만족스럽다는 쪽이 9%p나 앞선다. 그런데 토론을 진행한 B

자료 3-1

직장 내 의사 결정 과정에서의 영향력에 대한 만족 혹은 불만족 비율

토론을 생략한 경우(A그룹)

매우 불만족 7%
다소 불만족 12%
53% 다소 만족
매우 만족 28%

토론을 거친 경우(B그룹)

매우 불만족 9%
다소 불만족 17%
53% 다소 만족
매우 만족 21%

회사에서 더 많은 영향력을 원하는 노동자의 비율

잘 모르겠다 1%
권한 축소를 원한다 1%
현 수준에 만족한다 35%
63% 더 많은 영향력을 원한다

주: 원그래프 비율의 전체 합이 100%가 되어야 하기 때문에, 일부 수치들은 반올림 처리함.

출처: WRPS 설문 문항: (1차 설문조사 문항 14의 1, 2, 3, 4번, Wave 1.14_1, 2, 3, 4) "전반적으로 볼 때, 직장 내 의사 결정 과정에서 스스로 갖고 있는 영향력에 대해 얼마나 만족하십니까?" (매우 만족, 다소 만족, 다소 불만족, 매우 불만족) (W1.13b) "유일한 결정권자인 귀하의 결정을 다른 모든 사람이 따라야 하는 상황일 경우, 원하는 영향력의 수준은 어느 정도입니까?" (더 많은 영향력을 원한다, 영향력 축소를 원한다, 현 수준에 만족한다)

그룹의 경우 21%가 자신의 영향력에 매우 만족한다고 답했지만, 26%는 다소 또는 매우 불만족이라고 답했다. A그룹과 달리 불만족스럽다는 응답이 5%나 더 많이 나왔다. 양자 간의 차이가 14%p에 달하는 이유는 뭘까? 가장 그럴듯한 해석은 B그룹의 노동자들이 직장에 대한 토론을 거치면서 더 정확하고 진솔하게 답변했기 때문이라는 것이다.

표본을 A그룹과 B그룹으로 여전히 구분한 상태에서, 이미 특정한 작업장 의사 결정에 대해 논의했던 B그룹 노동자에게, "유일한 결정권자인 귀하의 결정을 다른 모든 사람이 따라야 하는 상황일 경우, 원하는 영향력의 수준은 어느 정도입니까?"라고 물었다. 이 질문은 "만족하고 계십니까?"라는 문제를 작업장 환경의 변화 가능성에 따라 좀 색다른 말투로 물어본 것이다. 이 질문을 통해 "다소 만족"이라고 대답했던 노동자가 회사에 정말 변화가 생기길 바라는지 알아볼 수 있었다. 조사 결과 거의 3분의 2에 해당하는 노동자가 지금보다 큰 영향력을 행사하고 싶다고 대답했다. 현재 수준에 만족한다는 응답은 35%였으며, 지금보다 작은 영향력을 원한다는 답변은 1%였다(〈자료 3-1〉 참조). 대체로 교육 수준이 높고, 노동시간이 길며, 재직 기간이 오래될수록 더 큰 영향력을 원했다.[4]

이런 결과가 특별한 뉴스거리인가, 아니면 그저 명확한 사회과학적 사실일 뿐인가? 사실 사람들은 대부분이 직업 현장의 의사 결정에서 더 많은 영향력을 바랄 것이다. 자신의 노동하는 삶을 개선시킬 것이기 때문이다. 어떤 사람에게 돈을 더 많이 벌고 싶으냐고 묻는다면 모두들 당연히 그렇다고 대답하는 것과 같다.

그렇다면 이런 반응이 특별하지 않다고 반론을 제기할 때는 어떤 답을 줄 수 있을까? 우리는 노동자가 작업장에서 더 큰 영향력을 발휘할 때 어떤 이득이 생길지 물었다. 이 질문에 87%의 노동자는 생산과 운영 과정에서 관리자보다 노동자의 결정권이 클수록 일을 더 즐길 것이라고 대답했다. 더구나 노동자들에게만 혜택이 국한되는 것은 아니라는 의견이 나왔다. 응답자 중 4분의 3은 회사가 경쟁사보다 더욱 발전할 것이라고 답했으며, 79%는 상품과 서비스의 질이 더욱 좋아질 것이라고 답했다. 또 대다수 응답자들은 노동자의 발언권이 클수록 작업장의 여러 문제가 더 효과적으로 해결될 것이라고 생각했다.[5]

어떤 사람은 노동자들이 너무 자기 잇속만 차리는 답변만 하고 있는 것은 아닌지 의심할 수도 있다. 부부 관계에 빗대 보자. 당신의 배우자가 가사에서 더 많은 결정을 내리게 된다면 모든 문제가 자연스럽게 해결될 것이라고 주장하는 것이다. 하지만 실제로는 골치 아픈 가사 노동을 당신이 더 많이 해야 하는 상황이 발생할 수도 있다. 사실이 그렇다면 관리자들은 노동자들에게 더 많은 발언권을 주는 데 반대해야 한다. 노동자의 영향력이 커질수록 회사에 해롭고 비효율적이며 여러 문제만 일으킬 것이기 때문이다. 하지만 적어도 58%의 관리자들은 반대로 생각했다. 노동자가 집단적으로 더 많은 발언권을 가질 때 작업장 문제가 효과적으로 해결된다는 데 동의한 것이다. 만약 이들 노동자와 관리자가 옳다면, 회사는 결국 더 높은 성과를 올릴 것이다.[6]

상당수 관리자들은 노동자에게 권한을 많이 부여할수록 회사의 효율성이 커진다는 믿음을 실천해 왔다. WRPS 조사 대상 노동자의 과반수는 일정 수준의 종업원 참여 프로그램을 가진 회사에서 일하고 있었으며, 3분의 1은 직접 프로그램에 참여하고 있었다. 5장에서 보게 되겠지만, 대부분의 종업원 참여 프로그램 참여자들은 자신들이 프로그램 운영 방식에 대해 집단적으로 더 많은 발언을 할수록 프로그램이 더 효율적으로 운영될 것이라고 생각했다. 더욱이 종업원 참여 프로그램을 실시하는 회사의 대다수 관리자들은 회사가 아무리 노력 중이라 해도 여전히 노동자들에게 의사 결정권을 충분히 제공하고 있지 않다는 데 동의했다.

직원 중 3분의 1은 직장 생활에 불만

평일에 출근하는 기분을 가장 잘 표현한 문구는 다음 중 무엇입니까?

① 대체로 기대된다

② 그래도 된다면 안 가고 싶다

③ 아무래도 상관없다

현재 일하고 있는 회사의 노사 관계는 다음 중 어디에 해당한다고 평가하십니까?

① 매우 좋다 ② 좋다 ③ 보통이다 ④ 나쁘다

노동자들의 발언권 강화 요구가 경영진이 노동자들을 취급하는 방식에 대한 불만을 반영한 것인지, 아니면 독립적인 문제인지 알아보기 위해 우리는 위와 같은 두 가지 질문을 던져 보았다. 그 결과 노동자의 3분의 2는 직장 생활에 대체로 만족하고 있지만, 나머지 3분의 1은 불만족을 표시했다. 그리고 불만족의 원인은 직장에서 발휘하는 영향력 부족과 밀접하게 관련돼 있었다.

〈자료 3-2〉는 직장 생활이 불만족스럽다는 노동자 3분의 1의 응답들을 구체적으로 보여 준다. 첫 번째 그래프를 보면 응답자의 25%가 출근하지 않으면 좋겠다고 대답한 반면, 9%는 상관없다고 했다. 두 답변을 합하면 대략 3분의 1(34%)이 일하고 싶은 의욕이 없다. 불만족의 비율은 노동시장에서 보다 높은 지위에 있는 노동자들보다는 소득이 낮은 부류에 속하는 노동자들, 즉 저학력자, 흑인 노동자, 생산직 노동자 같은 저소득계층7에서 높게 나타났다. 이런 의미에서 직업 만족

자료 3-2

노동자의 3분의 1은 불만족스럽다

회사에 출근하는 심정은?

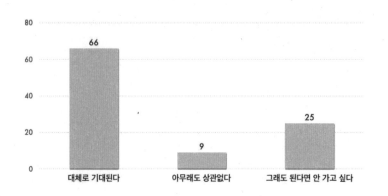

현재 직장의 노사 관계를 어떻게 평가하십니까?

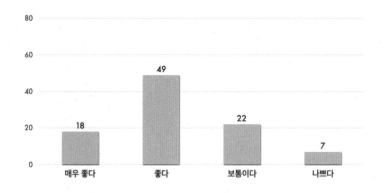

출처: WRPS 문항
(W1.8) 1. 다음 중 어떤 문구가 평일에 출근하는 기분을 가장 잘 표현합니까?
① 대체로 기대된다 ② 그래도 된다면 안 가고 싶다 ③ 아무래도 상관없다
(W1.10b) 2. 현재 일하고 있는 회사의 노사 관계는 다음 중 어디에 해당한다고 평가하십니까?
① 매우 좋다 ② 좋다 ③ 보통이다 ④ 나쁘다

도의 편차는 소득 분배의 불평등을 반영한다. 하지만 대졸자의 28%와 대학 교육을 체험한 노동자의 39% 역시 출근하지 않으면 좋겠다거나 신경 쓰지 않는다고 대답했으며, 백인의 30%도 마찬가지였다.

노사 관계에 대한 노동자들의 평가에서도 유사한 패턴이 드러났다. 약 18%는 '매우 좋다', 거의 절반이 '좋다', 약 5분의 1은 '보통이다', 약 7%는 '나쁘다'를 택했다. '보통이다'와 '나쁘다'를 합하면 3분의 1은 직장 생활에 불만을 가진 셈이다. 더구나 이런 노사 관계에 대한 불만은 다른 회사와 비교할 때 "남의 떡이 더 커 보인다"라고 생각하기 때문도 아니었다. 응답자 중 51%는 자기 회사와 다른 회사의 노사 관계가 비슷한 수준이라고 평가했으며 38%는 평균보다 좋다고 여겼다. 오직 9%만이 자사의 노사 관계가 평균보다 나쁘다고 생각했다.

한편으로 노사 관계에 대한 만족도는 노동자가 회사에 대해 얼마나 신뢰하고 애착[충성심]loyalty을 갖고 있느냐에 따라 달라진다.

귀하는 회사에 대해 어느 정도 애착을 갖고 있습니까?
① 크다 ② 어느 정도 된다 ③ 조금밖에 없다 ④ 전혀 없다

회사가 노동자들과의 약속을 지키겠다고 말할 때 귀하는 이 말을 얼마나 신뢰하십니까?
① 매우 신뢰한다 ② 어느 정도 신뢰한다 ③ 조금밖에 신뢰하지 않는다
④ 전혀 신뢰하지 않는다

〈자료 3-3〉에 따르면 직장에 대한 애착이 "매우 높다"는 답변은 54%나 되는 반면에, 회사와 노동자 사이의 약속을 "매우 신뢰한다"는

회사에 대한 노동자의 애착과 신뢰

귀하는 회사에 대해 어느 정도 애착을 갖고 있습니까?

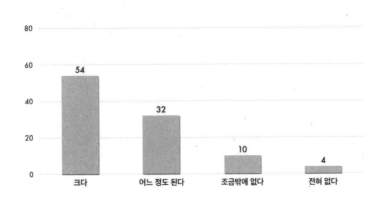

회사가 노동자들과의 약속을 지키겠다고 할 때 귀하는 이 말을 얼마나 신뢰하십니까?

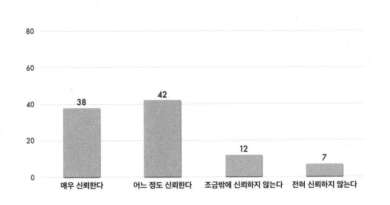

출처: WRPS 문항: (W1.9C) "귀하는 회사에 대해 어느 정도 애착을 갖고 있습니까? ① 크다 ② 어느 정도 된다 ③ 조금밖에 없다 ④ 전혀 없다"; (W1.10a) "회사가 노동자들과의 약속을 지키겠다고 할 때 귀하는 이 말을 얼마나 신뢰하십니까? ① 매우 신뢰한다 ② 어느 정도 신뢰한다 ③ 조금밖에 신뢰하지 않는다 ④ 전혀 신뢰하지 않는다"

답변은 38%에 그쳤다. 회사의 약속을 "어느 정도 신뢰한다"는 비율은 42%, "조금밖에 또는 전혀 신뢰하지 않는다"는 비율은 약 19%였다. 개인적 수준에서 보면, 3분의 1이 회사에 대해 가진 신뢰보다는 애착이 더 많은 이들이었다. 이는 회사에 대한 신뢰가 애착보다 높다고 답한 10%와 대비된다.[8] 여기서도 마찬가지로 불만족을 표시한 사람은 3분의 1이다.

발언권과 만족도

직장과 노사 관계에 대한 불만은 작업장 내 영향력에 대한 불만과 얼마나 관계가 있을까?

〈자료 3-4〉에 요약된 수치를 보면 매우 깊은 관련이 있음을 알 수 있다. 이 표는 자신의 직장 내 발언권에 대한 만족도가 서로 다른 노동자들이 회사에 대한 태도를 묻는 다른 질문(즉 출근에 대한 기대감, 노사 관계에 대한 평가, 회사에 대한 신뢰도 등)에는 어떻게 응답했는지를 보여 준다. 이에 따르면 회사 내 영향력에 대한 만족도와 이런 여타의 회사에 대한 태도들은 강한 상관관계를 맺고 있는 것으로 나타났다. 직장 내에서 자신의 발언권에 만족하는 노동자들은 출근을 기분 좋게 생각하고, 노사 관계를 긍정적으로 평가하며, 회사를 신뢰했다. 반대로 발언권에 불만을 품은 노동자들은 출근을 달가워하지 않고, 노사 관계를 부정적으로 평가했으며, 고용주를 신뢰하지 않았다.

물론 그렇다고 해서 직장 내 발언권에 대한 불만족이 회사에 대한 불만족의 주요 원인이라고 볼 수는 없다. 위의 데이터는 인과관계가 아

자료 3-4

작업장에서의 영향력에 대한 만족도와 회사에 대한 만족도의 비교

	작업장에서의 영향력에 대한 만족도			
	매우	어느 정도	별로 없다	전혀 없다
출근에 대한 태도				
대체로 출근이 기대된다	85	69	46	32
그래도 된다면 안 가고 싶다	10	21	43	59
회사의 약속에 대한 신뢰도				
매우 신뢰	65	36	14	8
전혀 혹은 거의 없다	4	16	40	65
노사 관계에 대한 평가				
매우 좋다	39	15	5	0
나쁘다/그저 그렇다	10	27	56	80

주: 전반적인 만족도 질문에 대한 사전 사후 효과를 보정하지 않았다.
출처: 〈자료 3-2〉와 〈자료 3-3〉의 분석 결과와 함께 〈자료 3-1〉에 나온 내용 중 직장 내 영향력에 대한 만족도를 교차분석한 결과다.

닌 상관관계를 보여 줄 뿐이다. 우리는 고용주를 신뢰하지 않는 노동자, 자기 회사의 노사관계에 대해 부정적으로 평가하는 노동자, 출근을 달가워하지 않는 노동자, 고용주가 노동자에게 관심이 없다고 생각하는 노동자는 직장 내 자신의 발언권에 대해 유난히 불만이 많다고 이야기할 수 있을 것이다.[9] 여기서 핵심은 직장 내 발언권에 대한 노동자의 불만이 사소한 문제가 아니라는 것이다. 이는 노동자가 자신의 일과 고용주의 다른 측면들을 어떻게 생각하는가와 밀접한 관련이 있다.

노동자의 영향력, 희망과 현실 사이의 격차

노동자들 가운데 상당수는 회사 내 의사 결정 과정에서 자신이 미치는 영향력에 불만을 품고 있고, 직장 생활 전반에 대해서도 불만족스러운 상태라는 점은 모두가 다 잘 아는 사실이다. 하지만 그럼에도 불구하고 노동자들에게 실질적 영향력을 부여하고 있는 기업은 그 어디에도 없다. 노동자들은 간혹 경영진과의 협의나 특정 문제들만을 다루는 위원회 참석 등과 같은 형식을 통해 특정 사안에 대해서만 발언할 수 있을 뿐이다.

〈자료 3-5〉는 작업장 내 의사 결정 사항을 여덟 개 종류로 나누고, 노동자들이 각 사항에서 얼마나 영향력을 발휘하는지 보여 준다. 그중 A항목, 즉 '희망하는 영향력 수준'을 주목하기 바란다. 이 항목은 의사 결정의 각 영역에서 충분한 영향력을 갖는 것이 '매우 중요하다'고 여기는 노동자의 비율이다. 희망 사항이기 때문에 현실에서 발휘하는 영향력 수준과는 동떨어질 수도 있다. 작업장에서 노동자가 '희망하는 영향력의 수준'은 여덟 개의 의사 결정 사항별로 큰 편차를 보였다. 응답자의 76%, 약 4분의 3은 업무 처리와 작업 조직 방법을 결정할 때 영향력을 행사하는 것이 매우 중요하다고 응답했다. 반면에 임금 인상 과정에서 영향력이 매우 중요하다는 응답은 41%에 그쳤다. 전자와 후자 사이의 격차는 35%p에 이른다. 또 많은 노동자들은 교육 훈련과 복지 혜택의 종류를 결정하는 사항에서 행사하는 영향력도 매우 중요하다는 입장이었다. A항목 전체를 평균하면, 55%가 작업장의 여덟 가지 사항에서 영향력을 행사하는 것이 **매우 중요하다**고 말했다.

B항목은 '현재 영향력 수준'으로 실제로 노동자들이 영향력을 많

자료 3-5

작업장 의사 결정 과정에서의 영향력에 대한 희망 수준과 현재 수준 사이의 격차

	A 희망하는 영향력 수준	B 현재 영향력 수준	C 평균 격차	D 개인별 격차
	충분한 영향력을 갖는 것이 매우 중요하다고 여기는 노동자 비율	직접적인 영향력과 경영 참여를 많이 실현하고 있다고 응답한 노동자 비율	영향력에 대한 희망 수준과 현재 수준의 격차	현재의 참여 수준이 희망 수준보다 낮은 노동자의 비율
복지 혜택의 종류 결정	60	6	54	83
현재 업무에 맞는 임금 인상 수준 결정	41	6	35	76
현재 업무 부서에 필요한 교육 훈련의 종류 결정	62	29	33	53
업무상 필요한 새로운 장비나 소프트웨어 도입 여부 결정	52	28	24	46
현재 맡은 업무와 부서의 목표 설정	55	32	23	43
안전 기준 설정 및 적용	55	35	20	45
업무 처리 및 작업 조직 방식 결정	76	57	19	31
휴식, 초과근무 및 휴직을 포함한 작업 일정 설정	42	30	12	47
평균	55	28	27	53

출처: WRPS 문항: "귀하는 다음과 같은 여덟 개의 사항에서 얼마나 직접적으로 참여하고 영향력을 행사하고 계십니까? (문항 12aa와 12ba의 질문, W1.12aa와 12ba) 업무 처리 및 작업 조직 방식 결정. (문항 12ab와 12bb의 질문, W1.12ab와 12bb) 현재 업무 부서에 필요한 교육 훈련의 종류 결정. (문항 12ac와 12bc의 질문, W1.12ac와 12bc) 휴식, 초과근무 및 휴직을 포함한 작업 일정 설정. (문항 12ad와 12bd의 질문, W1.12ad와 12bd) 현재 업무에 맞는 임금 인상 수준 결정. (문항 12ae와 12be의 질문, W1.12ae와 12be) 현재 맡은 업무와 부서의 목표 설정. (문항 12af와 12bf의 질문, W1.12af와 12bf) 업무상 필요한 새로운 장비나 소프트웨어 도입 여부 결정. (문항 12ag와 12bg의 질문, W1.12ag와 12bg) 안전 기준 설정 및 적용. (문항 12ah와 12bh의 질문, W1.12ah와 12bh) 복지 혜택의 종류 결정(매우, 어느 정도, 조금, 직접적인 참여는 전혀 없다). (W1.13a) "귀하의 현재 상황과 상관없이 직장 생활 중 다음의 여덟 개의 사항에서 충분한 영향력을 가질 수 있다고 할 경우, 각 사항의 의사 결정 과정에서 충분한 영향력을 갖는 것이 얼마나 중요한지 답변해 주시기 바랍니다. 첫째, (시안 별로) 영향력을 갖는 것이 당신에게 얼마나 중요합니까?" 매우 중요하다, 어느 정도 중요하다, 별로 중요하지 않다, 전혀 중요하지 않다.

이 발휘하고 있다고 답한 경우다. 이 비율 역시 의사 결정의 각 사항에서 큰 편차를 보였다. 임금이나 복지 혜택을 정할 때 영향력을 많이 발휘하고 있다는 응답은 6%에 불과한 반면, 자신의 업무를 어떻게 처리할지 결정할 때라는 응답은 57%나 됐다. 이 51%p의 격차는 A항목, 즉 영향력에 대한 희망 수준에서의 사항별 격차 35(76-41)%p보다 더 크다. 현실에서 회사가 노동자에게 제공하는 영향력이나 발언권 수준이 노동자가 희망하는 수준보다 영역별로 고르지 못하다는 의미다. C항목은 작업장에서의 영향력에 대한 희망 수준(A항목)에서 현재 수준(B항목)을 뺀 것이다. C항목의 평균은 27%인데, 다시 말해 27%의 노동자들이 이런 의사 결정에서 많은 영향력을 원한다고 응답했음을 알 수 있다. "실제로 영향력을 많이 행사하고 있다"는 응답보다 "(실제로는 어떻든 간에) 영향력을 행사하는 것이 매우 중요하다"는 응답이 두 배나 된다. 현실에서 노동자가 원하는 수준의 발언권을 기업이 제공하지 않고 있다는 뜻이다.

다시 한 번 C항목의 평균이 27%라는 점을 살펴보자. 이 수치는 작업장 의사 결정의 모든 영역에 걸쳐 영향력에 대한 희망 수준과 현재 수준의 격차를 평균한 것이라고 했다. 둘 사이에 나타나는 영향력의 격차는 미국 고용 시장이 의사 결정에 대한 노동자들의 요구를 충족시키지 못하고 있다는 사실을 보여 준다. 그런데 C항목의 영향력 격차는 통계적으로 가치를 가지고 있지만 결점도 있다. 원래 답변은 "매우 그렇다" "어느 정도 그렇다" "별로 없다" "전혀 없다"의 네 가지로 나뉘지만, C항목에서는 "매우 그렇다"는 한 가지만 중요한 기준으로 삼고 있다. 이 때문에 영향력을 발휘하는 것이 "어느 정도 중요하다"는 대답과 "전혀 중요하지 않다"는 대답이 결과적으로 의미를 상실하게 된다.[10] 이런 요약 통계summary statistic의 결점은 또 있다. 사항별 영향력의 희망 수준이 현재 수준보다 높은 노동자들도 현재 수준이 희망 수준보다 높은 노동자들과 같은 그룹으로 취급받는다.[11] 이는 요약 통계가 노동자들이 현재보다 더 많은 발언권을 원하는 정도를 과소평가할 수 있음을 의미한다.

이 문제를 해결하기 위해 D항목을 만들었다. D항목에는 지금보다 더 많은 영향력을 원하는 노동자의 비율이 나온다. 많은 노동자들은 작업장에서의 영향력이 "어느 정도 중요하다"고 말하지만 현실에서는 권한이 "별로 없다"고 답했다. 따라서 D항목에서 나타나는 현실과 이상 사이의 평균 격차는 53%로, C항목의 평균 격차 27%보다 두 배 가까이 크다. 작업장 의사 결정에서, 자신이 행사하는 영향력의 현재 수준이 희망 수준에 미치지 못하는 노동자의 수가 절반을 넘는다는 의미다.[12]

그렇다면 노동자들은 의사 결정의 어느 분야에서 더 많은 발언권을 원하는가? D항목에서 현실과 희망 간에 격차가 가장 큰 분야는 복지 혜택과 임금 인상이다. 복지와 임금은 회사의 이익 분배와 관련된다. 이 분야에서 노동자에게 더 많은 영향력을 부여한다면, 경영진이나 주주들이 지출하는 비용을 대가로 그들에게 혜택을 제공하는 셈이다. 다음으로 격차가 큰 분야는 임금과 복지 영역과 성격이 많이 다른데, 노동자에게 필요한 교육 훈련의 의사 결정 영역이다. 적절한 교육 훈련은 기업 생산성, 주주의 이윤, 노동자의 임금을 함께 증가시킨다. 그럼에도 희망과 현실 사이에 격차가 큰 이유는 복지와 임금 문제처럼 노동자의 실제 영향력이 유난히 작아서가 아니다. 교육 훈련의 의사 결정에 영향을 미치고 싶은 노동자들의 욕구가 각별하게 크기 때문이다. 업무 처리 및 작업 조직 방식을 결정하는 사항과 작업 일정을 설정하는 사항에서 희망 수준과 현재 수준의 격차가 가장 작았지만 그 이유는 각기 달랐다. 대다수 노동자들이 업무 처리와 작업 조직 방법을 결정할 때 직접적인 영향력을 희망하는 정도가 큰 반면, 작업 일정을 설정하는 일이 매우 중요하다고 여긴 노동자는 상대적으로 적었다.

성별·인종 등으로 본 영향력의 차이

지금까지 작업장 내 의사 결정 과정에서 발언권에 대한 희망 수준과 현재 수준의 격차를 살펴봤다. 그런데 인구통계학적·경제적 특성 등이 서로 다른 노동자들 사이에서도 이 같은 차이가 나타날까?

이 문제에 답변하기 위해, 우리는 노동자들이 작업장에서 실제로 행사하고 있는 영향력의 크기를 점수로 매겨 모두 합산했다. 다음으로 이 점수를 노동자가 희망하는 영향력의 크기와 비교해 **총화평정**[합산 평가]summated rating을 시행했다. 총화평정[13]은 어려운 작업이 아니라, 각 답변에 부여한 점수를 단순히 합쳐서 분석하는 방법이다. 스플릿 설문으로 기획된 WRPS에서 각 노동자는 질문 8개 중 4개를 받았으며, 4점 척도를 사용했기 때문에 답변도 네 가지로 나뉜다. 그중 "영향력이 매우 크다"는 답변에는 4점을 주고, 다음으로 3점, 2점으로 내려가다가 "영향력이 매우 적다"는 답변에는 1점을 부여했다. 결국 네 가지 질문에 대한 답변에 점수를 매겨서 합치면, 최소 4점(노동자의 권한이 실제로 제일 작은 경우이거나 희망하는 영향력이 제일 작은 경우)에서 최대 16점(노동자의 권한이 실제로 제일 큰 경우이거나 희망하는 영향력이 제일 큰 경우)의 점수를 얻게 된다.

자료 3-6

작업장 내 의사 결정 과정에서 영향력의 희망 수준과 현재 수준에 대한 총화평정 척도

	희망하는 영향력의 크기 (A)	현재 영향력의 크기 (B)	(A-B)영향력 격차 (C)
	4에서 16 사이의 점수로 표시		
성별			
남자	13.6	10.3	3.2
여자	13.6	9.7	3.9
인종			
백인	13.5	10.0	3.5
흑인	14.2	9.8	4.4
교육			
대졸	13.5	10.5	3.0
고졸	13.7	9.9	3.8
직업			
전문직	13.6	10.8	2.8
고용직	13.7	9.6	4.1
노조 유무			
무노조	13.6	10.0	3.6
유노조	13.6	9.6	4.0
노동자 경영 참여(EI)			
경영 참여 존재	13.8	11.2	2.6
경영 참여 없음	13.5	9.4	4.1
주간 소득			
제3사분위(소득 상위 25%)	13.6	10.8	2.8
제1사분위(소득 하위 25%)	13.5	9.3	4.2

주: 총화평정 척도(Summated rating scale)는 최고 높은 항목에 4점, 그 다음 높은 항목에 각각 3점, 2점, 1점을 부여하는 방식에 따라 만들어졌다. 이 점수는 우리가 각 노동자에게 질문했던 4가지 항목에 대해 부여한 각 점수를 단순 합계해 얻은 것이다. 따라서 최대값 16점과 최소값 4점을 갖게 된다. 여기서 점수가 높을수록 관련 분야의 의사 결정 과정에서 노동자들은 높은 희망 수준 혹은 현재 수준의 영향력을 갖게 된다.

출처: 〈자료 3-5〉에 제시된 WRPS 질문의 답변으로부터 작성됨.

〈자료 3-6〉은 응답자를 성별·인종별·노조 유무 등 여러 유형으로 나눠 총화평정을 수행한 결과다. A항목은 노동자가 희망하는 영향력 수준의 크기를 보여 준다. A항목을 보면, 노동자들은 서로 특성이 다르다고 해도, 의사 결정 과정에서 희망하는 영향력의 수준은 비슷하게 나타났다. 남성이든 여성이든, 노조가 있거나 없거나, 전문직이든 일반직이든 모두가 그랬다. 차이가 날 경우에도 그 수준은 상대적으로 미미했는데, 고졸이 대졸보다, 흑인이 백인보다, 경영참여위원회에 참여하는 노동자가 그렇지 않은 경우보다 더 많은 영향력을 원했다. 그러나 인상적인 것은 어떻게 구분하든간에 노동자들은 의사 결정에서 상당 수준의 영향력을 발휘하고 싶어 한다는 사실이었다. B항목은 노동자가 현재 갖고 있는 영향력의 수준이다. 여기서의 편차는 상당히 크다. 교육 수준, 직업, 소득, 성별이나 인종 측면에서 약한 지위에 있는 노동자들은 강한 지위에 있는 노동자들보다 영향력이 작다. 노조가 있는 기업의 노동자는 무노조 기업 노동자보다 영향력이 크다. 특히 경영참여위원회에 참여하는 노동자는 그렇지 않은 노동자보다 상당히 많은 영향력을 행사하는 것으로 나타난다(4장과 5장에서 더 자세히 검토할 것이다).

사람들 간에 유형과 특성이 다르다고 해도, 희망하는 영향력의 크기는 유사하다. 하지만 현재 가진 영향력의 크기는 다르다. 자연스럽게 C항목에 제시된 희망 수준과 현재 수준의 영향력 격차는 서로 다르게 나타난다. 그런데 인상적이게도, 모든 그룹에서 상당 수준의 영향력 격차가 있었다. C항목에서 합산된 척도의 수치가 갖는 의미를 이해해 보자. 점수 차이 4가 의미하는 것은 현재 수준에서 노동자가 갖는 업무상 영향력 수준이 그가 희망하는 영향력 수준과 네 개 질문 사항의 답변에서 각각 평균 한 단계씩, 즉 1점씩의 차이를 반영하고 있다는 사실이다. 즉 어느 응답자의 합산된 척도의 수치가 4라면, 이 노동자는 네 분야에서 평균적으로 자신의 영향력을 매우 많이 희망하지만(희망 수준: 4점) 실제로는 어느 정도만을 가지거나(현재 수준: 3점) 어느 정도 희망하는데(희망 수준: 3점) 실제로는 조금만 가지거나(현재 수준: 2점) 조금 희망하지만(희망 수준: 4점) 실제로는 전혀 없는(현재 수준: 1점) 경우 중 하나라고 보면 된다.

어떻게 측정하든간에, 노동자가 회사에서 원하는 발언권과 그들이 실제 가진 영향력 간의 격차는 상당히 큰 것으로 드러났다.

집단적인 방식이냐, 개별적인 방식이냐?

노동자는 작업장 의사 결정에서 개별적으로 혹은 집단의 일부로서 발언권을 행사할 수 있다. 우선 개별적인 방법으로 관리자와 얘기할 수 있다. 열린 문 정책을 시행하는 회사라면 고위 경영진에게도 문제를 제기할 만하다. 고충 처리 제도가 있는 회사에서는 정식으로 관련 절차를 밟을 수 있다. 많은 대기업들이 정기적으로 내부 의견 조사를 시행해 노동자 개인의 관심사를 반영한다. 또 회사에 이메일을 보내거나 건의함을 이용할 수도 있다.

집단적인 방법으로는, 경영진과의 회의나 자신들의 대표자 선정을 통해 의사 결정에 영향력을 행사할 수 있다. 어떤 기업의 경영진은 모든 노동자와 함께 타운 미팅town meeting◀을 갖는다. 경영진이 종업원

▶ 직원들이 작업장이나 사무실에서 벗어나 업무나 직위 여하를 떠나 자유로운 분위기에서

위원회committees of employees를 구성해 문제를 논의할 수도 있다. 경영진으로부터 독립적인 방법도 있다. 노동자들은 집단적인 이해를 관철시키기 위해 노동조합을 결성한다. 유럽의 대다수 나라는 모든 노동자들이 — 생산직뿐만 아니라 사무직, 노조를 가진 노동자뿐만 아니라 무노조 노동자까지 — 노동자평의회works councils를 설립하고 경영진과 정기적으로 만나는 대표자를 선출하도록 법으로 보장한다.

미국 노동자들이 업무에 대한 발언권 확대를 원한다고 할 때, 이는 단지 개인적 차원에서일까, 아니면 집단의 구성원으로서 바라는 것일까?

이 질문은 미국의 노사 관계에서 결정적으로 중요하다. 왜냐하면 대부분의 사용자는 노동자 개개인의 의견 제시는 반기면서도 노동자 집단과의 논의는 불편해 하기 때문이다. 일반적으로 집단은 개인보다 더 큰 힘을 지니며, 자본주의 사회에서 가장 강력한 노동자 집단인 노동조합에게는 경영진에 협상을 강제할 힘이 있다.

WRPS는 노동자들이 어떤 형태의 영향력 행사를 선호하는지 다양한 방식으로 검토했다. 먼저 우리는 설문 대상자의 절반에게 다음과 같이 물었다. "귀하는 다음과 같은 서술에 동의하십니까? '나는 종업원단체employee association를 통해 작업장 문제를 제기하는 것이 개인적으로 혼자 하는 것보다 편하다고 생각한다.'" 나머지 반을 대상으로는 다음과 같이 물었다. "귀하에게 발생한 업무상 문제를 해결하는 방법으로 다음 중 어느 방법이 더 좋다고 생각하십니까? ① 내가 직접 관리자를 상대하는 것이 더 편하다 ② 동료 직원들의 집단적 도움을 받아 관리자

공통의 문제에 대해 토론하고 해결 방안을 찾는 제도를 말한다.

자료 3-7

개별적 발언권 대 집단적 발언권

작업장 문제를 제기할 때 더 편하다고 느끼는 방법은

종업원 단체를 통해 제기한다	56
개인적으로 제기한다	38
잘 모르겠다	5

자신에게 발생한 작업장 문제를 해결하기 위해 좀 더 선호하는 방법은

스스로 해결하도록 한다	55
동료 노동자들의 도움을 얻어 해결하도록 한다	43
잘 모르겠다	2

	희망하는 영향력 수준				
작업장 문제 해결을 위해 선호하는 방법	복지 혜택	건강/산업 안전	업무에 관한 교육 훈련	부당한 대우	성희롱
동료 직원들의 도움을 받는다	66	53	44	39	34
스스로 해결한다	33	36	54	59	65
잘 모르겠다	1	1	2	3	1

출처: WRPS의 다음과 같은 질문에 대한 답변으로부터: (W1.34a) "귀하는 다음과 같은 서술에 동의하십니까? 나는 작업장 문제를 제기할 때 '종업원 단체를 통해 제기'하는 것이 '개인적으로 제기'하는 것 보다 편하다고 느낀다." (W1.34b) "귀하에게 발생한 작업장 문제를 해결하기 위해 보다 선호하는 방법은 무엇입니까? '내가 직접 관리자 상대한다', '동료 직원들의 집단적인 도움을 받아 관리자를 상대한다'." (W2.36a-e) "귀하는 직장 생활에서 발생하는 다음과 같은 문제들을 해결하기 위해 다음 중 어떤 방법을 선호하십니까? '내가 혼자 관리자를 상대한다', '동료 직원들의 도움을 얻어 집단적으로 관리자를 상대한다'."

를 상대하는 것이 더 편하다." 우리는 표현법, 문맥, 순서의 차이로 발생할 수 있는 편견을 없애기 위해 이런 두 가지 방법으로 질문했다. 첫 번째 질문은 노동자들의 집단적 과정을 먼저 제시하고 전체적인 작업장 문제를 언급했다. 두 번째 질문은 개인적인 대응을 먼저 제시하면서 개별 노동자가 직면하는 문제를 언급했다.

〈자료 3-7〉은 질문의 순서, 문맥, 표현법이 답변에 영향을 미쳤음을 보여 준다. **종업원 단체**를 먼저 언급한 경우, 56%의 응답자가 단체를 통해 해결해야 한다고 말했다. **스스로** 해결하는 방법을 먼저 언급한 경우, 55%는 개인이 경영진과 직접 상대하는 방식을, 43%는 집단적 접근을 바랐다. 최대한 신중하게 결론을 내리자면, 노동자는 개별적인 접근과 집단적인 접근 모두를 균등하게 선호한다는 것이다.

그런데 노동자들이 선호하는 문제 해결 방식은 어느 지점에서 집단과 개별로 갈리는가? 답은 결국 어떤 문제에 직면하고 있는가에 따라 달라진다. 성희롱, 부당한 대우, 불충분한 교육 훈련의 문제에 대처할 때 노동자들은 직접 경영진을 상대하려 한다. 반면에 작업장 보건의료 및 산업 안전, 복지와 관련된 문제는 다른 노동자들의 도움을 원했다. 대체로 집단적 발언을 선호하는 사람들이라도 성희롱, 불공정 대우 같은 문제에서는 상당수가 개별적인 대처 방식을 택했다. 개별적 발언을 선호하는 경우 역시 보건의료와 산업 안전, 복지 혜택 같은 문제는 집단의 대응을 바랐다.[14]

하지만 작업장의 의사 결정에 집단적인 대응을 원한다는 답변이 어느 정도의 의미를 가지고 있을까? 사실 "예, 그래요. 작업장에 영향을 미치는 의사 결정에 참여하고 싶습니다"라고 말만 하는 것과, 시간과 노력을 전적으로 투입하는 것은 전혀 다른 차원이다. 우리는 응답자들이 종업원 조직에 자원해서 한 달에 두세 시간을 투자할 수 있는지 물었다. 3분의 1이 반드시 참여할 것이라고 답했으며, 44%는 종업원 조직을 대표해 경영진과 만날 의향이 있다고 대답했다. 물론 경영진과의 논의에서 종업원 조직의 대표자가 이처럼 많을 필요는 없다. 비록 노동자들이 시간을 할애하겠다는 의도가 상당히 과장됐다고 하더라도,

작업장 조직에서 봉사할 노동자는 충분할 것이다.

정리하면 노동자들은 개별적으로만이 아니라 집단적으로도 발언권 확대를 원한다. 또 개별적으로 처리할 영역과 집단적으로 처리할 영역을 구분한다. 집단적 개입이 효과적이라고 여기는 부문은 보건의료 및 산업 안전, 복지 혜택, 고충 처리 시스템처럼 집합적·공공재적 본성이 강한 의사 결정 영역이다.

약하더라도 경영진과 협력하는 노동자 조직

포커스 그룹 토론, 1·2차에 걸친 WRPS 설문조사에서 노동자들은 시종일관 경영진과 협력적인 관계를 원한다는 입장이었다. 또 그런 협력을 가능하게 하는 직장 내 각종 제도들도 바랐다. 노동자 조직을 대하는 경영진의 태도에 노동자들이 얼마나 민감한지를 보여 주는 첫 번째 지표는 WRPS 설문지 마지막 부분에서 물었던 질문에 대한 대답에서 잘 나타났다. 질문 내용은 이랬다. "꼭 노동조합 형태가 아니더라도 모종의 종업원 조직이 가능하다고 가정할 때, **귀하는** 그 조직이 어떻게 운영되기를 바라십니까? 이때 의사 결정은 당신 혼자서 하며, 다른 사람들은 당신의 결정을 따른다고 가정합니다." 응답자가 선택할 조직의 지배 구조는 두 가지였다. 하나는 노동자와 경영진이 공동으로 운영하는 것이고, 하나는 노동자 단독으로 운영하는 것이다. 대다수 노동자는 "노동자 단독으로"를 선택할 것이라고 우리는 예상했다.

하지만 비관리직 노동자들은 85%라는 압도적 비율로 노사가 "공동으로 운영하는" 조직을 택했다. "노동자 단독으로" 운영하는 조직을 선택한 비율은 10%에 그쳤다. 심지어 노동조합원의 82%도 노사의 공동 운영을 지지했는데, 역시 노동자가 단독으로 운영하자는 14%보다 훨씬 높았다. 우리는 충격을 받았다.

두 번째 지표도 알아보자. 노동자가 작업장 의사 결정에서 영향력을 행사하려면 두 가지 선결 과제가 있다. 바로 종업원 조직의 힘과 종업원 조직에 대한 경영진의 태도다. 우리는 노동자들에게 두 가지 가상적 조직 중 한 가지를 선택해 달라고 요청했다. 하나는 "현안에 대해 경영진과 협력하지만 결정을 내릴 힘은 없는 종업원 조직", 또 하나는 "힘은 더 세지만 경영진이 반대하는 조직"이었다. 〈자료 3-8〉에 따르면, 비관리직 노동자들 63%가 경영진과 협력하지만 힘이 없는 조직을 선호한 반면, 22%는 경영진이 반대하더라도 보다 힘 센 조직을 선택했다. 우리 예상에 따르면 노조가 있는 기업의 노동자들은 경영진에게 별 신경을 쓸 것 같지 않았지만, 실제론 앞의 사례와 비슷한 반응을 보였다. 강한 조직보다는 약하더라도 경영진과 협력하는 조직을 택한 것이다.

노동자들이 강력한 작업장 조직보다 경영진과의 협력을 선호한다는 사실에 우리는 놀랐다. 재계와 노동계도 마찬가지였다. 재계 대표들은 기뻐했고, 노동계 대표들은 불만을 품었다. 앞으로 자세히 다루겠지만, 노동자들은 협력을 선호하면서도 경영진으로부터 독립적인 권위와 지위 또한 원하고 있었다. 이런 바람은 독립적 노동자 조직, 특히 노동조합의 설립을 막으려는 대다수 경영진과 반대되는 입장이다.

노동자들이 직장 내 종업원 조직을 대하는 경영진의 태도에 이렇게 민감한 이유는 무엇인가? 강력한 노동자 조직보다 경영진과의 협력을 선호하면서까지 말이다. 왜냐하면 대다수 노동자들은 경영진이 작

자료 3-8

노동자들은 경영진과의 협력이 필수적이라고 생각한다

단위: %

종업원 조직은 협력 없이는 효과적일 수 없다고 생각하는 노동자의 비율

전체 노동자

유노조 기업 노동자

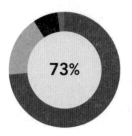 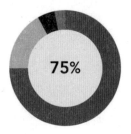

경영진이 협력해야만 효과적이다 73
협력 없이도 효과적일 수 있다 17
어떤 형태의 종업원 조직도 필요 없다 7
잘 모르겠다/무응답 2

경영진이 협력해야만 효과적이다 75
협력 없이도 효과적일 수 있다 17
어떤 형태의 종업원 조직도 필요 없다 5
잘 모르겠다/무응답 3

강력한 종업원 조직보다 경영진과의 협력을 선호하는 노동자의 비율

전체 노동자

유노조 기업 노동자

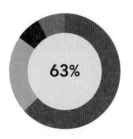 

힘은 없지만 경영진과 협력하는 조직 63
힘은 세지만 경영진이 반대하는 조직 22
어떠한 종류의 종업원 조직도 필요하지 않다 7
둘 다 필요 없거나 잘 모르겠다/무응답 8

권력은 없지만 경영진과 협력하는 조직 65
권력은 많지만 경영진이 반대하는 조직 23
어떠한 종류의 종업원 조직도 필요하지 않다 5
둘다 필요 없거나 잘 모르겠다/무응답 7

출처: WRPS 설문지: (W1.49b) "종업원 조직은 경영진이 협력하지 않아도 효과적일 수 있다고 생각하십니까, 아니면 경영진이 협력할 경우에만 효과적일 수 있다고 생각하십니까?" (W1.49c) (비관리직 노동자에게): "현안에 대해 논의하는 과정에서 ① 경영진과 협력하지만 의사 결정 과정에서 어떤 권력도 없는 조직 ② 더 많은 권력을 갖지만 경영진이 반대하는 조직 중에 어느 종업원 조직을 선호하십니까?"

업장 조직의 성공에 반드시 필요하다고 믿기 때문이다. 〈자료 3-8〉에 나오듯이 우리는 이렇게 물었다. "경영진이 협력하지 않더라도 종업원 조직이 자기 역할을 다할 수 있다고 생각하십니까, 아니면 경영진이 협력하는 경우에만 그 역할을 수행할 거라고 생각하십니까?" 응답자의 75%가 종업원 조직은 "경영진과의 협력을 통해서만 그 역할을 다할 것"이라는 입장을 밝혔다. 경영진의 협력이 필요 없다고 생각한 사람들의 네 배에 해당하는 비율이다. 반복해서 말하지만, 노조가 있는 기업의 노동자도 무노조 기업의 노동자와 유사한 대답을 했다.

그렇다면 노동자에게 '경영진과의 협력'은 어떤 의미인가? 자신이 일하는 동안 웃으며 기분 좋은 말을 하는 경영자인가? 노동자가 원하는 일을 지원해 주는 경영자인가? 사실 WRPS가 1회성 여론조사였다면 궁금증은 여전히 남았을 것이고 단지 추측만 할 뿐이었을 것이다. 우리는 1차 조사 후 추가로 이어진 2차 설문조사에서 노동자들이 협력을 어떻게 이해하는지 물어보았다. 질문은 "경영진과의 협력으로 노동자가 얻는 것은 무엇이라고 생각하십니까?"였다. 응답자의 31%는 회사의 의사 결정에 영향력을 발휘할 정도의 '힘'이라고 말했다. 66%는 자신의 의견과 생각을 제기할 '기회'라고 답했다. 이런 패턴으로 볼 때 대다수 노동자는 협력적 경영진이 그저 자신의 의견에 귀 기울여 주기를 바랄 뿐이었다. 하지만 우리는 좀 더 나아가 아래와 같이 물었다. "만약 회사가 업무에 대해서는 항상 귀를 열어 놓으면서도 노동자의 조언은 따르지 않는다면, 경영진은 과연 협력적입니까 비협력적입니까?" 설문에 응한 사람 중 71%는 비협력적이라고 주장했다. 심지어 협력적 경영진으로부터 최대한 얻어 낼 것이 의견 제시의 기회일 뿐이라고 답한 사람들조차 똑같이 생각했다.

우리가 내린 결론은 다음과 같다. 노동자들은 강한 작업장 조직보다 협력적 경영진을 원하며, 노사가 공동으로 운영하는 작업장 조직을 바란다. 왜냐하면 이런 조직이 제대로 된 영향력을 행사할 수 있다고 생각하기 때문이다. 노사가 함께 집단적인 의사 결정을 통해 현안을 풀어 나갈 수도 있다. 노동자가 왜 그런 말을 하는지를 경영진이 듣다 보면 적어도 몇 번은 그 조언을 따를 수도 있다. 대다수 노동자는 어떤 작업장 대표제나 참여 시스템이든 그것이 제 기능을 하려면, 경영진이 반드시 함께해야 한다고 믿는다. 경영진의 협력이 있어야 노동자의 영향력이 실제로 실현될 수 있다는 뜻이다.

그런데 강력한 노동자 조직보다 경영진과의 협력을 통해 영향력을 행사하려 한다 해도, 노동자들이 독립적인 조직을 거부한다는 의미는 아니다. 대다수는 종업원 조직에 어느 정도 독립적인 권위가 부여되기를 원했다. 이런 견해는 작업장 조직의 특성을 노동자들에게 구체적으로 요구할 때 명확해졌다(7장 참조). 정리하면 다음과 같다.

- 함께 논의할 현안을 경영진이 독단적으로 제시하지 않고, 경영진과 노동자 누구나 제기할 수 있는 조직
- 경영진이 독단적으로 최종 의사 결정을 하지 않고, 노동자와 경영진이 반드시 합의하는 조직
- 경영진이 아닌 외부 중재자를 통해 노사 간의 갈등이 해결되는 조직
- 노동자 대표는 경영진이 임명하지 않고, 노동자들 사이에서 선출되거나 자원하는 조직

노동조합 등 다양한 종업원 조직을 평가해 달라고 노동자들에게

요청할 때도 유사한 패턴이 나타난다. 조합원은 강력한 작업장 조직보다 경영진과의 협력을 훨씬 바라면서도, 노동조합을 계속 유지하고 싶어 했다. 조합원의 90%는 노조 인증 선거가 새로 열린다 해도 노동조합을 지키기 위해 투표하겠다고 답했다. 아마도 경영진과의 협력과 노동조합의 공존이 이상적이라고 생각하는 듯하다.

"노동조합이 당신들을 대표해야 하는가를 결정하는 투표가 오늘 진행된다면" 무노조/비관리직의 32% 역시 노조 설립에 찬성표를 던질 것이라고 답했다. 이들에게도 이상적인 형태는 노동조합과 경영진과의 협력의 공존이 될 것이다.

마지막으로 하고 싶은 말은, 무노조 기업의 노동자 대다수가 경영진의 말을 잘 따르는 조직보다는 독립적인 노동자 조직을 선호한다는 사실이다. 경영진이 지배하는 조직을 좋아하는 노동자는 상대적으로 적다. 7장에서 더 자세히 다루겠다.

노동자들이 경영진의 태도에 예민하다는 사실은 맞지만, 그리 놀랄 이유는 없을 것 같다. 작업장은 결혼 생활과 유사한 면이 많다. 성공적인 결혼 생활과 마찬가지로, 노사 간 협력은 즐거운 노동환경과 생산성 향상을 위해 꼭 필요하다. 대부분의 노동 현장에서 경영진은 변화에 필요한 권력을 갖고 있다. 4백 킬로그램짜리 거구의 고릴라와 한 방에 있다고 생각해 보라. 고릴라를 배고프고 날카로운 상태보다는 얌전한 상태로 만들어 놓는 게 좋을 것이다. 이제, 맨 처음 우리를 놀라게 했던, 노동자는 노동자들로만 운영되는 조직을 원하지 않으며, 노사가 **공동으로** 운영하는 조직을 원한다는 답변을 다시 한 번 생각해 보자.

가장 큰 난관: 경영진의 저항

그렇다면 노동자들이 원하는 만큼 영향력을 발휘하지 못하는 이유는 무엇인가? 우리는 다음과 같이 물어봤다. "지금 회사 상황에서 만약 노력할 경우 당신이 원하는 영향력을 행사할 가능성은 어느 정도입니까?" 직장에서 더 많은 발언권을 원했던 응답자 중 56%는 "아무리 노력한다 해도" 그 가능성은 "별로 없을 것 같다"거나 "전혀 없을 것 같다"고 했다. "가능성이 매우 높다"라고 생각한 이들은 10%뿐이었다.

대다수 노동자들은 난관은 바로 경영진이라고 생각한다. 경영진이 자발적으로 노동자에게 발언권이나 대표권을 지금보다 더 내줄 리 없다는 것이다. 대부분의 사람들은 경영진이 미국 노동법이 명목상 권장하는 독립적인 종업원 조직의 설립 시도를 적극적으로 저지하려 한다고 믿고 있다. 사실상 이 3장의 모든 결과와 마찬가지로 이런 결론은 하나가 아니라 여러 질문에 대한 답변들을 근거로 내려진 것이다.

먼저, 노동자들은 권력 및 권한 공유에 대한 경영진의 태도를 어떻게 평가할까? 우리는 노동자들에게 학교처럼 다섯 등급(A, B, C, D, F)으로 여러 영역에서 경영진에 대한 성적을 매겨 보라고 했다. 오랫동안 미국인들은 이런 방식으로 평가를 받았기 때문에, 각각의 등급 차에 대해 거의 유사한 감각을 갖고 있기 때문이다. 〈자료 3-9〉에서처럼, 노동자들은 경영에 대한 이해와 지식에 있어서는 경영진에게 높은 점수를 주었다. 전반적인 리더십에 대해서도 점수가 높았다.

하지만 경영진이 노동자를 대우하는 방식에서는 점수가 가파르게 떨어졌다. 노동자의 44%는 직원에 대한 경영진의 배려에 C 이하의 점수를 줬다. 49%는 공정한 임금 인상 및 복지 혜택 부분에 C 이하를 매

관리자 성적표

사업에 대한 이해와 지식

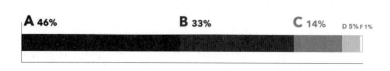

A 46%   B 33%   C 14%   D 5% F 1%

전반적인 기업 리더십

A 20%   B 43%   C 23%   D 10%   F 4%

직원에 대한 관심

A 23%   B 33%   C 27%   D 10%   F 7%

공정한 임금 상승과 복지 혜택 제공

A 18%   B 32%   C 28%   D 12%   F 9%

권력과 권한을 공유하려는 의지

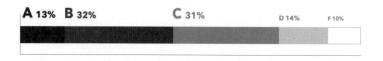

A 13% B 32%   C 31%   D 14%   F 10%

주: 숫자는 각 점수를 선정한 노동자의 비율을 표시.
출처: WRPS 설문지: (W2.16aa-ae) "학교에서 학점 매기듯이, 아주 잘하면 A, 잘하면 B, 보통이면 C, 못하면 D, 전혀 못하면 F로 경영진에 성적을 매긴다면, 다음 사항에 대해 어떤 점수를 부여하시겠습니까?" 전반적인 회사 리더십, 직원에 대한 관심, 공정한 임금 인상 및 복지 혜택, 사업에 대한 이해와 지식, 권력과 권한을 공유하려는 의지.

겼다. 특히 권력과 권한을 공유하려는 의지가 가장 낮은 등급을 받았는데, C 이하의 점수를 준 노동자가 55%에 달했다. 내 아이가 대부분 C 이하를 받아 집에 온다면, 앞으로 어떻게 하면 좋을지 아이와 진지하게 이야기하고 싶을 것이다.

이 결과는 전혀 뜻밖의 사태가 아니며, 우리의 조사 전체에서 반복적으로 나타난다. 종업원 참여에 중점을 둔 WRPS의 어느 항목을 보자. 종업원 참여의 확대가 유용하다고 믿는 노동자[15]에게 실제로 종업원 참여가 안 되는 이유를 물었다. 응답자의 55%는 경영진이 권력을 내주려 하지 않기 때문이라고 지적했다. 이번에는 노동조합 설립에 중점을 둔 WRPS의 한 부분을 살펴보자. 설문 대상자들에게 노동자들이 노조 설립에 애쓸 때[16] 경영진이 어떻게 반응했는지를 물었다. 3분의 2는 경영진이 적대적으로 위협하거나 지지자[17]를 괴롭히는 방법으로 노조 설립을 방해했다고 말했다. 노동조합의 경험이 별로 없는 무노조 기업의 노동자들도 마찬가지였다. 그들 또한 경영진이 노조를 심각하게 반대할 거라 예상했다. 노동조합을 원하는 노동자의 55%는 노조를 설립하지 못한 주요 원인 중 하나로 경영진의 반대를 지목했다.

관리자의 이야기도 비슷했다. 무노조 기업들의 대다수 관리자들은 노조 조직화를 위한 그 어떤 노력도 반대하겠다고 답했다. 그중 3분의 1은 직원들이 노조를 설립한다면 자신이 승진하는 데 해가 될 것이라고 답했고, 대부분은 자신의 경력에 상당한 해가 될 것이라고 말했다. 미국 노동법하에서 관리자가 노조를 반대하지 않겠다고 할 경우 그 자리에서 해고될 수도 있다. 관리자들 가운데 4분의 3은 작업장에서 문제가 발생할 때 노동자와 개별적으로 풀어 나가는 게 더 편하다고 답했으며, 약 14%만이 노동자와 집단으로 처리하는 쪽을 택했다. 반대로 노동자의 절반은 경영진과 개별적으로보다 집단적으로 만나는 걸 더 선호했다. 대다수 관리자들은 어떤 종업원 조직이든 기꺼이 만나겠다고 답하긴 했지만[18] 55%는 분쟁이 발생할 경우 자신에게 최종 의사 결정권이 주어지길 바랐다. 또 20%는 노사공동위원회 노동자 대표를 회사 측에서 선택하고 싶어 했다. 반면에 경영진이 노동자 대표를 선택해야 한다는 노동자의 비율은 12%에 그쳤다. 실제로 종업원 위원회가 있는 무노조 기업의 경우, 경영진이 위원회 위원을 선택한 경우는 27%, 자원자로 위원회를 구성한 경우는 43%, 노동자가 선출한 경우는 17%였다.

정리하면, 노동자가 직장에서 희망 수준보다 영향력이 낮은 주요 이유는 경영진이 권력과 권한을 노동자에게 허락하지 않기 때문이다. 종업원 조직이 성공하기 위해서는 경영자의 협조가 핵심적이라고 노동자들이 그토록 강조하는 이유도, 경영진이 작업장에 대한 통제 권한을 갖고 있다는 점에서 보면, 쉽게 이해가 간다.[19]

결론: 경쟁적 시장에서 노동자들이 자기 목소리를 내는 법

이번 장의 내용을 정리해 보자. 노동자들은 작업장의 의사 결정 과정에서 현재보다 더 높은 수준의 영향력과 발언권을 원한다. 자신의 영향력에 대한 노동자들의 이런 불만은 현재 미국의 노사 관계에 만연해 있다. 또 노동자들은 경영진과 좀 더 협력적인 관계를 통해, 한층 동등한 구성원으로서 영향력을 발휘하고 싶어 한다. 선진국들 가운데 가장 유연한 노동시장에 속하는 미국의 노동자들이 작업장 의사 결정에서 더 큰 발언권을 원하고 있다는 사실에, 경쟁적 시장의 힘을 믿는 이론가들은 놀랍다는 반응을 보일 것이다. 그들은 시장의 힘이 모든 문제를 해결해 줄 거라고 믿고 있기 때문이다. 선진국들 가운데 가장 불평등한 소득 분배 구조를 가진 미국의 노동자들이 경영진과의 협력을 원한다는 조사 결과는, 제로섬 양상의 계급투쟁을 여전히 신봉하는 사람들에게 고민거리를 던져 줄 것이다.

하지만 이번 장의 조사 결과는, 노사가 협력적인 동시에 갈등적인 관계를 맺고 있다는 시각과는 잘 들어맞는다. 즉, 노사는 모종의 결과를 산출하기 위해 서로를 필요로 하기 때문에 협력적일 수밖에 없지만, 한편으론 각자 다른 활동을 수행함에 있어서 최선의 방법은 무엇일지, 그리고 그런 활동으로부터 나온 결과물의 분배를 둘러싸고 의견 불일치가 있을 수밖에 없기 때문에 갈등적이다.

노사 간에 대립이 생길 때, 경제학자가 좋아하는 해답은 **이탈**exit의 확률을 높이는 것이다. 여기서 이탈이란, 노동자가 불만을 품고 회사를 그만두는 행동("이따위 직장 내 더러워서 그만둔다")을 뜻하고, 다르게 보면 사장이 노동자를 해고하는 행동("이봐, 자넨 이제 끝이야")을 의미한다. 하지만 작업장 문제에서 이탈은 불완전한 해답이다. 대부분의 노동자와 경영진은 다양한 방식의 대화를 더 선호하며 이탈을 거부한다. 이탈을 위해서는 탐색 비용이 든다. 노동자는 새로운 일자리를 찾아야 하고, 경영진은 새로운 노동자를 찾아야 하기 때문이다. 또 이탈은 노동자가 오랜 경험을 통해 습득한 숙련 기술을 무용지물로 만든다. 우리는 문제의 본질에 대해 서로 소통하고 그것을 시정하는 법을 배워 나갈 수 있다. 부부 간이나 부모 자식 간의 다툼과 마찬가지로 노사 간의 다툼도 이렇게 해결할 수 있는 것이다.

1장에서 논의한 바와 같이, 이탈의 대안은 **발언**voice[항의] — 문제를 함께 이야기하고 논의, 주장, 협상을 통해 해결하는 방법 — 이다. 이는 정치학자, 사회학자, 심리학자들 — 아마도 경제학자를 제외한 모든 사람들 — 이 선호하는 전략[20]이다. 물론 발언 역시 비용이 발생하지만(또 회의라고? 제발!), 대부분의 상황에서 발언의 이익은 발언의 비용을 상회한다. 발언이 이탈보다 훨씬 더 유익한 이유 중 하나는 해당 문제를 조사해 볼 수 있는 기회를 주기 때문이다. 조사는 그 자체만으로 상호간의 신뢰 형성에 도움을 줄 수 있다. 또 발언은 더 민주적인데, 당사자 모두의 협력이 필요하기 때문이다. 이탈은 한 사람만 필요하지만 발언은 두 사람이 필요하다. 양쪽이 말해야 하며, 양쪽이 들어야 한다.

지금까지의 조사 결과 대다수 미국 노동자들은 작업장에서 더 많은 개별적·집단적 발언권을 원했다. 그러면서도 실제로는 영향력을 가질 수 없다고 믿었다. 많은 노동자들이 회사 측과 발언권 확대에 대한 대화를 충분히 나누고 있지 못하다는 뜻이다. 결국 오늘날 미국의 노동 관련 시스템은 작업장 문제를 생산적으로 다루는 방법을 지원하지 못하고 있다. 적어도 노동자의 관점에서는 그렇다.

4장

노동자는 노동조합을 어떻게 생각할까?

미국에서 작업장과 노사 관계에 적용되는 제도는 세 가지다. 바로 노동조합과 경영진 사이의 단체교섭, 경영자 주도의 인사 관리, 주 정부 및 연방 정부의 법률과 행정 규제이다. 우리는 노동자들이 이 세 가지 제도를 어떻게 생각하는지 물었다. 4, 5, 6장에 걸쳐 이들의 대답을 살펴보자.

앞에서 우리는 대부분의 노동자가 작업장에서 더 많은 발언권을 원하며, 기존의 노사 관계에 만족하지 못하고 있다는 사실을 발견했다. 이번 장의 중요한 과제는 **노동자의 발언권 확대 요구를 왜 지금의 제도가 충족시키지 못하는지** 알아내는 것이다. 기존 제도들이 어떤 면에서는 부적절하거나 결점을 가지고 있기 때문일 수 있다. 즉, 노동조합, 기업, 정부 자체가 현재 노동자들이 원하는 것을 제공할 능력이 없다는 것이다. 아니면 단순히 이런 제도들이 부족해서일 수도 있다. 즉, 노조와 경영자 주도의 인적 자원 프로그램, 법과 정부 규제가 더 많아지면 문제가 해결될 수도 있다. 아니면 이런 제도들의 공존 방식에 문제가 있어서일 수도 있다. 즉, 일부 제도의 기능을 강화하거나 약화시키면 다른 제도가 노동자의 바람을 충족시킬 수도 있다.

이번 장에서 다루는 또 다른 과제는, 이런 제도들에 대한 노동자들의 태도가 연령, 성별, 인종, 소득 등과 같은 개인의 특성과 노동조건에 따라 어떻게 달라지는지에 대한 것이다. 서로 다른 노동자들은 각자 다른 종류의 발언권을 원할 것이고, 여기에는 각자 다양한 이유가 있을 것이다. 똑같이 더 많은 발언권을 원한다고 할지라도, 전문직의 경우 경영진과 사적으로 접촉할 기회를 원하는 것인 반면, 일반 사무직은 더 많은 규제로 발언권을 얻어 내려는 것이고, 공장 노동자들은 노조를 통한 발언권을 의미하는 것이다. 만약 노동자의 의견에 열려 있는 좋은 회사라면, 노사공동위원회 같은 기구를 마련해 발언권을 제공할 수도 있을 것이다. 그러나 당신이 악덕 사용자 밑에 있다면 강성 노조를 원할지도 모른다. 그렇다면 현재 제도들에 대한 노동자들의 태도는 무엇에 따라 달라지는 것인가? 노동조합, 종업원참여위원회, 노동시장 등에 대한 정부의 규제에 대해 개별 노동자들이 찬성 또는 반대하는 이유는 노동자들에게 있는 것인가 아니면 회사 때문인가?

이런 문제의식을 바탕으로 4장에서는 노동조합과 단체교섭에 대한 노동자의 입장을 살펴보고, 5장은 경영진이 주도하는 노사 정책을, 6장은 법적 규제에 대한 입장을 다룬다.

노동조합과 단체교섭은 사라질 운명인가?

"거대 노조"big labor라고 들어는 봤는지? 시가를 문 조지 미니George Meany,◀ 제너럴모터스와 교섭 테이블에 앉은 월터 루서Walter Reuther,◀◀ 전국단일운임협약을 이끌어 낸 지미 호파Jimmy Hoffa◀◀◀가 일세를 풍미

▶ 1952년부터 1955년까지 미국노동연맹(AFL) 위원장을 맡았다. 1955년 산업별조직위원회(Committee for Industrial Organization, CIO)와의 합병을 주도해 미국 노동총연맹 산업별노동조합회의(AFL-CIO)를 설립하고 초대 위원장을 맡았다.

▶▶ 전미자동차노조 위원장(1946~70년)과 CIO 위원장(1952~55년)을 겸임했다. AFL-CIO에서는 부위원장으로 재직했다.

하던 시기 말이다. 1950, 60년대, 그리고 일부 산업에서는 1970년대에, 노조는 미국 경제에서 강력한 영향력을 행사했다. 1935년의 전국노동관계법에 기초한 미국의 노동법은, 공식적으로는 업무 규칙을 결정하고 노사 관계를 관할하는 방법으로 단체교섭을 장려한다. 제2차세계대전 이후 단체교섭이 대다수 노동자들의 임금 결정에 중요한 영향을 미쳤다는 데는 이론의 여지가 없다. 민간 부문 노동자의 약 40%가 노조로 조직화되어 있던 시기였다. 노조가 없는 기업들 역시 "무노조"를 유지한다는 조건하에 고충 처리 절차의 도입, 연공서열 규칙 적용, 충분한 임금 및 복지 혜택 등 노동조합이 있는 기업과 유사한 제도를 광범위하게 도입했다. 물론 제조업이나 건설업처럼 노동조합이 잘조직된 부문과 서비스업이나 소매업처럼 노조가 없는 부문 사이의 급여와 복지 혜택은 큰 차이가 있었지만, 많은 전문가들의 견해에 따르면, 현재 노동자들이 누리고 있는 노동조건은 과거 노조가 주요 행위자였던 1차 산업 부문들 덕분에 가능한 것이었다. 예를 들어 전미자동차노조United Automobile Workers(UAW)가 제너럴모터스GM와 어떤 계약을 맺는다면, 대다수 다른 회사의 노동자와 사용자들도 적어도 부분적으로는 이 UAW-GM의 계약 방식을 따를 수밖에 없으며, GM은 비조합원인 노동자들에게도 노조와의 단체협약에 해당하는 수준의 임금과 복

▶▶ 미국의 노동 운동가. 최대 규모의 노동자 조직 중 하나인 전국화물운송노조(IBT) 위원장(1957~64년)으로 막강한 영향력을 행사했다. 1957년 AFL-CIO 총회에서 위원장 조지 미니는 IBT와의 연합 조건으로 당시 마피아와 관련해 여러 비리에 연루된 호파의 제명을 요구했다. 결국 호파는 제명됐지만 1961년에 IBT 위원장으로 다시 선출됐다. 1964년엔 북미의 모든 장거리 트럭 운전사를 대표해 전국단일운임협약(National Master Freight Agreement)을 체결하는 성과를 남겼다.

지 혜택 인상안을 제시할 수밖에 없는 것이다. 만약 GM이 노조가 따낸 조건을 다른 모든 노동자들에게도 똑같이 적용하지 않는다면, 비조합 원들은 노조 설립을 원할 테고, 이마저 안 될 경우 사기가 저하되는 문제를 겪게 될 것이기 때문이다. 미국보다 단체교섭이 보편화돼 있는 캐나다에서도 노조가 있는 기업의 임금 결정은 노조가 없는 기업의 임금에 여전히 큰 영향을 미치고 있다. 1997년 캐나다의 스타벅스 매장 중 유일하게 노동조합이 결성된 사업장의 노동자들이 종전보다 약 10% 증가한 시간당 75센트의 임금 인상에 성공했다. 그러자 스타벅스는, 짐작컨대 다른 매장들로 노조가 확대되는 것을 막기 위해, 노조가 없는 95개 다른 매장들에 대해서도 동일한 폭으로 임금 인상을 단행했다.

하지만 21세기 들어 사정은 달라졌다. 현재 미국 경제에서 공공 부문을 제외하면 노사 간 단체교섭은 더 이상 영향력을 발휘하지 못하고 있다. 노동조합은 민간 부문 노동자들의 10%도 대표하지 못하고 있으며, 그나마도 제조업 같은 사양 산업이나 그런 산업들의 노후한 공장들에 편중되어 있는 게 현실이다. 노조 가입률이 너무 낮아서, 단체교섭은 다른 기업에 대한 파급력을 잃고, 충분한 임금과 복지 혜택을 보장하지 못하고 있다. 노조가 없는 기업들의 숫자가 증가하면서 이들 기업 경영진의 저항 역시 증가했고, 이로 인해 노조가 있는 기업이 따낸 노동조건들이 노조가 없는 기업의 노동자들에게도 영향을 미치는 경우는 줄어들고 있다. 경쟁 기업의 대부분이 저임금 무노조 기업들일 경우 경영진은 노조의 요구에 따라 더 높은 임금과 더 나은 복지 혜택을 제공할 경우 시장 경쟁에서 불리한 상황에 직면하게 된다. 이에 따라 노조의 힘이 쇠퇴하면서 노조의 임금 협상력은 점점 더 저하하고 있다. 회사가 망할 위기에 처해 있거나 시장 점유율을 빼앗길 우려가 있다는데 어떻게 노동자들이 임금 인상을 요구할 수 있겠는가? 또한 노조 조직화에 대한 위협이 감소하면서 무노조 기업들이 노조가 있는 기업과 같은 수준의 임금 조건이나 복지 혜택을 제공해야 할 유인도 줄어들고 있다.

그러나 이처럼 민간 부문에서 노조의 영향력이 크게 감소했음에도 불구하고, 노동조합은 여전히 노동정책을 둘러싼 논쟁의 중심에 있다. 어떤 측면에서 보면 이는 당연한 일이다. 주요 작업장 제도 중에서 노동조합은 **유일하게** 노동자의 통제가 가능한 곳이기 때문이다. (전국노동관계법이 표방하고 있는 바대로) 국가 노동정책은 기업 내 노동자들의 단결권을 보장하라고 있는 것이며, 그것이 제대로 보장되고 있는지는 노동자들이 노조를 결성하고 유지할 능력이 어느 정도인지를 보면 가장 잘 알 수 있다. 그러나 최근 노조의 중요성이 줄어들면서 논의는 좀 복잡해졌다. [노조만을 중심에 둘 경우] 워싱턴에서 벌어지는 노조-경영진 간의 논쟁 완화에 아무런 도움도 되지 못하는 것은 물론이고, 사실상 민간 부문 노동자의 90%에 해당하는 이들을 배제하게 되기 때문이다.

그렇다면 이를 우리는 어떻게 받아들여야 할까? 여기서 중요한 것은 그런 논쟁이 격화된 것은 바로 노조의 지위가 약해졌기 때문이라는 데 있다. 대부분의 기업들은 민간 부문 노조의 지속적인 하락세를 반기고 있다. 이들은 이런 추세를 역전시키려는 개혁에 대해서는 그것이 제아무리 정당하다 할지라도 반대한다. 한때 "무노조" 경제에 대한 꿈은 탁상공론에 불과한 것으로 여겨졌으나 이제는 현실로 다가오고 있다. 많은 기업들이 이런 목표를 지지하고 있으며, 이를 위해 새로운 노조가 조직되는 것을 막거나 노조 친화적인 입법을 막기 위해 로비를 벌이는 등 상당한 비용을 지출하는 것도 마다하지 않고 있다. 이에 따라 노조는 사면초가의 상황으로 내몰리고 있다. 노조는 그 존폐를 걸고 싸우고 있지만 지고 있다. 노동운동 관계자들은 현재 자신들이 노동자를 조직화하는 데 어려움을 겪고 있는 이유는 경영진의 방해와 그로부터 노조를 보호해 주고 있지 못한 현행법과 정책 때문이라고 주장한다.

이런 분위기에서 미국 노동자들에게 최선이 무엇인지 합리적으로 논쟁하기는 어려울 것이다. 지금의 상황은 정책적 논쟁이라기보다는 전쟁 상태에 가깝다. 이런 상황에서는 노사 그 어느 쪽의 목소리도 완전히 서로를 지배하지 못한다. 원칙은 노동자의 견해가 국가 정책을 지배하는 게 마땅하겠지만, 평균적인 미국 노동자의 견해는 들리지 않거나 무시된다.

과연 미국 노동자들은 노동조합을 어떻게 바라보는가? 조합원은 노동조합을 좋아하는가, 싫어하는가? 노조가 있는 기업에서 일하는 것과 그렇지 않은 기업에서 일하는 것 중 하나를 선택하라고 한다면, 노동조합이 자신들을 대표하기를 바라는 무노조 기업의 노동자는 얼마나 될까? 그리고 그 노동자들은 왜, 그 수가 많든 적든, 자신들이 원하는 대표 조직으로 노동조합을 갖지 못하는가?

노조, 알면 좋아할 수밖에 없다?

이런 전쟁 같은 상황에서 우리는 우선 조합원인 노동자들과 비조합원인 노동자 모두에게 다음과 같이 단순한 질문 하나를 똑같이 던져 보았다. 당신은 직장에서 전국노동관계위원회의 노조 인증 선거가 열릴 경우, 노동조합을 지지할 것인가 반대할 것인가? 이 질문은 두 가지 효과를 기대할 수 있다. 먼저 노동조합에 대한 최종 평가를 알아볼 수 있다. 응답자는 노동조합이 어떤 혜택을 주는지 알면서도 반대표를 던지거나, 노동조합이 어떤 결함을 가지는지 알지만 결국엔 찬성하기도 한다. 다음의 효과로는 가상적이긴 해도, 사람들이 지금 하거나 장래 어느 시점에 하게 될 선택과 관련된다. 우리가 노조에 가입돼 있지 않은 비관리직 노동자들에게 던진 질문은 정확히 다음과 같았다. "노동조합이 귀하와 같은 노동자를 대표해도 되는지를 결정하는 선거가 오늘 열린다면, 노조에 찬성하시겠습니까 반대하시겠습니까?"

〈자료 4-1〉에 나오듯이 3분의 1에 가까운 응답자가 찬성하겠다고 답했다. 무노조 기업에서 노동조합을 원하는 노동자의 비율이 이 정도라는 사실은 그다지 새롭지 않다. 경영자 단체의 프로젝트를 비롯해 다른 많은 연구에서도 비슷한 결과가 나온 바 있다.[1] 대신에 우리는 질문을 약간 수정해서 다시 던져 보았다. 즉 동료들은 어떤 선택을 할 것 같은지 물어본 것이다. 이런 질문을 던진 데는 이유가 있다. 만약 노조를 지지하는 3분의 1의 노동자가 여러 작업장에 균등하게 분포할 경우 결과는 어떻게 나올까? 노동조합은 찬반 득표율 1대 2로 노조 인증 선거에서 패할 것이다. 반면에 대부분의 노동자가 노조를 원하는 작업장에 속해 있다면 어떨까? 당연히 이 작업장에서 노동조합은 승리할 것이다. 조사 결과, 노조를 찬성하는 비조합원의 82%는 대부분의 동료들이 서로 같은 견해를 가진다고 생각한 반면, 노조를 반대하는 비조합원의 10%는 작업장에서 자신이 소수라고 생각했다. 이 수치를 종합해 보면 비조합원들 가운데 3분의 1이, 내일 선거가 열린다면 동료 노동자들은 노조를 지지할 것이라고 생각한다. 이것은 노동조합을 지지하는 노동자의 비율과 거의 같다.

자료 4-1

누가 노조를 원하는가? 비조합원의 3분의 1과 조합원 대다수가 노조를 원한다

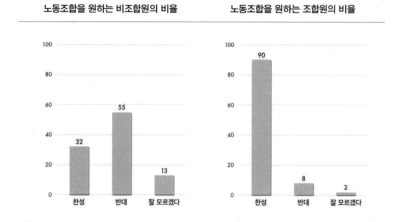

노동조합을 원하는 비조합원의 비율

노동조합을 원하는 조합원의 비율

출처: WRPS 문항: (W1.41a) (현재 조합원에게) "만약 오늘 회사에서 노동조합의 존속 여부를 두고 투표를 한다면, 노조 유지에 찬성하시겠습니까, 반대하시겠습니까?"; (W1.41b) (관리직도 조합원도 아닌 노동자에게) "노동조합이 귀하와 같은 노동자를 대표해도 되는지를 결정하는 선거가 오늘 열린다면, 노조에 찬성하시겠습니까 반대하시겠습니까?"

우리는 조합원들에게도 다음과 같이 비슷한 질문을 던졌다. "만약 오늘 회사에서 노동조합의 존속 여부를 두고 투표를 한다면, 노조 유지에 찬성하시겠습니까, 반대하시겠습니까?"

조합원들에게 노동조합의 유지 여부에 찬성할지 반대할지를 물어보는 설문조사는 거의 없다.[2] 이론가들이나 실천가들이나, 조합원 대부분이 노조를 지지할 것이라고 믿기 때문이다. 이런 유형의 노동자들은 노조가 있는 기업에 취직하려 한다. 반대로 노조를 싫어하는 노동자는 노조가 없는 직장으로 쉽게 옮길 수 있다. 대부분의 직장에 노조가 없기 때문이다. 종합하면, 노동조합을 해산시키기 위한 투표는 열리기 힘들다는 결론이 나온다. 〈자료 4-1〉에 따르면 이런 가정은 사실이다. 즉 노동조합이 있는 경우, 대다수 조합원이 노조를 지지한다.

〈자료 4-1〉에서 놀라운 점은 조합원은 노조를 지지한다는 사실이 아니라, 비조합원보다 노조를 지지하는 비율이 월등히 높다는 사실이다. 설문에서 조합원의 약 90%가 기존의 노조를 지지하겠다고 답했다. 반대표를 던지겠다는 조합원은 8%에 그쳤다. 이런 투표 성향은 개인적으로 노조를 경험한 바에 따라 좌우된다. 노조에 대해 조합원이 겪은 경험은 70% 이상이 우호적이었다. 즉 26%는 매우 좋았다고 했으며, 45%는 좋았다고 했다. 대조적으로 노조와의 경험이 나빴다는 조합원은 5%뿐이었고, 매우 나빴다는 답도 2%에 그쳤다. 나머지 22%는 잘 모르겠다, 다시 말해 "좋지도 않고 나쁘지도 않다"는 반응이었지만, 이들의 대다수는 노조 유지에 찬성할 것이라고 답했다. 결과적으로 노조와의 경험은, 좋다는 의견이 나쁘다는 의견을 능가하는 셈이다.[3]

조합원과 비조합원의 노조 지지율은 각각 90%와 32%로, 둘 사이에는 58%p의 격차가 존재한다. 이 결과는 우리의 WRPS에서 상당히 특이한 대목이다. 다른 질문들에 대해서는 노조가 있든 없든 노동자들은 유사한 반응을 보였기 때문이다. 두 가지 조사 결과를 떠올려 보자. 첫째, 조합원들은 비조합원과 마찬가지로 강력한 노동자 조직보다는 경영진과의 협력을 선호한다고 나왔다. 둘째, 작업장 조직의 경우 두 부류의 노동자들 모두 노동자 단독보다는 경영진과 공동으로 운영하기를 바랐다. 결국 조합원 여부에 따라 노동자들의 견해가 58%p나 차이가 나는 이슈는 하나뿐이다. 바로 노조 설립 문제다. 도대체 무엇 때문일까? 만약 노동자들이 노조를 어떻게 바라보고 있는지 알기 위해선, 다음의 이유를 반드시 설명해야 한다. 조합원들과 비조합원들 사이에 노조 지지율 격차가 그토록 큰 이유는 무엇인가?

사회과학자들의 머릿속에 떠오른 첫 번째 설명은, 양자가 서로 다른 유형의 일을 하는 서로 다른 유형의 사람들이라는 것이다. 몇 가지 인구통계학적 특성과 경제학적 특성을 살펴보면, 민간 부문에서 조합원과 비조합원은 상당한 차이를 보인다.[4] 예컨대 노조에 가입한 노동자들은 생산직의 비중이 크고 저학력 남성일 가능성이 높다. 그렇다면 이런 특성을 지닌 노동자들이 (다른 형태보다) 노동조합을 선호할 가능성이 높다고 말할 수 있는 걸까?

〈자료 4-2〉에 따르면 비조합원 가운데 노조를 지지하는 이들은 직업, 교육, 소득, 연령, 인종에 상관없이 다양하다. 가장 많이 노조를 원하는 집단은 흑인이며, 이들은 노조 인증 선거가 당장 시행된다고 해도 대부분 찬성할 것이다. 저임금 노동자, 생산직 노동자, 젊은 노동자들 역시 예상과 달리 노조를 많이 지지했다. 이런 데이터는 무엇을 시사하는가? 노동시장에서 지위가 약한 노동자들은 일반적으로 집단적 대표제를 선호하는 경향이 있다는 점이다. 그러나 인구통계학적 요인들은 조합원과 비조합원들 사이에서 조합주의, 쉽게 말해 노동조합에 대한 요구 수준이 왜 커다란 격차를 나타내는지 설명하지 못한다. 이유는 간단하다. 노동조합의 조합원들은 거의 만장일치로 노조에 찬성하는데, 인구통계학적으로 서로 다른 조합원들 사이에 노조 지지 여부에 차이는 없기 때문이다.

조합원과 비조합원 사이의 노조에 대한 선호도 차이를 설명하는 데 인구통계학적인 요인이 설명력을 가질지 아닐지 통계적으로 알아보기 위해 우리는 노동조합에 대한 노동자의 투표 성향(1은 노조 설립에 찬성, 0은 반대)을 인구통계학적 특성과 조합원 경력 여부와 관련지어 설명하는 선형 확률모형(한두 개 이상의 변수를 가지고 결과를 예상하는 모형)을

자료 4-2

노동조합을 원하는 노동자의 비율(노동자의 특성에 따라)

성별	남자	27
	여자	35
연령	18~24세	44
	25~34세	32
	35~44세	26
	45~54세	32
	55세 이상	24
인종	비흑인	28
	흑인	59
학력	고졸 미만	44
	고졸	34
	대학 재학 혹은 중퇴	32
	대졸	21
직업	전문직	25
	일반직 노동자	42
주간 소득	제3사분위 (소득 상위 25%)	22
	제1사분위 (소득 하위 25%)	45

출처: 비조합원/비관리직 노동자 전체를 대상으로 한 WRPS로부터 작성됨(W1.41b).

사용했다. 〈자료 4-3〉이 보여 주는 것처럼, 이렇게 만들어진 모형을 봐도, 노조 설립을 둘러싸고 조합원과 비조합원이 나타내는 의견 차이는 전혀 감소하지 않으며, 오히려 격차는 60%p까지 벌어졌다.

두 번째 가능성은 직장 내 발언권 획득을 위해 집단행동을 벌이겠다는 욕구가 비조합원들보다는 조합원들이 "본질적으로" 더 클 수밖에 없다는 해석이다. 겉으로 보기에 조합원들은 비조합원들보다 훨씬 더 많은 영향력을 원할지 모른다. 아니면, 똑같은 발언권을 원한다 해도, 개인적 방법보다는 집단적인 방식의 문제 해결을 더 선호할 수도 있다. 아마도 집단행동으로 문제를 해결하려는 성향을 가진 사람은 개인적으로 해결하려는 사람보다는 노조가 있는 회사를 더 좋아할 것이다. 이는 "사람들의 유형 차이"를 변수로 하는 설명 방식으로, 이때 노조원과 비노조원의 차이는 인구통계학적 특성이나 경제적 특성보다는 선호와 관련돼 있다.

우리는 회사 내 발언권 강화나 집단적 해결 방식에 대한 선호에 따라 노조에 대한 선호도가 달라지는지 비교해 봄으로써, 집단행동에 대한 선호도 차이가 조합원과 비조합원 사이의 노조에 대한 선호도 차이를 설명해 줄 수 있는지 살펴보았다. 하지만 이 변수로는 조합원과 비조합원이 왜 노동조합을 다르게 평가하는지 설명하기 어렵다는 결론에 도달했다(〈자료 4-3〉 참조). 집단행동과 발언권에 대한 태도를 고려했을 경우 조합원과 비조합원의 견해차가, 고려하지 않았을 경우에 비해 1%p 차이에 불과했기 때문이다.[5]

세 번째 가능성은, 노조에 불만이 있는 노동자들은 노조를 떠날 테니 결국 노조에는 노조에 찬성하는 사람들만 조합원으로 남아 있을 것이라는 설명이다. 미국에서 전체 일자리의 85%는 조직화되어 있지 않으므로, 노조를 원하지 않는 노동자가 더 선택의 폭이 넓으며, 따라서 더 쉽게 반대표를 던질 수 있다. 이는 각자의 선택에 따라 그렇지 않은 사람들은 도태되고 그런 사람들끼리 모이게 된다는 주장이다. 즉, 노동조합을 선호하는 사람들은 결국 노조가 있는 기업을 선택하게 되고, 그렇지 않은 이들은 노조가 없는 기업을 선택하게 된다는 것이다. 하지만

자료 4-3

왜 조합원이 노조를 지지하는지는 쉽게 설명되지 않는다

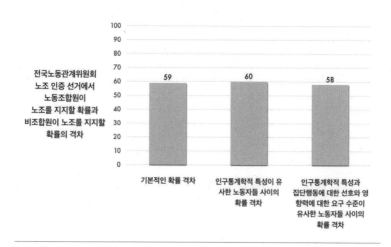

전국노동관계위원회
노조 인증 선거에서
노동조합원이
노조를 지지할 확률과
비조합원이 노조를 지지할
확률의 격차

출처: 선형 회귀분석. "기본적인 확률 격차"는 노조에 대한 투표 성향을 0과 1이라는 이분 변수(dichotomous variable)로 해 조합원 여부에 대한 회귀직선을 구한 것이다. "같은 특성을 가진 노동자의 확률 차이"는 5단계의 연령(18~24세, 25~34세, 35~44세, 45~54세, 55세 이상), 흑인과 비흑인, 성별, 5단계의 학력(12세 이하, 고졸, 전문대 및 대학 재학/중퇴자, 대졸자, 대학원 졸업자)에 더미 변수를 추가해 얻은 것이다. 작업장 특성은 노동자가 작업장에서의 의사 결정 과정에 영향력을 행사하고 싶은지를 물어보는 질문(W1.14_1,2,3,4)에, 매우 만족한다, 어느 정도 만족한다, 전혀 만족하지 못한다)라는 3개의 더미 변수로, 노동자 경영 참여 프로그램에 참여하는지(W1.24)이나 경영 참여 프로그램을 갖춘 회사에 다니고 있는지(W1.23)를 물어보는 질문에는 두개의 더미 변수로, 소득분포 상의 주간 소득에 대한 사분위 구분에 대해 3개의 더미 변수로, 소득에 대해 답변하지 않은 경우에는 하나의 더미 변수로, 마지막으로 개인적으로보다는 집단적으로 작업장 문제를 다루기를 선호하는 노동자에 대해서는 하나의 더미 변수로 설정되었다. 그 마지막 변수는 응답자가 WRPS 질문(W1.34b) 즉 동료 노동자의 도움을 선호하는가에 대한 답변 여부에 따라 결정된다. "당신은 작업장 문제를 혼자서 해결하는 것에 대해 어느 정도로 선호하십니까? 당신 혼자서 경영진과 처리하는 것이 더 좋다고 생각하십니까, 아니면 동료 직원이 당신이 경영진과 처리하는 문제를 도와주는 것이 더 좋다고 생각하십니까?" (표본의 반이 이 질문을 받았다). 혹은 그 마지막 변수는 응답자가 WRPS 질문(W1.34a) 즉 동료 노동자의 도움을 선호하는가에 대한 답변 여부에 따라 결정된다. "당신은 '나는 작업장 문제를, 개인적으로 제기하기보다는, 종업원 협의회를 통해 제기하는 것이 더 좋다고 생각한다'라는 서술에 동의하십니까 반대하십니까?"(표본의 반이 이 질문을 받았다).

노동조합의 유무에 따라 임금 및 복지 혜택에서 차이가 난다면 자신의 선호와 상반되는 선택을 할 수도 있다. 즉, 노조에 불만이 있는 노동자라도 노조가 있는 회사가 그렇지 않은 회사보다 더 많은 임금과 복지 혜택을 제공할 경우, 어떻든 계속 그 회사에 있으려 할 것이다. 반대로 회사에 불만이 있는 비조합원이라면 회사를 옮기면 그만이다. 전체적으로 종합해 볼 때, 노조에는 불만을 가진 노동자들이 더 많을 수밖에 없다. 노조의 민주적 속성 또한 노조를 선호하는 사람들끼리 모이게 된다는 설명과 맞지 않는다. 노조에 불만이 있을 경우 지도부에 반대하는 운동을 벌일 수도 있고, 새로운 정책을 지지할 수도 있기 때문이다.

이 같은 선택들이 미치는 효과를 평가하려면, 과거에는 노조가 있는 기업에 있었으나 현재는 노조가 없는 기업에서 일하는 노동자들의 견해를 살펴보면 된다. 만약 노동조합을 원하지 않아서 이전 회사를 떠난 사람이라면, 새 회사라고 다를 바 없이 노조에 반대투표를 할 것이다. 노조 가입률이 하락하는 추세였기 때문에 WRPS 프로젝트에 참여한 응답자들은 현재 조합원인 사람보다 과거에 조합원이었던 사람이 더 많았다. 하지만 과거에 조합원이었던 사람이 노조가 있는 기업을 떠나는 것이 노조를 반대하는 의사를 표현한 것은 아닌 것으로 보인다. 우리는 참여자들에게 노조 인증 선거에서 어떻게 투표할 것이냐고 물었다. 그러자 과거에 조합원이었던 사람은 노조 경험이 전혀 없는 비조합원보다 약간 **높은** 비율로 노동조합을 지지한다고 답했다. 즉, 과거 노조원이었던 이들의 35%가 노조를 지지하겠다고 밝혔지만, 노조 경험이 없는 노동자들은 30%에 그친 것이다. 더 나아가 경제적 특성이 동일한 노동자끼리 비교했을 때도, 과거에 조합원이었던 노동자는 노조 경험이 없는 사람보다 노동조합에 약간 더 우호적이었다.[6]

그렇다고 해도 양자 사이의 격차는 5%p에 불과하다. 과거에 조합원이었던 이들은 노조 지지 성향에 있어 현재 조합원인 이들보다는 비조합원들과 훨씬 더 가까운 것이다. 왜 그런가?

한 가지 이유는 과거 조합원은 현재 조합원보다 노동조합을 덜 지지한다는 것이다. 과거의 조합원과 현재의 조합원이 각각 응답한 비율

자료 4-4

유사한 노조 경험을 가진 경우, 현재 조합원이 과거 조합원보다 노조 지지 성향이 높다

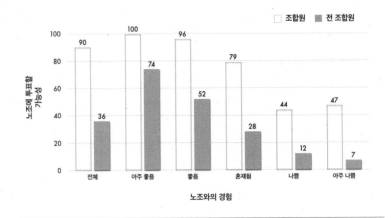

출처: WRPS 질문: (W1.39b) (비관리직 노동자에게) "과거에 조합원이었던 적이 있습니까?" 혹은 (W1.39c) "앞의 질문에서 현재 귀하의 회사/기관에는 노동조합이 없다고 답하셨습니다. 그렇다면 노조원이었던 적은 있습니까?" (W1.40a) (현재 조합원에게) "귀하는 회사에서 겪었던 노조와의 경험이 어땠습니까?"; (W1.41a) (현재 조합원에게) "소속 회사의 노동조합에 대한 찬반 투표가 오늘 실시된다면 지지하겠습니까, 반대하겠습니까?"

을 보면, 노동조합에 대한 자신의 경험이 '매우 좋다'고 한 사람은 14% 대 26%이고, '좋다'는 24% 대 45%였다. '나쁘다'는 13% 대 5%, '매우 나쁘다'는 12% 대 2%였다. 〈자료 4-4〉를 보자. 현재 조합원이든 과거 조합원이든, 노조에서의 경험이 좋았다고 말한 경우는 나빴다고 한 경우보다 노조를 더 지지한다. 노조와의 개인적 경험에서 나온 이런 차이는 과거 조합원이 현재 조합원보다 노조에 덜 우호적인 이유를 일정 부분 설명해 준다. 하지만 더 자세히 보면 노조와의 경험에 비슷한 호감을 가진다고 해도, 현재 조합원과 과거 조합원은 노조에 대한 지지 여부 면에서 매우 달랐다. 노조와의 경험이 '매우 좋다'고 답한 노동자들부터 보자. 이들 중 현재 조합원은 모두 노동조합의 설립을 지지했지만, 과거 조합원은 74%만 찬성했다. 노조 경험이 '나쁘다'거나 '매우 나쁘다'고 답한 노동자들은 어떨까? 부정적으로 답한 경우, 현재 조합원의 44~47%가 여전히 노조를 지지했지만, 과거 조합원들은 찬성 비율이 매우 낮았다.

따라서 문제는 더욱 어려워진다. 노조 경험이 비슷한 두 노동자 집단이 현재 조합원이냐 아니냐에 따라 노조에 대해 서로 다른 지지 성향을 나타내고 있는 것이다. 대체 어떻게 된 것일까?

조합원과 비조합원의 노조 지지율이 큰 격차를 보이는 이유에 대한 가장 그럴듯한 설명은, "알면 사랑하게 된다"라는 가설이다. 이 가설은 **소유 효과**endowment effect[부존 효과, 보유 효과라고도 한다]라고 불리는 심리학 현상에 근거를 두고 있다.[7] 심리학자들이 발견한 바에 따르면, 일반적으로 사람들은 동일한 가치를 지니고 있더라도 자신이 갖고 있지 않은 것보다 현재 갖고 있는 것에 높은 가치를 부여한다는 점에서 보수적인데, 이유는 **단지 그것을 현재 소유하고 있기 때문**이다. 예를 들어, 파란색과 녹색의 머그컵 두 개가 있다고 가정해 보자. (혹시 핑크색이라면 몰라도) 파란색과 녹색은 당신에게 애초에 아무런 차이가 없다. 당신은 녹색 컵을 가질 수도, 파란 컵을 가질 수도 있다. 우리는 당신에게 파란 컵을 주고 당신은 그 컵을 일주일간 사용한다. 일주일 뒤 우리는 다시 만나서 당신의 파란 컵을 녹색 컵과 바꾸자고 제안한다. 아마 다른 사람들처럼, 당신은 이 제안을 거부할 것이다. 단지 현재 그것을 소유하고 있다는 사실만으로도 그 파란 컵은 당신에게 가치 있는 것이 되는 것이다. 계속 이어진 실험에서도, 사람들은 자신이 현재 가지고 있는 대상에 애착을 보이는 것으로 드러났다.

소유 효과는 앞에서 이야기한 우리의 문제를 푸는 데 어떤 의미가 있을까?

노동조합에 중립적인 노동자가 노조가 있는 환경에 속해 있다고 생각해 보자. 또 그 노조는 맡은 바 역할을 제대로 수행하고 있다고 가정한다. 이런 경우 소유 효과에 따라, 이 회사 노동자들은 노동조합이 없는 경우에 비해 노조에 더 큰 애착을 갖게 된다. 노조가 자신들을 위해 뭔가 필요한 일을 한다고, 예컨대 회사가 노동자를 공정하게 대우하도록 노조가 보장해 준다고 생각하는 것이다. 노동자들은 노조가 없다면 자신이 회사에서 공정한 대우를 보장받을 수 없을 거라고 생각할 수도 있다. 사실 대부분은 노조가 전국노동관계위원회 노조 인증 선거에서 승리했다고 해도 찬반 격차는 별로 크지 않다. 하지만 오래 지나지 않아 노조는 상당수 노동자들에게 신뢰를 얻는다. 그 결과 노동조합을 반대했던 경영진이나 노동자 그 어느 쪽도, 노조를 없애는 선거를 열지 못하는 상황이 되는 것이다. 저자 중 한 사람이 몸담고 있는 하버드대학도 마찬가지 상황이다. 하버드대에서는 오랜 기간 동안 여러 번의 전국노동관계위원회 선거가 열렸고, 마침내 사무직·기술직 노동자들이 근소한 표 차이로 노조 설립에 성공했다. 현재는 대부분의 노동자들이 노동조합을 강력히 지지하고 있다.

우리의 가설이 맞는다면 소유 효과는 무노조 기업 노동자에게도 당연히 나타나야 한다. 노동조합에 중립적인 노동자가 노조가 없는 환경에 있다고 가정해 보자. 게다가 무노조 작업장이긴 해도 본래부터 노동조합이 있는 작업장처럼 운영되고 있다고 하자. 이 경우 노동자들은 무노조 작업장에 큰 애착을 가질 것이며, 회사 측의 노동정책이 자신들에게 매우 이롭다고 여길 것이다. 만일 회사와 자신들 사이에 노동조합이 개입한다면 노동자들은 이렇게 반문할지 모른다. "노조가 모든 일을 잘 해결하리라고 확신할 수 있을까요?" 아마 작업장 이곳저곳에서 갈등이 분출할 것이다.

이처럼 노동조합의 존재 유무라는 두 가지 환경이 노동자들에게 똑같이 만족스러우며, 여기에 소유 효과가 작용한다면, 노조가 존재하는 회사에서 노동조합을 지지하는 노동자의 비율과 노조가 없는 회사에서 그 상황이 지속되기를 바라는 노동자의 비율은 비슷할 것이다. 즉, 노동자들은 지금 가지고 있는 머그컵을 좋아할 것이다. 자신이 가진 컵에서 커피가 새고 있지는 않기 때문이다. 다른 머그컵도 똑같은지 누가 알겠는가?

하지만 〈자료 4-1〉에 따르면 작업장에서 현상 유지를 선호하는 노동자의 비율은 노조의 유무에 따라 다르게 나타난다. 소유 효과에 따르면 노동자들은 현재의 작업장에 긍정적인 반응을 보인다고 예상할 수 있으므로, 이런 효과를 감안해 투표 결정을 하지 못하고 있는 노동자들은 현 상황을 반대하는 사람으로 분류했다. 무노조 기업의 노동자 중 약 55%는 노동조합이 없는 현 상태를 지지하는 투표를 하겠다고 말했다. 반면에 노동조합이 있는 기업의 노동자는 90%가 노조가 있는 현 상태를 유지하는 쪽에 투표하겠다고 답했다. 양자 사이에는 35%p 라는 꽤 큰 격차가 존재한다.

노동조합이 있는 회사의 노동자들은 그렇지 않은 노동자들보다 더 기존 제도의 유지를 바란다는 사실은 소유 효과가 상황에 따라 다르게 작동한다는 것을 보여 준다. 대체로 노조가 있는 작업장이 노조가 없는 경우보다 노동자들의 욕구를 더 잘 충족시켜 준다는 사실은 분명해 보인다. 왜냐하면, "하던 대로 하자"라는 소유 효과와는 반대로, 비조합원의 32%가 현 상황의 변화를 바라고 있는 데 반해, 조합원의 경우 변화를 원하는 경우는 8%에 불과하기 때문에 노조는 분명 제 역할을 제대로 하고 있는 것 같다는 것이다. 똑같은 무노조 기업에서 일하고 있다 해도, 과거 노조를 경험해 본 노동자들이 그렇지 않은 노동자들보다 더 노동조합을 갈망한다는 결과 역시 이런 설명과 부합한다.

하지만 노조에 대한 애정이 맹목적이진 않다

처음 WRPS를 구상했을 때, 조합원들에게 자신이 속한 노조를 평가해달라고 할 의도는 없었다. 노동자들이 회사에 원하는 것을 알아내는 작업만 해도 이만저만이 아니었기 때문에 노조에 원하는 것까지 알아보는 것은 무리였다. 우리가 가진 표본 중 노조에 가입된 노동자는 250명 정도밖에 안 되는 작은 규모에 불과했기 때문에 이 숫자로는 우리가 원하는 만큼 정교한 교차분석이 어려웠다. 우리는 차라리 조합원들을 대상으로 정기적으로 설문조사를 벌이는 개별 노조들이 노동자들이 접하는 여러 가지 문제들을 심도 깊게 파악할 수 있다고 생각했다.

하지만 WRPS 프로젝트에 조언을 해준 노사 대표들은 의견이 달랐다. 조합원들에게 노조 내에서의 발언권 문제를 물어보지 못한다면 중요한 사안을 놓치는 것이라는 지적이었다. 사측 대표는 이렇게 말했다. "만약 노동자가 회사 내 발언권에 대해 실망하고 있다는 사실을 여러분이 알면서 노조에 대해서는 똑같은 질문을 하지 못한다면 재계는 좋게 보지 않을 것입니다. 노동자들에게 우리를 비난할 기회를 주면서 노조를 비난할 기회는 안 주고 있는 겁니다." 노조 측 대표의 말도 들어 보자. "조합원들에게 경영진과의 관계는 계속 물어보면서 노조와의 관계는 묻지 않는다면, 노조 입장에서 좋게 보이지는 않을 겁니다. 우리 역시 작업장의 일부거든요."

　그래서 우리는 노동조합의 의사 결정 과정에서 조합원들이 자신의 발언권에 얼마나 만족하는지 물었다. 질문 내용은 작업장 내의 발언권에 대해 물었던 방식과 비슷했다. 이로 인해 우리는 자연스레 노조에서의 발언권과 직장에서의 발언권에 대한 노동자들의 태도를 비교해 볼 수 있었다. 〈자료4-5〉에 정리된 결과를 보면, 조합원들은 노조 지도부나 임금 및 복지 조건 협상에 대한 자신들의 영향력에 상대적으로 만족감을 보인다. 노동조합은 조합원들이 직접 자신의 대표를 뽑는 민주적 조직이다. 노조가 임금 및 복지 조건 협상으로 이룩한 성과는 노조의 핵심 존립 근거이다. 당연히 조합원들도 이런 부분에서 자신들의 영향력을 느끼기 마련이다. 대조적으로 조합원들은 전국 규모의 노조 활동에 대한 영향력에 대해서는 특별한 만족을 느끼지 못하며, 국가적 현안에 대한 노조의 입장이나 정치인에 대한 노조의 지지와 관련해서는 만족도가 가장 낮은 것으로 나타났다. 한 가지 이유는, 정치적 현안을 둘러싼 노동자들 간의 입장 차이가 전국적 규모의 노조 활동에 반영되는 것보다 더 크기 때문이다. 전국 단위의 노동조합 지도부가 변함없이 미국의 민주당을 지지하는 반면에, 우리가 조사한 현장 조합원들은 3분의 1만이 민주당 지지자라고 밝혔다. WRPS가 실시되기 바로 전에 있었던 대통령 선거에서 민주당 빌 클린턴을 지지한 조합원은 우리의 설문조사 대상 조합원 중 33%였고, 14%는 조지 부시를, 16%가 로스 페로를 지지했다. 그렇다면 나머지 37%는 어떤 선택을 했을까? 대부분의 다른 조사 대상 그룹에서처럼, 상당수의 조합원은 투표를 하지 않았다.

　조합원들이 전국적인 영향력보다는 현장에서의 영향력에 더 의미

소속 노동조합에 만족해하는 조합원의 비율

	매우 만족	어느 정도 만족	별로/전혀 만족하지 않음	잘 모르겠음
지부 현안을 둘러싼 발언권에 대한 만족도: 대체로 만족				
지부 회장 선출	35	44	17	4
임금 및 복지 혜택 관련 교섭	31	41	25	3
연맹 지도부에 만족도: 낮은 수준				
자기 노조에서 연맹 회장을 선출하는 것	20	49	35	6
노조의 정치적 행보를 둘러싼 발언권에 대한 만족도: 가장 낮은 수준				
국가적 정치 현안에 대한 노조의 입장	15	53	25	7
정치 캠페인 과정에서 후보자에 대한 지지	13	50	29	8

출처: WRPS 문항: (W1.43a-e) (현재 노조원(N=282)에게) "귀하는 자신과 동료 조합원이 다음과 같은 다양한 사항에 관한 의사 결정에서 발휘하는 영향력에 대해 어느 정도로 만족하십니까?" (매우 만족, 어느 정도 만족, 별로 만족하지 않음, 전혀 만족하지 않음)

를 둔다는 사실은 새로운 발견이 아니다. 1973년 실시된 '노동의 질에 관한 설문조사'Quality of Work Survey에서도(이 조사는 조합원들에게 노조에 대한 만족도를 물어보는 최초의 전국 규모 프로젝트 중 하나였다) 비슷한 결과가 나왔다.[8] 그 외에 개별 노동조합들이 소속 조합원을 대상으로 실시한 설문조사에서도 같은 결과가 나왔다.[9] 미국인들은 노조뿐만 아니라 다른 분야에서도 전국 단위의 지도부와 지역 단위의 지도부에 대해 비슷한 태도 차이를 보였다. 예를 들어, 선거에서 유권자들은 보통 의회나 워싱턴에 기반을 둔 다른 정부 조직들보다 자신의 지역구 대표나 지방정부에 대해 더 높은 지지를 나타내며, 국가 전체의 교육의 질보다는 자

자료 4-6

노동조합은 조합원을 위해 어떤 역할을 하고 있다고 생각하는가?

	조합원	비조합원
임금·노동조건의 개선	48	39
작업장 현안에 대한 발언권 확대	11	14
업무상의 존중/공정한 대우의 개선	31	22
아무것도 하지 않는다	6	9
잘 모르겠다	3	13

출처: WRPS 로부터 작성됨: (W2.37) "노동조합이 조합원을 위해 할 수 있는 가장 중요한 일은 무엇입니까?"

기 동네 학교의 문제를 더 중시한다.

또한 현장 지부와 전국 단위 노동조합에 대한 조합원들의 평가 차이는 조합원과 비조합원의 노조에 대한 태도 차이 뒤에 숨은 또 다른 요인이 무엇인지 보여 준다. 노조에 대한 찬성 여부로 질문을 받을 때, 조합원이라면 지역 노조를 떠올릴 것이고, 비조합원이라면 (조합원조차 만족도가 낮은) 전국 단위의 노동조합을 떠올릴 것이다. 우리는 이런 내용을 확인해 볼 수 있는 질문은 던지지 않았지만 노동자들에게 노동조합이 어떤 역할을 하고 있다고 생각하는지 물었다. 〈자료 4-6〉에 나타난 결과에 따르면, 많은 노동자들이 임금과 노동조건 같은 먹고사는 문제를 첫손에 꼽았고, 존중과 공정한 대우를 꼽은 이들도 많았으며, 직장 내 의사 결정 과정에서의 발언권 보장을 꼽은 이들도 있었다. 이에 따르면 노동조합이 조합원들에게 해주는 게 없다고 생각하는 이들은, 조합원들 가운데는 16명 중 1명꼴(총 99명의 노조원 중 6명이 답변)이었고, 비조합원의 경우 11명 중 1명꼴(총 97명 중 9명)로 같은 답변을 했다. 조합원과 비조합원 사이의 의견 차이는 노조가 무엇을 하는 곳인지 모르겠다는

자료 4-7

노조에 대한 영향력과 작업장에서 의사 결정에 대한 영향력에서 조합원이 느끼는 만족도 분석

노조 지부의 지도부 선정 과정에서의 영향력에 대한 만족도

매우 만족한다	35%	이 노동자들 중
		27%는 작업장 의사 결정에 관한 영향력에 매우 만족한다.
		25%는 작업장 의사 결정에 관한 영향력에 만족하지 않는다.
만족하지 않는다	17%	이 노동자들 중
		7%는 작업장 의사 결정에 관한 영향력에 매우 만족한다.
		44%는 작업장 의사 결정에 관한 영향력에 만족하지 않는다

작업장 의사 결정 과정에서의 영향력에 대한 만족도

매우 만족한다	20%	이 노동자들 중
		47%는 작업장 의사 결정에 관한 영향력에 매우 만족한다.
		6%는 작업장 의사 결정에 관한 영향력에 만족하지 않는다.
만족하지 않는다	29%	이 노동자들 중
		29%는 작업장 의사 결정에 관한 영향력에 매우 만족한다.
		26%는 작업장 의사 결정에 관한 영향력에 만족하지 않는다.

출처: 노동조합에 대한 영향력에 대한 만족도는 WRPS로부터 작성됨. (W1.43a) "귀하는 노조 지부의 지도부 선정에 관해 귀하와 동료 조합원이 노동조합의 의사 결정 과정에서 행사하는 영향력에 대해 얼마나 만족하고 계십니까? 작업장 의사 결정 과정에서의 영향력에 대한 만족 역시 WRPS로부터 작성됨. (W1.14_1,2,3,4) "귀하는 직장 생활에 영향을 미치는 회사의 의사 결정 과정에서 자신이 행사하는 영향력에 얼마나 만족하고 계십니까?"

답변에서 가장 크게 나타났으며 비조합원일수록 그 비율이 높았다.

한편으로 노동자들이 작업장에서의 발언권과 현장 노조에 대한 영향력에 대한 만족도가 어떻게 다른지 알아보았다.

〈자료 4-7〉을 보면 조합원들은 회사의 의사 결정보다, 현장 노조에 영향력을 행사하는 데 더 만족을 느낀다. 하지만 노동조합에서 얻는 만족과 회사로부터 느끼는 만족이 서로 경쟁하는 것은 아니다. 오히려 두 가지 만족 사이에는 양(+)의 관계가 성립한다. 노동조합에 만족하는 조합원의 27%는 작업장에서 행사하는 영향력에도 만족한다. 반대로, 노조에 불만인 조합원은 단지 7%만이 작업장에서의 발언권에 대해 만족하고 있다. 우리 자료만으로는 작업장이나 노조에서 느끼는 만족이 가상 중요한시, (우리의 의심처럼) 건설적인 노사 관계를 위해서는 회사나 노조 모두 더 개방적인 자세가 필요한 건지 단언할 수 없다. 하지만 분명 상관관계는 존재한다. 노사 관계가 좋으면 노동자들의 회사나 노조에 대한 만족도 역시 높아진다. 어쨌든 지역 단위에서 볼 때 노조는 제 역할을 다하고 있는 것으로 보이며, 그래야만 회사도 노동자들에게 영향력을 부여할 수 있다.

자신들을 대표해 줄 조직으로 노동조합을 원하는 3분의 1

지금까지 논의에서 우리는 WRPS의 조사 대상자 중 조합원인 14%에 대해서만 초점을 맞췄다. 하지만 두 배 이상의 노동자가 노조를 원한다고 말하는 비조합원들이다. 이들은 과연 누구인가? 노조를 원하는 이들의 요구는 무엇으로 설명할 수 있는가? 노조를 원하는 노동자가 있음에도 노조가 조직되지 못하는 이유는 무엇인가?

두 가지 요인이 노동조합에 대한 노동자들의 요구 정도를 결정한다. 바로 노동자의 개인적 특성과 작업장에서 경영진이 노동자를 대하는 방식이다. 앞에서 〈자료 4-2〉는 개인의 특성이 노동조합 지지 여부에 어느 정도 영향을 미친다는 사실을 보여 주었지만, (인종을 제외하면) 그 어떤 요인도 결정적이라 할 수는 없었다. 〈자료 4-8〉은 노동자와 함께 작업장 관계의 한 축, 즉 경영진이 어떻게 노동자를 대우하는지 보여 준다. 이에 따르면 노동조합에 대한 노동자의 생각은 사실상 전적

자료 4-8

비조합원 중 노동조합을 원하는 비율*[11]

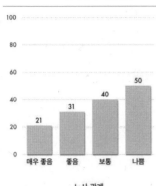

노사 관계가 나쁜 경우

노사 관계

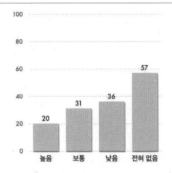

신뢰할 수 없는 경영진일 경우

경영진에 대한 신뢰도

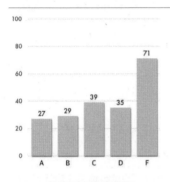

경영진이 노동자에 대한 관심을 보여 주지 않을 경우

경영진의 관심에 대한 평가

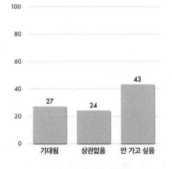

직원들이 원하지 않는 직장을 다니는 경우

출근에 대한 감정

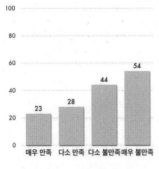

직원들이 회사에 영향력을 미치지 못하는 것에 실망하는 경우

직장에서의 영향력에 대한 만족도

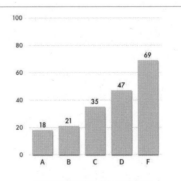

경영진이 권한을 공유하려 하지 않는 경우

경영진의 권한 공유 정도에 대한 평가

* 출처는 4장 미주 10번 참조.

으로 경영진에 달려 있다. 자기 회사의 노사 관계가 나쁘다고 평가하거나, 경영진의 노동자에 대한 관심과 권한 공유 의지가 부족하다고 말하거나, 경영신을 신뢰할 수 없다고 생각하거나, (아마 작업장이 즐겁지 않아서) 출근할 기분이 들지 않는다고 말한 노동자는 모두 노동조합 설립에 찬성한다.

경영진과의 관계와 노동자 개인의 특성 중에서 어느 것이 비조합원의 노동조합 설립 요구에 더 많은 영향을 미치는가? 우리는 이 두 가지 요인을 각각 적용하거나 함께 고려해 노동자들의 노동조합 지지율을 추정했다. 분석 기법으로는 선형 확률모형을 사용했다. 예상 확률이 가장 높은 노동자는 "노동조합 지지"라고 이름 붙였다. 확률이 가장 낮은 노동자들은 "노동조합 반대"로 구분했다. (여기서 "가장 높은"과 "가장 낮은"이란 표현은 실제로 노동조합을 지지한 사람들의 비율을 보다 정확히 예측하기 위한 의도에서 사용된 말이다.) 이 모형이 노동자의 투표 성향을 정확히 설명한다면, 실제로 노동조합에 찬성하겠다고 말한 모든 노동자들은 노동조합을 반대할 것이라고 말한 노동자보다 높은 확률을 나타낼 것이다. 이와는 대조적으로, 노동조합을 지지한 실제 비율에 따라 무작위로 노동자를 "노조 지지" 그룹에 지정하면, 정확하게 지정된 비율은 대략 3분의 1이 될 것이다.[10] 따라서 우리 모형의 성공은 무작위 모형에 따른 정확한 구분 확률 31%를 초과해서, 얼마나 100% 정확한 구분에 근접하느냐에 따라 결정될 것이다.

조사 결과를 요약한 〈자료 4-9〉에 따르면 개인적 요인(연령, 교육 수준, 인종, 성별)과 작업장 특성(작업장 의사 결정에 대한 노동자의 영향력, 임금, 소속사의 경영 참여 시행 여부)이라는 두 가지 요인 모두가 노조에 대한 지지 확률에 비슷한 영향을 미쳤다. 개인적 특성을 척도로 파악한 결과,

표본의 67%에 해당하는 노동자가 어떤 투표를 할지 정확하게 예측했고, 작업장의 특성을 통해서도 표본의 68%를 정확하게 예측했다.

노동조합 지지에 가장 강력하게 영향을 주는 개인적 특성[12]은 인종이다. 어떤 요인들에 따라서는, 무노조 기업의 흑인 노동자는 무노조 기업의 백인 노동자에 비해 27%나 더 노동조합을 찬성한다. 〈자료 4-2〉에서 노동조합 지지 여부에 대해 답한 일반적인 흑인 및 백인의 격차와 거의 같은 결과다. 개인적 특성과 작업장 경험이 서로 같다고 해도, 백인보다는 흑인이 노동조합을 더욱 지지한다. 이 사실은 일자리 시장에서 흑인이 갖는 상대적 취약성, 인종차별에 대한 보호 장치 요구, 민권 운동처럼 흑인들이 자신의 상황을 개선하기 위해 집단적으로 행동해 온 역사성을 반영하는 결과일지 모른다.

이번엔 작업장 특성과의 상관관계를 살펴보자. 작업장에 미치는 자신의 영향력에 만족하지 못하는 노동자의 경우라면 어떨까? 아마 다른 동료에 비해 노동조합을 더 많이 지지할 것이다. 대조적으로 종업원 참여 프로그램을 운영하는 회사의 노동자는 노조에 대한 지지도가 더 낮을 것으로 예상된다.[13]

이 개인적 특성과 작업장 특성을 함께 고려하면, 표본의 약 70%에 해당하는 노동자들의 성향을 정확하게 구분할 수 있다. 인종이 노조 지지 요구에 미치는 상당한 효과를 제외하고, 이 두 특성에 속한 변수들로 분석하면 통계적으로 더 중요한 요인은 작업장 특성으로 귀결된다.

노동조합을 지지하는 무노조 기업의 노동자들을 다른 방식으로 분석할 수도 있다. 노조가 있는 기업과 무노조 기업의 노동자가 각각 어떤 작업장 조직을 원하는지 비교하는 것이다. 만약 노동조합을 지지하는 무노조 기업의 노동자들이 자신이 원하는 대표제를 빼앗긴다면, 그들

자료 4-9

비조합원의 노조 찬성율 예측

예측 모형	찬성투표가 정확하게 예측된 노동자의 비율
무작위 모형	31
노동자의 개인적 특성	67
작업장 특성	68
개인적 및 작업장 특성 모두	70
완전한 모형	100

출처: "노동조합이 귀하와 같은 노동자를 대표해야 한다고 생각하는지 물어보는 투표가 오늘 진행된다면, 노조를 지지하겠습니까 아니면 반대하겠습니까?"라는 질문에, 노동조합을 지지한다고 말한 노동자에게는 1을 부여하고, 노동조합에 반대한다고 말한 노동자, 잘 모르겠다, 혹은 질문에 답하지 않은 노동자에게는 0을 주는 선형 확률모형을 사용했다(W1.41b).

이 회귀분석의 표본 크기는 1,666이다. 개인적 특성은 다섯 개의 연령 그룹별(18~24세, 25~34세, 35~44세, 45~54세), 두 개의 인종 그룹별(흑인, 비흑인), 성별, 다섯 개의 교육 수준 그룹별(11세 이하, 고졸, 기술학교/전문대졸, 대졸, 대학원졸)로 더미 변수를 가진 집합으로 나타낸다. 작업장 특성은 노동자가 매우 만족한다, 어느 정도 만족한다, 전혀 만족하지 않는다로 3개의 더미 변수를 주고, 종업원 참여 프로그램에 참여하는지 혹은 그런 프로그램이 있는 회사에 다니는지로 2개의 더미 변수를 주고, 주간 소득의 4분위 별로 3개의 더미 변수를 주고, 소득이 없다고 말한 사람들에게 1개의 더미 변수를 준 집합이다. 자신의 투표가 정확하게 예측된 노동자의 비율을 측정하기 위해, 우리는 노조에 대한 자신의 투표가 정확하게 예측된 노동자들의 비율을 추정하기 위해 예측된 확률에 따라 순서를 매긴 뒤, 이 표본을 구분할 기준값을 결정했다. 이는 그 기준값 이상의 확률을 가진 노동자의 수가 자신이 노조를 지지할 것이라고 말한 노동자의 수와 일치시키도록 한 것이다. 그리고 나서 우리는 모든 노동자에게 노조 지지에 대한 값 0/1을 기준치와 비교해 그들의 추정된 확률에 따르는 예측값으로 부여했다. 자신의 지지가 확실히 예측된 노동자의 비율은 이 모형이 전체 표본과 관련해 1 혹은 0으로 정확히 예측한 사람들의 합이다.

은 틀림없이 조합원이 선호하는 조직과 유사한 조직을 선호할 것이다. 반대로, 노조 설립에 반대하는 무노조 기업의 노동자는 분명히 경영진이 원하는 작업장 조직을 선호할 것이다. 그 결과가 〈자료 4-10〉이다.

종합하면, 노동조합을 원한다고 말한 비조합원의 비율이 3분의 1이라는 사실에는 변함이 없다. 이들은 단지 회사 외부의 노동시장이 자신들에게 협상력을 제공하지 못한다고 생각하며, 회사 경영진이 자신들을 그다지 존중하지 않는다고 느낄 뿐이다. 이들이 독립적으로 운영되는 조직을 선호하는 것은 자신들의 대표 조직으로 노동조합을 원하

매우 독립적인(대표를 선출하고 중재를 통해 문제를 해결하는) 작업장 조직을 원하는 노동자의 비율

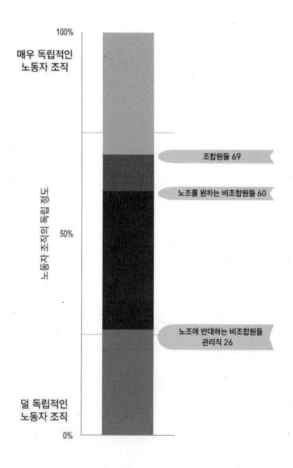

출처: WRPS 설문지 상의 다음 질문에 대한 답변을 통해 계산되었다: (W1.48) "꼭 노동조합이나 노사협의회 같은 형태가 아니더라도, 노동자 조직이 운영될 수 있다고 생각한다면, 그 조직이 어떻게 운영되기를 바라십니까? 만약 의사결정을 혼자 해야 하며 모든 사람들이 그 결정을 따르게 된다면, (W1.48a) 귀하는 문제 해결을 위해 외부 중재기관을 활용할 수 있는 조직을 원하십니까, 아니면 문제에 대한 최종 결정권을 경영진이 갖는 조직을 원하십니까? (W1.48c) 귀하는 핵심 참여자가 자발적으로 지원한 조직, 선출된 조직, 아니면 경영진이 임명한 조직 중 어느 조직을 원하십니까?" 우리는 '잘 모르겠다, 거부 혹은 어떤 조직도 원하지 않는다'라고 답한 노동자는 제외했다. 매우 독립적인 조직이란 대표자 선출과 문제 해결 과정에서 중재기관을 활용하는 조직을 말한다.

는 노동자들의 선호와 유사하다.

한편 노동조합에 대표성을 부여하기를 원하지 않거나 반대 표를 던지겠다고 말한 대다수 노동자는 어떤가? 노동조합이 임금과 복지 혜택을 증가시키고 있기 때문에, 이들이 비이성적이라고 봐야 하는가? 대체 노동조합을 반대하는 근거는 무엇인가?

흔히 경영진은 노동조합이 조합원들에게 알맞은 서비스를 제공하지 못해서 노조가 감소한 것이라고 주장한다. 현명한 기업, 정부의 보호 정책, 유연한 노동시장이 한때 노동자들이 노동조합에 바랐던 서비스를 대신 제공한다는 것이다. 노동조합은 경영진이 노동자의 조직화 활동을 방해하기 때문에 조합원이 감소한다고 비난한다. 노동자가 조직화에 힘쓸 때, 경영진은 매우 유능한 컨설턴트를 고용하고 막대한 홍보비를 들여 노조 설립을 방해함으로써 말 그대로 '전쟁 상황'을 만들어 간다는 것이다.

WRPS의 조사 결과를 보면 두 가지 주장이 모두 일정 정도 유의미하다. 작업장 동료 대부분이 노조를 원하지 않는다고 말한 노동자들은 그 이유를 다음과 같이 밝혔다. "작업장에서 발생하는 문제를 해결하는 데 집단적인 대표제(노조 등)가 스스로 문제를 해결하는 방식보다 못하다"가 27%. "노조가 있으면 회사에 과도한 긴장 관계가 형성된다"가 25%. "노조의 방식이 마음에 들지 않는다"가 22%. "노조가 너무 취약해서 노동자에게 도움을 주지 못한다"가 10%. 여기서 자기 스스로 작업장 문제를 다루고 싶다는 27%와 노조의 방식을 좋아하지 않는다고 말한 22%는 경영진의 입장과 일치하는 듯하다. 경영진과의 긴장 관계를 언급한 25%는 상대적으로 노동조합의 입장과 부합한다. 노동조합이 너무 취약하다고 생각한 10%는 사정이 조금 다르다. 만일 경영진의 저항이 약한 경우 노동조합은 더욱 강해질 수 있고, 그 결과 이들 10%의 지지를 얻을 것이다. 더구나 노동조합이 취약하다는 인식은 경영진의 방해가 작용해서라기보다는 노조 자체가 가지는 조직상의 결함과 더 연관된다.

작업장의 동료 노동자들 대다수가 노동조합을 지지할 거라고 답한 노동자들은 어떤가? 그들은 노조 설립을 원하면서도 왜 하지 못하는 걸까? 우리는 그것을 동료 직원 대다수가 노조를 선호한다고 답한 노동자들에게 물어보았다. 가장 많은 답변으로 "경영진이 노동조합 설립에 반대한다"가 55%로 가장 많았고, 이에 비해 "노조가 자신들과 같은 노동자를 조직하는 데 관심이 없다"는 22%였다.

이런 답변들은 어느 정도의 신빙성을 갖고 있는가? 전국노동관계위원회 노조 인증 선거는 정부가 관리하는 비밀투표로 진행된다. 미국인들은 스스로를 과감하고 독립적인 사람들, 일종의 개척자, 위협에 굴하지 않는 사람들로 생각하기 좋아한다. 그런데 경영진의 반대가 정말 그렇게 중요하다는 말인가? 우리 연구진을 포함해 대부분의 분석가들은 경영진의 반대가 노조 감소에 중요한 역할을 한다고 보고 있지만 여기엔 회의론도 존재한다.[14] 예컨대 고용정책재단이 노조 감소의 원인을 분석한 결과, 경영진의 반대는 노조 가입률에 거의 영향을 미치지 못하는 것으로 나타났다.[15] 물론 이 재단이 사측에 친화적이라고 알려져 있기는 하지만, 한계가 있는 양적 데이터를 활용해 노조 가입률 감소의 요인들을 일일이 해석하는 작업은 쉽지가 않다. 이는 생산성 감소나 증가, 소득 불평등, 급격한 고용 변화와 노동시장 경색, 혹은 주식시장의 상승 및 하락에 대한 이유를 파악하는 것 이상으로 어렵다.

그렇다면 어떻게 이 논쟁을 해결할 수 있을까? 한 가지는 명쾌한 해답을 제공해 주는 상식적인 경제학 이론에 호소하는 방식이다. 어느 보수 경제학자의 말을 인용해 보자면 이렇다. "경영진의 반대는 당연히 중요하다. 아무 효과가 없다면, 경영진이 왜 그토록 많은 자원을 노조와 싸우는 데 허비하겠는가? 또 반노조 활동을 제한하는 방향으로의 노동법 개정에 경영자가 그토록 반대하는 이유는 무엇이겠는가? 주주들이 경영진에게 수백만 달러씩 지불하는 데는 다 이유가 있다. 절대 중요하지 않은 일에 돈을 허비할 리는 없다."

하지만 우리는 이론이 아니라 경험적 자료에 근거해야 한다. 우리는 경영진의 노조에 대한 태도에 따라 노동자 역시 노조에 대한 태도를 바꿀 것인지 물어보았다. 처음에 우리는 그렇게 많은 노동자가 경영진의 견해에 따라 자신도 다르게 투표할 것이라고 인정하리라고는 생각하지 않았다. 하지만 전국노동관계위원회 노조 인증 선거의 결과를 바꿀 만한 충분히 의미 있는 비율의 노동자가 "경영진의 견해에 따라 나도 바뀔 것"이라고 대답했다. 전국노동관계위원회 선거에서 노조에 반대표를 던지겠다고 응답한 노동자의 약 12%는 만약 경영진이 노조에 적대적이지 않다면 노조를 지지하겠다고 했다. 반대로, 노조 지지 성향의 노동자 중 8% 역시 경영진이 노조를 싫어한다면 반대표를 던지겠다고 답했다. 흔히 전국노동관계위원회 선거는 부동층 5~10%의 향배에 따라 승패가 갈리곤 한다. 우리 조사에서처럼 8~12%가 생각을 바꾼다면 다수의 투표 결과가 달라질 수 있다. 앞에서도 언급했지만, 노동자들이 작업장에서 자신이 원하는 노동자 조직의 형태를 평가할 때 경영진의 협력에 매우 높은 가치를 부여한다는 사실도 이런 결론에 힘을 불어넣어 준다.

경영진은 노동조합을 어떻게 보는가?

결론적으로 경영진의 태도는 노동자의 노동조합에 대한 입장에 영향을 미친다. 그렇다면 경영진이 노조를 어떻게 바라보는지도 파악해야한다. 미국의 노동법 체계에서, 노동자들은 노조 설립을 원하는지 그렇지 않은지 경영진의 간섭 없이 스스로 결정할 수 있다. 경영진에게는 투표권도 없다. 하지만 그들은 투표 결과에 영향을 미치기 위해 노력한다. 노동자들은 경영진의 눈치를 본다. 경쟁 이론이나 다수의 실증 분석에 따르면 경영진은 사실상 투표를 하고 있는 셈이다. 경영진은 노동자들을 좋게 혹은 나쁘게 대우함으로써 노조에 대한 노동자들의 시각을 좌우할 수 있다. 나아가 전국노동관계위원회 선거에도 영향을 미칠수 있다. 이때 경영진은 자유로운 발언권을 이용해, 노동자들의 투표 성향을 자신에게 유리한 쪽으로 이끌려 한다. 상당히 많은 전국노동관계위원회 선거에서 경영진은 노조가 노동자의 이익에 부합하지 않는다는 견해를 피력하고 있다. 또 노조 설립에 반대표를 던지라고 설득하기 위해 엄청난 비용을 들여 공격적으로 캠페인 활동을 벌이기도 한다. 많은 경우에 경영진은 이 분야 전문 변호사와 컨설턴트를 고용해 노동조합 반대 운동에 나서고, 노동자에게 노조가 유리할 게 없다는 확신을 주입한다. 노조를 지지한다는 이유로 노동자를 해고하는 등의 불법적인 행태도 드물지 않다.

우리는 회사에 노조가 설립된다면 어떤 반응을 보일지, 무노조 기업 관리자들에게 이렇게 물었다. "귀하와 귀사는 노동자의 노조 설립 시도에 어떻게 반응하실 겁니까?" 무노조 기업 관리자의 53%는 그 어떤 노조 설립 시도도 반대하겠다고 답했다. 27%는 신경 쓰지 않는다고, 15%는 환영한다고 말했다. AFL-CIO 간부들은 조사 결과를 듣고 친노조 성향에 해당하는 관리자 15%의 이름을 알기 위해 군침을 흘리며 말했다. "당장 조직가 몇 명 보내려고요." 기업 대표들도 마찬가지로 이 15%의 친노조 성향 관리자에게 관심을 보이며 말했다. "당장 해고해야죠." 무노조 기업 관리자의 3분의 1에 가까운 32%는 부하 직원이 노조 설립에 성공한다면 자신의 경력에 흠집이 생긴다고 생각했다. 그중 과반수는 심각한 오점으로 남을 것이라고 답했다.[16]

노동조합이 있는 회사에서는 어떨까? 무노조 기업과 마찬가지로 대부분의 관리자들이 노조 설립에 반대할까? 우리는 노조가 있는 기업의 관리자에게 이런 질문을 던졌다. "귀하의 회사에 노조가 있는 게 좋다고 생각하십니까, 나쁘다고 생각하십니까? 회사 자체를 위해서는 '좋다/나쁘다' 중에 어느 쪽을 고르시겠습니까?"

회사에 노동조합이 있는 경우 관리자들의 약 64%가 노조는 직원들의 삶을 윤택하게 만든다고 생각했다.[17] 특히 노조에 부정적인 관리자보다 두 배나 많은 관리자들이 최근에 노조가 회사와 마찰을 일으키기보다는 협력적으로 나온다고 답했다.[18] 노조가 있는 회사에서 상당수 관리자들은 최고 경영진이 노동조합을 의사 결정의 파트너로 받아들이고 있다고 했다. 하지만 거의 4분의 1은 경영진이 노조를 없애 버리고 싶어 한다고 했다. 노조가 있는 기업에서 대부분의 관리자들은 노조가 일상 업무에 영향을 미치지 않는다고 답했다. 하지만 일부는 영향을 받는다고 말했고, 좀 더 많은 관리자들이 노조는 회사 업무를 수월하게 만들기는커녕 더 어렵게 한다고 대답했다.[19] 자세한 수치를 보자. 노동조합이 있는 기업 관리자의 8%는 노조가 기업의 성과를 "매우 많이" 해친다고 답했고, 25%는 "조금" 해친다고 답했다. 반대로 19%가 노조는 기업에 "매우 많이" 도움을 준다고 했으며, 8%는 "조금" 도움을 준다고 했다. 그 외의 관리자들은 노조가 기업 성과에 별 영향을 미치지 않는다고 말했다.

노동자들이 노동조합을 어떻게 생각하는지 한마디로 요약할 수 있을까? 노조의 유무를 따지지 않고 모든 노동자를 포괄한다면, 이번 장의 핵심은 이것이다. **노조를 시장이 생산하는 일종의 상품으로 본다면, 지금 미국의 생산량은 너무 부족하다.** 현재 미국에서 노조의 결점은 광범위하게 알려져 있다. 많은 사회 구성원들이 노조의 역할에 불편함을 느낀다. 그럼에도 미국 민간 기업 노동자의 44%는 노조가 자신의 대표자로 기능하기를 바랐다. 우리의 조사 표본 중 노조원이라고 밝힌 14%의 세 배를 넘는 수준이다. 노조가 없는 기업에 다니지만 노조가 필요하다고 밝힌 노동자는 상대적으로 저임금 계층, 흑인이 많으며, 특히 작업장 내 노사 관계가 나쁘다고 평가한 이들이 많았고, 작업장 조직의 독립성에 대해서도 조합원과 유사한 입장이었다. 간단히 말해, 실제로 노동조합을 통해 진정한 혜택을 누릴 수 있는 그런 부류의 노동자들인 것이다. 우리의 조사가 제시하는 증거로 볼 때, 이들이 조직화되지 않는 주요 이유는, 회사 경영진이 노조를 바라지 않는다는 데 있다.

5장

노동자는 회사 경영을
어떻게 생각할까?

단체교섭은 노사 간 토론의 장이면서 회사의 현안을 결정하는 하나의 수단이다. 하지만 현재 미국에서 단체교섭은 줄어드는 추세다. 그 결과 대다수 노동자들의 업무 방식이나 발언권의 크기를 좌우하는 요인은 바로 경영진이 주도하는 인적 자원 정책이다. 실제로 모든 대기업들은 대규모의 복잡한 인적자원부나 인사 부서를 갖고 있다. 또한 많은 기업이 성과를 증진시키고 노동자의 기술과 노력을 이용하기 위해 혁신적인 노동 관리 제도를 도입하는 중이다. 대표적인 예가 종업원참여위원회와 각종 노동자 업무 팀이다.

경영 관련 서적들은 노동자를 관리하는 법에 대해 수많은 조언을 쏟아 낸다. 경영진에게 '짠돌이식'lean and mean 경영을 주문하는 이들도 있고, 5세기경 유럽을 휩쓴 훈족의 수장 아틸라처럼 조직을 운영하라는 이들도 있다. 또 일본의 전설적인 검객 미야모토 무사시의 전략을 따르라고 하는 이들이 있는가 하면, 손자병법을 통달하라고 조언하는 이도 있다.[1] 다른 한편으로는 경영진에게 직원들의 발언을 좀 더 주의 깊게 듣고 회사의 의사 결정 과정에 노동자를 참여시키라고 하는 이들이 있는가 하면,[2] 다양한 종류의 종업원 참여 프로그램을 지원하고, 노동자 스스로 관리하는 업무 팀에 실질적인 책임을 부여하라고도 한다. 성과 분배제나 이윤 공유제를 주장하는 이들이 있는가 하면, 기업의 이익과 노동자의 이익이 서로 보조를 맞추게 한다는 취지에서 종업원 주식 소유 제도를 주장하는 이들도 있다. 이들의 목적은 실제 현장에서 가장 많은 정보를 가진 노동자에게 의사 결정권을 부여하고, 회사의 가치를 극

대화하는 생산 방식이 무엇인지 스스로 결정하도록 유도하는 인센티브 시스템을 개발하는 데 있다. 이런 시스템에서 노동자들은 엄격한 감독 없이도 자신과 회사 공동의 이익을 목표로 품질과 생산성 향상을 위해 끊임없이 노력한다는 것이다. 민주화와 경쟁력, 두 가지를 모두 충족한 다는 점에서 이런 조직은 신화에나 나올 법하다. 그 신화의 무지개 끝에 서 '고성과 작업장'High-Performance Workplace(과도한 감독 없이도 노동자가 자신과 회사 모두의 이익을 위해 품질과 생산성 향상을 이뤄 내는 작업 조직)이라는 시스템이 현실 세계에 모습을 드러낸다.

선진적 인적 자원 시스템은 현재 얼마나 보편화되어 있는가?

미래노사관계위원회의 초기 논의 테이블을 점령했던 문제는, 선진적인 인적 자원 관리 관행이 현재 노동시장에 얼마나 보편화되어 있는가였다. 위원회 의장이자 하버드대학 교수인 전 노동부장관 존 던롭은 고성과 작업장이라는 개념이 전반적으로 과장되어 있다고 생각했다. 1920년대 생산 협동조합 운동에서부터 1970, 80년대 품질 분임조Quality circle◀에 이르기까지 소위 혁명적이라고들 하는 '신' 경영 방식들이 끊임없이 부침을 거듭했다는 점을 그는 상기했다. 장기적인 관점에서 그가 볼 때 그런 새로운 것들은 중요하지 않았다. CEO들은 그의 위원회나 의회에 자기 회사가 노동자에게 권한을 부여하는 최신 프로그램을 운

▶ 직장 또는 공장에서 현장 감독자와 작업자들로 구성하는 소규모 조직. 각 분임조는 조장을 중심으로 최일선에서 일어나는 여러 품질 문제를 자주적으로 관리·개선한다.

영하고 있다고 주장했지만, 중간 관리자가 작업 현장에서 해당 프로그램을 시행하고 있는 것도 아니었고, 회사가 새로운 방식으로 운영된다고 보는 노동자는 더욱이나 없었다.

그럼에도 불구하고 재계 인사들은 위원회 앞에서 노동자 참여, 팀워크, 종합적 품질 경영, 탈중심적인 의사 결정 구조 이 모든 것이 갖추어져야 세계시장에서 살아남을 수 있다고 단언했다. 그리고 그들은 모두가 다 이를 실행하고 있다고 떠들어 댔다.

인적 자원 관리 차원에서 기업이 무엇을 하고 있는지 알아보는 방법으로는 세 가지가 있다. 첫 번째 방법은, 현장에 해박한 관리자에게 작업장에서 운영 중인 제도에 대해 문의해 보는 것이다. 두 번째 방법은, 직접 현장을 방문해 작업장이 어떻게 돌아가는지 살펴보는 것이다. 세 번째 방법은, 노동자(경영진의 경영 대상인 인적 자원)에게 직접 작업장에 무슨 일이 벌어지고 있는지 물어보는 것이다. 물론 우리는 세 번째 방법을 택했다.

〈자료 5-1〉을 보면 자신이 선진적인 인적 자원 정책을 시행하는 회사에 다닌다고 답한 노동자들의 비율은 상당히 높다. 응답자 중 3분의 2 이상이 회사에 인사부나 인적자원부가 있다고 답했다. 경영진과 전체 노동자 간에 현안을 논의하기 위해 회사가 타운 미팅 제도를 도입하고 있다고 답한 비율도 비슷했다.

대부분의 노동자들은 회사가 열린 문 정책을 시행하고 있어서, 노동자가 최고 경영자와 개별적으로 직접 이야기할 수 있다고 답했다. 열린 문 정책이 개인뿐만 아니라 노동자 집단에 대해서도 시행 중이라는 응답 역시 절반에 가까웠다. 응답자의 3분의 1은 경영진이 현안을 논의하기 위해 종업원 위원회와 각종 회의를 연다고 답했다. 직원 개인의

자료 5-1

현대적 인적 자원 정책은 광범위하게 확산되어 있다

인사 제도	제시된 제도를 갖고 있는 노동자의 비율(%)
인사과/인적 자원 부서	68
열린 문 정책	
개별적인 문제 해결을 위해	85
집단적 문제 해결을 위해	63
정기적인 '타운' 미팅	47
정기적으로 경영진과 문제를 논의하는 종업원 위원회	37
직장 내 종업원 참여 프로그램	52
참여 프로그램에 참여 중	31
외부 중재자를 통한 고충 처리 시스템	32
임금/지분 참여 방식	
이윤 공유제에 따른 성과급	30
작업장 목표 달성 시 지급되는 성과급	27
종업원 주식 소유 제도에 참여	23
노동자 소유 기업	11

출처: WRPS 질문 중 다음 질문에 대한 답변을 바탕으로 작성됨: (W1.36) "현재 다니는 회사/기관에는 노동자들에게 집단적으로 영향을 미치는 문제들을 다루는 제도가 있습니까? 있다면 다음 중 어느 것입니까? (W1.36a) 경영진이 주도해서 노동자와 함께하는 정기적인 타운 미팅, (W1.36b) 노동자들이 고위 경영진과 정책에 관한 문제 제기를 할 수 있는 열린 문 정책 혹은 이와 유사한 제도, (W1.36c) 정기적으로 경영진과 문제를 논의할 수 있는 종업원 위원회". (W1.29) "현재 다니는 회사/기관에는 다음 중 어떠한 제도가 있습니까? (W1.29a) 인적 자원 부서, (W1.29b) 중간 관리자와의 관계에서 발생하는 문제에 대해 고위 경영자와 이야기할 수 있는 열린 문 정책 혹은 이와 유사한 제도, (W1.29c) 노사 간 분쟁을 해결하기 위해 외부 중재기관 등을 활용할 수 있는 고충 처리 제도". (W1.d16) "귀하의 본업과 관련해서 질문드리겠습니다, (W1.d16a) 귀하는 이윤을 공유한다는 의미로 제공되는 보너스를 받고 있습니까? (W1.d16b) 귀하는 목표를 달성했다는 의미로 제공되는 보너스를 받고 있습니까? (W1.d16c) 종업원 주식 소유 제도에 참여하고 계십니까? (W1.d16d) 노동자 소유 회사에서 근무하고 계십니까?" 위 표에 나타난 비율은 전체 표본을 대상으로 한 것이며, 작지만 "잘 모르겠다"고 답하거나 응답을 하지 않은 비율도 포함하고 있다.

문제를 해결하기 위해 외부 중재자가 관여하는 고충 처리 시스템을 운영 중이라고 답한 비율도 3분의 1이었다. 중요한 사실이 두 가지 더 있다. 어떤 형태로든 자기 회사에 종업원 참여 시스템이 있다는 응답자가 56%에 달하고, 이 시스템에 자신이 참여하고 있다는 비율도 3분의 1에 가깝다는 점이다.

임금 측면에서는 선진 시스템이 어떻게 운영되고 있을까? 미국 기업들은 전통적인 시급이나 월급, 봉급뿐만 아니라 다양한 방식으로 보수를 지불하고 있었다. 많은 노동자들은 이윤 공유제에 따라 혹은 작업장별로 목표 달성 여부에 따라 보너스를 받는다고 답했다. 비관리직 노동자의 23%는 종업원 주식 소유 제도에 참여하고 있으며 11%는 자기 회사가 노동자 소유 기업이라고 답했다.[3]

선진적인 인적 자원 제도는 미국 노동시장 전반에 걸쳐 일정 비율로 존재한다.[4] 던롭이 의심한 것과 달리 각종 프로그램이 대기업과 제조업에 많이 퍼져 있었으며, 유명 기업에만 국한된 현상도 아니었다.[5]

인적 자원 프로그램은 효과가 있는가?

노동자들에 따르면, 선진적인 인적 자원 시스템들은 완벽하게는 아닐지라도 꽤나 잘 작동한다. 응답자의 약 28%는 노동자 개개인이 회사에서 겪게 되는 문제에 대한 회사의 방침들이 "매우 효과적이다"라고 답했고, 49%는 "어느 정도 효과적이다"라고 답했다. "그다지 효과적이지 않다"거나 "전혀 효과적이지 않다"는 평가는 21%였다.

그렇다면 집단으로서의 노동자들이 겪는 문제에 회사가 대처하는 방식은 어떤 평가를 받을까? 역시 대부분의 노동자들은 앞의 질문과 비슷하게 답변했다. 열린 문 정책의 경우 응답자의 33%는 집단 문제를 다루기에 "매우 효과적이다"라고 판단했다. 반면에 "그다지 효과적이지 않다"거나 "효과적이지 않다"는 응답은 17%였다. 종업원 위원회에 대해서는 29%가 "매우 효과적이다"라고 했는데, "그다지 효과적이지 않다"거나 "효과적이지 않다"고 답한 비율은 10%였다. 타운 미팅의 경우 24%는 "매우 효과적이다"라고 평가했으며, "그다지 효과적이지 않다"거나 "효과적이지 않다"는 답변은 17%였다.

독자들의 이해를 돕기 위해 노동자들이 작업장 문제의 해결 수단으로서 노동조합을 어떻게 바라봤는지 다시 한 번 살펴보자. 앞 장에서 노동조합이 있는 회사 노동자 중 약 30%는 자신의 노조가 직원들의 집단적 문제를 해결하는 데 "매우 효과적이다"라고 답했다. "효과적이지 않다"고 답한 비율은 15%였다. 인적 자원 프로그램 중 가장 높이 평가 받은 것은 열린 문 정책이었다. 비교하자면 노동자들은 노동조합과 열린 문 정책을 똑같은 반열에 두고 바라봤다. 하나 더, 회사에 노동조합이 있지만 노조에 가입하지 않은 노동자들은 그 효과를 조합원들보다 낮게 평가했다. 이들 중 노조의 효과를 인정한 비율은 18%였으며, 20%는 인정하지 않았다. 반대로 조합원들은 기업 단위 인적 자원 프로그램의 효과를 비조합원에 비해 낮게 평가했다. 즉 노조원들은 집단의 문제를 해결하는 가장 효과적인 방법으로 노동조합을 택했다. 4장에서 살펴본 소유 효과가 이 영역에서도 작용한다는 사실을 다시 한 번 확인한 셈이다.

고성과 작업장이란?

고성과 작업 조직을 한 가지로 정의할 수는 없다. 기업 분석가들은 보통 상당수 직원들에게 선진적인 인적 자원 지원 제도를 적용하고 있는 조직을 가리켜 고성과 작업장이라 한다. 이에 따르면 제도 하나만으로는 작업장을 고성과 작업장으로 전환할 수 없을뿐더러 생산성이나 직원의 복지를 향상시킬 수 없다. 이를 위해서는 성과를 높이는 새로운 노동 시스템의 상호 보완적인 부분들이 서로 상승효과를 일으킬 수 있도록 여러 가지 제도들을 결합해야 한다. 이렇게 볼 때 고성과 작업장은 여타의 작업장과는 질적으로 다른, 모든 걸 다 갖춘 듯한, 그런 곳을 말한다. 그렇지 않다면 고성과 작업장이 아닌 것이다.

이런 작업장이 뭔가 특별한 곳일 거라는 생각은 직관적으로 봤을 때 상당히 매력적인 측면이 있다. 이 책 2장에 나온 포커스 그룹 토론에서 노동자들이 한 말을 떠올려 보라. 당시 대부분의 토론 그룹들에서 의사 결정에 참여한다고 답한 노동자는 한두 명에 불과했다. 다른 노동자들은 전혀 다른 세계에 사는 사람들처럼, 그들을 부러운 눈으로 바라봤다.

만약 고성과 작업장이 여타의 작업장들과는 질적으로 다른 곳이라면, 데이터상으로는 어떤 모습으로 나타나야 할까? 효과적이고 발전된 제도들을 많이 채택하고 있는 특징적인 기업 집단들이 존재해야 하며, 이를 통해 다른 회사들과 차별화되어야 한다. 효과적인 제도들을 많이 갖추고 있는 고성과 작업장들과 달리, 그렇지 않은 기업들은 이런 제도들을 거의 갖추고 있지 못해야 하며, 그 중간에 해당하는 기업들도 거의 없어야 한다. 이를 조사하려면, 노동자들이 말해 준 다양한 인적 자원 관리 제도들을 가지고 어떤 척도를 만들어 내야 한다. 하지만 그런 제도들을 어떻게 분류하고, 그 효과에 대한 노동자들의 이야기를 어떻게 받아들여야 할까?

첫 번째 방안은 1940년대부터 발전한 거트만 척도법Guttman scaling◀
을 사용하는 것이다. 거트만 척도는 다음과 같이 가정한다. 먼저 질문
에 대한 응답이 '예/아니오'로 계속해서 이뤄진다. 이때 질문들은 난이
도가 낮은 것에서 높은 것으로, 즉 누적해서 순위를 매긴다. 응답자들
의 답변에도 유사하게 누적되는 순위를 매긴다. 당신이 치르는 시험에
20개의 질문이 있는데, 가장 쉬운 것부터 어려운 순서로 나열되어 있
다고 생각해 보라. 질문의 난이도 순위는 제대로 매겨져 있다. 일단 당
신은 첫 10개의 질문에 정답을 제시했다. 다시 말해 당신이 정답을 맞
힌 질문은 1번부터 10번까지일 뿐이고, 그 뒤의 어려운 문제까지 풀어
낸 상황은 아니다. 물론 당신이 가장 어려운 20번 문항의 정답을 맞힐
수 있다면, 1번부터 19번까지의 정답 역시 맞힐 수 있어야 한다. 즉 얼
마나 많은 정답을 맞혔는지 알면, 1부터 20 사이의 점수에서 몇 점에
해당하는지 알려 주게 되는 것이다.[6] 그러나 사실 이런 체계는 완벽할
경우에만 제대로 작동하는데, 실제로 그런 경우는 거의 없다. 답변자는
그저 운이 좋은 덕분에 가장 어려운 질문의 정답을 맞힐 수도 있다. 아
니면 순간적으로 착각을 해서 쉬운 문제를 틀릴 수도 있다. 어쩌면 적
용된 단일 척도가 질문들 사이의 난이도 변화를 제대로 반영하지 못할
수도 있다.

답변이 '예/아니오'가 아니라 여러 개인 질문에선 어떨까. 예컨대
1번 답변의 점수가 가장 낮고 4번 답변의 점수가 가장 높다면, 자연스
럽게 거트만 척도와 같아진다. 이런 방식은 우리가 3장에서 총화평정

▶ 응답자의 반응을 알기 위해 하나의 주제에 관해 난이도가 달라지는 여러 개의 질문을 던
지는 조사 방법

을 통해 이미 수행했다. 총화평정은 서로 연관된 각 질문에 답변한 점수를 합해서 얻는다. 가령 상호 관련된 네 개의 질문으로 작업장이 공정한지 물어보는 것이다. 각 질문에 세 개의 답변이 가능하다고 가정하자. 1번이 가장 공정하지 않다는 답변이고, 2번이 어느 정도 공정하다, 3번이 가장 공정하다는 답변이다. 만약 네 질문에 대한 답변이 각각 1·3·1·2번이라면, 이 작업장의 총화평정은 '1 + 3 + 1 + 2 = 7'이다. 만약 3·2·3·2번이라면 총화평정은 10이 되는데, 이 경우가 공정함의 등급은 더 높다. 총화평정은 어떤 경우에 완벽하게 작동하는가? 전반적인 공정성 평가에 각 문항들이 동등하게 기여하도록 각 변수들이 동일한 단위로 측정되는 경우와 각 질문에 있는 예컨대 "중요하지 않은", "어느 정도 중요한", "매우 중요한" 같은 응답들 간의 정도 차이가 모든 문항에 대해서도 동등한 차이를 갖는 경우다. 주관적인 판단을 물어보는 질문이라면 이 두 경우 중 어느 것도 해당되지 않을 것이다. "어느 정도 중요하다"는 답변은 아마도 한 질문에 대해서는 "매우 중요하다"에 더 가까울 수도 있지만, 또 다른 질문에서는 "전혀 중요하지 않다"와 더 가까울 수도 있기 때문이다.

그러나 심리학자들이 저자들과 가진 세미나에서 지적했듯이, 교육심리학자들은 거트만이나 총화평정 같은 경직된 방식에서 벗어나 보다 유연한 답변을 끌어낼 수 있는 척도들을 발전시켜 왔다. 핵심은 개인은 각 문항에 따라 자신만의 개성을 반영해 특별한 방식으로 답변할 가능성이 있다고 가정하는 것이다. 학자들은 덴마크의 연구자 라쉬가 고안한 방법을 추천했다. 그의 이름을 딴 라쉬 척도Rasch scale가 우리에게 적절한 측정 수단이라는 것이다. 이 척도는 먼저 각 질문에 대한 답변 번호가 높은 것에서 낮은 것으로 배열한 뒤 이를 합산한다. 그 뒤

합산 결과가 답변의 분포에서 차지하는 위치에 따라 답변의 합산 값을 재조정해 평가를 내린다. 앞에서 우리는 공정함을 평가하기 위해 네 개의 질문을 제시했다고 가정했다. 이때 당신이 3·1·1·2번 답변을 택했을 경우 총화평정 방식으로는 7점을 줬다. 하지만 라쉬 척도는 당신보다 더 높거나 낮은 점수를 기록한 사람이 얼마나 많은가에 따라 점수를 새로 평가해 부여한다.7

라쉬 척도에서는 가장 빈도가 낮은 제도를 가장 선진적인 제도로 간주한다(이는 마치 시험에서 가장 어려운 질문과 같다)[가장 어려운 질문에 답할 수 있다면 그보다 난이도가 낮은 질문은 다 맞출 수 있을 것이라는 가정]. 어느 기업이 가장 선진적인 제도를 가지고 있다면, 이보다 덜 선진적인 제도는 모두 가지고 있을 것이라 가정하는 것이다. 만약 제도가 얼마 없는 회사가 가진 제도는 가장 일반적이고 따라서 가장 후진적인 제도로 가정하면 된다. 그 효과도 마찬가지로 측정할 수 있다. 만약 두 기업이 똑같은 제도를 가지고 있다면 그 제도를 더 효과적으로 운영하고 있는 기업이 더 선진적이라고 볼 수 있다. 우리는 WRPS에서 언급된 인적 자원 관리 제도들을 체계화하기 위한 라쉬 척도를 개발했다. 우리의 가정과 공식은 데이터에 제대로 부합했고, 데이터에 따르면 라쉬 척도는 인적 자원 관리 제도들 사이의 주요한 상호관계를 잘 포착했다.

앞에서 언급했듯이 '고성과' 기업이 다른 기업과 확실하게 구분된다면 어떤 결과가 나올까? 아마 선진적인 인적 자원 관리 제도라는 척도를 기준으로 보면 기업들의 위치는 명확히 구분될 것이라고 예상한다. 즉 고성과 기업이 분포의 한쪽 끝에 위치하고, 나머지 기업은 반대쪽 끝에 놓일 것이다. 이런 예상 속에서 우리는 선진적인 제도와 그 효과, 두 가지를 반영하는 히스토그램을 만들었고, 마침내 〈자료 5-2〉가 나왔다.

자료 5-2

선진적인 인적 자원 제도의 분포

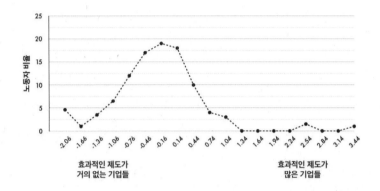

효과적인 제도가　　　　　　　　　　　　　　　효과적인 제도가
거의 없는 기업들　　　　　　　　　　　　　　　많은 기업들

출처: WRPS 질문 중 제도의 효과와 존재에 관한 10개의 질문들로부터 선진적인 인적 자원 제도에 대한 잠재 변수를 만들어 계산함. 이중 6개는 직원들에게 집단적으로 영향을 미치는 문제들에 대한 회사의 처리 방식과 관련되어 있다. (W1.36) "귀하의 회사에 노동자들의 집단적 문제나 관심사를 해결하는 제도가 있다면 다음 중 무엇입니까? (W1.36a) 관리자가 소집하는 정기적인 타운 미팅, (W1.36b) 고위 관리자와 회사 정책에 대한 문제를 제기하기 위해 노동자 집단이 참여하는 열린 문 정책, (W1.36c) 관리자와 정기적으로 현안들을 논의할 수 있는 종업원 위원회", (W1.37) 앞에 a, b, c 항목으로 제기된 제도들이 집단적 문제 혹은 관심사를 해결하는데 얼마나 효과적으로 작용합니까? (매우 효과적이다, 어느 정도 효과적이다, 별로 효과적이지 않다, 전혀 효과적이지 않다).

질문 중 4개는 개별적으로 겪는 문제에 대한 회사의 처리 방식과 관련되어 있다. (W1.29) "귀하의 회사/기관에 개별 노동자의 문제나 관심사를 해결하는 제도가 있다면 다음 중 무엇입니까? (W1.29a) 인사과 혹은 인적 자원 부서, (W1.29b) 노동자가 중간 관리자와 겪는 갈등을 고위 관리자와 상의할 수 있는 열린 문 정책 (W1.29c) 노사 간 분쟁을 해결하기 위해 외부 심판이나 중재자의 도움을 얻는 고충 처리 절차 (W1.32) 귀하의 회사/기관에서 개별 노동자의 문제를 해결하는 제도들은 전반적으로 얼마나 효과적으로 작용합니까?"

질문 중 2개는 종업원 참여 프로그램에 해당한다. (W1.23) "어떤 기업들은 노동자들의 참여 증진을 위해 새로운 작업장 의사 결정 방식을 도입하고 있습니다. 예컨대, 자율 경영팀, 종합 품질관리, 품질관리 분임조, 혹은 그 외의 종업원 참여 프로그램들이 있습니다." (W1.27) "귀하는 생산성이나 품질 향상을 위해 이런 프로그램들이 얼마나 효과적이라고 생각하십니까?"

잠재 변수(latent variable)는 2단계로 만들어졌다. 먼저, 우리는 각 제도의 존재 여부와 효과의 크기에 따라 0~4의 값을 부여했다. 0은 제도가 존재하지 않는다는 것, 1은 해당 제도를 갖고 있지만 전혀 효과적이지 않다는 것, 2는 그 제도별로 별로 효과적이지 않다는 것, 3은 어느 정도 효과적이라는 것, 4는 매우 효과적이라는 것을 의미한다. 그다음에, 우리는 이들 변수를 합산한 뒤 이 숫자를 본문에 언급했던 라쉬 척도로 전환시켰다.

뜻밖에도 선진적 제도의 수와 효과, 두 가지에 대한 히스토그램의 분포는 우리가 예상한 패턴과는 좀 달랐다. 그래프에서 조사 대상 기업들은 중심으로 몰리는 경향을 가지며, 가운데가 볼록 솟은 종형 곡선을 나타냈다. 효과적인 인적 자원 관리 제도를 더 많이 가진 기업일수록 그 래프 상의 우측에 위치하며, 인적 자원 관리 제도의 수도 적고 그 효과도 작은 기업들이 좌측에 위치한다. 반면 많은 기업들은 중간에 모여 있다.

고성과 작업장은 마술처럼 극적으로 바뀌어 버린 기업이 아니라 단지 연속적인 기업 분포 상에서 우측에 위치한 기업을 말하는 것인 가? 이런 해석은 일반적인 기업 논리와 상당히 대립한다. 우리는 또 다 른 두 데이터로부터 인적 자원 관리 방식의 분포를 검토하기로 결정했 다. 그 결과 선진적인 제도의 수에 따른 기업의 분포는 이들 데이터를 통해서도 마찬가지로 불연속적인 분포가 아니라 정규분포에 가깝다는 사실을 발견했다.[8] 효과적인 제도가 정규분포를 닮았다는 말이 그런 제도가 무작위적으로 생성되었다거나, 자연발생적이거나, 그 모양이 항상 일정하게 고정되어 있다는 것을 의미하지는 않는다. 일부 노동자 와 일부 기업들은 더 많은 인적 자원 관리 제도를 가지고 있다. 제도들 이 정규분포를 보일 때 평균은 바뀔 수 있으며, 기업들은 평균을 중심 으로 더욱 뭉쳐 있거나 더 퍼져 있을 수도 있다. 중요한 사실은 바로 기 업이 대중이 이해하는 것처럼 명쾌하게 '고성과 기업'과 '그 밖의 기업' 으로 구분되지는 않는다는 점이다.

선진 제도를 가진 기업에 다니는 노동자는 누구인가?

〈자료 5-3〉은 효과적이고 선진적인 인적 자원 제도를 많이 보유한 기 업의 노동자들(우리가 제시한 기준에서 상위 10%에 속한)의 성별·연령·인종

자료 5-3

선진 인적 자원 제도를 가진 상위 10% 기업에 속한 노동자의 비율*10

성별

	남자	10
	여자	10

연령

	24 이하	5
	25-34	9
	35-44	10
	45-54	14
	55-64	12

인종

	흑인	9
	비흑인	10

학력

	대졸	10
	대학 재학 혹은 중퇴	12
	고졸	9
	고졸 미만	8

주간 소득

	제1사분위	13
	제2사분위	9
	제3사분위	9
	하위사분위	6

노조 조합원 여부

	조합원	17
	비조합원	9

기업의 노동자 수

	99인 이하	3
	100~499인	10
	500~999인	9
	1천 인 이상	14

작업장의 노동자 수

	25인 이하	7
	25~29인	7
	100~499인	11
	500~999인	13
	1천 인 이상	20

* 출처: 5장 미주 10번 참조

등 다양한 노동자의 특성에 따른 비율을 보여 준다.

노동자의 개인적 특성이 선진적인 인적 자원 경영에 미치는 효과는 그다지 크지 않다. 인종이나 성별로는 특별히 언급할 것이 없고, 교육 수준에 따라 상대적으로 약간의 편차가 있긴 하다. 연령에 따른 편차도 거의 없는데, 다만 젊은 노동자들은 이 같은 기업에 속할 가능성이 비교적 낮다. 오히려 다음과 같은 점들이 효과적이고 선진적인 인적 자원 제도를 갖추었는지 여부에 매우 중요한 영향을 미친 것으로 나타난다. ① 소득분포상 노동자의 지위, 즉 고임금을 받는 노동자는 선진 인적 자원 경영을 시행하는 기업에 속할 가능성이 높다. ② 노동조합 유무, 즉 노조가 설립된 기업일수록 선진 제도를 갖추고 있다.[9] ③ 기업 혹은 작업장의 크기, 즉 규모가 큰 기업과 작업장에서 선진 제도를 더 많이 갖추고 있다.[11]

선진적인 인적 자원 제도는 노동자의 복지를 향상시키는가?

선진적인 인적 자원 정책의 효과는 어떻게 판단할 수 있을까? 한 가지 방법은 각기 다른 제도를 가진 기업의 노동자들에게 노사 관계와 업무 만족도를 묻고, 답변을 서로 비교하는 것이다. 만약 선진적인 정책이 효과적이라면 해당 기업의 노동자들은 직장 생활에 행복을 느끼고, 그런 정책을 시행하지 않는 기업의 노동자들에 비해 더 좋은 노사 관계를 유지한다고 대답해야 한다. 〈자료 5-4〉에 따르면 선진적이고 효과적인 인적 자원 제도를 가진 기업의 노동자는, 그렇지 못한 노동자보다 회사에 일하러 가는 것이 기대되며, 노사 관계가 원만하고, 노동자에

인적 자원 제도가 선진적일수록 노동자의 만족도는 높아진다

	선진적인 제도의 분포에서 소속 기업의 위치	
	상위 10%	하위 10%
직장에 대한 태도		
대체로 출근이 기대된다	78	44
그래도 된다면 안 가고 싶다	15	46
노사 관계		
매우 좋다	21	5
좋다	62	30
괜찮다	15	33
나쁘다	2	32
노사 관계가 평균에 비해서		
더 좋다	59	12
평균이다	40	50
더 나쁘다	1	37

출처: 〈자료 5-2〉에 나타난 인적 자원 제도 척도를 사용해 계산되었다. 이 척도는 하나의 "잠재 변수를 구성하기 위해 7가지 인적 자원 제도와 자신이 얼마나 효과적인지에 대한 노동자들의 평가를 반영하고 있다. 상위 10%는 노동자가 소속 기업에 매긴 점수가 위에서 10%에 드는 노동자들로 구성되며, 하위 10%는 노동자가 소속 기업에 매긴 점수가 밑에서 10%에 드는 노동자들로 구성된다.

대한 경영진의 관심이 높다고 생각한다.

이처럼 노동자들이 선진적인 인적 자원 관리 제도에 만족을 느낀다고 해서, 이런 제도 자체가 더 나은 노사 관계나 의식 있는 노동자를 만들지는 못한다. 노동자 친화적인 기업은 새로운 관리 제도가 없더라도 직원들을 잘 대우해 줄 수 있기 때문이다. 선진 시스템은 단지 비용이 적게 들거나 현실의 흐름을 반영하기 위해 들여온 것일 뿐이다. 선진적인 인적 자원 제도와 노동자의 만족도는 상관관계가 있지만, 양자가 인과관계에 있다는 의미는 아니다. 하지만 이와 같은 상관관계에서 우리가 유추해 낼 수 있는 것이 선진적인 제도의 유무가 노동 친화적인 문화를 나타내는 지표가 될 수 있다는 것뿐이라 해도, 우리는 최소한 기업 문화라는 명확하지 않은 개념을 측정할 수 있는 지표는 찾았다고 볼 수 있다.

열린 문 정책

지금 회사에 뭔가 문제가 있다고 생각해 보자. 고객 불만에 적절히 대응하지 않거나, 신기술이나 시장의 기회를 활용하지 못하거나, 감기에 걸린 직원을 소홀하게 관리해서 모든 직원에게 감기가 퍼질 수도 있는 상황이다. 아니면 임금이 체불되고 있거나, 상사가 당신을 괴롭힌다거나 성희롱을 하고 있다고 가정해 보자.

　이런저런 문제를 직접 해결하는 방법은 해당 직원이 최고 경영자의 방으로 들어가서, 현재 상황을 설명하고, 경영진에게 시정을 요구하는 것이다. 특히 열린 문 정책을 시행하는 기업은 직원이 개별적으로 의견을 표출하기 바란다. 열린 문 정책에 대해 우리는 처음엔 회의적이었다. 개인이든 집단이든, 이런 방식으로 윗사람에게 제대로 문제 제기를 할 수 있는 노동자는 많지 않을 것 같았다. 직속상관에게 찍히거나 불평분자로 찍히지 않을까 하는 두려움이 앞설 것이기 때문이다. 포커스 그룹 토론에서도, "열린 문 정책"이 그렇게 의미 있는 정책이라고 자진해서 말해 주는 이는 없었다.

　하지만 WRPS에서 의외의 결과가 나왔다. 많은 노동자들이 자기 회사는 열린 문 정책을 효과적으로 시행 중이라고 답한 것이다. 우리

연구진은 열린 문 정책에 대해 더 알아봐야겠다는 생각이 들었다. 추가 설문조사에서 우리는 노동자들이 열린 문 정책을 얼마나 활용하고 있는지, 그리고 주로 어떤 문제들을 제기하는지 물었다.

그 결과 5분의 1 정도가 지난 1년 동안 세 번 이상 고위급 경영진을 찾아갔다고 답변했다.[12] 약 4분의 1은 1년간 한두 번 이용했다고 답했다. 대다수는 지난 1년간 이 정책을 한 번도 이용해 보지 않았다고 답했다. 노동시장에서 경쟁력을 갖춘 노동자는 그렇지 않은 노동자보다 열린 문 정책을 더 잘 활용한다. 관리자 대다수와 대졸 노동자는 1년간 이 제도를 이용한 경험이 있었다.[13] 열린 문 정책을 이용하기가 **가장 어려운** 노동자는 노동시장에서 경쟁력이 약한 노동자들, 즉 18~24세의 나이 어린 노동자, 55세 이상의 노동자, 비숙련 혹은 육체노동자들이다.[14] 흑인 노동자들은 40%가 열린 문 정책을 이용해 봤다고 했다.

부연하자면, 자기 회사의 열린 문 제도가 상대적으로 효과적이라고 답한 노동자가 더 빈번히 이 제도를 이용했다.[15] 예컨대, 이 제도가 매우 효과적이라고 응답한 노동자 가운데 42%는 바로 전년도에 이 제도를 3회 이상 이용했다. 한 번도 이용하지 않았다는 노동자는 9%에 그쳤다. 대조적으로 열린 문이 효과적이지 않다고 판단한 노동자 중 17%는 전혀 제도를 활용하지 않았고, 33%는 1년간 3회 이상 사용했다. 다시 말해 열린 문 정책이 제대로 시행된다면, 노동자들이 경영진에게 불만을 전달하는 꾸준한 흐름을 만들 수 있다는 뜻이다.

우리는 노동자들에게 열린 문을 **마지막으로** 드나들었을 때 제기한 문제를 말해 달라고 했다. 대부분의 사안은 생산·절차·운영 시스템과 관련한 문제, 그리고 일반적인 노동조건과 관련돼 있었다.[16] 직속상관과의 갈등, 임금, 복지 혜택에 관한 불만을 논의하기 위해 열린 문을 두

드린 노동자는 거의 없었다. 관리자와 조합원들은 일반적으로 돈 문제를 가장 많이 제기할 것이다.[17] 열린 문을 회사의 운영상 문제나 일반적인 노동조건에 적용한 노동자들은 그 효과에 매우 긍정적이었다.[18]

그날그날의 생산과정이나 노동조건과 관련해, 열린 문 정책은 노동자와 고위급 경영진 사이의 소통을 증가시킨다. 하지만 기업의 지배구조나 정책과 같은 보다 큰 문제와 관련해서는 잘 이용되지 않고 있다. 또 노동자와 관리인 사이에서 일어나는 문제나 임금 및 복지 혜택에 대한 불만 등 노사 갈등을 야기할 가능성이 있는 사안에 대해서도 마찬가지다.

종업원 참여

기업이 주도하는 정책이나 프로그램들 가운데 우리가 가장 관심을 가지고 있던 것은 바로 종업원 참여 프로그램이다. 이는 작업장의 의사 결정에서 노동자의 영향력을 증대시킬 목적으로 특별히 마련된 제도이기 때문이다. 종업원 참여 프로그램의 종류는 매우 다양하다. 품질 관리 서클과 의견 그룹, 종합 품질 경영, 자율 관리팀, 산업안전위원회, 생산위원회, 크리스마스 파티 위원회, 기타 잡다한 여러 가지 현안들을 다루는 다양한 소그룹이 있다. '종업원 참여'라는 하나의 제목 아래 이렇게 다양한 프로그램들이 존재한다. 이 이질적인 프로그램들을 하나로 묶어 주는 유일한 공통분모는 바로 노동자들에게 의사 결정 과정에서 더 많은 발언권을 제공한다는 목표이다. 이는 각 기업들이 노동자 참여와 대표 사이의 격차 문제에 나름대로 반응한 결과라 볼 수 있다.

[1] 많을수록 좋다

과연 종업원 참여가 노동자대표제 및 참여에 대해 노동자들이 생각하는 희망 수준과 현재 수준의 격차를 얼마나 줄일 수 있을까? 그 정도는 경영진이 구성하는 노사협의회의 형태와 작동 방식에 따라 정해진다. 간혹 기업 측에서는 이 같은 위원회가 전적으로 특별한 사안만을 다루며, 단기적인 조직이라고 주장한다. 하지만 종업원 참여 제도에 참여하는 상당수 직원들은 이 프로그램이 다양한 문제를 다루고 있으며, 장기적으로 운영된다고 말한다. 우리 조사에서 60%의 노동자가 자기 회사는 장기 종업원참여위원회와 단기 종업원참여위원회를 모두 운영 중이라고 답했다. 회사에 한 가지 위원회만 있다는 노동자 중에서도, 위원회가 단기로 운영된다는 응답(19%)과 장기로 운영된다는 응답(18%)이 비슷하게 나왔다. 회사에 장·단기 위원회가 있다는 노동자 60%와 장기 위원회만 있다는 노동자 18%를 합해 보자. 종업원 참여 프로그램을 실행하는 기업의 78%는 장기간에 걸쳐 다양한 문제를 논의한다는 결론이 나온다. 더구나 종업원 참여 조직을 여러 개의 단기 위원회로 제한한다고 해도, 모든 단기 위원회가 다루는 사안을 합할 경우 포괄하는 사안의 범위는 매우 폭넓을 것으로 판단된다.

기간에 상관없이 대부분의 종업원참여위원회는 생산 관련 문제에 집중한다. 장기 위원회와 단기 위원회에 참여하는 노동자의 각각 절반 정도가 품질 보증, 산업 안전, 작업 기술이나 신제품 등에 대해 논의한다고 답했다. 승진과 업무 성과까지 논의하는 경우는 장기 위원회에 참여하는 노동자가 14%, 단기 위원회의 노동자가 8%로 나왔다.

하지만 단기와 장기 위원회 사이에 실질적인 차이가 없다는 의미는 아니다. 장기 위원회에 참가하는 노동자의 24%는 **회사의 앞날에 관**

한 문제를 논의했다고 답한 반면, 단기 위원회에서 이 문제를 논의했다는 답변은 8%였다. 종업원참여위원회가 장기적으로 운영되는 회사는 노동자들과 광범위한 사안을 논의하며, 더 많은 발언권을 주는 듯하다. 이런 회사는 단기 위원회만 운영하는 기업보다 이상적인 고성과 작업장에 더 근접한 것으로 보인다.

이론적으로 보면, 미국 노동법상 종업원참여위원회가 할 수 있는 역할에는 제한이 있다. 전국노동관계법 제8조 (a)항 (2)호의 규정에 따르면, 기업은 임금, 복지 혜택, 노동조건 등 단체교섭이 다루는 현안과 관련된 정책 마련을 목적으로 노동조합 외에 노동자 집단을 구성하는 일이 불가능하기 때문이다. 이 조항은 어용 노조를 법으로 금지하기 위한 것이었다. 1930, 40년대에는 독립적인 노동조합을 결성하려는 노동자를 무력화하기 위해 어용 노조를 만들고자 하는 움직임이 있었기 때문이다. 역설적이게도, 노동자를 보호하려는 이런 과거의 노력이 현재 종업원참여위원회의 역할을 제한하고 있다. 즉, 회사의 이익을 위해 생산성 문제 같은 것을 논의할 수는 있지만 노동자의 이익을 위해 합법적으로 할 수 있는 일들은 그리 많지 않은 것이다.[19]

종업원참여위원회가 어느 정도로 법적인 한계를 넘어 어용 노조의 역할까지 하고 있느냐는 노사 간 논쟁의 대상이 되고 있는 문제다. 사측은 관련 법이 지나치게 제한적이라는 생각에 팀워크와 관련한 여러 법안들이 만들어지기 바랐지만 의회가 이를 입법화하지는 못했다. 불법적인 논의가 현장에서 어느 정도까지 진행되고 있는지 가늠하기 위해, 우리는 종업원참여위원회에 참여하고 있는 노동자들에게 임금과 복지 혜택과 관련한 논의를 위원회에서 해본 적이 있는지 물었다. 그러자 위원회 참가자의 28%는 임금과 복지 혜택에 대한 논의를 해본 적이 있다고 답했다. 우리는 또 이들에게 이런 논의가 종업원 참여 프로그램의 성공에 매우 중요한 요인이었는지 물어보았는데, 72%가 그렇다고 대답했다. 처음부터 우리는 노동자들에게 종업원참여위원회에서 노동조건에 대한 논의를 하고 있는지 물어보려는 계획을 가지고 있었지만, 경영진과 노조 지도부는 단호한 태도로 그런 설문이 불필요하다고 했다. 그러나 현실에서 노동조건을 빼놓고 생산성을 논하기란 거의 불가능하다.

[2] 생산성 효과와 발언권

종업원 참여의 효과라고 한다면, 노동자들이 업무 환경 개선 방안에 대해 더 많은 제안을 하도록 만들고, 경영진이 이를 진지하게 받아들여 실질적 조치를 취하도록 함으로써 생산성 향상을 도모하는 것이 될 것이다. 이 같은 순기능이 사실이라면, 종업원 참여 프로그램 참가자들은 다른 회사 노동자들보다 더 많은 제안을 하며, 이를 실행 중인 경영진은 다른 회사 경영진보다 노동자의 제안과 관련해 더 많은 조치를 취하고 있다고 답해야 할 것이다.

〈자료 5-5〉는 그런 결과를 보여 준다. 종업원 참여 프로그램의 참가자들은 그렇지 않은 사람보다 두 배 이상 회사에 자주 제안을 한다고 답했다. 경영진이 노동자들의 제안을 진지하게 받아들였다는 답변도 종업원 참여 프로그램의 참가자가 그렇지 않은 사람들의 두 배에 이르렀다. 관리직의 답변도 비슷했다. 노동자들의 제안이 대부분 유용했다고 대답한 비율은, 종업원 참여 프로그램에 참여하는 관리자들의 경우 3분의 1에 이르렀지만, 그렇지 않은 경우엔 4분의 1에 그쳤다.

종업원 참여 프로그램 참가자들이 그렇지 않은 경우보다 유용한 제안을 더 많이 한다는 것을 보여 주는 대강의 지표로, 우리는 "자주 제안을 한다"라고 답한 노동자들의 비율과 "거의 언제나" 노동자들의 제안을 반영한다고 답한 경영진의 비율을 곱한 값을 사용했다. 이를 통해 우리는 노동자들이 실제로 자신들의 작업장을 개선해 줄 제안을 얼마나 정기적으로 하는지 가늠해 보았다. 이 지표에 따르면 종업원 참여 프로그램 참여자는 그렇지 않은 사람보다 회사에 적극적으로 제안할 가능성이 **세 배나** 높다.[20] 그러나 이 지표만으로는 생산성 향상의 측면에서 종업원 참여 프로그램을 운영하는 기업이 그렇지 않은 기업보다 EI 프로그램을 운영하는 비용을 상쇄하고도 남을 만큼 더 뛰어나다고 말할 수는 없다. EI 프로그램이 없는 기업의 관리직이 EI 프로그램이 있는 기업의 노동자들이 하는 역할을 할 수도 있고, EI 프로그램에 참여하는 노동자들이 제안하는 것들의 가치가 그 운영비에 비해 작을 수도 있다. 그러나 적어도 우리가 보기에, 그리고 EI 프로그램을 운영 중인 회사 경영진이 보기에는 실제로 그렇지 않다.

종업원 참여는 기업 구성원들의 더 많은 노력을 유도함으로써 성과를 높일 수 있다. 자신이 의사 결정에 참여하고 있다면, 목표를 완수하기 위해 더 노력할 것이기 때문이다. 이 가설을 확인하기 위해, 우리는 학교에서 학점을 매기는 방식으로 노동자들에게 동료 직원들의 업무 의욕을 평가해 달라고 요청했다. 〈자료 5-5〉하단의 결과가 보여 주듯이, 종업원 참여 프로그램 참가자는 다른 노동자보다 동료들의 업무 의욕에 높은 점수를 부여하며, 동료들이 회사의 성공에 관심을 갖고 있다고 믿고 있었지만, 그 차이는 크지 않았다. 종업원 참여 프로그램 참가자의 거의 절반 정도가 자신은 다른 노동자들을 자발적으로 감시하거나 무엇을 하라고 이야기한 적이 있다고 답했다는 점에서(같은 EI

자료 5-5

종업원 참여(EI)가 회사에 미치는 영향

EI 참가자들은 경영진이 진지하게 받아들일 만한 제안을 더 많이 한다

	제안을 하는 노동자의 비율		제안이 효과적이라고 생각하는 관리자의 비율		노동자가 장차 가치가 드러날 제안을 할 기회
	가끔	거의/전혀 없다	거의 항상	거의/전혀 없다	
EI 참가	57	6	45	9	26
EI 기업에서 불참	30	22	27	19	9
EI 없음	33	21	23	31	8

EI 참가자들은 회사의 성공에 더 신경을 쓴다

	동료 직원들에 대한 노동자들의 평가				EI가 생산성 및 상품의 질을 제고한다고 답한 노동자의 비율	
	열심히 일하고자 하는 의욕		기업의 성공에 대한 관심		매우 효과적이다	그다지 효과적이지 않다
	A	D/F	A	D/F		
EI 참가	38	2	30	3	32	11
EI 기업에서 불참	35	3	28	6	14	21
EI 없음	33	5	20	12	–	–

출처: WRPS에서 다음과 같은 질문을 바탕으로 작성됨: (W1.17) (비관리직인 경우) "귀하는 품질 개선 및 생산성 증대에 관한 방안을 관리자 혹은 경영진에게 얼마나 자주 제안하십니까? (W1.17a) (관리직인 경우) 귀하는 관리하는 사람들로부터 품질 개선 및 생산성 증대에 관한 제안을 얼마나 자주 받고 계십니까? (W1.22a) 노동자들이 생산과 운영에 대한 의사 결정을 관리자들보다 더 많이 할 수 있다면, 다음과 같은 영역에서 어떠한 변화가 생길 수 있다고 생각하십니까?" (W1.22b) (B형식 설문지) "회사/기관이 제공하는 재화와 서비스의 질이 개선될 것이라고 생각하십니까 아니면 악화될 것이라고 생각하십니까?" (W1.16b) "현재 다니고 있는 회사의 노동자들의 능력을 평가해 주시기 바랍니다. 예컨대 매우 좋으면 A, 좋으면 B, 보통이면 C, 나쁘면 D, 아주 나쁘면 F 라는 식으로 점수를 매겨 주시기 바랍니다." (W1.16ba) "회사에서 더 열심히 일하고 싶은 의욕이 있습니까?" (W1.16bb) 회사의 성공에 관심을 갖고 계십니까? (W1.16bc) 새로운 업무 책임을 기꺼이 맡고 싶은 의향이 있습니까?"

기업 내에서 일한다고 해도 프로그램에 참여하지 않는 사람들이나, EI가 없는 회사의 노동자들에게선 찾아보기 어려운 태도다), 이런 점수는 다른 사람의 이야기가 아닌 직접 경험에 기반한 것이라 볼 수 있다.[21]

종업원 참여 프로그램에 참가하는 대부분의 노동자들은 이 프로그램이 생산성을 높인다고 믿고 있었지만, 그들이 바라보는 효율성의 정도에는 차이가 있었다. 관리직이 아닌 종업원 참여 프로그램 참가자 가운데 이 프로그램이 생산성이나 품질 향상에 매우 효과적이라고 답한 이들은 약 3분의 1이었고, 상당수는 어느 정도 효과적이라고 답했다. 반면에 효과적이지 않다고 응답한 이들은 9명 중 1명꼴이었다.[22] 기업의 성공에 종업원 참여가 직접적으로 어떤 영향을 미치는지를 물어본 것은 아니지만, 종업원 참여 프로그램 참가자 중 자신의 회사가 성공적이라고 말한 사람의 비율은 79%로, 불참자의 비율 65%보다 높았다.[23]

몇몇 연구들은 형식적으로 운영되는 제도에서부터 노동자 소유 제도에 이르기까지 EI 프로그램 유무에 따른 생산성 차이를 비교했다. 또 일부에서는 의사 결정 과정에서 노동자 참여를 증대시키기 위한 프로그램이 도입되기 이전과 이후를 비교 연구하기도 했다. 이에 따르면 대체로 종업원 참여는 생산성을 완만히, 예컨대 2~5% 증가시킨다. 이런 연구는 소수의 기업에서 이뤄졌기 때문에 이런 효과가 "통계적으로 유의미"[24]하지는 않지만 이는 효과가 없어서라기보다는 표본이 작아서 생기는 문제다. 표본 크기는 작지만 결과가 같은 선상에 있는 연구들이 축적될 경우 통계적으로 유의미한 결과가 될 수도 있다.[25] 따라서 EI 제도에 대한 노동자들의 긍정적인 견해는, 경제학자와 비즈니스 전문가들의 연구 결과와도 일치하는 것으로 볼 수 있다.

[3] 그런데도 왜 모든 기업이 종업원 참여 프로그램을 운영하지 않는 걸까?

2~5%의 생산성 증가는 대수롭지 않아 보일 수도 있지만, 실제론 그렇지 않다. 미국의 연간 생산성 증가는 1.5%선을 유지하고 있다. 말하자면 2~5%는 1~3년 치 성장분과 맞먹는다. 결국 2~5%의 생산성 향상만으로도 주주의 이윤과 기업 가치가 엄청나게 높아질 수 있다. 미국 경제 전체에서 자본의 산출 몫, 즉 부가가치의 비율은 25% 내외다. 예를 들어 산출량을 3% 증가시키고 증가분 **전체**가 이윤의 형태로 자본으로 전화될 경우, 기업은 이윤을 12% 늘릴 수 있다.[26] 이 이윤에 통상적인 주식 수익률을 곱하면, 해당 기업의 주식 가치는 두 배 이상 커질 것이다.

그런데 일반적으로 EI가 생산성을 증가시킨다면, 왜 모든 기업이 이를 실행하지 않는 것일까? 한 가지 설명은 "시장이 가장 잘 안다"라는 이론이다. 즉, 경영자가 알아서 잘한다는 것이다. 예를 들어, EI가 잘 운영되는 회사에서는 경영자가 알아서 EI를 도입할 것이고, 그렇지 않은 회사에서는 EI를 거부할 것이다. 결국 십인십색, 회사마다 제각각이 된다. 이 설명에는 일말의 진실이 담겨 있다. 모든 경영진이 그렇게 현명하지 않더라도, EI가 잘 작동하는 곳이라면 잘 작동하지 않는 곳에 비해 도입 가능성이 높다는 것이다. 이런 설명이 맞다면 EI가 더 많은 성과를 내는 기업에서는 그렇지 않은 곳에 비해 EI를 당연히 더 많이 사용해야 할 것이다.

논증의 차원을 넘어 이에 대한 증거도 몇 가지 존재한다. EI는 노동조합이 없는 기업보다는 노조가 있을 경우 더 효과적이며,[27] 노조가 있는 기업은 노조가 없는 기업보다 EI 프로그램을 보유할 가능성이 더 높다. 그러나 이 설명은 팽글로스 박사[볼테르의 『캉디드』에 등장하는 캉디드의 스승. 세상은 최선으로 이루어져 있다고 믿는 근거 없는 낙천주의자]의 냄새를 풍긴다. 모든 것이 최선으로 이루어져 있는 이 세상에서, 경영자가 하는 일은 다 옳다는 것이다. 이에 따르면 모든 기업은 무엇을 해야 하는지 스스로 알고 있으며 모든 일을 잘하고 있다. 이는 경제학 교실에서는 통할지 몰라도 역동적인 현대 자본주의 세계와는 어울리지 않는다.

또 다른 설명은 EI를 채택한 기업이 소수라면 경쟁에서 우위를 차지하겠지만, 점점 더 많은 기업이 시행할 경우 장점을 잃게 될 것이라는 주장이다. 만약 1백 개 중 30개의 기업이 EI 프로그램을 성공적으로 진행해 높은 성과를 올리고 있다면, 이 회사들은 제도의 효과를 보고 있는 것이다. 그러나 서른한 번째 기업의 경우, 비슷한 제도를 먼저 시행한 기업들이 많기 때문에 EI 전략을 통해 얻는 보상은 보잘것없을 것이다. 시장에는 똑똑한 사용자가 너무 많으니, 서른한 번째 기업은 짠돌이식 경영이 보다 현명한 판단이라는 것을 발견하게 될 것이다. 제대로 작동하는 시장에서라면, 상이한 인적 자원 전략이 기업에 주는 보상은 한계 지점에서는 무엇을 선택하더라도 반드시 같아야 하며, 이는 모든 기업들에게도 마찬가지로 적용된다.

이와 같은 설명에는 맞는 부분도 일정 정도 있을 것이다. 예컨대 혁신적인 기업들이 EI를 통해 가장 유능한 직원을 모집하거나, 의사 결정에 참여할수록 생산성이 더 높아지는 사람들을 먼저 채용할 수 있다. 이렇게 되면 선도적인 기업들이 EI 프로그램으로 얻을 수 있는 이익의 대부분을 가져가게 된다. 후발 주자들은 EI 전략을 모방해도 별 이익이 되지 않을 것이다. 물론 이런 종류의 설명엔 아무런 증거도 없다.

EI가 모든 기업에 보편화되어 있지 않은 가장 큰 이유는 실행이 어렵기 때문이다. 이는 관리자가 사무실이나 작업장에 불쑥 들어가 "노동자 여러분, 이제부터 의사 결정에 참여해 주세요"라고 한 뒤, 잠자코 결과만 기다린다고 해서 되는 일이 아니다. EI는 직원들이 자신들의 업무를 다른 시선으로 바라보고, 관리자가 노동자를 다른 시선으로 바라봐야 하며, 노사가 상호작용하는 방식 역시 달라져야 성공한다. 대부분의 회사에서 이를 위해서는 기업 문화가 바뀌어야 하는 것이다. 회사가 직원들의 관점과 행동 방식을 바꿀 수 없다면, EI는 실패할 확률이 높다.

경제지들은 EI 성공 사례를 알리는 데 급급했지만, 실제 실패 사례도 나타났다. 한 대기업의 경우, EI를 도입한 뒤 감독이 줄어들자 노동자들의 작업 속도도 줄어들었다. 결국 회사는 프로그램을 폐지하고 원상태로 돌아가야 했다. 1990년대 중반 리바이스는 의류 공장에 팀워크 시스템을 도입했는데, 노사 모두에게 장점보다 단점이 컸다.[28] 어떤 기업이 자신에게 적절한 EI 프로그램을 찾기까지는 긴 시간이 필요할 수도 있다. 1990년 모토로라나 제록스에서 효과가 있던 EI 프로그램이라고 해도 XYZ 프로덕션에서는 효과가 없을 수 있고, 심지어는 2000년의 모토로라나 제록스에서도 효과를 장담할 수 없다. 예전에 우리는 한 사업장을 방문한 적이 있는데, 거기선 만난 어느 관리자는 도덕적인 이유에서 EI 프로그램을 지지하고 있었다. 몇 년 동안 그는 다양한 형태의 참여 프로그램을 시도했지만 결과는 신통치 않았는데, 마침내 직원들의 마음을 움직여 참여를 유도한 뒤에야, EI 프로그램은 제대로 작동하기 시작했다.

▶ 의류 제조업의 특성상 작업자의 기술과 체력이 중요하게 작용하는데, 리바이스의 팀워크 시스템에서 구성원들의 숙련도 차이는 큰 문제로 작용했다. 고숙련자가 저숙련자를 압박하는 일이 벌어졌고, 고숙련자는 임금이 줄고 저숙련자는 임금이 인상되는 결과를 낳았다. 당시의 생산성 수준과 시장 상황 혹은 문화적 수준에서는 팀워크 시스템이 의류 제조업에 어울리지 않는 점이 있었던 것이다.

[4] 노동자들은 그것을 원하는가?

우리는 EI를 바라보는 노동자들의 시각을 살펴보기 위해 두 가지 질문을 던지기로 했다. 첫 번째로 과연 노동자들은 EI 프로그램에 참가함으로써 개인적인 이익을 얻었는가? 만약 자신에게 이익이 된다면 노동자들은 프로그램이 지속되기를 바랄 것이다. 비노조원으로서 EI 프로그램에 참가한 비관리직 노동자들 대다수는 개인적으로 이익이었다고 답했다. EI에 참여해 업무 처리 과정에서 더 많은 영향력을 행사했다는 것이다.[29] 또 EI 위원회에서는 임금 문제를 논의하지 않게 되어 있지만, 36%는 임금 인상으로 수혜를 받았다고 말했다.

두 번째로, 만약 회사가 EI 프로그램을 폐지한다면, 참여자들은 어떻게 느낄 것인가? 대부분의 응답자들에 따르면, 회사 경영진은 EI 프로그램에 호의적이지만[30] 더 많은 이윤을 위해 회사가 다른 방식을 도입할 위험성은 항상 존재한다. 아마 CEO가 『여왕개미의 경영 방식』 *Managing the Queen Ant Way* 같은 베스트셀러를 읽고는 직원들을 권한 있는 EI 참여자보다는 일개미로 바꿔 버려야겠다고 생각할 수도 있다.

우리는 경영권 인수라는 용어를 써서 질문을 던져 봤다. "내일 당장 새 경영진이 회사를 인수한 뒤, 종업원 참여 프로그램이 더 이상 필요 없다고 주장하고 있습니다. 회사가 EI 관련 팀이나 위원회를 폐지한다면, 당신은 개인적으로 어떤 영향을 받으리라 생각하십니까?" 상당히 많은 참여자들이 EI 폐지는 자신들의 노동조건을 악화시킬 것이라고 답했다. 구체적으로 보면 23%는 "매우 나쁠 것이다", 48%는 "나쁠 것이다"라고 답했다. 반면에 22%는 "별다른 영향을 받지 않을 것이다"라고 답했고, 5%만이 "좋을 것이다"라고 답했다.

EI 폐지에 반대하는 노동자들은 이 제도의 지속에 지지표를 던질 것이다. EI 참여자들이 이 제도를 찬성할 가능성은 노동조합에 속한 노동자들이 노조를 지지하는 수준과 맞먹을 만큼 크다. WRPS 조사 당시, 우리는 EI 프로그램 폐지가 나쁘거나 매우 나쁘다고 답한 노동자들에게 관련 제도의 유지를 위해 무엇을 할 수 있는지 물어보지 못했다. EI에 대한 투표는 노조 인증 투표 같이 노동자들이 실제로 할 수 있는 일이 아니었기 때문이다. 지금에 와서 생각해 보면 이 질문을 던지지 못해 아쉽다. 우리는 먼 앞을 내다보지 못했다.

세 번째로 EI에 대한 노동자의 태도를 평가하는 방법은 비교 연구이다. 즉 EI에 관여하는 노동자들을 한편에 두고, 관여하지 않는 노동자나 회사에 관련 프로그램이 없는 노동자들을 한편에 두어, 두 집단의 시각을 살펴보는 것이다. 만약 EI의 가치를 소중하게 여긴다면, 여기 참여하는 사람들은 자신의 기업, 경영진, 노사 관계와 정책에 대해 비참여자들보다 너 긍정적인 태도를 가져야 한다.

〈자료 5-6〉을 통해 그 사실을 알 수 있다. 비참여자들과 비교할 때, EI 프로그램에 속한 노동자들은 회사에 더 많은 애사심과 신뢰를 드러냈다. EI 참여자들은 자기 회사의 노사 관계가 평균 수준보다 좋다고 생각했고, 일하러 가는 것을 더 좋아하는 것으로 나타났다. 노동자에 대한 회사의 관심도와 임금 인상의 공정성, 복지 혜택 제공 수준에 대해서도 높은 점수를 매겼다.

EI가 있는 기업의 참여자와 그렇지 않은 기업의 노동자 사이에도 그렇지만, 관련 제도가 있는 기업의 경우에도 참여자와 비참여자 사이에는 본질적인 차이가 있었다. 즉 EI 효과는 노동 관행이 좋은 회사의 노동자들과 노동 관행이 나쁜 회사의 노동자들의 문제가 아니었다. 그보다는 구체적으로 EI라는 프로그램을 가진 회사 내부의 문제였다.

자료 5-6

EI 참여자들은 자신의 직장과 경영진에 대해 보다 긍정적인 태도를 가진다

	회사에 헌신적인 노동자의 비율		회사를 신뢰하는 노동자의 비율		노사 관계에 대한 노동자의 평가			
	많다	조금/전혀 없다	많다	조금/전혀 없다	매우 좋다	그저 그렇다/ 나쁘다	평균 이상이다	평균보다 나쁘다
EI 참가	63	8	49	12	21	25	50	5
EI 기업에서 불참	52	15	36	18	14	36	35	8
EI가 없음	49	17	30	28	17	36	31	13

	다음 각 항목에 대해 경영진을 평가하는 노동자의 비율				직장에 대한 노동자의 태도별 비율	
	직원에 대한 관심		정당한 임금 인상 제공		대체로 출근이 기대된다	그래도 된다면 안 가고 싶다
	A	D/F	A	D/F		
EI 참가	26	9	23	12	74	19
EI 기업에서 불참	19	15	23	18	63	25
EI가 없음	22	25	12	29	61	30

출처: WRPS에서 다음과 같은 질문을 바탕으로 작성됨: (W1.9c) "귀하는 회사/기관에 대해 어느 정도의 애사심을 가지고 있습니까? (매우 많다, 어느 정도 있다, 별로 없다, 전혀 없다) (W1.10a) (A형식 설문지) "귀하와 같은 직원들에게 회사가 약속을 지키겠다고 말할 때 얼마나 신뢰하십니까?" (W1.10b) (B형식 설문지) "현재 다니고 있는 회사의 노사 관계는 어느 정도라고 평가하십니까?" (W1.8) "평상시 회사에 출근하는 기분을 가장 잘 표현하는 말은 다음 중 무엇입니까?" (W2.16a) "현재 다니고 있는 회사의 관리자들의 능력을 다음과 같은 영역 별로 평가해 주시기 바랍니다. (W2.16aa) 기업 지도자로서의 전반적인 능력. (W2.16ab) 직원들에 대한 관심 혹은 배려. (W2.16ac) 정당한 수준의 임금 지불 및 복지 혜택 제공. (W2.16ad) 사업 관련 지식에 대한 이해도. (W2.16ae) 권한과 권한을 공유하려는 의지. 예컨대 위의 영역 별로, 매우 좋으면 A, 좋으면 B, 보통이면 C, 나쁘면 D, 아주 나쁘면 F 라는 식으로 점수를 매겨 주시기 바랍니다."

EI 프로그램이 없는 회사의 노동자는 64%가 자기 회사도 EI를 도입하기 바란다고 답했다. 이들은 몇 가지 특징을 혼합해서 갖고 있다. 우선 이들은 EI 프로그램이 없는 회사에서 EI 프로그램 도입을 바라지 않는 노동자들보다 더 임금 수준이 높았다. 또 EI에 호의적일수록 봉급

보다는 시급제 보수를 받는 경향이 있다. 또한 흑인이 많았으며 특히 제조업과 대기업, 대규모 사업장에 고용되어 있는 경우가 많았다.

이처럼 전혀 이질적인 집단들이 공통적으로 EI를 지지하는 이유는 뭘까? 이는 회사에서 더 많은 발언권을 갖고 싶은 욕구에 있는 것으로 보인다. 이런 노동자들 사이에서 노동자대표제 및 참여와 관련된 희망 수준과 현재 수준 사이의 격차는 EI 도입을 원치 않는 노동자들보다 큰 것으로 나타났기 때문이다. EI 프로그램이 없는 회사의 노동자들 가운데 작업장의 의사 결정 과정에 미치는 영향력에 강한 불만을 가진 노동자들은 81%가 EI를 원했지만, 영향력에 만족하는 노동자들은 50%만이 EI를 원했다. 결과적으로 더 많은 발언권을 원하는 직원들에게, EI는 일종의 해답으로 보이고 있는 셈이다.

[5] EI는 참여와 대표 사이의 격차를 줄여 주기는 하지만 없애지는 못한다

EI는 노동자에게 더 많은 발언권을 부여하고자 사용자 주도로 이루어지는 조치로, 모든 종류의 의사 결정 과정에서 노동자의 참여를 증가시켜야 할 것이다. 실제로 그런지 알아보기 위해서는 EI 프로그램의 도입 이전과 이후를 비교해 살펴봐야겠지만, 그럴 수 없어서 우리는 EI 참여자와 비참여자를 비교해 알아보기로 했다. 〈자료 5-7〉에 따르면 EI 참여자는 EI 기업의 비참여자나 EI가 없는 기업의 노동자보다 작업장에서 행사하는 직접적 영향력이 더 크다. 또 EI 참여자의 3분의 1 이상이 의사 결정 과정에서 행사하는 영향력에 "매우 만족한다"고 답한 반면, 12%만이 "별로 만족하지 않는다"거나 "전혀 만족하지 않는다"고 답했다. 반대로 EI 기업의 비참여자는 자신의 발언권에 대해 "매우 만족한다"고 답하기보다 "별로 만족하지 않는다"거나 "전혀 만족하지 않는

자료 5-7

종업원 참여(EI) 프로그램 참가는 노동자의 영향력을 증가시킨다

	EI 참여자는 직장에서 더 많은 영향력을 행사한다	
	많은 권한을 가진다	권한이 조금 있다/전혀 없다
EI 참가	46	24
EI 기업에서 불참	32	36
EI 프로그램이 회사에 없음	29	38

	직장 생활에 영향을 미치는 의사 결정 과정상의 영향력에 대한 만족도	
	매우 만족한다	별로 만족하지 않는다/ 전혀 만족하지 않는다
EI 참가	34	12
EI 기업에서 불참	19	24
EI 프로그램이 회사에 없음	19	29

	회사 정책에 대한 반대 발언이 승진에 미치는 영향	
	도움이 된다	방해가 된다
EI 참가	39	23
EI 기업에서 불참	25	39
EI 프로그램이 회사에 없음	27	47

출처: 의사 결정 참여에 관한 표는 WRPS의 W1.12aa–ah 문항에 대한 답변을 토대로 작성됨: 그중 임금 인상이나 복지와 관련된 문제는 여기서는 제외되었는데, 이런 이슈들은 종업원참여위원회에서 법적으로 금지되는 사안이기 때문이다. 영향력에 대한 만족도 표는 WRPS의 W1.14_1,2,3,4 문항에 대한 답변을 근거로 작성됨: "전반적으로 볼 때, 직장 내 의사 결정 과정에서 스스로 갖고 계신 영향력에 대해 얼마나 만족하십니까?"(매우 만족, 만족스러운 편, 불만족스러운 편, 매우 불만족).

회사 정책에 대한 반대 발언과 관련된 표는 WRPS의 (W2.17) 문항에 대한 답변을 근거로 작성됨: "회사/기관의 정책에 대해 반대해 본 경험이 있습니까? 있었다면 그것이 귀하의 승진에 도움이 되었습니까 아니면 방해가 되었습니까?

다"고 답하는 경향이 컸다. 즉 업무상의 발언권과 의사 결정상의 영향력에 대한 비참여자들의 만족도는 EI가 없는 기업의 노동자들과 비슷하게 나온다. 결국 EI 참여자들의 높은 만족도는 그들이 좋은 회사에 다녀서라기보다 EI의 영향을 반영한 것으로 해석된다.

자료 5-8

종업원 참여(EI) 참가 여부에 따른 대표와 참여 격차

작업장 의사 결정에서 영향력 행사가 중요하다고 말하는 비율과
직접적 참여가 충분히 보장된다고 말하는 비율 사이의 격차

작업장 의사 결정	EI 참가	EI 기업에서 불참	EI 없는 기업
휴식, 초과 노동, 휴가 등 작업장 일정 결정	1	15	18
산업 안전 기준 설정 및 적용	9	20	28
작업 그룹에 속한 사람들이 필요로 하는 교육 훈련 결정	26	30	37
직원들에게 제공될 복지 혜택의 종류 결정	47	53	59
업무상 필요한 새로운 장비나 소프트웨어 도입에 관한 결정	19	21	28
현재 업무에 맞는 임금 인상 수준 결정	32	29	39
현재 맡은 업무와 부서의 목표 설정	17	22	23
업무 처리 및 작업 방식 결정	18	21	20
평균	21	26	32

출처: WRPS에서 다음과 같은 질문을 바탕으로 작성됨: (W1.12a) "귀하는 다음에 제시되는 상황에서 얼마나 참여해 영향력을 행사하고 계십니까?" (매우 많음, 어느 정도 있음, 별로 없음, 전혀 없음). (W1.13a) "귀하의 현재 상황과 상관없이, 직장 생활 중 다음과 같은 분야에서 충분한 영향력을 가질 수 있다고 할 경우, 다음에 제시되는 상황 속의 의사 결정 과정에서 충분한 영향력을 갖는 것이 얼마나 중요한지 답변해 주시기 바랍니다." (매우 중요, 어느 정도 중요, 중요하지 않음, 전혀 중요하지 않음).

하지만 EI는 대표와 참여 사이의 격차를 해소하지 못한다. 〈자료 5-8〉은 EI 기업의 노동자와 그렇지 않은 노동자 사이의 해당 격차를 비교한 것이다.[31] 항목별로 보면, EI 참여자는 EI 기업의 비참여자와

프로그램이 없는 기업의 비참여자보다 그 격차가 대체로 작았다. 하지만 EI 참여자 사이에서도 일정 정도의 격차가 있었다.

왜 그런가? EI가 격차를 해소하지 못하는 한계를 설명하는 한 가지 가설은 의사 결정 과정에 영향력을 미칠수록 발언권에 대한 요구가 커진다는 주장이다. EI 참여자는 비참여자보다 작업장 의사 결정에서 갖는 영향력을 매우 중요하게 여길 것이다. 이런 경향은 자신의 업무 처리 방식을 결정하는 문제와 관련해 가장 두드러지게 나타났다. 즉, 자신의 업무와 관련한 의사 결정 과정에서 영향력을 행사하는 것이 매우 중요하다고 답한 응답자들이 EI 참여자들 가운데는 86퍼센트인 데 반해, EI가 없는 기업의 노동자들은 70퍼센트, EI가 있는 기업의 불참자들은 73퍼센트였다. EI가 활성화될수록 업무와 관련한 의사 결정 과정에서 많은 영향력을 행사하는 노동자의 비율은 높아지지만, 영향력 행사가 자신에게 중요하다고 생각하는 사람들의 비율 또한 높이기 때문에, 격차가 그다지 크지 않은 것이다.

EI 제도의 도입에도 불구하고, 여전히 이런 격차가 유지되고 있는 또 다른 이유는 EI 프로그램이 노동자에게 충분한 권한을 부여하지 못해서일 수도 있다. EI 참여자들 가운데 82%는 노동자에게 더 많은 발언권을 부여하면 EI가 더 잘 작동할 것이라고 답변했으며, EI 프로그램을 운영하는 관리자도 똑같은 이야기를 많이 했다. 이는 EI 프로그램이 아직 제대로 발전하지 못한 상태이거나 최고 경영진이 흡족해 할 만큼 발전하지 못한 상황이기 때문인 것으로 보인다.

[6] 티는 노조 설립 요구를 감소시킨다

많은 노동운동가들은 EI를 불편해 한다. 노조가 있는 기업에서는 의사 결정 과정에서 노조의 역할을 약화시키기겠다는 목적으로, 무노조 기업에서는 노동자들이 노조에 관심을 갖는 일이 없도록 하기 위해 EI를 도입하려 한다고 생각하기 때문이다. 회사가 정말 노동운동가들의 생각처럼 마키아벨리적으로 EI 프로그램을 도입한 것은 아니라 하더라도(왜냐하면 무노조 기업들은 맘만 먹으면 무노조 상황을 유지하기 위해 훨씬 더 직접적인 수단을 쓸 수 있으며, 노조가 있는 기업들은 대부분 노조와 협력적 관계를 유지하려 하기 때문이다), EI가 노조의 영역 밖에서 노동자들에게 더 많은 발언권을 부여함으로써 노조에 대한 관심을 줄어들게 만든다는 점은 사실일 수 있다.

〈자료 5-9〉는 노동운동가들의 우려가 타당하다는 것을 보여 준다. 무노조 기업의 노동자들이 노동조합을 설립하려 할 때, EI는 부정적인 영향을 미칠 수 있다. EI 참여자는 비참여자에 비해 노동조합 인증 선거에서 노조를 지지할 가능성이 훨씬 낮다. 그런데 EI 프로그램이 있는 기업의 비참여자들 역시 EI가 없는 회사의 노동자들보다 노조 설립에 대한 지지도가 떨어진다. 아마도 EI 프로그램을 실행 중인 기업이 노사 관계에 좋은 여타의 제도들도 시행 중이기 때문인 것 같다. 또 대다수 동료들이 노동조합을 지지하리라고 생각할 가능성도 EI 참여자들이 비참여자들보다 더 낮다.

이런 수치와 일맥상통하는 조사 결과가 있다. EI 참여자는 비참여자보다 집단적 의사 결정에 대한 요구 수위가 더 낮게 나타난 것이다. 노동자들이 집단적 발언권과 개인적 발언권을 어떻게 생각하는지 조사하면서 드러난 결과다. EI 참여자들은 비참여자들만큼 종업원협의회 같은 집단적 발언권을 통해 경영진과 만나기를 원하지 않았다. 또 경영진 주도의 노동자 조직에 대해서는 비참여자보다 더 호의적이었

자료 5-9

종업원 참여(EI)는 독자적인 노동자 조직에 대한 요구를 감소시킨다

	전국노동관계위원회 선거에서의 노동조합 지지 여부	
	노동조합 지지	노동조합 반대
EI 참가	23	66
EI 기업에서 불참	27	61
EI 프로그램이 회사에 없음	39	47

	노동자 대표는 노동자들의 문제 해결을 위해 기업의 시스템을 향상시킨다는 믿음	
	보다 효과적이다	덜 효과적이다
EI 참가	65	31
EI 기업에서 불참	75	19
EI 프로그램이 회사에 없음	71	22

	작업장 현안에 대해 노사위원회에서 합의를 이루지 못할 경우 최종 결정을 누가 하는가?	
	중재자가 결정	경영진이 결정
EI 참가	49	43
EI 기업에서 불참	58	33
EI 프로그램이 회사에 없음	61	33

출처: WRPS에서 다음과 같은 질문을 바탕으로 작성됨: (W1.41b) "만약 귀하의 회사에 노조를 설립하거나 계속 유지할 것인가라는 문제로 오늘 투표가 열린다면, 찬성하시겠습니까? 반대하시겠습니까?" (W1.38c) "노동자들의 집단적 문제들을 경영진과 논의할 수 있는 대표를 직접 선택할 수 있다면, (귀사의 현 시스템과 비교했을 때) 노동자들의 고민들을 해결하는 데 더 효과적일 것이라고 생각하십니까? 아니라고 생각하십니까?" (W1.48a) "귀하가 유일한 의사 결정권자이며, 다른 사람들은 모두 귀하의 선택을 따른다고 할 때, 더욱 선호하는 제도는 무엇입니까? 문제를 해결할 외부 심판 혹은 중재자를 활용할 수 있는 제도입니까? 아니면 경영진이 문제에 관한 최종 결정권을 가진 제도입니까?"

다. 예를 들어, 노사 간의 의견 불일치가 있을 때에도 EI 참여자의 대다수가 경영진보다는 중재자의 조정을 바라긴 했지만, 그 수는 EI 비참여자들보다 더 적었다. EI 기업의 노동자는 그렇지 않은 회사의 노동자보다 자신의 경영진에 더 긍정적이다. EI 기업의 노동자들 가운데 자신의

경영진이 노동조합 설립을 막기 위해 법을 어길 것이라고 생각하는 이들은 11%뿐이다. 대조적으로, 그렇지 않은 회사의 노동자는 21%가 같은 답변을 했다.[32]

[7] EI는 노조와 같이할 때 더 좋으며 조합원의 만족도도 높아진다

EI 프로그램은 무노조 기업 노동자들의 노조 설립 열망을 약화시킨다. 하지만 EI는 노동조합이 없는 작업장에서보다는 노조가 있는 작업장에서 더 많이 운영된다. 우리 조사에 따르면, 노동조합이 있는 회사의 노동자 중 55%는 자기 회사가 EI 프로그램을 운영하고 있으며, 33%가 참여 중이라고 답했다. 반면에 무노조 기업의 노동자들은 49%가 자신의 회사에서 EI를 운영 중이며, 28%가 참여 중이라고 답했다. 이 점에서 EI는 노동조합의 보충제 역할을 할 수 있다. 노동조합은 경영진을 대할 때 노동자에게 독립적인 권위 혹은 힘의 원천을 제공한다. EI는 경영진이 노조원들을 더 수월하고 협력적으로 대하도록 돕는다.

경영자들은 노동조합이 있는 환경에서 EI가 더 잘 작동한다는 데 대체적으로 동의한다. 그러나 대부분의 무노조 기업 경영진은 노동조합 없이도 회사를 잘 운영할 수 있다고 주장한다. WRPS 프로젝트의 배경이 된 클린턴 행정부 당시 미래노사관계위원회에서, 무노조 기업 관리자들은 자신들이 노조가 있는 기업의 관리자들처럼 EI 프로그램을 운영할 수 있다고 주장했다. 이런 증언을 보면, 암묵적으로는 무노조 기업의 관리자들도 노조가 있는 기업이 표준임을 인정한 셈이다.[33] 계량경제학이 제시하는 증거들에 따르면,[34] 여기서 한걸음 더 나아가, EI는 노조가 있는 기업에서 더 많은 이득을 창출해 낸다.

마지막으로, 일부 노동운동가들의 두려움과는 반대로, EI는 노동

종업원 참여(EI) 프로그램은 노동조합에 대한 만족도를 높여 준다

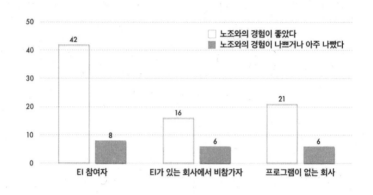

출처: WRPS에서 조합원을 대상으로 제시한 다음의 질문에 대한 답변 결과를 토대로 작성됨. W1.40b "현재 다니는 회사에서 느끼는 노동조합에 대한 경험을 어떻게 평가하십니까?"

조합이 있는 작업장에서 노조에 대한 노동자의 지지를 약화시키지 않는다. 실제로는 반대의 효과가 있다. 〈자료 5-10〉이 보여 주듯이 노동조합이 있는 작업장에서, EI 참여 노동자들은 그렇지 않은 노동자들보다 노조와의 경험을 훨씬 높게 평가하고 있다. 결과적으로 노동조합과 EI가 함께 운영되는 작업장의 노동자들은 노조와 경영진 양쪽에 더 만족하는 경향이 있다.

종업원 참여 프로그램은 노동자의 삶을 개선한다. 노동자들은 EI가 성과 역시 증진시킨다고 믿는다. 기업의 의사 결정 과정에서 노동자 참여에 대한 여러 연구를 보면, EI는 기업의 생산성을 증가시키면 증가시켰지 해치지는 않는다. 노동자 대부분은 EI가 확산되어 더 많은 발언권이 주어지기를 바란다. EI에 참여하는 노동자들이 노동조합을 원할 확률은 더 낮지만, 이 프로그램은 노동조합이 있는 기업에서 더 많이 시행되고 있으며, 조합원의 노조에 대한 만족도는 EI가 존재하는 환경에서 더 높다. EI는 현재 대부분의 노동자들이 바라는 새로운 노사 관계 양식을 대표하고 있지만, 다양한 경영 패러다임들이 경쟁하는 가운데서, 경영진만의 힘으로 노동자들에게 그들이 원하는 것을 제공해 주는 방향으로 얼마나 멀리 나아갈 수 있을지는 미지수다.

6장

노동자는 정부 규제를 어떻게 생각할까?

총알보다 빠릅니다. 강철보다 강합니다. 과감히 작업장에 뛰어들어 부당한 관리·감독, 성희롱, 각종 차별, 위험한 작업환경으로부터 여러분을 구해 낼 수 있습니다. 법정에서 노동자 여러분의 권리를 지키기 위해 수백만 달러짜리 법인 변호사와 맞붙을 의지도 있습니다. 답은 뭘까요? 새? 비행기? 슈퍼맨? 스파이더맨? 헐크? 기갑부대? 아닙니다, 바로 연방 정부 규제 당국입니다!

이런 광고를 본 적이 없다고? 보더라도 믿을 수 없을 거라고? 등골이 오싹할 정도라고?

한때 미국에는 노동시장에 대한 규제가 거의 없던 시절이 있었다. 당시 노조들은 정부가 노조를 대신하도록 해서는 안 된다며 노동자들을 보호해 줄 법까지 반대했다. 또 경영진은 정부가 자율적인 기업 활동을 대신하도록 해서는 안 된다며, 기업이 노동자에게 적절한 노동조건을 보장하도록 하는 규제에 반대했다.

하지만 이런 시절은 갔다. 1930년대의 대공황과 그에 따른 뉴딜 정책의 영향으로 노조 결성, 최저임금, 그리고 노동시간과 관련된 노동 입법이 이루어졌다. 1960년대 민권운동은 작업장에서 개인이 가질 수 있는 권리에 대한 새로운 언어를 제공해 주었다. 또 연금이나 산업 안전 및 보건과 관련한 문제, 가족 및 본인을 위한 병가 보장에서부터 사측의 거짓말 탐지기 사용에 이르기까지 작업장과 관련한 문제들이 발생하면서 여타의 노동시장 규제책들이 추가되기 시작했다.[1] 1960년대를 거쳐 1990년대에 이르기까지 민주당하에서건 공화당하에서건 작업장과 관련한 입법은 증가했다. 과거엔 작업장 내부의 문제로만 다뤄졌을 사안들이 이제는 규제 당국이나 법정에서 다투어야 할 문제가 되었다.

규제 당국이나 법원이 저렴한 비용으로 신속하게 노사 관계를 해결하고 개선한다면, 법적 규제는 작업장 문제에 대한 바람직한 해결책이 될 것이다. 하지만 형편없는 수단이 되는 때도 있다. 예컨대 규제 당국의 의사 결정이 몇 년씩 걸리는 경우, 소송 비용이 너무 비싸 부자들이나 그 변호사들 같은 운 좋은 소수만 이익을 보는 경우, 그리고 법적 규제가 회사에 엄청난 비용 압박으로 작용하는 경우가 그렇다. 그렇다면 다른 대안은 없을까?

노동 규제의 다른 측면들에 대해서도 마찬가지지만, 이 문제에 있어서 어떤 "경우"가 맞느냐를 두고 노사 간에는 이견이 존재한다. 기업은 소송이 너무 많아져 자신들의 이익과 생산성이 저해되고 있다고 불평한다. 노조와 소비자 측은 더 많은 규제와 보호가 필요한 영역들을 지적하며 상당수 직장 내 규제책들이 제대로 시행되고 있지 않다고 불평한다.

이 같은 상황에서 우리는 다음과 같은 질문을 제기해 볼 것이다. 노동자는 작업장의 법적 보호 장치가 증가하는 현실을 어떻게 바라보는가? 규제 당국과 법원을 작업장의 궁극적 보호 수단으로 여기는 노동자들은 얼마나 되는가? 노동자들은 법적 보호 장치가 더 늘어나기를 원하는가, 아니면 더 줄어들기를 원하는가? 또 법적 보호 시스템에서는 어떤 개혁이 필요하다고 생각할까?

노동자들은 어떤 보호 장치가 있는지 알고 있을까?

질문: 회사가 다음과 같은 조치를 내렸다면, 당신은 합법적이라고 생각하십니까?

① 정당한 사유가 없는 해고
② 노조를 지지했다는 이유로 낮은 직급으로 발령
③ 가족 및 의료 휴가 거부
④ 위험한 일을 거부했다는 이유로 해고
⑤ 파업 참여자를 영구 대체 인력으로 교체
⑥ "정당한 경영상의 이유"라는 명목으로 소수집단의 고용 기피

〈자료 6-1〉은 위의 질문에 대한 WRPS의 조사 결과를 정리한 것이다. 노동자들은 자신이 행사할 수 있는 권리가 매우 많다고 생각하고 있었고, 특히 대부분의 노동자들은 정당한 사유가 없는 해고, 위험한 일을 거부한다는 이유로 해고하는 관리자의 조치가 불법이라고 생각했다. 하지만 미국의 노동법하에서 이 두 형태의 해고는 합법이다. 과반수의 노동자들은 회사가, 파업 중인 노동자들을 새 인력으로 영구히 대체하는 행위가 결코 합법적일 수 없다고 생각하고 있었다. 그런데 우리 조사가 실시되기 직전에 의회에 한 법안이 상정된 바 있었다. 핵심은 파업 중인 노동자를 영구히 대체하는 행위를 불법으로 간주하는 내용이었다. 당시 의회는 법안을 거부했고, 그럼에도 불구하고 노동자들은 상황을 정반대로 알고 있었다.

한편으로 대부분의 노동자들이 올바르게 인지하는 사실도 있었

노동자들은 현행법이 자신들을 실제로 보호해 주지 못하는 경우에도 보호해 주고 있다고 생각한다

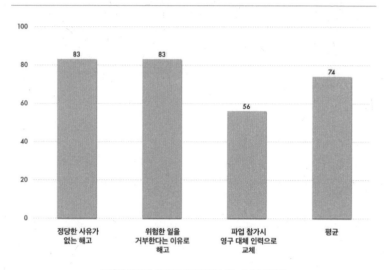

합법적 행위에 대해 불법적이라고 믿는 노동자 비율

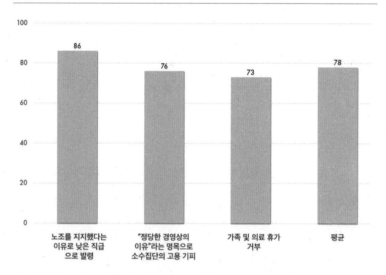

불법적 행위에 대해 불법적이라고 믿는 노동자 비율

출처: 이와 관련된 WRPS의 질문은 다음과 같다. (W1.50) "연방법은 작업장에서 노동자들에게 특정한 법적 보호 장치를 제공하고 있습니다. 귀하는 모든 지식을 최대한 동원해서, 노동자가 다음 각각의 법적 행위를 수행하는 게 현행법에 위배되는지 여부를 판단해 주시기 바랍니다. (W1.5a) 정당한 사유가 없는 해고. (W1.50b) 노조를 지지했다는 이유로 낮은 직급으로 발령. (W1.50c) 가족 및 의료 휴가 거부. (W1.50d) 위험한 일을 거부했다는 이유로 해고. (W1.50e) 파업 참여자를 영구 대체 인력으로 교체. (W1.50f) "정당한 경영상의 이유"라는 명목으로 소수집단의 고용 기피."

다. 법적으로 노조를 설립하려 했다는 이유로 차별할 수 없고, "정당한 경영상의 이유"가 고용에서 인종차별의 변명거리가 될 수 없으며, 직원이 아픈 자녀를 돌보기 위해 무급으로 의료 휴가를 낼 경우 사용자가 거부할 수 없다(1993년 8월에 가족 및 의료 휴가법이 발효되기 전까지는 그렇지 않았다는 걸 노동자들이 몰랐을 수는 있다)는 내용이었다.

하지만 노동법에 대해 잘못 알고 있는 사실들도 있었다. 앞의 질문에서 제시된 여섯 가지 사례를 보면 ①~③까지는 노동자의 입장에서 보기에 부당하지만 회사 측으로서는 합법적인 행위다. 또 ④~⑥까지는 노동자가 보기에 부당하면서도 현행법으로서도 불법인 행위다. 그런데 ①~③의 합법적이지만 부당한 행위를 불법이라고 잘못 알고 있는 노동자의 비율과 ④~⑥의 불법적인 행동을 불법이라고 제대로 아는 노동자의 비율이 비슷하게 나온 것이다. 충격적인 것은 앞의 세 가지 항목에 대해 합법이라고 올바르게 답한 노동자의 비율(오답률이 74%이므로 정답률은 26% 이하)이, 단순히 찍기만 했어도 정답을 맞힐 확률(50%)보다 더 작았다는 사실이다.[2]

이 사실은 무엇을 시사하는가?

사람들은 작업장에서 불공정한 것이 뻔해 보이는 사안에 대해서는 그것이 무엇이든 반드시 불법적이라고 생각한다. 말하자면 "분명 어떤 법이 있을 거야"라는, 일종의 심리적 증후군이다. 용광로에 근무하는 어느 노동자가 뜨겁더라도 피하지 말라는 상사의 지시를 거절했다는 이유로 해고당한다면 분명히 불법이어야 한다. 상사가 작업 현장에 가서 아무런 설명도, 절차도, 이유도 없이 노동자에게 "당신 해고야"라고 통보한다면 분명히 불법이어야 한다.

그렇지만 사실 미국 노사 관계를 지배하는 임의 고용의 원칙은 정당한 사유가 없는 "해고"를 용인한다.3 질문에 대한 오답 중 78%는, 사실상 해당 문제에 대해 관련 법이 침묵하고 있는 현실 속에서도, 그 법이 자신들을 부당한 대우로부터 보호해 준다는 생각에서 나온 오답이었다.

학력이 높은 노동자는 다른 노동자보다 노동법을 더 잘 알고 있느냐 하면, 별로 그렇지도 않았다. 대부분의 대졸자들 역시 부당한 행위는 무조건 불법으로 인식하고 있었다. 우리 조사에서 대졸자들은 그 이하의 학력자들보다 조금 잘 아는 정도일 뿐, 실상은 오십보백보 수준에 지나지 않았다.

조합원이라면 어떨까? 그들은 다른 노동자에 비해 자신의 권리에 대해 더 많은 정보를 갖고 있지 않을까? 하지만 그렇지 않았다. 노조원 중 상당수는 파업 중 영구적인 대체 인력 고용이 불법이라고 생각했다. 대다수 비조합원들의 인식과 별반 다르지 않았다.

관리직의 경우, 일반 직원들보다 작업장에서 자신의 권한을 제한하는 법을 더 잘 알고 있을까? 그다지 잘 알고 있다고는 볼 수 없었다. 별 사유 없이 누군가를 해고하는 조치가 불법이라고 생각하는지 물었을 때, 관리직마저 76%나 '그렇다'고 틀리게 답한 것이다. 참고로 비관리직 노동자는 88%가 그렇다고 대답했다. 〈자료 6-1〉에 나온 사항의 평균을 내보자. 관리직의 68%는 앞에 제시된 ①~③의 부당하지만 합법적인 조치가 불법이라고 잘못 알고 있었고, ④~⑥의 세 가지 행위가 불법이라고 제대로 알고 있는 관리직은 80%였다. 비관리직이나 관리직이나 별반 다를 게 없었다.

하지만 이런 결과를 이상하게 볼 필요는 없다. 법과 사회를 연구해 온 연구자들은 이미 오래전부터 사람들이 대체로 자신들의 권리와 그들을 보호해 주는 시스템에 대해 무지하다는 점을 지적해 왔다. 시민들에게 국회의원 임기나 민법과 형법의 차이, 아니면 연방 예산을 담당하는 부서 등에 대해 물어보면 제대로 대답하는 이는 별로 없다. 관리자들이라면 뭐라도 좀 더 아는 게 있을 거라 생각할지 모르지만, 보통 관리자들은 인적 자원이나 인사에 대해 잘 모르며, 하물며 노동법은 더더욱 모른다. 누군가를 아무 이유 없이 해고한다는 건 상상도 해본 적이 없는 사람이라면 당연히 그런 행위는 부당하다고 생각할 것이다. 동료 노동자들로 구성된 어느 위원회에서 직장에서 겪는 문제들을 논의한다고 할 때 노동조건에 대한 정책 형성을 목표로 이런 위원회를 이용하는 것이 불법일 수도 있다는 생각을 갖기는 힘들 것이다. 적어도 누군가가 그건 전국노동관계법 8조 (a)항 (2)호 위반이라고 고소해 주기 전까지는 말이다.

노동자들이 노동 규제와 법에 대해 잘못된 인식을 갖고 있다는 점은 이 장의 논의를 전개하는 데 문제가 될 수 있다. 이처럼 제대로 알지도 못하는데, 노동자들이 그것에 관해 어떤 견해를 갖고 있는지가 왜 중요하단 말인가? (이 책의 다른 장들이 다루고 있는) 개별 작업장의 문제가 아닌, "워싱턴" 현안들에 대해 노동자가 무슨 생각을 하는지 알아보는 게 과연 무슨 의미가 있을까? 이 상황에서는 "전문가에게 맡기라"라는 말이 옳을 수도 있는데 말이다.

하지만 우리가 보기에, 노동자들에게 이런 법적 보호 장치에 대한 그들의 견해와 규제 시스템이 제대로 작동하기 위해서는 어떤 개혁이 필요한지 등을 묻는 작업은 필요하다. 그 이유로는 다음의 세 가지를 들 수 있다.

첫째, 노동자들이 직장 내 법적 보호책들을 과대평가하고 있는 이 현실은, "불행 중 다행"으로 볼 수 있다. 만약(결국은 사실로 판명나겠지만) 노동자들이 현재 가지고 있는 것보다 더 많은 규제와 보호를 원한다고 답변한다면 말이다. 노동자들이 현행법의 실제 현실을 알게 될 경우, 더 많은 규제를 원할 거라는 점이 더욱 분명해질 것이기 때문이다. 사회과학에서는 현실과는 반대되는 편견이 현실을 옹호하는 편견보다는 훨씬 더 낫다.

둘째, 이 책의 다른 곳에서도 비슷한 작업을 한 바 있지만, 이번 장에서도 특정 경험이 있는 노동자들만을 대상으로 몇 가지 질문을 던졌다. 바로 작업장 내의 갈등 때문에 법정 소송을 벌이거나 당국에 고소를 해본 노동자들이었다. 이런 개인적 경험에 대한 노동자 스스로의 평가는 작업장이 운영되는 방식에 대한 평가만큼이나 중요하다. 비록 노동자들이 관련 법의 상세한 내용을 알지 못한다고 해도 말이다.

셋째, 노동 규제의 개선 방안에 대해 물을 때는, 관련 지식이 부족해 생기는 문제를 줄이기 위해 노동자들에게 관련 내용을 상세히 적은 자료를 제공했다. 따라서 이 부분에서는 관련 내용을 비교적 잘 알고 있는 응답자들의 견해를 살펴볼 수 있다(그중에는 이 문제를 가지고 친구나 친척들과 토론을 거친 이들도 있었다). 사실 우리가 제공한 자료는 법적으로 깊이 들어간 내용도 아니었고, 다양한 개선안들을 모두 보여 준 것도 아니었다. 하지만 노동자들에게 자기 견해를 형성할 만한 기초적인 사실들은 확실히 제공했다고 볼 수 있다.

어쨌든 노동자들이 법적 규제에 대해 어떻게 평가하고 있는지 우리가 알아낸 바는 다음과 같다.

사장님, 법정에서 보시죠

"작업장에서 자신의 권한이 침해받았다는 이유로 소송을 제기하거나 당국에 고소한 적이 있습니까? 혹은 지인들 가운데 그런 사람이 있습니까?" WRPS 프로젝트의 이 같은 질문에 응답자 중 6%가 그런 적이 있다고 답했고, 17%는 아는 사람 중에 그런 경험을 해본 사람이 있다고 답했다.

사실 사람들은 저마다 많은 지인들이 있고, 자신들의 작업장 문제나 법적 문제들에 대해 말하기를 좋아하기 때문에 17%가 그리 놀랄 만한 수치는 아니었다. 그러나 6%라는 수치는 놀라웠다. 미국의 민간 부문 노동 인력이 약 1억 명이라고 볼 때, 약 600만 명의 노동자가 평생 한 번은 당국에 고소하거나 법적 소송을 걸어야 할 만큼 직장에서 권리를 침해당한 적이 있다는 뜻이다. 정리하자면, 임청난 수의 노동자가 직장 문제로 법적 구제를 받고 싶어 한다고 볼 수 있다. 보통 노동자의 고용 기간을 15년으로 가정해 보면, 소송을 걸거나 당국에 고소하는 사건이 총 600만 건에 달한다는 것은 노동자들이 매년 40만 건의 소송 및 고소를 제기한다는 뜻이 된다.[4] 하지만 노동시장의 규제가 증가하면서 고소 건수도 점점 증가해 왔기 때문에, 1990년대 중반의 고소 건수는 15년 평균치보다 높을 수밖에 없다. 반면, 초반의 건수는 더 적었을 것이다. 따라서 대략적으로 1990년대에 제기된 노동 관련 소송 및 고소 건수는 연간 약 60만 건 정도일 것이라 예상된다.[5]

그런데 이런 추정치는 과연 타당한 것일까? 노사 분쟁에는 다양한 주체들이 관련돼 있고, 또 이를 관할하는 사법 당국도 여러 곳이며, 같은 소송에서도 수많은 행정 소송과 사법 행위가 난무하기 때문에 이 질문에 제대로 된 답을 찾기란 힘든 일이다. WRPS의 조사 결과가 현실에 부합하는 수준인지를 알아보기 위해, 우리는 확보한 위스콘신 주 정부의 데이터를 연방 및 주 당국으로부터 얻은 통계자료들과 종합해 분석해야 했다.

일단 미국 내 법정과 규제 당국 시스템의 가장 상부 구조에서부터 시작해 보자. 1995년, 작업장 규제를 담당하는 미국 연방 규제 당국에는 약 29만 건의 고소가 접수됐다. 노동 관련 소송도 약 2만 건이 연방 지방법원[연방 관할권을 가진 1심 법원]에 제기됐다. 미국 내 주 정부도 살필 필요가 있다. 주 정부는 실업과 노동자의 보상 요구를 해결할 책임이 있고, 대개는 차별금지법, 산업안전보건법 같은 고유의 노동 규제 법안을 갖고 있기 때문이다. 더불어 노동자들이 제기하는 고용 관련 소송도 처리한다. 위스콘신 주에 제기된 5천 건 정도의 노사 분쟁 신고를 근거로 추정해 보면, 주 정부가 매년 약 20만 건의 관련 분쟁을 처리한다고 판단된다.6 1년 동안 연방 정부에 내는 고소 건수를 평균 20만 건으로 하고, 여기에 2만 개의 법정 소송을 더한 뒤, 20만 건의 주 정부 고소를 합해 보자. 노동 관련 소송·고소 수는 연간 42만 건에 이른다고 볼 수 있다. **우리가 추정했던 60만 건보다는 낮지만 여전히 높은 수치다.**

우리의 추정치와 정부의 통계가 차이 나는 이유는 무엇일까? WRPS에서 노동자가 제기했다고 말한 고소가 공식적인 데이터에 모두 반영되지는 않기 때문일 수 있다. 노동자들이 부당 노동 행위로 법적 조치를 취한다고 해도, 당국은 증거나 인력, 법적 토대가 부족하다는 이유로 사건을 더 진행하지 않는 경우가 있다. 이런 사건은 정부 데이터에 반영되지 않을 것이다. 그동안 전국노동관계위원회의 현장 사무소에 제기된 고소 사건 중 가장 많은 사안은 정당한 사유 없는 해고 때문에 일어났다. 앞에서 확인했듯이 대부분의 미국 노동자들은 부당 해고를 불법이라고 잘못 생각하고 있었다. 이런 고소는 사실상 의미가 없기 때문에 전국노동관계위원회의 공식적인 통계로는 나타나지 않는다. 하지만 노동자로서는 당국에 고소 조취를 취한 것으로 여길 수밖에 없다.

다시 위스콘신 주를 보자. 위스콘신 주 노동부 보고에 따르면 밀워키와 매디슨의 현장사무소에만 매년 약 9만 건의 노동 관련 민원이 접수된다. 다른 주들까지 종합해 보면, 민원 건수는 전국적으로 연간 225만 건에 이른다. 전국노동관계위원회의 현장 사무소가 추정한 연간 민원 건수도 이 정도 규모에 이른다. 당국은 작업장 문제로 연간 400만~500만 건에 이르는 법률 관련 민원을 받은 것이다. 이중 10~15%만이 실제 소송·고소 등으로 이어진다면, 어림짐작으로도 그 수는 연간 60만 건에 이를 것이다. WRPS의 조사 결과를 뒷받침하는 분석이다.

우리 조사의 응답자들이 작업장에서 자신들의 법적 수단에 대한 의존도를 과장하고 있는 것은 아닌지 판단하는 또 다른 방법은 사용자 입장에서 상황을 살펴보는 것이다. 미국인적자원관리협회U.S. Society of Human Resource Management[사용자 단체]에 따르면, 대다수 기업들이 노동자들로부터 소송을 당해 본 경험이 있으며, 관리직 가운데 4분의 1이 개인적으로 소송을 당해 봤는데, 대부분은 차별과 관련된 경우였다.7 모든 기업은 정기적으로 의료보험 및 산업 안전, 연금 및 복지 혜택, 임금 및 노동시간과 관련한 수많은 고소를 당하고 있다.

WRPS의 조사 결과를 요약해 보면, 6%의 노동자가 작업장에서 법적 권리를 침해받았다고 주장하며 자기 회사를 상대로 법원에 소송을 제기하거나 규제 당국에 고소를 했다는 것은 과장이 아니다. "사장님, 법정에서 보시죠"라고 하는 노동자들은 분명 있다.

소송 이후

그렇다면 회사가 작업장에서의 권리를 침해했다는 이유로 법적 조치까지 취한 노동자들은 처리 결과에 만족했을까?

〈자료 6-2〉에 따르면 소송이나 고소 절차에 들어갔던 노동자의 상당수가 실망감을 나타냈다. 매우 만족했다는 사람은 응답자의 3분의 1에 그쳤다. 3분의 1이라는 숫자는 앞선 4장에서 밝혔듯이, 작업장 문제를 다루는 노동조합이나 회사의 방식이 "매우 효과적이다"라고 생각한 노동자의 수치와 비슷하다. 그러나 법적 조치에 "어느 정도 만족했다"라고 답한 노동자는 앞선 조사 결과에서 노동조합이나 사측의 문제 해결 시스템이 "어느 정도 효과적이다"라고 답한 노동자보다 상대적으로 적었다.

무엇보다 눈에 띄는 것은, 소송이나 고소를 택한 노동자 가운데 3분의 1이 결과에 만족하지 못했다는 점이다. 이는 노동자들의 문제를 해결해 주는 회사 시스템이 "전혀 효과적이지 않다"라고 대답한 이들이 6%, 노조가 "전혀 효과적이지 않다"라고 대답한 이들이 4%인 것과 비교해 보면 명확히 대비가 된다.

직장 문제를 규제 당국이나 법정으로 가져간 많은 노동자들이 결과에 그토록 불만족스러워하는 까닭은 무엇일까?

첫 번째로, 이런 노동자들은 상당수가 일반적으로 불만이 많은 사람이라고 치부할 수 있다. 어떤 시스템이든 작업장 문제를 다루는 데는 효과적이지 않다고 생각하는 부류 말이다. 실제로 이 같은 노동자의 10%는 회사 정책이 불만 해결에 "전혀 효과적이지 않다"라고 답했으며, 10%는 노조도 "전혀 효과적이지 않다"라고 답했다. 이런 비율은

자료 6-2

법률 시스템에 대한 불만이 노조나 회사 시스템에 대한 불만보다 높다[8]

불만 해결을 위한 법률 시스템

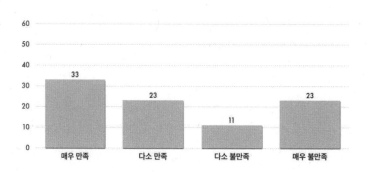

집단의 문제를 해결하는 노동조합 시스템

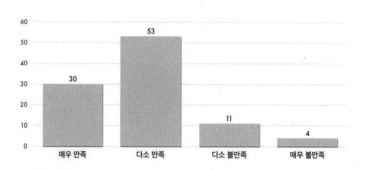

개인적 문제를 해결하는 회사 시스템

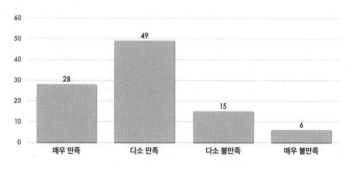

* 출처: 6장 미주 8번 참조.

앞에서 언급한 일반적인 비율보다는 높은 수치이지만, 법정이나 규제 당국이 "전혀 만족스럽지 못하다"라고 답한 23%에는 미치지 못하는 수치다. 문제를 법정이나 규제 당국으로 가져간 노동자들이 다른 해결 방식을 택한 노동자들보다 더 불만이 높다고 볼 수 있다.

많은 노동자들이 법정이나 규제 당국이 작업장 문제를 해결하는 방식에 만족하지 못하는 두 번째 이유는 행정이나 사법 절차의 특성과 관련될 수 있다. 대부분의 법적 절차는 승자와 패자가 확실한 제로섬 게임이다. 법정에 가서 이기면 매우 만족스럽겠지만, 패하게 되면 정반대다. 못지않게 중요한 점은, 노동자가 회사를 상대로 법 절차에 들어갈 경우 결과는 대체로 파국이라는 것이다. 이기든 지든 간에, 회사는 해당 직원을 좋지 않은 시선으로 바라본다. 여하튼 소송이나 고소는 승자 독식의 본성을 갖고 있다. 따라서 결과에 '전혀 만족하지 않는다'(23%)라거나 '매우 만족한다'(33%)라고 답변한 노동자들의 수는 상대적으로 많고 '매우 만족'과 '매우 불만족' 사이의 온건한 답변(어느 정도 만족 23%, 어느 정도 불만족 11%)은 좀 적게 나타날 수밖에 없다.

마지막 불만의 이유는 시간이나 보상과 연관된다. 법률 시스템은 최종 결정이 나오기까지 오랜 시간이 걸린다. 또 노동자가 이기더라도 법적 절차에 들인 노력과 고통을 보상받지 못할 수도 있다. 일반적으로 규제 당국의 일처리 시스템에는 부하가 많이 걸려 있다. 법원 역시 재판 일정이 꽉 차 있다. 더구나 노조 설립을 시도했다고 해고된 경우처럼, 일부 쟁점은 노동자의 고통과 괴로움을 보상해 줄 길이 거의 없다.[9]

이처럼 노동자가 회사를 상대로 하는 사법 행위에는 비용 외에도 여러 문제가 따른다. 그럼에도 많은 노동자들이 소송이나 고소를 택한다는 사실은 다른 해결 방안이 없다는 것을 의미한다.

그런데 소송이나 고소 사건의 처리 결과에 대한 노동자들의 불만이 많으니 도리어 회사의 만족도는 높지 않을까? 어쨌거나 회사는 분쟁의 상대 당사자 아닌가. 하지만 현실은 절대 그렇지 않다. 기업은 규제 비용이 너무 많이 든다며 정기적으로 불만을 제기하고 있으며, 노동자와의 문제를 해결해 줄 새로운 방법을 갈망하고 있다. 많은 기업인은 소송의 위협 탓에 게으르거나 경쟁력 없는 직원을 관리하기 어렵다고 주장한다. A라는 노동자가 있다고 하자. 모든 직원들이 A는 회사에서 아무런 역할도 못한다고 여긴다. 그런데 A는 연령, 인종, 성별 같은 특성으로 법적 보호를 받아야 한다. 이때 회사가 그를 좌천시키거나 해고한다면, A는 고용 차별을 이유로 값비싼 소송을 걸겠다고 위협할 수 있다. 회사가 법정 싸움을 피하기 바란다면 어떻게 대응해야 할까? A에 대해 어떤 조치도 하지 않거나, 어느 정도의 명예 퇴직수당으로 마음을 돌려 달라는 부탁을 할지도 모른다.[10] 어떤 기업들은 사측이 아무 잘못을 하지 않았다고 판단하는 경우에도 변호사를 고용하는 비용이 너무 많이 들기 때문에 법정 밖에서 문제를 해결했다고 말한다.

소송에 대한 단상

"귀하 혹은 주변의 아는 사람이 직장에서의 권리를 침해당했다는 이유로 소송이나 고소를 **생각**하다가 결국 실행에 옮기지 **못한** 적이 있습니까?" 이 같은 WRPS의 질문에 응답자의 9%가 소송이나 고소를 고려했지만 실행하지는 못했다고 밝혔다. 19%는 지인이 소송이나 고소로 가려 한 적이 있었다고 답했다. 법적 조치를 고려했지만 실행하지는 못한 노동자와 앞선 문항에서 실제로 행동으로 옮겼다고 밝힌 노동자를 합해 비율로 따져 보자(중복되는 답변은 수정해 계산함). 추정컨대 미국 노동자의 14%는 자신이 직접 작업장 문제 해결을 위해 법적 조치를 취하거나 고려한 것으로 나타난다. 또 지인이 법적 조치를 실행에 옮기지 못했다는 노동자 19%와 자신이 실행에 옮기지 못했다는 노동자 9%를 합하면, 약 30%의 미국 노동자가 회사를 상대로 소송이나 고소를 했거나 고려해 본 사람을 주변에서 알고 있는 것이다. 현재 미국의 노동 인력 시장은 갈수록 탈규제화되고 있다. 이런 상황에도 불구하고 많은 노동자들이 이미 마음속으로는 회사를 상대로 소송 또는 고소를 제기한 셈이다.

왜 어떤 노동자는 다른 노동자와 달리 소송이나 고소로 가는 길을 택하는가?

물론 실제로 노동자들이 회사에서 심각한 문제를 겪기 때문이다. 〈자료 6-3〉은 소송이나 고소로 갈 가능성이 큰 노동자들의 유형을 보여 준다. 즉 작업장의 노사 관계가 나쁘다고 답하거나 소속사의 경영진을 신뢰하지 않는다고 답한 노동자들이다. 이런 노동자들은 작업 중에 회사 측과 심각한 갈등을 겪을 확률이 높다.[11] 하지만 회사와의 마찰만으로 사건이 소송이나 고소로까지 진행되는 것은 아니다. 노동조합이 있는 회사의 노동자나 고임금 노동자는 그렇지 않은 노동자에 비해 고소나 소송을 제기할 가능성이 높다. 아마 소송 과정 자체를 진행하거나 주변으로부터 자신을 보호하고 지원받는 조건이 더 유리하기 때문일 것이다.[12] 이 해석과 부합하는 통계가 있다. 앞서 밝혔듯이 노동자의 약 40%가 비용이 너무 비싸 소송이나 고소 시스템을 활용하지 않는다고 답한 것이다. 노동자의 10분의 1은 변호사를 구할 수가 없었다. 약 5분

자료 6-3

소송을 제기하거나 당국에 고소하는 노동자 비율

노사 관계의 수준

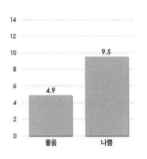

회사에 대한 신뢰도

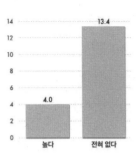

노동조합 유무

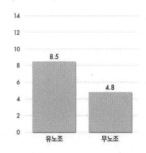

임금수준

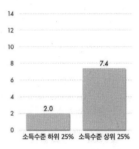

개인 문제 해결을 위한 시스템의 효과

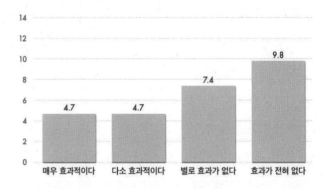

출처: WRPS 결과로부터 작성됨. (W1.52) "귀하 혹은 주변의 아는 사람이 직장에서의 권리를 침해당했다는 이유로 소송이나 고소를 취한 사실을 알고 계십니까?"

의 1은 회사 측의 보복 조치에 두려움을 느끼고 있었다. 또 8분의 1은 소송 과정에서의 시간이나 비용 문제 등을 우려했다.[13]

한편으로 작업장 문제로 소송이나 고소를 택하지 않을 가능성이 상대적으로 큰 노동자들은 어떤 부류인가? 노사 갈등의 해결을 위해 효과적인 시스템을 운영하는 기업의 노동자들이다. 이런 회사들은 노사문제가 거의 없는 '훌륭한' 기업이다. 여기서 일하는 노동자들은 자신의 권리를 침해당할 경우 공정한 방식으로 문제를 해결할 수 있다.

노동자들은 법적 보호 장치가 더 많아지길 원한다

WRPS에 착수하기 전, 고용정책재단이라는 경영자 후원 단체가 후원했던 여론조사가 있었다. 이 조사의 목적 중 하나는 노동자들이 자신들을 보호해 줄 법안이 더 많았으면 좋겠다고 생각하는지의 여부를 판단하는 것이었다. 핵심 질문은 다음과 같다. "정부 규제로 인해 회사는 상당한 규모의 비용을 치릅니다. 귀하는 작업장에 대한 정부 규제가 더욱 많아져야 한다고 생각하십니까?"

대부분이 어떻게 답했는지는 확인하지 않아도 알 수 있는 질문이다. 예상대로 "더 이상 규제는 필요 없다!"라는 답변이 많이 나왔다. 우리는 WRPS의 신뢰성을 높이기 위한 방안을 검토했다. 만일 우리 조사에 고용정책재단의 위와 같은 질문을 포함시키고, 여기에 더 공정한 질문을 추가해서 함께 제시한다면 어떨까? 하지만 우리와 WRPS 프로젝트를 같이 진행한 프린스턴 설문조사연구회는 이 방식이 유도 질문이라며 거절했다. 우리의 방안을 고집한다면 그들의 전문가로서의 양심에 반하는 것으로, 어떤 조사 대상자들은 이 조사가 과연 그들에게 말한 바와 같은 학문적 연구인지 회의를 느낄 수도 있다고 했다. 우리는 이를 고려해 "교정한" 질문 하나를 제시하기로 결정했다. 정부 규제에 따른 비용 때문에 회사가 지장을 받기도 하지만, 법적 보호 장치가 직장에서 노동자들을 보호한다는 점을 응답자들에게 상기시키는 질문이었다.

하지만 말이 쉽지 전화 인터뷰에서 이를 실제 실행에 옮기기는 어려운 노릇이었다. 만약 우리 질문이 응답자에게 규제 비용이 크다는 생각을 심어 준다면? 규제를 반대할 것이다. 또 만약 법적 보호의 필요성을 부각시킨다면, 응답자들은 정부 규제를 지지할 가능성이 높을 것이다. 만약 "한편으로는" 이렇고 "다른 한편으로는" 이렇다는 식으로 이야기한다면 응답자는 전화를 끊어 버릴 것이다. 아마도 효과적인 간결한 질문을 하나 제시할 수도 있었겠지만, 우리는 그렇게 할 수 없었다.

이 문제를 해결하기 위해, 우리는 스플릿 설문 방식을 사용했다. 먼저 표본 집단, 즉 조사 대상자를 절반으로 나누고 두 가지 다른 내용으로 질문을 던졌다. 한쪽의 응답자에겐 "귀하께서는 현행법이 노동자들에게 보호 장치를 지나치게 적게 제공한다고 생각하십니까, 아니면 필요보다 많이 제공한다고 생각하십니까?"라고 물었다. 이 질문은 노동자에게 주어지는 법적 보호 장치를 강조한다. 나머지 절반에겐 "귀하께서는 현행법이 경영진에게 제재 조치를 지나치게 적게 가한다고 생각하십니까, 아니면 필요보다 많이 가한다고 생각하십니까?"라고 물었다. 이 질문은 법에 의해 회사 측에 가해지는 제재를 강조한다. 두 질문은 각각 노동자에 대한 보호 장치와 경영진에 대한 제재 조치를 강조하고 있기 때문에 응답자들의 답변도 서로 다르게 나타날 것이라고

우리는 예상했다.[14]

〈자료 6-4〉는 이와 같이 질문 양식에 차이를 두어 법적 보호 장치의 필요성을 물어본 결과다. 질문 형식을 바꾸는 것만으로도 노사 관계에 관한 여섯 개의 영역에서 법적 보호 장치를 원하는 응답자들의 비율은 현저히 달라졌다. '보호 장치'라는 단어가 부각될 경우 많은 사람들이 규제 강화의 필요성을 인식했다. 반면에 '제재 조치'가 부각되는 경우엔 상대적으로 그 숫자가 줄어들었다. 전자의 경우 59%는 현행법상의 보호 장치가 지나치게 부족하다고 답했지만, 후자의 경우 45%만이 경영진에 대한 제재 조치가 지나치게 부족하다고 답했다. 질문의 의미는 사실상 같지만, 두 답변 사이의 격차는 14%p에 달한다.

물론 양쪽 모두에서 하나를 제외하고는 모든 영역에서 노동 관련 규제 조치가 너무 적다고 응답한 비율이 너무 많거나 혹은 적당하다고 답한 비율보다 높았다. 한 가지 예외는 고용 차별이었다. 아무튼 노동자를 보호한다는 관점에서 질문이 제시된다면 대다수는 지나치게 규제가 적다고 말할 것이다. 반면에 경영권을 제한한다는 관점에서라면 대다수는 지나치게 규제가 많다고 말할 것이다.

〈자료 6-4〉에서 언급한 분야 중 세 가지 영역에서는 실제로 보호 장치가 거의 없거나 아예 없다. 즉 아무 이유 없는 해고, 해고 및 직장 폐쇄, 전일제 직원을 임시직 혹은 시간급으로 대체하는 경우가 그렇다. 다른 세 영역, 즉 직장 책임감과 가족 책임감 사이에서의 갈등, 노동조합과 종업원 위원회를 설립할 권리, 인종·성·연령에 따른 고용 차별 등에서는 어느 정도의 법적 보호 장치가 있다. 노동자의 견해가 현실에 근거를 두고 있다면, 법이 존재하기보다는 그렇지 않은 경우에 보호 및 제재 장치가 지나치게 적다고 답할 것이다. 이런 예상은 사실로 드러난

자료 6-4

노동자들은 보다 많은 법적 보호 장치를 원한다

	영역별 보호 장치의 정도에 대한 노동자들의 생각			영역별 경영진에 가하는 제재의 정도에 대한 노동자들의 생각		
	너무 적다	적당하다	과도하다	너무 적다	적당하다	과도하다
모든 영역의 평균	59	11	19	45	8	35
법적 보호 장치가 없는 경우						
이유 없는 해고	67	9	16	55	7	31
전일제 직원을 임시직 혹은 시간급 직원으로 대체	64	8	18	46	5	36
해고 및 직장 폐쇄	63	7	17	50	8	29
법적 보호 장치가 있는 경우						
직장 책임감과 가족 책임감 사이의 갈등	60	13	18	41	8	40
노동조합과 종업원 위원회를 결성할 권리	53	11	24	39	7	37
인종·성·연령에 따른 고용 차별	45	16	33	41	15	38

출처: WRPS 결과를 토대로 작성됨. (W1.51a) "다음의 영역에 대해, 귀하께서는 현행법이 노동자들에게 보호 장치를 지나치게 적게 제공한다고 생각하십니까, 아니면 필요보다 많이 제공한다고 생각하십니까?" (W1.51b) "다음의 영역에 대해, 귀하께서는 현행법이 경영진에게 제재 조치를 지나치게 적게 가한다고 생각하십니까, 아니면 필요보다 많이 가한다고 생각하십니까?"

다. 노동자들은 법이 자신을 보호한다고 과도하게 믿는 경향이 있지만, 법적 보호 장치가 부족한 영역에서는 더 많은 규제가 필요하다고 정확하게 인식하고 있었다.

그렇다면 어떤 종류의 노동자가 특히 더 많은 법적 보호 장치를 원하는가?

〈자료 6-5〉에 따르면 작업장에서 곤란을 겪으며 영향력도 적은 노동자는 다른 노동자보다 더 많은 법 규제를 원하는 경향이 있다. 회사에서 상대적으로 약한 지위에 있는 흑인, 여성, 저학력 노동자들도 마찬가지다. 대조적으로 종업원 참여제도가 있는 기업의 노동자는 법적 보호 장치를 덜 필요로 한다. 더 놀라운 점은 작업장에 독자적인 보호 장치가 있는 조합원들도 다른 노동자들보다 더 많은 법적 보호 장치를 원한다는 것이다. 이는 노조에 소속된 노동자들의 경우 비조합원들보다 더 법적 보호 장치들을 잘 활용할 수 있기 때문인 것으로 보인다.

마지막으로, 회사에 대한 불만 탓에 소송이나 고소를 택한 노동자들은 어떨까? 이들은 현재의 행정 및 사법 시스템으로부터 얻은 결과에 별로 만족하지 않으며, 유사한 경험을 한 적 없는 노동자들보다 더 많은 법적 보호를 원한다. 아마도 사법 당국까지 가야 할 정도로 직장에서 부당한 대우를 받는다고 느꼈다면, 현재의 집행 시스템이 큰 도움을 주지는 못할지라도 정부의 보호조치가 더 많이 필요하다고 생각할 것이기 때문이다.

정리하자면, 직장에서 더 많은 보호 장치를 원하는 노동자들의 욕망은 합리적인 양상을 보여 준다 할 수 있다.

하지만 다른 제도가 있다면

회사에 어떤 문제가 생겼다고 생각해 보자. 법정이나 행정기관으로 갈 것인가, 아니면 다른 방식으로 분쟁을 해결할 것인가? 사실 대안적 분쟁 해결 제도alternative dispute-resolution, 즉 ADR이라는 시스템이 존재한다. 그렇다면 이 제도를 통해 분쟁을 해결하겠는가?

자료 6-5

법이 노동자는 보호하지 않으면서 경영진에게는 아무런 제한도 가하지 않고 있다고 답한 노동자의 비율

노동자 특성

여성	30
남성	26
흑인	43
비흑인	26
고졸 미만	35
대졸	21

작업장 특성

직장에서의 영향력에 대해	전혀 만족하지 못한다	43
	매우 만족한다	19
직장 출근에 대한 생각	그래도 된다면 안 가고 싶다	37
	대체로 출근이 기대된다	25
종업원 참여 프로그램이 없음		34
직장 내에 종업원 참여 프로그램이 있으나 참가하지 않음		25
EI 참여자		23
노동조합원		33
무노조 기업 종업원		28

불만 사항에 대한 소송/당국에 고소한 경험과 규제에 대한 요구

소송/당국에 고소	38
소송/당국에 고소한 사람을 안다	30
소송/당국에 고소해 본 적이 없다	27

출처: WRPS 결과를 토대로 작성됨. (W1.51a) "다음과 같은 분야에서 현행 법률이 노동자들에게 제공하는 법적 보호 장치가 매우 부족하다고 생각하십니까, 충분하다고 생각하십니까?" (W1.51b) "다음과 같은 분야에서 현행 법률이 경영진에게 가하는 제재가 매우 부족하다고 생각하십니까, 충분하다고 생각하십니까?" 이런 질문들을 관련된 다른 질문들과 교차분석해 표로 만들었다.

그런데 '대안적 분쟁 해결 제도'란 무엇인가? ADR은 제3자인 중립적 중재자에게 해당 사안에 대한 결정권을 부여하는 시스템이다. 많은 기업들은 상거래에서 발생하는 분쟁을 해결하기 위해 중재기관을 이용한다. 비즈니스 영역뿐만 아니라, 거의 모든 단체계약은 서로의 의견 대립을 해소할 목적으로 중재기관을 활용한다. 프로 스포츠의 경우 연맹과 운동선수 사이의 불만을 처리하기 위해 중재자가 등장한다. 사법제도의 영역 밖에서 갈등을 조정하는 대안적 분쟁 해결 제도는 다양한 형태로 존재하며, 활용도도 갈수록 높아지고 있는 추세다.

우리는 WRPS의 1차 조사에서 노동자들에게 노사 갈등의 중재 문제를 어떻게 풀어야 할지 물어보았다. 먼저 "소송을 걸거나 당국에 고소할 경우 비용이나 시간이 많이 듭니다. 여기 대안적 분쟁 해결 제도로……"라는 식으로 일종의 전제를 붙인다. 그러고 나서 우리는 한 문장으로 중재 제도에 대해 설명해 준다. 대부분의 응답자들은 중재가 노동자와 경영진 사이의 분쟁을 해결하는 데 효과적일 것 같다고 답했다. 설문 결과 응답자의 약 4분의 1이 중재는 법적 권리에 대한 논쟁의 해결에 "매우 효과적일 것"이라고 예상했다. 또 과반수는 "어느 정도 효과적일 것"이라고 답했다. "그다지 효과적이지 않을 것"이라거나 "전혀 효과적이지 않을 것"이라는 예상은 20% 정도였다.[15] 우리는 노동자들에게 노사 갈등을 해결하는 기구로 중재기관과 법원, 정부 당국 중 어느 쪽을 선택할지 물었다. 그러자 과반수가 중재기관을 선호한다고 답했다. 특히 소송을 걸어 봤거나 당국에 고소한 경험이 있는 노동자들도 중재를 선호했다. 다만 그들은 한 가지 중요한 방법에서 다른 노동자들과 견해가 달랐다. 소송이나 고소까지 가본 노동자들은 대부분 이렇게 생각했다. "만일 **선출된 노동자 위원회가 중재자 선정에 참여한다면**

중재가 '매우 효과적'일 것이다." 즉 경영진이 일방적으로 중재자를 위촉하는 대신, 노동자가 함께 참여하는 방식을 선호한 것이다. 다른 노동자들은 이 차이를 구별하지 못했다.[16]

하지만 어떤 이는 이런 질문을 할지도 모르겠다. 중재에 대한 노동자들의 응답을 어느 정도 신뢰할 수 있겠는가? 우리 역시 소송으로 가지 않는 대안적 제도가 현실에서 얼마나 잘 작동할지 명확히 답변하기 어렵다. 조사 과정에서 노동자들에게 중재 제도의 문제점이나 자신이 원하는 구체적 형태를 물어보지도 않았다. 우리는 중재를 소개하면서, 노동자들에게 회사를 상대로 소송을 걸거나 정부 개입을 요청할 경우 비용이나 시간이 많이 들어간다는 사실을 환기시킴으로써 일종의 유도 전략을 취했다. 논쟁이 되겠지만 우리는 유도하는 방식을 사용해 문제를 제시했다. 이는 WRPS 전체에 걸쳐 우리가 애써 피하려 했던 방식이었지만 우리는 여기서 사용하고야 말았다. 노동자들은 중재에 대한 찬성과 반대 논리를 듣게 된다면 반대 논리에 더 끌릴 것이기 때문이다.

이런 문제에 대한 우려로 우리는 WRPS 2차 조사에서 새로운 시도를 했다. 일단 중재 제도에 관한 여섯 쪽짜리 설명문◂을 추가 조사에 응하겠다고 답한 조사 대상자 절반에게 우편으로 보냈다. 뒤에서 언급하겠지만, 나머지 절반에겐 다른 자료를 보냈다. 중재에 대한 설명서에서, 우리는 이 제도가 도입될 경우 앞으로 감당하게 될 문제들을 먼

▶ '고용계약상의 권리에 관한 논쟁 해결을 위한 중재'라는 제목으로 중재란 무엇이고, 적용 대상 문제에는 무엇이 있으며, 소송과는 어떻게 다르고, 장·단점은 무엇인지, 그리고 중재 요구가 정당한지에 대해 설명하고 있다.

저 열거했다. 다음으로 제도에 대한 찬반 주장을 제시했고, 마지막으로 노동자들에게 중재 제도가 자신의 직장에서 얼마나 효과적일지 생각해 달라고 요청했다. 며칠 뒤, 우리는 노동자들을 소집해서 우편물을 읽었는지 물었다. 중재 제도가 어떻게 작동한다고 파악하는지, 작업장에서의 분쟁을 중재하는 문제에 대해 어떻게 생각하는지 질문했다.

대다수는 우편물로 보낸 자료를 진지하게 읽었다고 답했다. 대상자의 57%는 자료를 **모두** 읽었다고 답했으며, 24%는 **대부분** 읽었다고 했다. 그 결과 5분의 1 이상이 중재 제도에 대해 '매우 잘' 알게 됐다고 말했으며, 대부분은 '잘' 알게 됐다고 말했다.[17] 3분의 1은 다른 누군가와 중재 제도에 대해 얘기를 나눴다고 했다. 물론 노동자들은 다소 과장된 답변을 내놓았을 수도 있지만, 중재 제도에 관한 자료를 받지 못한 절반의 다른 대상자들보다는 많은 정보를 얻었다고 볼 수 있다. 가장 중요한 것은, 중재 제도의 자료를 본 조사 대상자들이 별도의 전화 인터뷰를 인내할 만큼 중재 문제에 많은 관심을 가졌다는 사실이다.

조사 결과에 따르면, 노동자 대부분은 직장 단위의 중재 방식에 긍정적인 반응을 보였다. 〈자료 6-6〉을 보자. 대부분의 응답자는 중재에 대해 "매우 좋은 생각" 혹은 "좋은 생각"이라고 평가했다. 반대로 "좋지 않은 생각"이라거나 "매우 좋지 않은 생각"이라고 답한 노동자는 8%에 그쳤다. 많은 사람들은 중재가 자신의 회사에서 잘 작동할 거라고 생각했다. 다만 이들의 비율은 중재가 "매우 좋은 생각"이라거나 "좋은 생각"이라고 답한 사람들의 비율보다 낮았다. 또 중재 제도가 도입될 경우 대부분의 응답자들은 더 많은 노동자들이 소송 대신 중재를 이용하고, 갈등은 더 공정하게 해결될 것이라고 답했다. 아울러 중재 제도는 사측과 노측 모두에게 이득이며 돈도 절약해 줄 것이라고 기대했다.

자료 6-6

법적 분쟁 해결을 위해 중재를 사용하는 것에 대한 노동자의 견해

중재를 광범위하게 적용	매우 좋은 생각이다	17
	좋은 생각이다	66
	나쁜/매우 나쁜 생각이다	8
	좋은 점도 있고 나쁜 점도 있다/잘 모르겠다	9
자기 회사에서의 작동 여부	잘 작동할 것이다	62
	잘 작동하지 못할 것이다	27
	상황에 따라 다르다/잘 모르겠다	11
회사에 대한 불만 제기	더 많이 하게 될 것이다	59
	더 적게 하게 될 것이다	17
	똑같다	19
분쟁 해결의 공정성	보다 공정하게 해결할 것이다	62
	덜 공정하게 해결할 것이다	13
	똑같을 것이다	17
공정한 청문 기회 제공의 용이성	보다 쉬워질 것이다	71
	보다 어려워질 것이다	15
	똑같을 것이다	11
직원들에 미칠 영향	보다 좋아질 것이다	73
	보다 나빠질 것이다	13
	똑같을 것이다	10
경영진에 미칠 영향	보다 좋아질 것이다	71
	보다 나빠질 것이다	15
	똑같을 것이다	10

주: 표의 왼쪽에 있는 질문 항목 중 위에서 세 번째~일곱 번째 항목에 대해 일부 응답자들이 "잘 모르겠음/답변 거부"에 답했기 때문에 이들을 제외하면 합해도 100%가 되지 않는다.
출처: WRPS 결과를 토대로 작성됨. (W2.5) "법적 분쟁 해결을 위해 중재기관을 사용하는 것에 대해 어떻게 생각하십니까? (매우 좋은 생각이다, 좋은 생각이다, 나쁜 생각이다, 매우 나쁜 생각이다.) (W2.6a) "중재 시스템이 귀하의 회사/기관에 설치되었다고 가정해 봅시다. 이는 자신의 권리가 침해되었다고 생각하는 노동자들이 해당 사건의 해결을 위해 소송이 아니라 중립적인 중재자를 찾아간다는 것을 의미합니다. 그렇다면 귀하는 이 시스템이 소속 회사에서 잘 작동하리라고 생각하십니까, 잘 작동하지 못하리라고 생각하십니까?" (W2.7A) "만약 노동자의 법적 권리에 대한 대부분의 분쟁에서 중재가 소송을 대체한다고 가정합시다. (W2.7aa) 회사를 상대로 문제를 제기하는 노동자의 수가 대체 이후에 증가하리라고 생각하십니까, 감소하리라고 생각하십니까? (W2.7ab) 분쟁이 보다 공정하게 해결되리라고 생각하십니까, 보다 불공정하게 해결되리라고 생각하십니까? (W2.7ac) 평범한 직장인이 자신이 제기한 문제에 대해 공정한 청문의 기회를 보다 쉽게 얻을 수 있다고 생각하십니까, 보다 어려워지리라고 생각하십니까? (W2.7ad) 이런 시스템이 마련된다면 노동자들이 이익을 본다고 생각하십니까, 손해를 본다고 생각하십니까? (W2.7ae) 이런 시스템이 마련된다면 경영진이 이익을 본다고 생각하십니까, 손해를 본다고 생각하십니까?"

중재에 대해선 전문가들 사이에도 찬반 양쪽의 주장이 있는데, 대부분의 노동자들은 중재를 찬성하는 주장이 반대하는 주장보다 더욱 설득력이 있다고 인식했다.

하지만 노동자들이 맹목적으로 중재를 선호하지는 않았다. 지금도 일부 기업은 일자리를 얻는 전제 조건으로 노동자들에게 소송을 거는 고유 권한을 포기하라고 요구한다. 대신 회사와 법적 권리를 둘러싼 분쟁이 생길 경우, 경영진이 중재자를 임명하는 데 동의하라는 것이다. 우리 조사 대상자 중 4분의 3은 이런 관행을 거부하면서 법적으로도 부당한 행위로 취급해야 한다고 말했다.

그렇다면 노동자들은 어떤 중재 제도를 원할까? 우리는 다음과 같은 질문을 던졌다. "의회가 노동자의 법적 권리를 둘러싼 노사 분쟁을 해결하기 위해 기업의 중재기관 사용을 장려하는 법안을 통과시켰다고 생각해 봅시다. 귀하께서 법률의 내용을 결정할 수 있고 다른 모든 사람들이 그 결정을 따른다고 할 때, 의회가 어떤 형태의 중재 시스템을 만들도록 하는 것이 좋다고 생각하십니까?" 〈자료 6-7〉에 따르면 대다수의 노동자는 아래 사안이 충족된 중재 제도를 선호한다.

- 중재 제도의 각 절차는 노사 양측 모두가 정한다.
- 운영 비용은 노사 양측 혹은 노사정 삼자의 지원으로 충당한다.
- 노동자는 관련 문제에 대처하기 위해 전문가의 지원과 협조를 받는다.
- 중재자의 결정은 정부 입장으로부터 자유로워야 한다.

놀라운 점은 노동자들이 중재 제도의 비용을 함께 부담하려 한다는 것이다. 경제학자들이 말하는 '무임승차'의 문제, 즉 공공재의 비용

자료 6-7

노사 분쟁을 해결하는 '이상적인' 중재 시스템

	주어진 특성을 가진 시스템을 선택한 노동자의 비율
노사 공동으로 구성	95
노동자나 경영진이 단독으로 구성	5
노동자가 중재기관이나 소송을 선택하도록 허용	78
오직 중재만을 사용해야 함	18
노동자에게 전문가의 조언·지원을 제공	82
노동자가 자신의 사례에 대해 스스로 책임지도록 함	17
노사가 경비를 충당	43
노사정이 경비를 충당	39
경영진이 단독으로 경비를 충당	15
정부 감사 없이 운영	56
결정에 대해 정부가 감사	42

출처: WRPS 결과를 토대로 작성됨. (W2.10A) "의회가 노동자의 법적 권리를 둘러싼 노사 분쟁 해결을 위해 기업의 중재기관 사용을 장려하는 법안을 통과시켰다고 생각해 봅시다. 귀하께서 내린 결정에 모든 노동자들이 따른다고 할 때, 의회가 어떤 형태의 중재 시스템을 만들도록 하는 것이 좋다고 생각하십니까?"

을 다른 사람에게 전가하는 행위는 발생하지 않았다. 왜 노동자들은 "회사 역시 값비싼 소송비용을 지출하지 않아도 되니 사측이 그 돈으로 중재 제도의 운영비를 떠맡으라"라고 명쾌하게 요구하지 않을까? 가장 그럴듯한 이유는 아무리 공정한 중재자라고 해도, 회사 쪽의 돈만 받는다면 사측에 유리한 결정을 내릴 수 있다는 것이다.

　　노동자가 원하는 것에 기초한 대안적 분쟁 해결 제도는 작업장에서의 권리를 둘러싼 분쟁을 해결하는 실현 가능한 방법이 될 수 있을까? 당연히 그렇다. 그렇다면 회사들도 이런 형태를 작업장에 도입하려 하는가? 모두 그렇지는 않다. 대부분의 기업은 분쟁 해결 제도를 설계하고 관리하는 데 직원들을 참여시키지 않는다. 게다가 일부 기업은 노동법 위반으로 소송을 제기하지 않겠다고 서명하는 경우에만 직원을 고용한다.

노동 규제를 검토하는 노사협의회

우리는 노동자들에게 중요한 작업장 개혁안 중 한 가지를 더 물어보았다. 산업 안전 및 보건 규제, 반차별법 같은 직장 내의 근로 기준을 준수하도록 노동자와 경영진으로 구성되는 '노사협의회'를 도입하자는 개혁안 말이다. 규제의 주체를 노사협의회로 이양하자는 생각은 아직 국가적인 정책 의제로까지 받아들여지지는 않고 있지만 전혀 새로운 아이디어인 것만도 아니다.[18] 일례로 산업 안전 및 보건 분야에서는, 1994년 기준으로 미국 내 10개 주가 '노사공동위원회' 설치를 의무화했다.[19] 캐나다는 이 같은 제도를 전국적으로 의무화했으며, 대부분의 유럽연합 국가들은 보건 안전은 물론이고 그 외의 영역에서도 유사한 노사협의회를 도입하고 있다.

우리는 노사협의회가 어떻게 기능할지에 대한 네 쪽짜리 설명문을 만들었다. 이 자료는 추가 설문조사 대상자 중에서 중재 제도에 관한 우편물을 받지 않은 나머지 절반에게 우편으로 배달되었다. 설명문

▶ '근로 기준을 위한 노사협의회'라는 제목으로 제시된 설명문에는 근로 기준을 위한 노사협의회가 무엇이고 어떻게 운영되는지, 기존의 근로 기준 조사관에 의한 방법과 무엇이 다르며 장단점이 무엇인지를 간략히 소개하고 있다.

에서 우리는 노사협의회에 대한 찬반의 주장을 제시했다. 또 이 제도가 지금의 제도보다 좋을지 나쁠지, 그리고 어떻게 작동했으면 좋겠는지 노동자들에게 물었다. 며칠 후, 우리는 해당 노동자들을 소집했다. 중재에 관한 논의에서와 마찬가지로, 작업장위원회에 관한 자료를 받은 사람들은 대부분이 설명문을 읽었고, 근로 기준 준수를 감시하는 노사협의회가 어떤 역할을 하게 될 것인지 아주 잘 이해하고 있었다.

대체로 노동자들은 노사협의회에 호의적이었는데, 회사가 근로 기준을 준수하기를 바라는 마음 때문이었다. 〈자료 6-8〉에 따르면, 먼저 일반적인 차원에서 노사협의회를 바라볼 경우 85%가 "매우 좋은 생각이다" 혹은 "좋은 생각이다"라고 답했다. 그러나 자신이 다니는 직장에서의 작동 여부에 대해서는, 호의적인 응답률이 64%로 떨어졌다. 잘 작동하지 않으리라고 생각하는 사람의 비율도 29%로 적지 않았다. 다시 말해 노사협의회에 대해 내부분의 노동자들이 일반적으로는 잘 운영되겠지만, 자신의 회사에서는 잘 기능하지 않을 것이라고 생각하는 시각도 꽤 컸다. 이 결과는 우리가 질문을 설계하는 과정에서 올바른 선택을 했음을 보여 주는 것이다. 우리는 일반적인 노동정책의 문제보다는 노동자 자신의 작업장에 관한 시각을 바탕으로 질문을 구성했다. 사람들은 어떤 문제에 대해 일반적이거나 추상적인 상황에서는 동의하지만, 자신의 특별한 상황에서는 적용하기 어렵다고 생각할 수 있기 때문이다.

〈자료 6-8〉은 대부분의 노동자가 노사협의회를 어떻게 바라보는지 보여 준다. 즉 위원회가 정부 기관보다 근로 기준 준수 감시의 역할을 보다 자주, 엄격히 수행할 것이며, 이는 사측이 근로 기준을 보다 잘 지킬 수 있도록 해줄 것이고, 결국 노사 양측 모두에 좋은 결과를 가져

자료 6-8

근로 기준 준수를 위한 노사협의회를 바라보는 노동자의 견해

위원회를 바라보는 전반적인 시각

	매우 좋은 생각이다	21
	좋은 생각이다	64
	나쁜/매우 나쁜 생각이다	7
	어느 것도 아니다/잘 모르겠다	8

자기 회사에서의 작동 여부

	잘 작동할 것이다	64
	잘 작동하지 않을 것이다	29
	상황에 따라 다르다/잘 모르겠다	7

기준 적용 빈도(정부 규제와 비교해)

	더 많다	64
	더 적다	12
	똑같다	19

회사의 근로 기준 충족의 용이성

	보다 수월하다	58
	보다 어렵다	23
	똑같다	14

집행할 근로 기준의 수준

	보다 엄격하다	57
	보다 약하다	19
	똑같다	16

직원들이 받을 영향

	이익을 본다	80
	손해를 본다	7
	똑같다	9

경영진이 받을 영향

	이익을 본다	73
	손해를 본다	15
	똑같다	8

주: 숫자의 합이 100이 되지 못하는 것은 응답자들이 "잘 모르겠음/답변 거부"에 답했기 때문임.
출처: WRPS 질문에 따름: (W2.7B) "노사협의회가 근로 기준을 강제할 책임을 어느 정도 맡는다면 무슨 일이 발생하리라고 생각하십니까? (W2.7ba) 근로 기준은 현재보다 확대 혹은 축소되어 적용될 것인가? (W2.7bb) 운영 방법에 잘 맞게 근로 기준을 충족시키기가 쉬울 거라 생각하십니까 아니면 어려울 거라 생각하십니까? (W2.7bc) 집행은 보다 엄격하게 해야 한다고 생각하십니까, 아니면 덜 엄격하게 해야 한다고 생각하십니까? (W2.7bd) 대체적으로 이런 종류의 시스템이 노동자에게 이로울 거라 생각하십니까, 아니면 해로우리라 생각하십니까? (W2.7be) 대체적으로 이런 종류의 시스템이 경영진에게 이로울 거라 생각하십니까, 아니면 해로우리라 생각하십니까?

다줄 것이라는 것이다. 노사협의회에 찬성하는 주장 중에서 가장 큰 반향을 일으킨 부분은 협의회가 직장 내 의사 결정 과정에서 노동자들에게 더 많은 발언권을 부여할 것이라는 점이었고, 그다음으로는 회사가 근로 기준을 충족시키는 방법에 있어 더 많은 선택지를 갖게 될 것이라는 점이었다. 대부분의 노동자들은 위원회를 반대하는 주장에 대해 설득력이 약하다고 생각했다. 노사협의회에 반대하는 쪽에서 가장 강조하는 문제는 위원회 구성원의 훈련 비용, 그리고 위원회 참석 시간을 근무시간으로 인정하는 데 따르는 비용이었다. 위원회 구성원이 정부 관리보다 문제 해결 능력이 부족하다거나, 엄격하게 근로 기준을 준수하도록 회사를 강제하기 어려울 것이라는 주장은 별로 중요하게 여겨지지 않았다.

마지막으로, 우리는 다음과 같이 노동자들에게 이상적인 노사협의회를 설계해 달라고 요청했다. "의회가 회사에 근로기준위원회의 설립을 장려하는 법안을 통과시켰다고 가정해 봅시다. 만약 귀하께서 입법에 관한 결정권을 지니고 있으며, 모든 사람이 그 결정을 따른다고 생각할 경우, 의회는 어떤 형태의 위원회를 권장할 것으로 생각하십니까?" 〈자료 6-9〉를 보면, 노동자들은 경영진과의 협력적 관계를 통해 문제를 해결하려 하지만, 일정한 독립성 역시 원하고 있다. 특히 대다수는 다음의 조건이 충족되는 위원회를 원한다. ① 위원회의 노동자 구성원은 노동자들에 의해 선출되어야 하며, ② 외부 전문가가 위원회에 자문과 협조를 제공하고, ③ 위원회는 모든 종류의 근로 기준에 대해 책임을 져야 한다.

하지만 위원회의 성격에 있어서 노동자들의 입장은 규칙 준수를 강제할 수 있는 권한을 가진 위원회와 경영진에게 자문 역할만 하는 위

자료 6-9

근로 기준을 강제하는 '이상적인' 노사협의회

	주어진 특성을 가진 시스템을 선택한 노동자의 비율
선출된 노동자로 구성된 위원회	85
경영진이 선정한 위원들로 구성된 위원회	11
모든 근로 기준에 대해 책임을 지는 위원회	63
일부 기준에 대해서만 책임지는 위원회	35
외부 전문가의 조언·협조를 얻는 위원회	83
독자적으로 운영되는 위원회	14
규제를 강화할 수 있는 권한을 가진 위원회	49
경영진의 자문 역할만 수행하는 위원회	47

출처: WRPS 결과를 토대로 작성됨. (W2.10B) "의회가 회사에 근로기준위원회의 설립을 장려하는 법안을 통과시켰다고 가정해 봅시다. 귀하께서 입법에 관한 결정권을 지니고 있으며, 모든 사람이 그 결정을 따른다고 생각할 경우, 의회는 어떤 종류의 위원회를 권장할 것으로 생각하십니까?"

원회로 갈라졌다.[20] 근로기준위원회가 가진 권한을 정하는 문제는 노사 관계의 모든 개혁 과정에서 결정적으로 중요하기 때문에 노동자들이 원하는 바를 좀 더 조사해 볼 필요가 있다. 노동자들이 현재 미국이 제시하는 것보다 더 탈중심적인 노동 규제를 선호한다는 점은 더 이상 부정할 수 없지만, 여기에는 자신들이 참여해야 한다는 조건이 붙는다.

요점은 이렇다. 일정한 정보가 주어지면, 노동자들은 장차 실현될 새로운 작업장 제도를 평가할 수 있고, 근로 기준과 규제에 대한 합리적인 보완책을 설계할 수 있다. 자료 배포 및 설문을 통해 알아본 노동자들의 답변이 그 증거다.

7장

노동자가 선택할
수 있다면

더 일반적으로 접근하기 위해 자신이 원하는 제도를 선택할 자유가 노동자들에게 주어졌다고 가정해 보자. 노동자 스스로 노동자대표제를 만들고, 직장 내 의사 결정 과정에서 자유롭게 발언하며, 노사 간 법적 분쟁을 자율적으로 해결해 노동권을 강화하는 제도 말이다. 그들이 선택한 제도는 어떤 것일까? 과연 그들이 미국이라는 나라에서 마주하고 싶은 노사 제도는 어떤 모습일까?

이 장에서는 기존의 작업장 제도들에 대한 노동자들의 평가를 살펴보는 데서 한 발 더 나아가 노동자들이 원하는 새로운 혹은 확장된 노동자대표제 및 참여의 형태를 살펴볼 것이다. 이 결과는 이 책에서 가장 추정적인 결과이지만 또한 가장 중요한 결과이기도 하다. 여기서 '추정적'이라고 한 것은, 노동자들이 지금껏 경험해 보지 못한 제도와 정책에 대해 묻고 있기 때문이다. 그럼에도 불구하고 중요한 이유는, 민간 부문이든 공공 정책 입안자든 누구도 노동자들이 바라는 제도의 특징과 구조를 해명하지 않고서는 미국의 노동 시스템을 발전시킬 수 없기 때문이다.

노동자들은 어떤 제도가 작업장 대표제와 참여의 수준을 가장 발전시킬 것이라고 믿는지 알아내기 위해, 우리는 두 가지 접근 방식을 선택했다. 첫째, 6장의 중재 제도와 노사협의회에 관한 질문에서처럼, 우리는 노동자들에게 자신의 직장이 어떤 특징을 가졌으면 좋겠는지 물어보았다. 다만 특정 제도를 제시해 선택하도록 하기보다는 〈자료 7-1〉처럼 몇 개 항목의 체크리스트를 제시한 뒤 X라는 특성을 지닌 조직을 선호하는지 Y라는 특성을 지닌 조직을 선호하는지 물었다. 둘째, 우리는 세 가지 대안적 제도 — ① 노동자 보호를 위한 법적 방안 확대 ② 노동조합 혹은 경영진과 교섭할 수 있는 이와 유사한 직장 조직 ③ 새로운 제도로 단체교섭은 할 수 없으나 직장 문제를 논의할 수 있는 노사공동위원회 — 를 제시하고, 자신들이 생각하기에 이상적인 답변이 없더라도, 이중 하나를 선택하도록 했다.

이런 접근 방식에는 각기 장단이 있다. 첫 번째 방식의 경우, 기존의 특정 제도에 구애받지 않고 노동자들이 직장에서 바라는 기능이나 특성을 판별할 수 있다. 기존 제도가 영향을 미치지 못하기 때문에 어떤 왜곡도 없이 노동자들이 선호하는 조직 형태를 파악할 수 있다는 점에서 이상적이다. 다만 노동자들이 체크리스트의 각 항목을 선택한다고 해도, 이런 특성들을 조합한 제도들 가운데 어떤 것을 선택할지는 알 수 없다. 선호하는 개별적 특성들을 다 모아 놓은 조직이 꼭 좋은 조직이 되리라는 보장도 없다. 후추와 아이스크림을 좋아하는 사람도 후추가 뿌려진 아이스크림을 좋아하진 않을 것이다.

세 가지 대안 중 하나를 선택하는 두 번째 방식의 경우, 응답자들에게 완성된 형태의 작업장 제도를 보여 주며 불완전하기는 하지만 현실적인 선택을 하게 만드는 측면이 있다. 단점이라면 우리가 제시한 세 가지 대안에 대해 노동자들은 각자 자기 식으로 바라볼 것이라는 점이다. 특히 노사공동위원회가 그러한데, 이에 대해서는 노조와 유사하다고 보는 이들이 있는가 하면, 경영진이 운영하는 기구에 더 가깝다고 생각하는 이들도 있을 것이다.

두 가지 접근 방식에서 나온 응답들을 분석한 결과, 우리는 두 가지 방식 사이에 놓인 빈틈을 어느 정도 채울 수 있었다. 그 결과 우리는

자료 7-1.

노동자가 선택한 이상적인 조직의 특징들

단위: %(응답률 산정에 제외된 답변도 있음)

'이상적인' 노동자 조직이라면	비관리직 일반 사원	노조 조합원	관리자
노사 공동으로 운영되어야 한다	85	83	90
노동자들에 의해서만 운영되어야 한다	10	14	3
선출된 노동자 대표자가 있어야 한다	59	76	47
자발적으로 지원한 대표자가 있어야 한다	25	16	25
경영진이 선출한 대표자가 있어야 한다	10	6	20
유사한 지위의 노동자들로 구성되어야 한다	55	57	48
최고 경영진을 제외한 모두를 포함해야 한다	31	30	32
갈등 상황에서는 중재자가 최종 결정을 하도록 해야 한다	59	86	37
갈등 상황에서는 경영진이 최종 결정을 하도록 해야 한다	34	10	55
회사의 기밀 정보에 접근할 수 있어야 한다	47	50	38
시장에 공개된 정보에 의존해야 한다	34	38	48
회사로부터 금전적·인적 지원을 받아야 한다	52	37	57
스스로 금전적·인적 문제를 해결해야 한다	34	48	31

출처: (W1.48a–f) "노동조합만 제외하고 종류에 상관없이 어떤 한 종업원 조직을 정해서 그것이 어떻게 작동할 것 같은지 생각해 보시기 바랍니다. 귀하께서 유일한 결정권자이며 모든 사람들은 그 결정에 따라야 할 경우, 귀하께서는 다음 각 항목이 어떻게 되기를 희망하십니까?"

다양한 노동자 집단들이 원하는 새로운 형태의 작업장 제도에 관해 어느 정도 일관된 그림을 그릴 수 있었다.

바람직한 조직의 특성

노동자들이 이상적이라 생각하는 직장 조직의 특성이 무엇인지 알아보기 위해 우리는 이렇게 물어보았다. "노동조합만 제외하고 종류에 상관없이 어떤 한 종업원 조직을 정해서 그것이 어떻게 작동할 것 같은지 생각해 보시기 바랍니다. 귀하께서 유일한 결정권자이며 모든 사람들은 그 결정에 따라야 할 경우, 귀하께서는 다음 각 항목이 어떻게 되기를 희망하십니까?" 응답 란에는 〈자료 7-1〉에 나온 대로 조직의 운영과 구성에 관한 여섯 가지 항목¹을 나열하고 노동자들에게 자신들이 선택한 특성을 가진 조직이 있다면, 그 조직에 참여한 노동자들이 차별받지 않도록 법적 보호 장치가 필요할지, 또 자신은 자발적으로 참여할 의사가 있는지를 물어보았다. 각 항목에 대한 답변은 비관리직 일반 사원, 노동조합원, 관리직으로 나눠 분석했다. 당분간은 관리직의 답변을 논외로 하고 비관리직 일반 사원 전체와 조합원들의 선택에 초점을 맞추겠다.

3장에서도 언급했지만 가장 놀랄 만한 점이라면, 대부분의 노동자들은 노동자와 경영진이 공동으로 운영하는 조직을 원한다는 사실이다. 공동 운영 조직에 대한 노동자들의 선호도가 압도적이라는 사실은 두 가지를 의미한다. 첫째, 노동자들은 협력적 노사 관계를 원한다는 것과 둘째, 어떤 작업장 제도가 들어서든 간에 노동자들의 발언이 의사 결정에 영향을 미치려면 경영진도 긴밀하게 참여해야 한다는 사실이다. 대부분의 조합원들은, 지금껏 본 것처럼 압도적으로 자신의 노조를 지지하며, 노사가 함께하는 운영을 바라고 있다. 이 의미는 노동자들은 경영진이 지배하는 조직을 원하지는 않는다는 것이다. 핵심 문구는 노사가 **공동으로 운영**한다는 것이다.

　다른 항목들에 대한 응답도 이 점을 명확히 하고 있다. 대부분의 노동자들은 독립적인 권한을 가진 조직을 더욱 선호한다. 대다수는 노동자 대표를 직접 선출하고 싶어 하며 노사가 합의에 이르지 못한 경우에 외부 중재자가 최종 결정을 내리는 것이 적절하다고 생각한다. 또한 노동자들은 이 조직이 회사 기밀에 접근할 수 있고, 경영진이 아닌 유사한 지위의 직원들만으로 구성되며, 회사로부터 금전적·인적 지원을 받기를 바란다. 조직에 참여한 노동자들에게 법적 보호 장치가 필요한지에 대해서는 찬반양론이 정확하게 갈린다.

　특히 조합원들은 비조합원들보다 규모가 더 크고 경영진으로부터 독립적인 직장 조직을 더욱 선호했다. 질문에 응답한 조합원의 75% 이상은 노동자 대표를 선거로 뽑고, 86%는 노사가 합의하지 못한 경우 중재자에게 최종 결정을 맡겨야 한다고 답했다. 조직의 재원 등에 대해 조합원의 절반가량은 회사의 지원에 의존하기보다 노동조합처럼 자체의 금전적·인적 자원에 기반을 두기 바랐다.

"어떤 조직도 필요없다"는 응답자

노동자들에게 원하는 직장 조직의 특성을 물을 때, 우리는 어떤 조직도 필요하지 않다는 답변 항목을 제시하지 않았다. 하지만 일부 응답자는 어떤 직장 조직도 반대한다고 했으며, 우리는 이들의 의견을 선택지 상에 없는 답변으로 따로 기록했다. 그 결과 7%나 되는 사람들이 어떤 조직도 원하지 않는다고 응답했다. 게다가 9%의 노동자가 자신들이 원하는 것을 "모른다"고 하거나 위의 질문들에 대한 답변을 거부했다. 따라서 신중하게 판단할 때, 대략 16%의 미국 노동자들은 종류와 상관없이 어떤 직장 조직에도 반대한다고 결론 내릴 수 있다.

사실 16%라는 추정치조차 직장 조직에 부정적인 사람들의 비율을 과소평가하는 것일 수 있다. 이들 중 일부가 설문 조사자를 배려해서 긍정적으로 답변했을 가능성도 있기 때문이다. 여기서 우리는 다음 질문의 답변을 관찰함으로써 이런 응답자의 수를 좀 더 제대로 추적할 수 있다. 질문의 내용은 이렇다. "경영진과 작업장 현안을 논의하기 위해 한 달에 두세 시간을 자발적으로 투자할 의향이 얼마나 됩니까?" 응답자의 77%가 "당연히" 또는 "아마도" 시간을 투자할 것이라고 했으며, 5%가 "결코 참여하지 않겠다"라고 답했다. 7%는 어떤 종류의 노동자 조직도 원하지 않았다. 긍정적으로 답한 77%를 제외하고 나머지 응답자는 진심으로 작업장 제도에 반대한다고 역시 신중하게 가정한다면, 어떤 조직도 안 된다고 응답한 노동자의 비율은 최고 23%로 보인다. 뒤집어 말하면, 회사에서 자신들의 대표 조직을 원하는 노동자도 75% 이상 되는 셈이다.[2]

경영진의 선호

위와 비슷한 질문을 경영진에게 한다면 어떤 응답이 나올까? 그들은 노동자와 비슷하게 생각할까, 아니면 전혀 다를까? 〈자료 7-1〉에는 경영진이 제시하는 노동자 조직의 모습도 나온다. 결정적인 지점에서 경영진은 노동자의 선택과 다른 조직을 선호할 수 있다. 노사 간 의견이 일치하지 않을 경우 경영진은 자신이 최종 결정을 하려고 하며, 노동자 조직이 회사 기밀에 접근하기를 원하지 않는다. 의사 결정권과 정보의 접근 여부는 회사의 근본적인 권위 문제에 해당된다. 경영진은 권한을 가지지만 보통 사람들처럼 자신들의 권한을 쉽게 내놓으려 하지 않기 마련이고 이는 그리 놀랄 일도 아니다.

그렇지만 놀라운 일이 벌어졌다. 절반에 가까운 관리자들은 노동자 조직이 있다면 투표로 선출된 노동자 대표와 협상하겠다고 했다. 또 관리자의 37%는 여기서 노동자와의 의견 불일치가 발생할 경우 외부 중재자를 택하겠다고 말했다. 관리자들이 노동자 조직에서 선출된 노동자를 선호하는 이유 중 하나는 오히려 노사 관계의 효율성이 증가하리라고 생각했기 때문이다. 또 노동자가 대표를 선출하는 게 좋다고 생각한 관리자들 중 69%는, 자신들과 만날 노동자 대표를 노동자 스스로 선택한다면 작업장 문제를 해결하는 데 더 효과적일 것이라 생각했고, 이를 관리자가 선출하거나 자발적 지원자로 구성해야 이상적이라고 생각한 관리자는 21%에 그쳤다. 노조가 있는 기업의 관리자들은 지금도 노동자에 의해 선출된 노동자 대표와 정기적으로 교섭을 벌이는데, 무노조 기업의 관리자들보다 노동자 대표에 좀 더 호의적이다.[3]

노동자들이 직접 노동자 대표를 선출하기를 원했던 관리자들은 자신의 회사가 종업원을 관리하는 방식에도 신경을 쓰고 있는 것으로 보였다. 그들의 작업장 의사 결정에 관한 자신들의 영향력에 대한 만족도는 노동자 대표를 선출하는 것에 반대하는 관리자들보다 더욱 낮았다. 그들은 회사가 노동자와의 약속을 지킨다는 말을 다른 관리자들만큼 신뢰하지 않았다.[4] 또 자기 기업의 노사 관계를 그럭저럭 괜찮거나 부족하다고 보는가 하면 다른 관리자들이 매긴 평균치보다 낮다고 평가하는 경향이 있었다.[5] 이런 관리자들이 우리에게 보내는 메시지는 회사가(그리고 아마도 그들 스스로가) 노동조건을 개선하고 노동자들에게 더 많은 발언권을 보장하기 위해서는 독립적인 조직을 필요로 한다는 것이다.

선호의 편차

〈자료 7-1〉은 작업장 조직의 특징별로 각각에 대한 답변을 보여 준다. 이를 해석할 때는 유의할 점이 있다. 한 항목에 대해 대다수 노동자들이 직장 조직의 노동자 대표 선출을 원한다고 응답했고, 또 한 항목에서 대다수 노동자들이 회사가 조직의 자금을 지원해 주기를 바란다고 응답했다 해서, 이들이 이 두 가지 요소가 조합된 상태를 원한다고 볼 수는 **없다**.[6] 실제로 선출된 대표자를 희망하는 노동자들은 직장 조직에 대한 회사의 지원을 별로 좋아하지 않았다. 반대로 회사의 지원을 선호하는 응답자는 대표자 선출에 더 부정적이었다.[7] 겨우 두 가지 특성에서조차 선호도가 겹치지 않는데, 여섯 가지 혼합물의 경우에는 편차가 더욱 심할 것이다.

　노동자들이 선호한 작업장 특성을 실제 직장 조직의 형태로 구성하기 위해 우리는 여러 조합으로 이뤄진 표를 작성했다. 〈자료 7-1〉에 나온 여섯 가지 항목 중 다섯 가지 항목의 선택 사항은 각각 두 개였고, 나머지 항목인 노동자 대표의 선출 방식을 묻는 질문은 선택 사항이 세 개였다. 그 결과 96개($2^5 \times 3^1$)의 조합이 가능했다.[8] 이처럼 경우의 수가 많지만, 대다수가 96개의 조합 중 어느 특정한 조합을 택한다면 의

미심장한 조직 구성이 될 것이다. 우리 조사에서, 여섯 가지 특성 모두에서 선호도가 가장 높은 항목들만을 선택한 응답자는 8%뿐이었다. 하지만 많은 노동자들이 의미심장한 경향을 보였다. 응답자의 23%는 다섯 가지 특성에서 일치된 선택을 했고 한 가지만 달랐다. 38%는 네 가지 특성이 같고 두 가지만 다른 조직 구성을 선택했다. 즉 61%의 노동자는 대체로 유사한 특성 조합을 가진 조직을 선택한 것이다. 반대로 한 가지 특성만 일치하는 노동자의 비율은 4% 미만이었으며, 두 가지 특성이 일치하는 비율은 13%였다.9

그러나 〈자료 7-1〉에 열거된 여섯 가지 항목이 직장 조직의 형태를 결정할 때 똑같이 중요하지는 않다. 직장 조직의 독립성과 권한의 범위는 두 가지 특징에 전적으로 의존한다. 하나는 노동자 대표를 선택하는 메커니즘이고, 또 하나는 경영진과 노동자 사이의 갈등을 해결하는 방식이다. 최고 경영자 밑에 있는 모든 종업원 혹은 서로 유사한 지위에 있는 종업원들이 직장 조직의 구성원이라 해도, 회사 기밀에 대한 접근 여부나 운영 재원의 조달 방식은 노동자들에게 독립적인 발언권을 보장하는 문제보다 상대적으로 중요하지 않았다. 만일 직장 조직이 갖춰야 할 특성과 권한에 대해 노동자들이 일관된 견해를 가지고 있다면, 우리는 대표자 선정에 대한 의견 차이와 갈등이 해결되리라고 본다. 실제로 노동자 대표를 직접 선임하고자 하는 노동자의 71%는 동시에 갈등 해결을 위한 중재자를 원했다. 반면에 경영진의 대표 선임을 원하는 노동자 중에서는 29%만이 중재자의 해결을 원했다.

〈자료 7-2〉는 직장 조직의 독립성과 관련해 대표자 선출 및 중재자 문제에 대한 노동자들의 입장을 선호별 분포도로 보여 준다. 노동자의 44%는 노동자 대표를 스스로 선임하고 분쟁 해결에 외부 중재자가

자료 7-2

직장 조직의 회사에 대한 독립성 정도와 노동자 선호의 관계

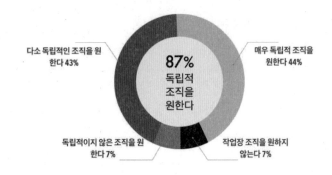

주: "매우 독립적"이란 의미는 응답자들이 선출직 대표자와 의견 대립시 중재를 원한다는 뜻이며 "다소 독립적"이란 다른 모든 조합을 말한다(즉 자발적인 대표자의 존재시 중재기관이 있거나 없거나 하는 경우, 선출된 대표자가 존재하지만 중재기관은 없는 경우, 경영진이 정한 대표자가 존재하고 중재기관도 있는 경우). "작업장 조직을 원하지 않는다"란 이 원형 차트의 자료를 제공하는 WRPS 질문 상의 어떤 항목에 대해서도 작업장 조직을 원하지 않는 경우를 말한다.
출처: WRPS에서 비관리직 노동자들을 대상으로 한 질문 결과를 토대로 작성됨. (W1.48) "노동조합만 제외하고 종류에 상관없이 어떤 한 종업원 조직을 정해서 그것이 어떻게 작동할 것 같은지 생각해 보시기 바랍니다. 귀하께서 유일한 결정권자이며 모든 사람들은 그 결정에 따라야 할 경우, 귀하께서는 다음 각 항목이 어떻게 되기를 희망하십니까?" (W1.48a)문제 해결을 위해 외부 중재자를 사용할 수 있는 조직 (W1.48b) 경영진이 최종 결정을 내리는 조직 (W1.48c) 핵심 참여자들이 주로 자발적으로 모인 조직 (W1.48d) 핵심 참여자들이 선출로 결정된 조직 (W1.48e) 경영진이 핵심 참여자들을 임명하는 조직."

개입하는 조직을 원했으며, 우리는 이들을 "매우 독립적인 성향"의 노동자 조직이라고 부를 것이다. 대표자와 중재자 문제라는 두 항목에 대한 노동자들의 선호가 서로 관련이 없다면, 이 같은 비율은 35% 이하였을 것이다. 현재 미국의 노동법하에서, 유일하게 두 항목 모두를 충족하는 조직은 노동조합이다. 우리 조사에서 매우 독립적인 직장 조직을 원하는 노동자의 비율 44%는 앞선 4장에서 "기회가 주어진다면 전국노동관계위원회가 관장하는 노동조합 인증 선거에서 노조를 지지하겠다"라고 응답한 비율과 정확히 일치한다. 44%라는 수치는 우연적이겠지만, 두 통계의 비율이 같다는 것은 우연이 아니다. 이는 그만큼 많은 노동자들이 현재보다 더 독립적인 노동자 조직을 희망하고 있다는 뜻이다.

반대로 7%의 노동자들은 '비독립적 성향'으로, 경영진이 직장 조직의 대표를 선임하고 갈등 사안도 조정하기를 바란다. 이들 대부분은 합의가 어려울 경우 경영진이 최종 결정을 내리라고 했지만 3분의 1은 외부 중재자가 판단하기를 바랐다.[10] 하지만 그들이 노동자 대표 선출을 경영진에 맡기길 바라는 한 그들은 "비독립적" 성향으로 분류된다. 또 다른 7%의 노동자는 두 항목 중 어느 것도 바라지 않으며, 어떤 조직을 선호하는지의 질문에 대답도 하지 않았다.

독립 성향과 비독립 성향, 두 그룹 사이의 어딘가에 중간 지대가 있다. 즉 경영진에 완전히 의존하는 것보다는 좀 더 나아가지만, 매우 독립적인 조직은 아니라는 노동자들이다.

응답자의 17%는 노동자가 대표자를 선임하지만 합의에 이르지 못할 때 경영진이 최종 결정하는 조직을 원했다. 경영진에게 최종 결정권을 주기 때문에 우리 기준에서는 매우 독립적인 그룹이 아니다. 하지만 노동자들이 대표자를 선임하기 때문에 일정한 독립성을 가진다.

중간 지대에 있는 26%의 노동자는 노동자 위원이 자발적으로 대표자에 지원하는 조직을 원했다. 이들 중 약 60%는 경영진과 의견이 불일치할 경우 외부 중재자에게 가는 쪽을 선호했다. 중재자 덕분에 의사 결정과 관련된 독립성은 어느 정도 확보될 것이다. 26%의 노동자 중 나머지 40% 정도는 최종 결정권을 경영진에게 주겠다고 답했는데, 이 경우 조직은 비독립적인 성향에 가까워진다.

직장 조직의 독립성 문제에서 중간 지대에 놓인 노동자들은 이처럼 다양한 편차를 보인다. 분석의 편의를 위해 우리는 이들을 '다소 독립적 성향'으로 분류하겠다.

정리하자면 가장 규모가 큰 단위는 매우 독립적인 조직을 원하는 44%의 노동자들이다. 가장 소수 그룹은 전적으로 경영진에 의존하는 조직을 바라거나 아무 조직도 필요 없다고 했다. 또 매우 독립적인 성향의 그룹과 1%p 차이밖에 나지 않는 43%의 다소 독립적인 응답자 그룹이 존재한다.

이 모든 응답자들은 도대체 누구인가? 어떤 종류의 노동자가 매우 독립적이거나, 다소 독립적이거나, 독립적이지 않거나, 아니면 아무 조직도 없는 회사를 원하는가?

〈자료 7-3〉은 노동자들의 노사협의회에 대한 독립성 선호도를 성별·인종·학력·직업·수입과 노사 관계의 조건 등으로 나눠 비교했다. 이에 따르면, 조직의 독립성에 대한 입장은 노동자 개인의 특성에 따라 조금씩 다르다. 대학 졸업자는 고졸 이하의 학력 소유자보다 조직의 독립성에 더 부정적이며, 조직이 없는 상태를 바란다. 흑인 노동자는 백인보다 더 독립적인 조직을 원한다. 생산직 노동자들은 사무직보다 더 독립적인 조직을 선호한다. 하지만 성별, 급여 수준에 따라서는 아무 차이가 없었다. 여러 분류 기준 중 흑인과 백인 사이의 선호도가 제일 벌어졌지만 그 차이도 그다지 크지 않았다.

〈자료 7-3〉의 하단에는 작업장 특성에 따른 선호도를 분류했는데, 상단 부분과는 대조적으로 차이가 매우 크다. 직장 조직의 독립성에 가장 결정적인 요소는 바로 노사 관계의 질이었다. 회사와의 관계가 좋지 않은 노동자들은 그렇지 않은 노동자들보다 훨씬 더 독립적인 직장 조직을 원한다. 사측과의 관계가 원만한 노동자의 17%는 어떤 조

자료 7-3

노사 관계가 노동자 조직의 독립성에 대한 노동자의 요구보다 우선한다

단위: %

직원 특성		작업장 조직의 독립성 수준에 대한 노동자의 선호 비율			
		매우 독립적	다소 독립적	비독립적	작업장 조직 반대
성별	남	42	43	7	8
	여	45	43	7	6
인종	흑인	49	39	7	5
	백인	43	43	7	7
학력	대졸	38	47	7	9
	고졸 이하	44	41	8	6
직업	전문직	41	43	6	10
	기타 비관리자 사무직	39	47	8	7
	생산직 노동자(기능공, 생산직, 서비스직, 노무직)	49	39	6	6
임금수준	임금 기준 상위 사분위	45	43	7	6
	임금 기준 하위 사분위	44	41	11	4

작업장 특성					
노사 관계	매우 좋다	37	46	9	8
	좋다	45	41	6	7
	그저 그렇다	53	36	4	7
	나쁘다	65	25	5	5
노조에 대한 입장	조합원	69	25	2	5
	노조를 지지하는 비조합원	60	32	5	3
	노조에 반대하는 비조합원	26	55	9	10
종업원 참여(EI)	종업원참여위원회에 참가	37	46	8	8
	종업원 참여 기업이지만 참여하지 않음	45	43	7	6
	종업원 참여 없음	47	41	6	7

주: "매우 독립적"이란 의미는 응답자들이 선출직 대표자와 의견 대립시 중재를 원한다는 뜻이며, "다소 독립적"이란 다른 모든 조합을 말한다(즉 자발적인 대표자의 존재시 중재기관이 있거나 없거나 하는 경우, 선출된 대표자가 존재하지만 중재기관은 없는 경우, 경영진이 정한 대표자가 존재하고 중재기관도 있는 경우). "직장 조직이 없는"이란 이 표의 자료를 제공하는 WRPS 질문 상의 어떤 항목에 대해서도 직장 조직을 원하지 않는 경우를 말한다.

출처: 〈자료 7-2〉에 제시된 WRPS 결과 및 기타 관련 질문을 교차분석해 작성함. 임금수준에 관한 자료는 관리자를 포함해 표본 전체의 임금을 토대로 작성되었다.

직도 원하지 않거나, 경영진에 매우 의존적인 조직을 원한다. 반면에 노동조합이 있는 기업의 노동자, 노조가 없더라도 노조 인증 선거가 열린다면 찬성투표를 하겠다는 노동자들은 조직의 독립성을 매우 선호한다. 그러나 종업원참여위원회가 있는 직장의 노동자는 37%만이 매우 독립적인 조직을 원한다. 회사 임원 분들 들으시오. 노동자들에게 직장 내 발언권과 원만한 노사 관계를 제공한다면, 그들은 독립적인 노동자 조직의 필요성을 덜 느낄 것이다.

어쨌든 다음의 결론은 피할 수 없을 것이다. 즉 노동자가 원하는 직장 조직의 특성은 회사에서의 경험에 따라 다양하게 나타난다.

오로지 하나만 선택하라고 할 경우

작업장 제도를 결정함에 있어서 우리가 선택한 두 번째 접근 방식은, 노동자들에게 자신들의 상황을 개선할 수 있는 가장 좋은 방법을 한 가지만 골라 보라고 하는 것이었다. 우리 조사에서 노동자들은 더 많은 기업에 노조가 설립되고, 종업원 참여 프로그램이 확장되며, 더 많은 법적 보호 장치를 원한다는 것을 알게 되었기 때문에 우리는 다음과 같이 물었다.

그동안 직원 여러분과 직장 내 현안에 발언권을 강화하고 사측으로부터 공정하게 대우받을 수 있는 방안들을 이야기했습니다. 그렇다면 다음 세 가지 방안 가운데 귀하가 보기에 가장 효과적이라고 생각하는 것을 **하나**만 고른다면 무엇입니까?

① 직원 개인의 권리를 보호하는 **법률**

② 직장 내 문제를 **논의**할 노사공동**위원회**

③ 경영진과 직장 내 현안에 대해 **교섭** 혹은 협상할 수 있는 노동조합(조사 대상자의 절반에게는 노동조합 대신 '종업원 조직'이라는 문구로 대체)

③에 대해서는 표본을 나누어 질문하는 '분할 표본 설계' 방식을 사용했다. 즉 조사 대상자의 절반(A그룹)에게 "교섭 혹은 협상할 수 있는" **노동조합**을 묻고, 나머지 절반(B그룹)에게는 노동조합 대신 "교섭 혹은 협상할 수 있는" **종업원 조직**을 물었다. 미국 법체계에서 직장 내 현안에 대해 교섭·협상할 수 있는 종업원 조직은 노동조합일 수밖에 없기 때문에, 이런 구분은 멍청한 짓으로 보일지도 모른다. 하지만 노동운동 지도자 중 한 사람은 만약 우리가 '노동조합'이라고 물으면 반대하는 답변이 더 많을 것이라고 이야기해 주었다. 그가 인용한 '미국노동총연맹 산업별조합회의'AFL-CIO의 설문조사에 따르면 어떤 노동자들은 "노동의 '노'자"만 들어도 반감을 나타내며 심지어 AFL-CIO 산하 조합원도 마찬가지였다. 사실 전미교육협회, 전국대학교수협의회, 그리고 다양한 경찰 기구들은 종종 노조 대표 선거에서 AFL-CIO 산하 노조들을 이기기도 했다. 이들 조직은 사실상 AFL-CIO 산하 노동조합과 마찬가지로 단체교섭을 하는데도 불구하고 노조와는 뭔가 다르게 보였기 때문이다.

〈자료 7-4〉는 그 결과를 잘 보여 준다. A그룹의 응답자 중 23%는 노동조합을 선택했다. 이는 조사 대상자 중 노동조합에 속해 있는 14%의 노동자들보다 더 높은 수치이긴 하다. 하지만 B그룹의 응답자 중 31%는 노동조합과 이름만 다를 뿐 사용자와 교섭하는 것은 마찬가

자료 7-4

대다수 노동자들은 노사공동위원회를 원하며, 노조를 원하는 사람들의 수는 노조 가입자보다 많다

단위: %

A그룹 : 협상 혹은 교섭 단위를 '노동조합'이라 표현한 경우

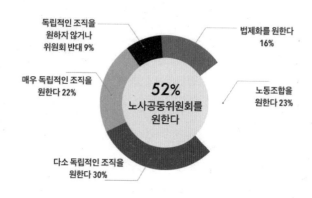

B그룹 : 협상 혹은 교섭 단위를 '종업원 조직'이라 표현한 경우

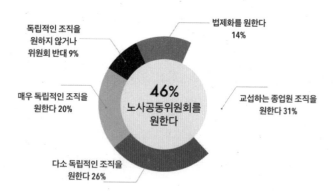

출처: WRPS 결과를 토대로 작성됨. (W1.58) "그동안 직원 여러분과 직장 내 현안에 발언권을 강화하고 사측으로부터 공정하게 대우받을 수 있는 방안들을 얘기했습니다. 다음 세 가지 방안 가운데 귀하가 보기에 가장 효과적이라고 생각하는 것을 하나만 고른다면 무엇입니까?: 1. 노동자 개인의 권리를 보장해 줄 보호 법안 마련, 2. 문제 해결을 위한 노사공동위원회, 3. (A형식과 B형식 설문지의 앞쪽 절반)종업원 조직, (A형식과 B형식 설문지의 뒤쪽 절반)현안에 대해 경영진과 협상 혹은 교섭할 수 있는 종업원 조직

지인 종업원 조직을 선택했다. 노동운동 지도자의 말이 맞았다. 그저 노동의 '노'자를 뺀 것만으로도 경영진과 교섭할 조직을 원하는 노동자가 얼마나 많아지는지 입증된 셈이다. 다른 답변을 보면 법 개정이야말로 직장에서 발언권을 높이고 공정한 대우를 보장받는 방법이라고 선택한 노동자는 매우 적었다. 6장에서 확인한 바와 마찬가지로 노동자들은 법 개정을 통한 보호보다는 직장 단위의 조직체를 통한 타협을 선호한다.

또한 조사 대상자의 과반수인 58%(〈자료 7-4〉에서 A그룹의 응답률 중 61%와 B그룹 55%의 평균)가 현재 미국에는 존재하지 않는 제도를 원했다. 즉 직장 내 현안을 논의하고 해결하는 조직으로 노사공동위원회를 지목한 것이다. 실제로는 미국 노동법 어디에도 이런 조직을 장려하지 않는다. 만일 이런 조직이 단체교섭에 해당되는 사안들을 논의할 경우 많은 이들이 불법이라고 간주할 것이다.[11]

노사공동위원회처럼 새로운 형태의 조직을 바라는 노동자들의 머릿속에는 무슨 생각이 자리 잡고 있을까? 일단 그들이 직장 조직을 어떻게 바라보는지 알아보자. 자신이 선호하는 직장 조직으로 노사공동위원회를 택한 응답자의 36%는 직원들이 자신의 대표를 선출하고 자신의 대표와 경영진 사이의 갈등이 매우 독립적인 중재기관에 의해 해결되는 조직이 가장 이상적이라고 답했다. 또 노사공동위원회를 선택한 사람들의 56%는 노동자가 자발적으로 위원회에 지원하거나 대표자를 선임할 수도 있지만, 분쟁 해결을 외부 중재자에게 맡기지는 않고 경영진에 위임하는 조직을 원했다. 나머지 8%는 사실상 경영진으로부터 독립적이지 않은 조직을 바란다.[12]

노사공동위원회에 대한 세 반응을 노동조합(또는 종업원 조직), 법적 보호 확충의 응답률과 함께 제시한 것이 〈자료 7-4〉의 원형 그래프이다. 그래프를 보면 노동자의 발언 확대와 대우 보장을 위한 여러 가지 방법에 대한 노동자들의 선택이 어떤 분포를 보이는지 알 수 있다. 이에 따르면 미국 노동자의 대략 절반은 상당한 독립성을 갖는 직장 조직을 원했다. 또 45%의 노동자가 노동조합 혹은 매우 독립적인 노사공동위원회를 원했다. 노동조합이라는 문구를 종업원 조직으로 바꿀 경우 51%가 종업원 조직이나 매우 독립적인 노사공동위원회를 지지한다. 그 밖에 26~30% 사이의 노동자는 다소나마 독립적인 조직을 원했다. 특별한 조직을 바라지 않거나 독립성이 없는 조직을 지지한 노동자는 9%에 불과하다.[13]

선택의 일관성

WRPS 프로젝트를 시작할 당시, 노동계와 재계의 지도자들은 노동 개혁에 관한 가설적 질문에 노동자들이 보인 반응에 대해서는 신뢰할 수 없다고 경고했다. 그것은 노동자의 근본적인 태도를 나타내기보다는 질문의 맥락과 단어 선택에 따라 달라질 것이라는 점 때문이었다. 이것이 정말 문제라면, 노동자들이 처해 있는 객관적 상황이나 그들의 기존 제도들에 대한 판단이 직장에서 발언권을 확대하고 공정한 대우를 보장받기 위한 가장 효율적인 방법에 대한 생각과 일관될 것이라 볼 수 없을 것이다. 반대로 앞선 장들에서처럼 노동자들이 노동조합, 경영 정책, 정부 규제에 대해 일관되게 이야기하고, 이런 견해가 작업장 개선에 대한 최종 평가와 밀접하게 연관될 경우 그 같은 경고는 염려하지

자료 7-5

노동자의 발언을 증가시키기 위한 방법들에 대한 노동자의 선호 비율

단위: %

	노동조합 선택(A그룹)			종업원 조직 선택(B그룹)		
	협상 단위로서의 노동조합	노사공동 위원회	법 개정	협상 단위로서의 종업원 조직	노사공동 위원회	법 개정
노동조합에 대한 입장						
조합원	54	39	7	44	45	11
노조 설립을 지지하는 비조합원	40	42	18	44	43	13
노조 설립에 반대하는 비조합원	5	78	17	20	66	14
종업원 참여(EI)에 대한 입장						
종업원참여위원회에 참여	19	68	12	30	59	11
종업원 참여 기업에서의 비참여	21	61	18	32	55	13
종업원 참여 불허 기업	26	58	17	32	52	16
작업장 문제에 대한 정부의 문제 해결에 대한 태도						
소송이나 당국에 고소를 선호	23	58	19	36	47	16
중재 시스템을 선호	24	63	13	29	60	11

출처: 〈자료 7-4〉에서 언급된 것처럼, WRPS 설문조사 (W1.58) 문항에서 조사한 노조에 대한 입장, 종업원 참여에 대한 입장, 노조 지지에 대한 투표 의향 결과를 토대로, 그리고 (W1.57) "직장에서 노동자의 권리가 침해되었다고 느끼다면, 소송을 하겠습니까 아니면 당국에 고소하시겠습니까?"라는 질문에 대한 응답 결과를 교차분석해 작성.

않아도 될 것이다.

　〈자료 7-5〉를 보면 일부 노사 지도자들이 갖는 두려움과는 반대로, 노동자들은 회사 내의 노사 관계를 잘 살피면서 스스로의 경험을 적절하게 활용하고 있다.

　노동조합과 종업원 조직 등을 두고 나타나는 노동자들의 반응을 살펴보자. 노조가 있는 회사의 직원들은 그렇지 않은 직원들보다 노동조합이나 종업원 조직을 선택하는 경향이 더 크다. 특히 노사공동위원회 같은 종업원 조직보다 노동조합을 더 원한다. 종업원 조직의 영향력이 전통적인 노동조합보다 약하리라는 두려움 때문으로 보인다. 무노조 기업의 경우 노동조합 설립에 찬성하는 노동자들은 노조와 종업원조직을 비슷하게 지지했다. 또 노조 설립에 반대하는 노동자들은 다수가 노사공동위원회를 원했다.

5장에서 봤듯이 종업원참여위원회에 참가한 경험이 있는 응답자들은 참여위원회 활동에 호의적인 평가를 내렸으므로 우리는 이들이 노사공동위원회에도 우호적일 것으로 예상했다. 〈자료 7-5〉와 같이 노동조합을 선택한 A그룹의 응답자 중, 참여위원회에 참가 경험이 있는 사람의 68%가 노사공동위원회를 선택했다. 종업원참여위원회가 있지만 여기에 참가하지 않은 직원은 61%만 지지했다. 아예 참여위원회가 없는 기업의 노동자는 58%만 노사공동위원회를 선택했다. 노동조합 대신 종업원 조직을 택한 B그룹의 경우 참여위원회를 경험한 이들의 노사공동위원회에 대한 지지도는 다소 낮아졌다. 하지만 다른 노동자들과 비교하면 여전히 높은 수준이다.

마지막으로 소송이나 당국에 고소하는 것을 선호한 노동자들은 법적 보호 장치의 확충을 효과적이라고 평가하기 쉬워 보인다. 하지만 이들에게조차 법 개정을 통한 해결은 노조나 노사공동위원회보다 지지도가 밀려서 꼴찌를 차지했다.

결론: 보다 나은 직장을 위해

이 책에서 우리가 발견한 주요 사실은 이것이다. 선택할 수만 있다면 노동자들은 지금보다 '더 많은 것'을 원한다. 직장 내 의사 결정 과정에서 더 많은 발언권, 더 많은 법적 보호, 더 많은 노동자 대표를 원하는 것이다. 대부분의 노동자에게 노동조합과 종업원참여위원회와 정부 규제에 이르는 제도들은 현재 충분하지 않고, 직장에서의 발언 기회 또한 부족하다. 무노조 기업의 상당수 노동자들이 노조 설립을 바란다. 더 많은 응답자가 다양한 수위에서 독립적인 노사위원회를 보고 싶어 한다. 하지만 어떤 직장 조직이든 간에 대부분의 노동자는 현재의 제도로는 직장 내 의사 결정 과정에 자신의 의견을 반영하지 못한다고 믿는다. 경영진이 권한을 자신들과 공유하려 하지도 않는다고 생각한다. 경영진 역시 이 의견에 대체로 동의한다. 그냥 내버려 둔다면 현재의 노동 시스템은 더 많은 발언권을 바라는 노동자들의 요구에 좌절감만 안겨 줄 것이다.

놀랍게도 우리 조사는 노동자들이 직장 조직의 새로운 형태와 특징, 그리고 규제를 강제할 방법 등을 꽤나 정확하게 구체적으로 이야기할 수 있음을 보여 주었다. 의사 결정 과정에서 발언하고 싶다는 노동자들의 요구는 걸음마 단계가 아니라 상용화할 수 있을 정도의 수준이라 노사정 지도자들이 노사관계를 현대화하는 데 충분히 가이드로 삼을 수 있을 정도다. 노동자들은 지금보다 더 탈중심적이고 다양한 직장 조직 시스템 — 현재의 제도를 확장할 뿐만 아니라 새로운 제도를 수용하는 시스템 — 을 이야기한다. WRPS 조사 과정 전체에서 그들은 경영진과 더욱 협력적이고 대등한 관계를 원한다.

이 책이 정계, 재계, 노동계의 의사 결정권자에게 던지는 메시지는 명쾌하다. 즉, 우리에게는 지금이 바로 노동자들의 직장 내 대표성과 참여를 증가시킬 기회라는 것이다. 이를 통해 우리는 노동하는 삶의 질을 향상시킬 수 있을 것이다. 노동자들이 바라는 노사 시스템의 개혁 속에서 정치 지도자는 잠재적인 지지자를 얻을 것이며, 노동조합은 다수의 새 조합원을 얻을 것이며, 기업은 더 유능하고 충직한 노동력을 얻을 것이다. 물론 잠재적인 가능성일 뿐, 어떤 집단이 최고의 혜택을 누릴지는 노·사·정 각자의 선택에 달려 있다. 하지만 이들의 선택과 공공 정책의 변화는 노동자들이 명확하게 원하는 직장에서의 발언권 및 대표제 확대 문제와 어떤 식으로든 상응할 수 있어야 한다.

8장

새로운 노사 관계

판사의 판결문처럼, 이 책에서 발견한 주요 결과들이 엄연한 사실임을 명시해 보자. 미국에서 직장 내 발언권에 대한 노동자들의 희망 수준과 현재 수준 사이에는 현격한 격차가 있다. 민간 부문 무노조 기업 노동자의 3분의 1에서 2분의 1은 회사 측과의 단체교섭에서 노동조합을 원한다. 80%에 육박하는 더 많은 노동자들은 독립적인 직장 조직을 만들고, 회사 현안에 대해 경영진과 정기적으로 대화하기를 바란다. 이런 조직이 단체교섭의 단점을 극복하는 한편, 노사 갈등 상황에서 어느 정도 공정한 중재를 해주리라 기대하기 때문이다. 하지만 미국에서 이런 종류의 조직은 현재로선 존재하지 않는다.

미국의 많은 노동자들이 회사에서 발언하고 싶어 하지만, 제대로 의견을 내지 못하는 현실은 결국 이 나라의 노동법과 노사 관계 시스템에 심각한 제도적 문제가 있다는 사실을 여실히 보여 주고 있는 것이다. 선진 경제와 민주 사회 가운데 미국만큼 노동자대표제와 참여에 대한 요구를 충족시키지 못하는 곳은 없다. 미국 노동자 중에 회사에서 발언하고 싶어도 의견을 내지 못하는 비율은, 다른 주요 영어권 국가들보다 높다.[1] 또한 이는 미국보다 노동조합 가입률이 더 높은 유럽연합 국가들과 비교해 봐도 마찬가지다. 이들 국가에서 노동조합과 기업 간에 체결되는 단체협약은 노조가 없는 회사에도 확대 적용되며, 노동법에 따라 사측은 노동자들의 선출에 의해 구성된 '노동자평의회'를 상대로 회의 및 상담을 진행해야 한다.

미국의 노사 관계에서 노동자의 희망 수준과 현재 수준 사이에 거대한 격차가 생긴 원인은, 대공황기와 제2차 세계대전 직후에 만들어진 미국의 노사 관계 시스템이 노사 양측의 요구 변화에 발맞추지 못한 데 있다.[2] 그동안 제조업에서 서비스 경제로의 변화, 거대 초국적 기업의 등장, 세계경제의 통합, 여성 노동인구의 증가, 산업의 탈규제화 이후 미국 경제에 많은 변화가 있었음에도 불구하고, 노동자의 발언권과 대표제 문제를 다루는 핵심 법안은 거의 개선된 바 없다. 민간 부문의 기본적인 노동법인 노사관계법Labor Management Relations Act(LMRA)은 60년 동안 바뀌지 않았다.[3]

한때는 노사관계법이 그런대로 역할을 했다. 대공황 이후부터 한국전쟁을 지나는 동안, 이 법은 전국노동관계위원회의 감독 아래 비밀 선거를 통해 노동조합이 설립되도록 도왔고, 노사 양측은 대체로 결과를 받아들였다. 하지만 노사관계법은 이제 그 쓸모를 다했다. 이 법은 노동자들에게 발언권을 보장해 주기는커녕 오히려 노사 양측을 몰락해 가는 전통적 조합주의로 얽매고 있다. 그간 기업 내 의사 결정 과정에서 노동자를 대표하고 노동자가 참여하는 대안적 방식에 대한 실험은 이로 인해 좌절되었다.

전문가들에 따르면, 미국의 노동법은 21세기 노동 문제를 해결하는 데 네 가지 결점을 가지고 있다. 첫째, 노동자대표제의 핵심은 단체교섭인데, 노사관계법은 단 하나의 대표 기구에만 배타적인 특권을 부여하고 있다. 즉 노동조합만이 단체교섭권을 가지며, 다른 조직 형태들의 진입은 원천적으로 차단된다. 둘째, 이 법에 따르면 전국노동관계위원회가 관장하는 노동조합 대표권 인증 선거 과정에서 경영진은 결정적 영향력을 행사해 노조 설립을 방해할 수 있다. 결국 경영진은 노동조합의 대표성 획득에 사실상의 거부권을 가지게 되는 셈이다. 셋째,

노사관계법으로 인해 경영진은 노동자들에게 대안적인 대표제를 제공할 수 없다. 그렇다고 이 법이 노동자 주도의 새로운 대표제를 인정하지도 않는다. 넷째, 이 법에 따르면 민간 부문의 노동법을 규제하고 집행할 권리는 연방 정부가 독점적으로 가지고 있다. 결국 주 정부나 하위 자치단체는 새로운 노동 관련 법령의 제정, 제3의 노동자대표제 도입, 관련 법들의 다양한 적용과 실험 등에 어려움을 겪는다.

그 결과 미국의 노사 시스템은 경직되어 버렸다. 또 그마저도 최근의 경제 관행과 동떨어진 채 점점 줄어들고 있는 노동조합의 영역에만 국한되어 작동하고 있는 탓에, 대다수 노동자 및 경영자와도 점점더 멀어지고 있다.

특히 첨단산업 분야에서 노동법과 기업 사이의 괴리는 심각하다. 이런 문제는 하이테크 기업의 경영진과 노동 현안을 논의하는 과정에서 확연히 드러난다. 사실 실리콘밸리 기업들의 경우, 규모가 큰 회사의 인적 자원 관리자라고 해도 '노동법'에 대해선 그다지 지식이 풍부하지 않다. 여전히 AFL-CIO와 워싱턴DC의 기업 로비스트들은 노사관계법의 여러 조항을 두고 논쟁을 벌이고 있지만, 실리콘밸리 기업에 미치는 영향력은 미미하다. 그 이유는 무엇일까? 선진적인 기업은 직원들이 회사의 목표에 기여하도록 동기를 부여하고, 직원을 새로 채용하고 고용을 유지하기 위해 남들보다 앞선 노동 시스템과 보상 제도를 개발한다. 또 그들은 노동자가 회사 목표에 기여하는 만큼 회사에서 발언하기를 바란다. 수많은 첨단 기업들은 인증 선거로 뽑힌 노동조합과의 단체교섭에 얽매이지 않은 채, 직원들과 정보를 공유한다. 또한 직원들을 의사 결정 과정에 참여시키고, 성과와 보상을 연동해 동기를 부여하려 한다.

이런 노동법과 노동자 사이의 괴리는 우리의 WRPS 프로젝트에서 명확히 드러났다. 우리 조사 결과에 따르면 노동자들은 경영진과 협력적인 관계를 원하며, 일정한 노동자 조직을 통해 회사 측과 작업장 문제를 함께 논의하고 싶어 한다. 노동자 조직엔 여러 형태가 있다. 어떤 사람들은 노동조합을 원한다. 다양한 권한을 지닌 노사공동위원회를 원하는 이들은 더 많다. 하지만 노조를 원하는 이들 가운데 대다수, 그리고 노사협의회를 원하는 이들 가운데 거의 대부분은 그들이 원하는 유형의 대표제나 참여제를 가질 수 없다. 이처럼 대표제에 대한 요구가 충족되지 못하고 있다는 점은, 노사관계 시스템이 고장 났음을 보여 주는 부인할 수 없는 증거다.

일부만 보완할 것이냐, 새판을 짤 것이냐

그동안 노동조합과 기업 측은 경직된 노사 관계 시스템을 개선하기 위해 여러 가지 법적 보완 장치를 모색해 왔다. 하지만 개혁을 위해 쏟은 노력만큼 실질적인 변화를 이루는 데는 실패했다.

1970년대부터 1990년대 중반에 이르기까지, AFL-CIO는 미국 의회가 '노동법 개혁안'을 입법화하도록 힘썼다. 미 연방 정부도 새 노동법을 통해 경영진이 노동조합에 반대하는 수단의 제한, 노동법을 위반하는 경영진의 처벌 강화, 새로 설립된 회사와 노동조합 사이에 첫 협약이 이뤄질 때 양측 사이에서 일어날 분쟁의 중재 등에서 중요한 진전이 있으리라 기대했다. 그러나 이런 시도 중에서 성공한 것은 아무것도 없었다. 2005년에 노동조합은 '노동자자유선택법'Employee Free Choice Act(EFCA)을 내밀며 또다시 법 개정 운동을 벌였다. EFCA에 따르면 대다수 직원이 노동조합을 자신의 대표로 인정한다고 서명할 경우, 비밀선거를 통해 과반수의 지지를 얻는 기존의 절차가 없더라도 회사는 노조를 인정해야 했다. 또 EFCA에 따르면 회사와 노동조합 간의 첫 협약 때 분쟁을 해결하기 위해 중재기관을 이용할 수 있는 기회를 제공하고, 노사관계법을 위반한 회사는 엄중한 제재를 받으며, 노동조합 선거나 회사와의 첫 협약을 위한 조직 활동 기간 동안 기업 측이 비신사적으로 법을 위반할 경우 금지명령을 통해 노조 활동을 보장한다.[4] 하지만 공화당이 과반수를 차지한 의회와 조지 부시 당시 대통령은 EFCA를 저지할 것이 불 보듯 뻔했다. 설사 민주당이 의회를 장악하고 민주당 소속 후보가 대통령으로 당선됐다 해도, 노동조합이 법안을 원안대로 관철시키기는 어려우리라는 평가가 많았다. 왜냐하면 이 법은 노조와 회사 사이의 역학 관계를 근본적으로 변화시킬 만큼 파장이 크기 때문이었다.[5] 노동조합 가입률의 하락에 따라 노동자들이 의회에 미치는 영향은 줄곧 감소해 왔다. 그동안 민주당 역시 공화당과 마찬가지로 기업과 부유층으로부터 기부를 받았다. 선거운동에서 기부금이 갈수록 결정적인 영향을 미치는 만큼, 두 정당 모두 기업의 이익에 민감할 수밖에 없었다. 일반 대중의 EFCA에 대한 지지에도 문제가 있었다. 물론 대다수 대중은 이 법을 지키지 않는 회사의 처벌 강화를 지지했다.[6] 하지만 노조원 대부분을 포함해 훨씬 더 많은 사람들이, 노조를 인정하겠다고 서명하는 새로운 방식보다는 선거를 통한 기존의 방식을 지지했다.[7]

기업의 입장에서 공화당은 1996년, 노사협력법Teamwork for Employees and Management Act(TEAM)을 통과시켰다. 이 법은 기업의 '어용 노조' 지원 제한 규정을 완화하는 한편, 회사가 후원하는 종업원 참여 프로그램을 확대했다. 하지만 노동조합은 TEAM을 완강히 반대했으며, 클린턴 당시 대통령도 거부권을 행사했다. 그 이후 TEAM은 다시 상정됐지만, 입법으로 이어지진 못했다. 부시 행정부는 노사관계법을 개혁하기보다는, 전국노동관계위원회의 위원 임명권과 여타 행정 권력을 활용해 노조의 힘을 무력화했다. 예컨대 국가 안보라는 명분으로 대규모 종업원 조직에 단체교섭권을 허용하지 않았고, 연방 재정의 지원을 받는 건설 사업에 관한 '프로젝트 노동 협약'Project Labor Agreement(PLA)◀을 금지했으며, 노동자에 적용되는 노사관계법의 범위를 축소하고, 노조에 새로운 보고 의무를 부과했다. 재계는 어차피 노동조합주의는 하향세를 그리고 있다는 판단하에, 자신들이 이상적으로 생각하는 노사 관계 시스템을 획득하기 위한 장기적인 전략에서 TEAM을 결정적 요소로 보지는 않고 있다.

따라서 당분간은 연방 정부도 완전히 친노동적이라거나 친기업적인 노동법 개혁은 시도하지 않을 것이라고 보는 게 합리적인 것 같다.

노동계의 대응: 슬퍼하지 말고, 조직하라!

클린턴 행정부가 노동 친화적인 법 개정에 실패한 후, 노동계는 자신들의 하향세를 반전시키기 위해 내부로 눈을 돌렸다. 시작은 1995년이었다. AFL-CIO는 1955년 출범 이래 이때 처음으로 경선을 통해 위원

▶ 특정 건설 프로젝트의 경우 국가가 노조와 고용 전에 미리 단체협약을 체결해 공사에 참여하는 건설사와 소속 노조원들이 이를 따르도록 하는 방식.

장을 뽑았다. 그는 바로 존 스위니John Sweeny, AFL-CIO 산하 국제서비스노조Service Employees International Union(SEIU) 의장이었다. 존 스위니는 '뉴 보이스'New Voice라는 지도자 그룹을 중심으로 세계 최대의 노동조합인 AFL-CIO를 이끌 예정이었다. '뉴 보이스' 그룹은 노조의 조직 확대에 AFL-CIO 예산의 20% 이상을 투입하자는 노동운동 지도자들의 집결체였다. AFL-CIO의 연간 총 조합비가 대략 50억 달러였으니, 공약대로라면 조직 확대 사업을 위한 예산만 매년 10억 달러에 이를 전망이었다.

산하의 일부 노동조합은 이 목표를 달성했다. 미국직물섬유노조 UNITE는 1995~2002년 사이에 자체 예산의 20~40% 수준으로 조직 사업비 비율을 끌어올렸다. 국제서비스노조는 병원과 가정에서 보건·의료 서비스를 담당하는 노동자를 조합원으로 조직하기 위해 대규모 캠페인을 벌였다. 전미자동차노조는 전국의 대학원생들을 끌어들이는 조직비까지 지출했다. 전미통신노조Communication Workers of America(CWA)는 탈규제화하고 급변하는 통신 분야의 상황에 대처하기 위해 조직 사업 예산을 확대했다. 또한 네 개의 주요 노조들 — UNITE, HERE(UNITE는 나중에 호텔·식당 노조인 HERE와 단일화해 UNITE-HERE가 되었다), SEIU, CWA — 은 자신들의 조직을 이끌어 갈 새로운 조직위원장을 뽑았다. 하지만 대부분의 노조는 조직 사업에 조합비로 거둔 돈의 20%를 지출하라는 AFL-CIO의 지침을 지키지 못했다. 팀스터스 Teamsters[트럭 운전사 노조]는 조직 사업 예산을 줄였다. 철강노조 같은 노조들은 예산은 늘어났지만, 대규모 지출이 성과를 거둘 만한 캠페인을 찾는 데는 애를 먹었다.

그럼에도 노조 전체의 조직 사업 예산은 확연히 증가했다. 전국 규모의 조사가 없어서 정확히 알기는 어렵지만, 개략적으로는 파악해 보면, 2005년 현재 AFL-CIO 산하 58개 노동조합들 가운데 약 25%가 연간 예산의 10~50%를 조직 사업에 지출한다고 보고되고 있다.[8] 하지만 여러 노력에도 불구하고, 미국의 민간 부문 노조 조직률은 1999년 10.4%에서 2005년 7.5%로 2.9%p 감소했다. 감소율로 따지면 28%에 달한다. 조직화 사업에 투입되는 예산이 정확히 얼마나 증가했는지는 몰라도, 노동조합과 조합원이 줄어드는 경향을 바꾸지는 못한 것이다. 물론 일시적으로나마 감소세는 둔화되었다. 2005년 새로운 노동조합 조직이 탄생했기 때문이다. 당시 국제서비스노조, 팀스터스, 식품상업노동자조합United Food and Commercial Workers, 농장노동자조합United Farm Workers 이 AFL-CIO를 탈퇴한 뒤, '승리를위한변화연맹'Change To Win Federation (CTW)을 결성한 것이다. AFL-CIO에서 이미 탈퇴한 목수 노조와 아직 남아 있었던 UNITE-HERE 및 북미노동자국제연맹Laborers' International Union of North America도 새 조직 건설에 동참했다. CTW의 결성은 1930년대 이후 미국 노동운동의 가장 큰 분열을 의미했다. CTW에 소속된 540만 명은 분리 전 AFL-CIO 조합원의 절반에 해당하는 규모였다. 노동자 연합체로서 AFL-CIO의 실질적인 경쟁자가 탄생한 사건이었다. 공공연하게 언급된 분열의 이유는, AFL-CIO가 조직화 자금의 확대에서부터 노조들을 합쳐 산별노조화하는 작업에 이르기까지 노조의 조직력을 향상시켜 줄 근본적인 변화를 꾀하는 데 실패했기 때문이다. CTW는 동일한 산업 부문을 장악하기 위한 과도한 경쟁, 혹은 부문별 구분과 집중 없이 진행된 일반 노조로의 전환이 조직화의 실패를 가져왔다고 밝혔다. 동일한 산업 부문에서 지나치게 많은 노동조합이 영향력 확대를 위해 경쟁하고 있는 상황이었다. CTW는 그 결과로 노동조합이 산업 부문의 특성을 잃고 조직화에도 실패한 채, 일반적인 조합원들의 노조로 전락하고 있다고 지적했다. 더 크고, 더 집중된 노동조합만이 조직률 감소 추세를 반전시킬 수 있다고 CTW는 주장했다.

노동운동의 부활에 조직 사업을 위한 자금의 추가 지출과 자원 활용의 효율성 증대가 **필수적**이라는 의견은 맞다. 하지만 노조의 형태 변화와 조합원의 참여 없이 목표를 달성할 수 없다는 사실도 명확하다. 미국에서 노동조합이 노동자들에게 제공할 수 있는 유일한 '상품'이란, 다수자의 지위를 인정받아 확보한 단체교섭밖에 없다. 이런 현실이라면, 노조는 작업장에서의 권한 강화를 바라는 노동자들의 요구를 충족시킬 수 없다. 노동자가 노동시장에서의 영향력을 되찾을 만큼 노조 조직률이 충분히 증가하기도 어렵다.

〈자료 8-1〉에 우리의 판단을 뒷받침하는 통계가 나온다. 노동자들이 직장에서 발언권을 획득하기 위한 열쇠는 바로 민간 부문에 있다. 미국 노동 인력의 85%를 차지하지만, 그중 7.5%만 노동조합에 가입하고 있는 영역이다. 기업은 자연적으로 흥망성쇠를 거듭한다. 매년 수천 개의 직장이 폐업하고, 생겨난다는 의미다. 그런데 새로 탄생하는 기업에는 노조가 없다. 결국 전체 조합원의 규모 유지를 위해서는, 기업이 퇴출되는 과정에서 쫓겨나는 수만큼 조합원을 새로 조직해야만 한다. 고용 규모가 증가하는 상황이라면 문제는 더 커진다. 이 경우, 노조 가입률을 현재 수준으로 유지하기 위해서는 일자리가 늘어난 만큼 노동자를 추가로 조직해야 한다. 2005년 현재 미국의 민간 부문에는 1억 500만 명의 임금노동자가 존재한다. 지금 상황에서 노동조합이 자신의 할당 몫을 달성할 정도도 충분한 회원을 조직하기란 힘든 노릇이다. 2005년의 노조 조직률은 7.5%인데, 이 비율을 유지하기 위해 노동조

자료 8-1

조직화를 위한 산술 방법과 비용

노동조합이 조직화해야 하는 노동자의 수

7.5%의 노조 조직률 유지를 위해	~40만 명
노조 조직률 1% 증가를 위해	~140만 명

노조 조직률을 현 상태로 유지하기 위한 비용

	1명당 1,000달러	4억 달러
	1명당 2,250달러	9억 달러
	1명당 3,500달러	14억 달러

노조 조직률을 1% 증가시키기 위한 비용

	1명당 1,000달러	14억 달러
	1명당 2,250달러	32억 달러
	1명당 3,500달러	45억 달러

워킹아메리카의 방식으로 노동자를 모집할 경우

추가로 100만 명의 조합원을 증가시키는 비용	1명당 6.00달러	600만 달러
추가로 1,000만 명의 조합원을 증가시키는 비용	1명당 6.00달러	6,000만 달러

출처: 본문 설명에 따라 추정된 전국노동관계위원회 인증 선거를 통한 노동자 조직화, 워킹아메리카가 제공한 약 6달러짜리 노동자 모집

합은 매년 약 40만 명의 신규 조합원을 필요로 한다.[9] 만일 1%p라도 조직률을 높이려면, 여기에 100만 명 이상의 신규 조합원을 추가로 조직해야 한다.

그렇다면 노동조합은 조직률 유지 및 확대라는 목표를 얼마나 달성하고 있는가? 전국노동관계위원회의 노조 인증 선거 통계자료를 통해 알아보자. 이에 따르면 노동조합이 매년 새로 확보하는 노동자의 수는 10만 명 이하이며, 아무리 많아도 그중 3분의 2만이 회사와의 단체교섭 계약에까지 이른다. 물론 전국노동관계위원회의 자료는 인증 선

거 이외의 방식에 의한 조직화를 빠뜨리고 있지만, 노조 조직 사업의 활동과 결과가 담긴 유일한 공식 기록이다.[10] AFL-CIO는 『워크 인 프로그레스』*Work in Progress*[노조 소식지]를 통해 많은 수의 신규 회원을 확보했다. 그 과정에서 AFL-CIO와 독립적이던 노조 지부들, 공공 부문 노동자들, 보건의료처럼 정부가 서비스의 상당 부분을 후원하는 분야의 노동자들이 새로운 노조 결성에 나섰다.[11] 그 결과 2002년의 경우 신규 조합원 숫자는 23만 명이었는데, 보건의료 분야를 제외하면 그중 6만7,000명만이 민간 기업 노동자들이었다. 『워크 인 프로그레스』를 통해 보고된 AFL-CIO의 신규 조합원 수는, 딱 한 해를 뺀다면 안정적인 노조 조직률 유지에 필요한 수보다 한참 모자랐다. 그 한 번의 예외가 2001년에 있었는데, 당시의 신입 조합원 수는 44만6,000명이었다. 그런데 조합원 규모가 급증한 주원인은 AFL-CIO 산하에 있지 않던 캘리포니아 주 종업원 연합(17만5,000명), 미국간호사협회(10만 명) 등의 노조가 대거 합류했기 때문이었다. 기존에 노조원이 아니었던 노동자들을 새롭게 조직한 결과는 아니라는 뜻이다.[12]

　　조직 사업에 나설 때는 일정한 자원이 지출되기 마련인데, 새 조합원 한 명을 확보하기 위해선 얼마의 비용이 필요할까. 일부 활동가들은 새 조합원 1인당 약 1천 달러를 쓴다고 밝힌다. 하지만 이 금액은 실제보다 다소 적어 보인다. 1980년대에 조직 사업비를 과학적으로 추정한 연구가 있다. 여기서 얻은 결과를 참고하면, 2005년에 조합원 한 명을 추가하는 데 들어가는 한계비용(재화나 서비스를 한 단위 더 생산하는 데 드는 추가 비용)은 1,000~3,500달러로, 평균 약 2,250달러에 이른다고 예상된다.[13] 노동조합이 연간 예산 50억 달러의 10%인 5억 달러를 조직 사업에 투입하고, 그중 3분의 2를 민간 부문 노동자의 조직 사업에 지출한다면, 여기에 약 3억3,500만 달러를 쓴 것이다. 하지만 새로 조직된 노동자 수는 연 1십만 명에도 미치지 못한다. 이렇게 보면 신입 조합원 모집에 지출하는 비용은 1인당 대략 3,500달러라고 추산해도 무방할 것이다.

만일 노동조합의 조직 확대에 1인당 1천~3천 달러의 비용이 들고, 이 자금이 기존의 방식대로 조직 사업에 지출된다고 가정해 보자. 이 경우 노조 조직률을 높이기 위해선 엄청난 자금이 소요된다. 예컨대 연간 40만 명의 회원을 추가로 확보하기 위해서는 얼마의 비용이 필요할까? 앞선 추정치처럼 조합원 1인당 2,250달러의 한계비용이 든다고 가정하면, AFL-CIO는 연간 조합비 총액의 18%에 달하는 9억 달러를 지출해야 한다. 또 노조 조직률을 현재의 7.5%에서 8.5%로 1%p 증가시키기 위해서는 100만 명의 조합원을 추가로 모집해야 하는데, 여기 들어가는 비용만 약 23억 달러에 이른다. 이 23억 달러에 현재의 조직률을 유지하는 비용 9억 달러를 합칠 경우, 연간 조직 사업비는 총 조합비의 64%인 32억 달러까지 이르게 된다.

미국의 어느 노동조합도 이런 예산을 책정한 적이 없을 만큼 32억 달러는 막대한 금액이다. 이마저도 회사와의 단체교섭 과정에서, 실제로 노동자들을 조직하는 비용이 더 늘어난다는 사실을 과소평가한 것이다. 그 이유는 다음과 같다. 첫째, 노동조합이 조직 사업에 더 많은 자원을 투입할수록 조직 사업비는 자연히 증가할 수밖에 없다. 먼저 노조는 대규모 예산을 동원해, 조직하기 쉬운 대상에 대해서부터 신속히 자금을 투입한다. 다음으로 월마트나 거대 보험회사, 은행, 여러 금융 서비스 회사처럼 더 어려운 조직화 대상에는 더 많은 자금을 투입해야 한다. 둘째, 적극적인 조직 사업에 따라 경영진의 노조 반대 활동도 증가하는 경향이 있다. 노동조합은 회사와 군비경쟁을 하듯이 재원을 쏟아붓지만, 기업의 자금력에 맞서 승리하기는 사실상 어렵다. 물론 특정 기업이나 산업 부문에 재원을 집중적으로 지출한다면, 노조도 기대 이상의 성과를 올리는 것이 **가능**하다. 이 같은 성공 사례와 전시효과를 통해 노동자들도 노조 설립에 확신을 가지게 되며, 결과적으로 조직화 비용도 줄어들지 모른다.

하지만 대규모 자금 지출에 비해 조직률의 상승효과는 기대에 못 미칠 수 있다. 사업비 규모를 크게 늘리더라도, 가까운 장래에 성과가 나올지 여부는 매우 불확실하다. 앞서 말했듯이 특정 기업이나 영역에 집중한다고 해도, 그렇지 않은 경우보다 조합원 모집에 성공적인지 아닌지 결론 내리기는 어렵다. 다른 변수와 조건을 통제한 상태에서, 사회과학적 실험과 증거를 통해 이런 가설을 검증한 연구도 없다.[14] 확실한 것은 노조 조직률이 감소할수록 새로 노동자를 조직하는 비용은 증가한다는 사실이다. 대규모 노동조합이든 아니든, 조합원 수가 10% 하락할 경우 조직 사업비는 10% 이상 더 들게 마련이다. 즉 노조원의 비율이 줄어들면서, 조직화 과정에 다음과 같은 악순환이 발생한다. '조합원 수의 감소 ⇒ 조합원 1명당 조직 사업비 증가 ⇒ 조직 사업에 지출되는 자원의 감소 ⇒ 조직 사업 성공률 감소 ⇒ 조합원 수의 감소.' 이처럼 노동조합 운동의 쇠퇴에 따라, 대규모 조직 사업을 성공적으로 이끄는 데 필요한 재원도 마련하기 어려워진다.

요약해 보자면, 조직화의 경제학은 전통적인 조직화에 막대한 예산을 쏟아부어 노조원을 늘리겠다는 전망이, 아무리 더 큰 규모로 그리고 더 집중적으로 이루어진다 해도, 이유 있는 전략적 계획이라기보다는 "실낱같은 희망"에 의존하는 것에 불과하다는 점을 보여 준다. 성공

할 것이라는 보장은 거의 없으며, 그것이 지속 가능할 것이란 점도 매우 의심스러운 상황이다.[15]

조합주의는 이제 관 속에 처박힐 신세인가.
아니면 다시 부활할 수 있을까?

이와 같은 분석은 학계에서도 설득력을 얻고 있다. 노조를 연구하는 학자들 대부분은 민간 부문에서의 노동조합주의가 무덤을 파고 있다고 진단한다. 이들 모임에 가보면 딱 초상집 같다. [조합주의자들을 위한] 조종을 울려라. 관을 준비하라. 더 이상 경의를 표할 필요도 예의를 차릴 필요도 없다. 무덤을 파줄 노조 소속 장례지도사나 찾아보라. 물론 노조 소속 석공에게 비석을 주문하는 것도 잊어선 안 된다. "아, 불쌍한 조합주의자들~~Yorick~~ unionist, 그들에 대해서라면 내 잘 알지."◂[16]

　하지만 노조의 종말에 대한 예측은 과거 빗나간 적이 있었다. 1933년, 대공황의 시대에 조합주의가 성장세를 보이기 직전의 일이다. 당시 미국경제학회장 겸 노동 전문가인 조지 바넷George Barnett은 "노동

▶ 요릭은 셰익스피어의 희곡 〈햄릿〉 5막 1장에서 죽은 뒤 해골이 되어 버린 모습으로 등장하는 왕의 어릿광대다. 햄릿은 어린 시절을 함께 보낸 광대 요릭의 해골을 들고 이렇게 이야기한다. "아, 불쌍한 요릭. 내 그를 잘 알지. 재담은 끝이 없고, 상상력이 아주 탁월한 친구였지. …… 좌중을 웃음바다로 만들던 당신의 그 야유, 그 익살, 그 노래, 그 신명나는 여흥은 지금 어디 있는가?"[『햄릿』, 최종철 옮김, 민음사, 1998, 183쪽 참조] 요릭은 주로 메멘토 모리, 즉 "언젠간 죽는다는 걸 기억하라"라고 하는 유한성을 이야기하는 은유로 많이 사용된다.

조합의 미래가 없다"라고 선언했다. 전부는 아니더라도, 당시 대부분의 노동운동 지도자들은 이런 평가를 부인하지 못했다. 하지만 바넷 등은 틀렸다. 1930년대 말과 1940년대 초, 조합원은 대폭 증가했다. 한 세대 후, 그러니까 1950년대 미국에서 민간 부문의 조합주의가 절정에 이르렀을 때 AFL-CIO의 신임 의장인 조지 미니George Meany는 공공 부문 노동자들을 조직화하기는 불가능할 것이라고 예측했다. 그도 역시 틀렸다. 이후 10년간 공공 부문의 조직화가 폭발적으로 증가했기 때문이다.

전문가들의 예상이 틀린 이유는 무엇일까? 노동조합은 사회적 위기의 순간에 '부활'하기 때문이다.17 노조 가입률은 제1차 세계대전 기간 중 거의 모든 선진국에서 증가했다. 정부가 전쟁을 치르기 위해 노동자의 협력을 필요로 하는 시기였다. 대공황기에도 선진국의 노조 가입률은 증가했다. 노동자들이 기업의 리더십과 시장 시스템을 더 이상 신뢰하지 않은 탓이다. 제2차 세계대전 때도 국가의 생존을 위한 일치단결의 분위기를 타고 선진국의 노조 가입률은 증가했다. 1970년대엔 대부분의 EU 국가와 미국의 공공 부문에서 노동자의 조직화가 가속화했다. 가까운 과거만을 근거로 한 예측과 분석들은 이런 부활의 계기들을 놓치고 있다.

하지만 과거 노조가 부활하게 된 사회·경제적 요인들을 조합해 본다 해도 미래 노조의 성장을 가져다줄 요인을 쉽게 일반화할 수는 없을 것이다. 세계대전 기간 동안 노조의 성장은, 빠듯한 전시 노동시장 상황에서 일어난 일이었다. 이는 힘의 균형을 기업에서 노동자로 옮겨 놓았고, 정부는 전시 생산에 차질을 빚지 않도록 노조에 협조적일 수밖에 없었기 때문이다. 또 대공황기 노조의 성장은 다른 동력, 즉 기업의 리더십에 대한 신뢰 상실과 경제적 절망감이 반영된 것이었다. 1970년 대에는 오일쇼크 등에 따른 경제 위기가 있었다. 당시 서유럽에선 인플레이션을 상쇄하기 위해 단체교섭을 통한 노동조합의 성장을 추구했지만, 미국은 상황이 달랐다. 민간 부문 조합주의는 갈수록 쇠퇴했으며, 그 여파로 공공 부문의 조직화 역시 어려워진 것이다. 이 와중에 베트남전쟁을 둘러싼 미국 내의 분열이 노동운동에도 영향을 미쳤다. 전쟁을 지지한 AFL-CIO는 순수하게 조합주의의 편에 선 사람들과 대립했다. 또 유가 상승과 인플레이션으로 활동가들의 관심은 조직 사업 이외의 영역으로 옮겨 갔다.

앞으로 노조가 부활할지 예상하기는 어렵지만, 과거의 사례들을 보면 일정한 특징들이 있으며, 이를 통해 앞으로 부활이 가능하다면 그것이 갖게 될 특징에 대해서는 어느 정도 이야기해 볼 수 있을 것이다. 미국에서는 노조의 성장이 **노조 형태의 변화**나 **법적·제도적 변화**와 연관돼 있었다. 즉 노조 형태가 변하면서 이전에는 조직화하기 힘들었던 노동자 집단을 끌어들이거나 법적·제도적 변화를 통해 사측의 반대를 크게 약화시켰던 것이다. 1880년대 등장한 새로운 형식은 노동기사단과 연관된 [비밀주의와 평화주의를 원칙으로 한] 지역 지부들이었다.◀ 대공황

▶ 1869년 필라델피아의 의류 공장에서 비밀리에 결성된 미국 최초의 노동자 연합 단체인 노동기사단은 성별, 인종, 연령, 숙련도를 불문하고 "노동 경험이 있는 18세 이상"이라면 누구나 가입이 가능하도록 했으며 초기에는 비밀주의를 유지했다. 1878년 테렌스 파우덜리가 취임하면서부터 평화주의와 비밀주의를 포기하고 파업과 같은 좀 더 급진적인 방법을 추구하기 시작했으며, 1880년대 중반에는 6천여 개 지부, 70만 명의 회원을 거느린 거대 조직으로 발전했다. 하지만 정부와 기업이 강경하게 대처하기 시작하고 이에 맞선 이들의 시위도 거세지면서 폭력적 아나키스트라는 낙인이 생기기 시작했고 1890년 이후 조직은 사실상 해체 수준에 이르렀다.

기에는 CIO가 추진하고 AFL이 최종적으로 받아들인 산업별 노조가 있었다. 제도적·법적 변화의 사례도 적지 않다. 제1, 2차 세계대전 중에는 국가전시노동위원회National War Labor Board(NWLB)와 노사 간의 분쟁 해결을 위한 의무 중재 제도compulsory arbitration가 생겨났다. 공공 부문에서도 전미교육협회 같은 여러 단체들이, 무노조 조직에서 단체교섭이 가능한 조직으로 바뀌었다. 공공 부문의 사용자들이 단체교섭에 나서도록 강제하는 법률도 제정됐다.

우리가 WRPS를 통해 발견한 사실들은 물론이고 서론에서 요약했던 그 뒤에 여러 기관이 진행한 후속 설문조사 결과들은 새로운 노조 조직이 대표와 참여에 대한 노동자들의 욕망을 충족시키고 새로운 부흥기를 맞이하기 위해서는 어떤 형태여야 할지 보여 준다. 또 노조가 아닌 기업이 후원하는 형태의 조직 역시 대표와 참여 사이의 격차를 메꾸기 위해서는 어떤 형태여야 할지 역시 알 수 있다. 양자의 경우 모두 핵심은 새로운 조직이 **과반수 지지 노조, 배타적 노동자대표제, 단체교섭 모델**(그 속에서 사실상 노사관계법은 미국 노사 관계 시스템을 위축시키고 있다)을 극복해야 한다는 것이다.[18]

새로운 시도: 오픈소스 노동조합 운동

오픈소스 노동조합 운동 Open-Source Unionism이란, 새로운 노조 형태를 표현하기 위해 우리가 채택한 용어다.[19] 이 말은 IT산업에서 소프트웨어 개발과 관련된 말에서 빌려 온 것인데, 이때 "오픈소스"는 다양한 프로그래머 커뮤니티가 (단일 공급업체가 전매하는 코드가 아니라) 모두에게 허용된 소스 코드Source Code◀를 가지고 작업하여 만들어 낸 소프트웨어를 말한다. 마찬가지로 오픈소스 노동조합 운동은 노동조건 개선을 위해 사람들과 협력하고 싶다면 누구라도 가입할 수 있는 노조로, 전통적인 관료형 노동조합이 아니라 회원들의 네트워크를 통해 작동한다. 지금의 노동조합 대표권 인증 선거에서는 과반을 넘는 득표를 통해 다수자의 지위를 얻어 단체교섭권을 확보해야 노조 설립이 가능하다. 하지만 오픈소스 노동조합에서는 현재 시스템에서는 과반수 득표가 힘든 노동자들을 포함해 조합원이 되고 싶은 노동자라면 누구에게나 문이 열려 있다. 이들 새 조합원들은 모두 다른 모든 면에서는 보통의 노조원들과 같지만 단체교섭이 커버하는 회원들보다 더 적은 회비(조합비)를 내도록 해야 한다.

오픈소스 노동조합 운동은 어떻게 조합원들을 지원할 것인가? 먼저 정보 제공이다. 오픈소스 노동조합을 통해 회원들은 자신의 회사가 다른 직장과 비교할 때 어떤 차이가 있는지, 다른 기업에서는 비슷한 문제들에 대해 어떻게 대응했는지, 그리고 노동자로서 그들이 갖는 법적 권리는 무엇인지 등에 대한 정보를 제공함으로써 회원들이 노동시장에서 길을 잃지 않도록 하는 길잡이 역할을 해줄 수 있다. 또 각종 교육 수료증이나 자격 증명의 획득 방법, 노후 자금의 운용과 퇴직연금의 보장 문제 등에 대해 조언을 주거나 회원끼리의 경험을 공유하는 데 이바지할 수 있다. 게다가 이런 정보 서비스는 대부분이 인터넷을 통해 아주 저렴한 비용으로 제공할 수 있다.

▶ 컴퓨터용 언어로 입력된 소프트웨어의 설계도. 제품의 구조와 작동 원리가 들어 있기 때문에 기업들은 공개를 꺼리는 경우가 많다.

하지만 오픈소스 노동조합은 온라인을 넘어 오프라인에서도 회원들을 지원할 수 있다. 예를 들어, 작업장에 문제가 생길 경우, 경험 있는 변호사나 협상 전문가가 나서 각종 자문을 제공할 수 있으며 관련 문제에 지식이 풍부한 다른 회사 노동자들의 조언을 들을 수도 있다. 지역 공동체의 동료 회원과 함께 공통의 사안을 논의하고, 모범 사례를 본받을 수도 있다. 미국의 어떤 도시에도 수십, 수백, 수천 명의 무노조 기업 노동자들이 있다. 그들은 직장과 경력, 또는 자신이 속한 공동체를 개선하는 데 도움을 필요로 한다. 오픈소스 노동조합은 단체교섭을 넘어 다양한 방식으로 노동자들과 연합하고자 노력할 것이다.

과거 노동조합은 노사 간 교섭 관계 밖에 놓여 있는 노동자를 회원으로 모집하려 하지 않았다. 서비스 제공이나 의사소통에 드는 비용이 이들에게서 걷는 조합비보다 훨씬 더 들기 때문이다. 부모 세대의 노동시장에서라면 이런 판단이 합리적이었을지 몰라도 지금은 그렇지 않다. 기존의 계산 방식은 바뀌어야 한다. 인터넷 활용을 통해 노동조합은 저렴한 회비로 더 다양하고 분산된 회원들에게 손쉽게 서비스를 제공할 수 있다. 우선 개별 기업의 경우, 오픈소스 노동조합은 적은 비용으로 회사 및 경제에 관한 뉴스를 서비스할 수 있다. 회원들로부터 회사에 대한 정보를 듣거나 모으기도 한다. 다음으로 해당 직업 및 산업이 속한 특정 노동시장이나 지역 단위에서도 기업 단위와 유사한 방식에 따라, 임금과 고용 등에 대한 정보를 더 저렴한 비용으로 수집할 수 있다.

최근의 정치 운동에서 보이듯이, 인터넷 활용은 온라인뿐만 아니라 오프라인에서의 조직 활동에도 유리하다. 적은 비용으로 정보와 자금은 물론이고 사람들을 모을 수 있다. 활동적인 회원들이 충분하다면,

인터넷으로 온·오프라인상의 회의를 조직할 수 있다. 오픈소스 노동조합 역시 인터넷으로 어떤 회의나 조직 활동의 세부 계획을 입안하고 집행을 결정하는 일이 가능하다. 회의 장소는 공지만 하면 된다. 회원들은 자신의 관심도와 스케줄에 맞춰 참여하고, 더 자발적인 회원은 다른 사람들의 가입을 돕기도 할 것이다. 오픈소스 노동조합은 특정한 작업장에서 사측과 맺은 계약에 의존하지 않는다. 자연스레 기존의 노조보다 폭넓은 노동시장 현안 및 공공 정책 등과 관련한 활동에 참여하게 될 것이다. 여기서 우리는 사용자측과 단체교섭을 벌이기 전에 논의와 합의 절차를 거치도록 하는 '논의와 합의법'meet-and-confer legislation으로 인해 사용자측과 단체교섭을 하지 못했던 공공 노조가 벌였던 정치적 활동을 예로 들 수 있다. 노동자들이 이런 방식을 활용하면 개별 기업에 국한된 협상과 서비스 제공에서 나아가 모든 노동자들에게 좋은 일자리 제공을 위한 국가적 프로그램을 발전시킬 수 있는 계기가 될 수 있을 것이다.

WRPS 및 후속 설문조사가 보여 준 것처럼, 수백만 명의 노동자들은 노동조합을 원하지만, 전통적인 단체교섭으로는 포괄하지 못하는 계약관계에 있다. 오픈소스 노동조합은 이들에게 회원 자격을 부여하고 후원을 약속함으로써 노동운동을 확장할 수 있을 것이다. 새로운 노조에서의 회원 자격은 특정 노동조합과 사용자 사이의 계약이 아니라 노동자 자체에 기반을 두기 때문에 노동자들이 직장을 바꾼다 해도, 회원 자격은 그대로 유지된다. 오픈소스 방식에서는 '누가 조직되고 누가 조직되지 않았는지'를 개별 노동자와 노동조합이 결정한다는 점이 가장 중요하다. 그동안 회사 측은 자신의 권력을 통해 노동조합에 대한 과반수 인증을 막는다거나, 계약 합의에 도달하지 못하게 막곤 했다.

하지만 오픈소스 노동조합에 대해서는 사측이 효과적으로 압력을 행사하거나 관리하기 어려워질 것이다. 어떤 작업장의 노동 인력 가운데 10%, 20%, 30%가 가입해 있는 오픈소스 노동조합은 조합원들을 대표해 행동함으로써 단체교섭 없이도 집단적인 힘을 보여 줄 수 있을 것이다.

오픈소스 노동조합은 노동자와 경영진과의 갈등에서 어떤 역할을 할 수 있을까? 아마 파업과 같은 전통적인 노사 분규와는 다른 전술을 사용할 것이다. 가령 작업장 문제들에 대한 정확한 정보를 노동자, 경영진, 일반 대중에게 제공함으로써, 노사 간의 의사 결정에 영향을 미치고 작업장 내의 현안에 대한 여론을 형성할 수 있을 것이다. 이와 같은 정보 제공이 바로 노동자 삶의 질을 향상시키지는 않겠지만, 꼭 필요한 일이라는 점은 부정할 수 없다.

다음과 같은 사례를 생각해 보자. 1998년에 어느 로펌의 젊은 고용 변호사들이 임금 인상을 위해 회사를 압박하고자 했다. 당시 그들은 누리집 그리디어소시에이츠닷컴www.greedyassociates.com을 개설하고, 이 로펌에 지원할 변호사들에게 임금 및 노동 조건에 대한 자세한 정보를 제공했다. 사이트에 올라온 불만 사항들이 변호사들을 고용하는 데 악영향을 미치지 않을까 우려한 로펌들은 바로 노동조건을 개선하면서 임금은 크게 증가했고, 실리콘밸리에서 일하는 변호사들과 다른 지역에서 일하는 변호사들 간의 임금 격차 같은 문제들이 해결됐다. 변호사들은 1년 만에 한 차례의 단체교섭만으로, 그동안 노조가 얻어 낸 액수보다 더 높은 임금 인상에 성공했다.[20]

이들 로펌 변호사들의 사례는 그런 전문 자격이 없는 노동자들과는 거리가 먼 일처럼 보일 수도 있지만 그렇지 않다. 거의 모든 경제 분야에서 노동자들은 사용자 측이 필요로 하는 중요한 기술을 갖고 있다. 따라서 관련 정보를 수집해서 노동자의 손에 쥐어 주는 행동은 생산성 향상의 강력한 수단으로 작용할 수 있다. 구직자들은 직장에 대한 정보를 찾기 위해 종종 인터넷을 이용한다. 오픈소스 노동조합은 장차 신입이 알아야 할 노동조건과 작업장 문제에 대한 정보, 다른 기업의 관련 사례를 제공함으로써 노동자들을 대변할 수 있다. 이런 운동이 활성화될 경우 노사 관계 등에서 정체된 기업은 직원 모집이 어려워질지 모른다. 선진적인 기업의 사례가 널리 알려지면서, 이 같은 관행을 더 많이 수용하라는 사회적 압력 또한 늘어날 것이다.

좀 더 넓게 보면, 오픈소스 노동조합 운동은 노조가 있는 회사의 노동자와 그렇지 않은 회사의 노동자들 사이에, 현재는 거의 존재하지 않는 유대 관계를 만들 수 있다. 개별적으로는 규모가 작지만 많은 기업들에 퍼져 있는 노동자 집단들에서 나온 정보를 활용해 노동이 이 자본주의 경제에서 기업에 대해 갖고 있는 핵심 잠재력 가운데 하나, 즉 더 광범위한 범위를 아우르고 있는 점을 활용할 수도 있다. 노동자들은 공급자인 기업의 가치 사슬value chain◀에서 저마다 다른 지점에 위치해 있다. 이와 같이 서로 다른 상황의 노동자들 사이를 조정하는 작업이야말로, 서로 멀리 떨어진 개인들이 영향력을 발휘하는 데 도움을 줄 것이다. 국가든 지역이든, 어떤 지역사회 안의 다양한 기업에서 일하는 사람들 사이에 조정이 이루어진다고 생각해 보라. 이는 그들이 지역사

▶ 재료·노동력·자본 등의 자원을 결합해 생산물이나 서비스를 제공하는 활동 전체를 말한다. 하버드대 경제학 교수인 마이클 포터의 베스트셀러 『경쟁 우위』*Competitive Advantage*(1984)에서 나온 개념이다.

회 내에서 정치적 행동을 취하는 데도 도움이 될 것이다. 이들이 조직
된다면 약한 고리에 새로운 힘이 발생하게 된다. 오픈소스 노동조합 운
동은 그 힘을 보여 줄 것이다.

요약해 보면, 현재 미국의 노사관계법에 따르면 노동자 다수의 지
지를 얻어 단체교섭권을 부여받은 노동조합만이 제도적으로 유일하게
인정받을 수 있다. 하지만 오픈소스 노동조합은 단체교섭과는 다른 방
식으로 운영될 것이다. 〈자료 8-2〉에 우리가 예상하는 몇 가지 핵심적
인 차이를 정리했다.

[1] 역사적 선례들과 법적 지위

노조 조합원을 단체협약 관계 외부에서 찾는 방식은 과거에도 있었다.
1880년대에 노동기사단은 같은 지역에서 다양한 직업, 다양한 기업 소
속의 노동자들을 모아 '혼합적인 노조 지부'를 구성했다. 1880년대 노
조 조직률이 급성장한 데는 바로 이런 요인이 있다. 1886년 설립 당시
AFL의 회원 자격은 "직능별 노동조합Trade Union을 지지하며 성격이 원
만한 7인 이상의 임금노동자로 구성된, 현재 AFL 소속이 아닌" 모든 노
동자 단체로 되어 있었다. 이후 많은 노동자 단체들이 AFL의 직속 지부
로 편입되었으며, 나중에는 또 다른 전국 규모의 노조로 소속을 옮기게
된다. 오픈소스 노동조합 운동은 이런 전통을 회복시킬 것이다.[21]

1930년대에는 "소규모" 노조나 "회원제" 노조에 직접 가입하는 형
태도 중요했다. 왜냐하면 당시는 기존의 조직과는 잘 맞지 않았던 노동
자들이 노조에 가입하려 했던 시기였기 때문이다. 광산 노동자와 금속
노동자를 조직하던 초기에, 소규모 노동조합은 회사 측이 단체교섭의
상대로 인식하기 전부터 작업장에 노조의 존재를 각인시켰다. 1960년대

자료 8-2

오픈소스 노동조합 운동 대 전통적 노동조합 운동

	단체교섭 중심의 '전통적' 노동조합 운동	오픈소스 노동조합 운동
주요 사업	단체 교섭	노동자 개개인을 대표하고 조언하는 역할. 정치적 선동, 경우에 따라 단체 교섭도 가능
조합원 모집 방식	특정 장소에서 전국노동관계위원회 투표를 통한 50%＋1 득표	경제 분야 모든 곳에 있는 회원
주요한 조직적 연결고리	각 지역의 지부들이 전국 단위의 노조에 통합된 형식. 산업별로 느슨하게 조직되어 있음. 지역적 기반이 약함	'하이터치'[감성적인] 지리적 조정과 정치 행동과 결부된 '하이테크' 사이버 공간
서비스의 다양화	작업장	작업장, 인터넷, 지역사회
누가 / 무엇을 제공하나	사측 대리인, 직장위원이 제공하는 서비스	사업장 내 활동가, 인터넷, 지역사회 단체가 제공하는 서비스
서비스 내용	사용자 측과의 단체교섭에 따라 결정됨 임금, 노동시간, 노동환경, 각종 보험	노동자 이익, 지역적·정치적 권력, 작업장 역량에 따라 결정됨 임금, 노동시간, 노동환경, 각종 보험, 노동시장에 대한 조언과 상담
논쟁 해결 및/혹은 전술 방식	중재, 파업, 태업 그리고 부분파업, 대중 홍보, 연기금 압력	사이버 홍보, 직접행동, 태업, 그리고 부분파업, 대중 홍보, 연기금 압력, '조합원 대상' 중재
조합원 유형	한 가지, 과반수 지지를 얻는 경우, 일반적으로 비활동적	잠재적으로 다수, 헌신에 비례해 누진적인 권한과 의무, 그리고 제공된 서비스
조합원 자격 기간	단체협약에서 정한 기준에 따름	기간 제한 없음
노동조합 민주주의	제한적임. 매우 관료적인 노조가 있고, "상명하달식"이며, 둔감하기 때문	보다 강력함, 이는 보다 강한 책임성을 부과할 수는 리더가 있고, 상호 간 소통이 활발하기 때문. 더욱 분권화된 정치적 협치

와 1970년대의 경우 대부분의 공공 부문 노동조합은 소규모 연합으로부터 출발했기 때문에, 처음에는 단체교섭에 관한 법적 권리를 갖지 못

했다. 예컨대 교원 노조는 다수자가 아닌 소수의 연합 회원들이 사용자 측과 협상하고 합의를 이뤄 첫 결실을 봤다. 미 연방에 소속된 100만 이상의 노동자들은 임금과 노동조건에 대한 연방 정부의 교섭 거부를 무릅쓰고 노동조합에 가입했다. 세월이 흐른 2005년, 연방 노동자들의 노조 가입률은 민간 부문보다 세 배나 높았다(29.9% 대 7.5%).

노사 양측의 많은 지도자들은 인증 선거를 치르지 않은 비공인 노동조합과 소속 노동자들이 일종의 법적 블랙홀에서 활동하는 격이라고 생각한다. 현행법상 이런 노조는 사용자의 담합 행위에 대항할 보호 장치가 없는 상태라는 것이다. 그러나 오픈소스 운동은 이런 사례에 해당하지 않는다. 공인되지 않은 노조라 해도 소속 노동자들은 미국 노사관계법의 모든 기본적 권리를 보장받을 수 있다. 노조 활동을 억압하는 차별로부터 보호, 고소당하지 않고 파업할 권리, 경영진에게 필요 사항을 말하고 협상을 요구할 권리, 노조의 직장위원union stewards◀을 지명할 권리 등이 그렇다. 특히 조합원들을 위해 교섭에 나서거나 단체협약을 체결할 권리도 인정된다.22

노동조합 운동에서 전통주의자들은 오픈소스 노동조합 운동에 대해 우려를 표명한다. 새로운 형태의 노조를 통해 들어온 노동자들은 기존의 대다수 '전통적인' 조합원과 흥미와 관심 분야가 일치할 것 같지 않다는 문제 때문이다. 아마 그들의 걱정이 맞을 것이다. 미국 전역에서 온, 각기 다른 방식으로 조직화된 신규 노조원들이 기존의 노조원들

▶ 현장위원이라고도 한다. 직장 노동조합 또는 노동자를 대표해 직장의 문제를 경영자와 교섭하는 사람. 같은 직장의 조합원 또는 노동자 가운데서 선출되거나 조합에 의해 지명되며, 조합원들의 이익을 대표하는 기능과 집행 기관의 기능을 한다.

과 어떻게 똑같을 수 있겠는가? 역사적으로 볼 때, 새로운 조합원에 대한 두려움과 이를 둘러싼 노동조합의 올바른 형태에 관한 혼란스런 논쟁 — 예를 들어, 직능별 조직인가 산별 조직인가? 포괄하는 범위가 넓은 게 좋은가, 아니면 좁은 게 좋은가? [노조라 할 수 없는] 공공 부문의 협회인가 "진정한 노동조합"인가? — 을 통해 새로운 조직은 급격히 성장할 수 있었다. 다만 지금까지의 역사로부터 우리가 배운 점은 잊지 말아야 한다. 노동자 조직의 형태는 노동자는 물론이고 더 광범위한 경제 영역과 더불어 고려할 필요가 있다. 또한 노동자와 노동조합, 그리고 기업은 노동시장의 현실에 부합하는 조직 형태를 부단히 실험하고 개발해야 한다.

[2] 새로운 노조 운동은 '그림의 떡'인가?

오픈소스 노동조합 운동이 '그림의 떡'처럼 보이는가? 우리가 오픈소스 노동조합이라는 새로운 노동조합의 비전을 이 책의 초판에서부터 제시했다면, [클린턴 행정부의] 미래노사관계위원회 의장인 존 던롭은 의사를 불러 우리를 병원에 데려가라고 했을지 모른다. 대부분의 독자들은 그런 관점을 상아탑 안에서나 지껄이는 말도 안 되는 이야기로 치부해 버릴 것이다. 노사 관계는 매우 현실적인 영역인데, 뜬구름 잡는 이야기를 하고 있다고 무시하면서 말이다.

하지만 떡은 실제로 존재하며 하늘엔 구름이 떠있다.

1990년대 중반부터 2000년대 중반까지, 혁신적인 노동조합과 여타의 노동자 기반 조직들은 인터넷 등 현대 첨단 기술을 활용해 오픈소스 형태를 따라 회원의 범위를 확장했다.23 AFL-CIO의 새로운 계획들은 조합에 가입되어 있지 않은 노동자들도 조합이 새로운 형태로 바뀔 경우 조직화가 가능하며 오픈소스 형태가 단체교섭의 틀을 넘어서 노동자들을 조직화하는 데 도움을 줄 수 있다는 점을 증명해 주고 있다.

[3] 기업, 직능, 그리고 지역 단위의 혁신

〈자료 8-3〉에는 기업이나 직업 또는 지역별로 오픈소스 노동조합 운동의 혁신 방안이 나와 있다. 혁신의 목적은 노동자에 대한 지원이다.

전미통신노조의 IBM사 지부◂는 대기업 오픈소스 노동조합 운동의 모범 사례다. CWA의 IBM 지부에 투표권을 가진 조합원은 적다. 대부분의 조합원은 온라인을 통해 가입하고 있으며, 그들의 상당수가 이메일 구독을 신청하고 있고, IBM 방문자 중 상당수는 이 사이트로 들어오고 있다. 이 누리집은 회사의 특정 정보를 제공하고, 여기서 노동자들은 업무 현안을 논의할 수도 있다. 2000년 IBM이 직원에 대한 연금 복지 혜택을 독단으로 변경한 여파로 일부 직원들이 엄청난 손해를 입었다. 대응에 나선 IBM 노동자들은 CWA를 결성했다.[24] CWA와 노동자들의 홍보 활동으로 회사는 압박을 받았고, 결국 연금 축소 방침을 철회했다.

CWA는 다른 오픈소스 운동도 지지했다. 그중 하나가 온라인상의 노동조합인 워시테크WashTech(워싱턴기술자연합)로, 실리콘밸리 등지의 첨단산업 분야에서 노동자의 이익을 대변하는 조직이다. 워시테크는 첨단 기술 기업에서 계약직으로 일하는 소프트웨어 기술자 등을 대신

▸ 현재 이 사이트의 운영은 중지되었다. 리 콘라드는 CWA 지부인 alliance@ibm에서 2000부터 2016까지 운영자로 활동했으며 현재 그 활동을 Watching IBM(https://www.face-book.com/alliancemember/)에서 새롭게 이어 나가고 있다.

자료 8-3

오픈소스 노동조합 실험: 기업, 직능, 지역 단위의 혁신

전미통신노조

IBM 노동조합www.alliance@ibm.org은 IBM 직원들을 위한 회사 내 인터넷 노동조합이다. 전국통신노동자연합 소속 지부이다.

WashTech 노동조합washtech.org은 마이크로소프트와 그 외 북서 지역에 위치한 기업에 속한 하이테크 노동자를 위한 직능/지역 단위의 노동조합이다.

TechsUnite(www.techsunite.org) 서로 다른 7개 지역에서 조직화한 단체들로 이루어져 있다. Oregon IT 노동자는 CWA 지부 7901의 협회 회원 프로그램을 통해 연간 24달러의 회비를 내는 자신들의 조직 www.ortech.org를 설립했다.

전미자동차노조

전국작가노조(NWU)www.nwu.org는 웹사이트를 통해 약 7,000명의 프리랜서 작가들에게 정보를 비롯한 여러 가지 포괄적인 도움을 제공한다. 그들은 이 웹사이트를 "현 회원들(그리고 장차 회원이 될 사람들)이 필요한 정보를 찾고 노조 업무를 수행할 수 있는 사이버공간상의 '노조의 전당'"이라 부른다.

국제기계노동자협회

CyberLodge: 개방형 노조 프로젝트(www.cyberlodge.org). 인터넷 상에 구현되어 있다: 단체교섭 합의에 따라 정상적으로 노동자에게 복지 혜택을 제공토록 하면서 노사 간 전통적인 관계를 유지하는 길드와 유사한 구조: "가장 중요한 혜택은 권한 — 우리의 노동하는 삶에 영향을 미치는 거물급 인사에 영향을 미칠 수 있는 능력" — 이다.

전미철강노조

www.uswa.org — 협회 회원 — "근무지와 상관없이 모두에게 개방되어 있으며 미국 노동조합 운동을 변혁하고 노동조합에 대한 미국인들의 생각과 가입 방법을 변화시키려는 목표를 가지고 있다."

해 초과근무 수당 지급을 요구하기도 했다. 대표적인 사례가 마이크로소프트MS와의 갈등이었다. 2000년대 들어 MS가 복지 혜택을 축소하고 관료적 지배 체제를 강화하자, 소속 노동자들 사이에 불만이 터져 나왔다. 그들의 불만은 워시테크를 통해 외부로 드러났다. MS의 정책에 비판적인 블로거 및 기타 누리집의 활동가들이 여기에 가세했다.[25]

실리콘밸리 밖에서는, 정보통신 산업에 몸담고 있는 노동자들이 누리집www.techsunite.org을 개설해 이 분야 노동자들 사이에 네트워크를 구축했다. 이 네트워크는 단체교섭의 대상이 되지 않는 제너럴일렉트릭GE 노동자들을 돕는 작업에 나섰다. 'GE 노동자들'Workers at GE이라는 단체를 설립하기 위해, 이 회사의 주요 활동 지역에서 '5개 도시 조직화 캠페인' 활동을 전개한 것이다.

다른 노동조합 역시 인터넷 기반의 조직 사업을 시작했다. 전미자동차노조 산하의 전국작가노조National Writers Union는 미국 전역의 프리랜서 작가들을 조직하고 누리집www.nwu.org을 만들어 활동하고 있으며 이 누리집을 '노조의 전당'union hall이라 불렀다.◀ 국제기계노동자협회 International Association of Machinist(IAM)◀◀는 IT 노동자들을 대상으로 인터넷 기반의 노동조합인 사이버로지Cyberlodge를 설립했다. 국제기계노동자협회는 사이버로지에 대해, 정상적인 단체교섭에 따라 직원들은 복지 혜택을 누리면서도 노사 관계는 보수적인 길드식 구조를 갖는다고 설명했다. 강철 노조 역시 "현재 회사에 고용되었는지 여부와 무관하게, 회원이 되고 싶은 누구에게나 열려 있다"고 밝히며, 저렴한 조합비로 인터넷 회원들에게 상당한 수준의 서비스를 제공하기 시작했다. 하

▶ 전미자동차노조는 미국에서 가장 다양한 업종의 노동조합들로 구성된 전국 단위 노동조합이다. 그 명칭과는 달리 제조업, 보건의료, 연구, 게임, 공공서비스 등 다양한 분야의 노동자들을 대표하고 있으며, 전국작가노동조합도 이 노조 산하 조직이다.

▶▶ 1888년에 노동기사단 소속 기계 노동자 등에 설립되었고, 1891년에 명칭을 International Association of Machinists로 바꿨으며, 1964년에 항공기계 산업부문으로 확장하면서 현재의 정식 명칭은 International Association of Machinists and Aerospace Workers(IAM)이다. The Machinists 혹은 IAM으로 칭한다.

지만 온라인 회원의 명부를 갖고 있음에도, 새로운 형태의 노동자 조합원들에게 적합한 독립적 홈페이지 운영 시스템을 발전시키는 못했다.

　노조가 없는 기업의 노동자들 역시 작업장 문제로 어려움을 겪는 임시 노동자, 특히 이주 노동자를 돕기 위해 노동자센터http://www.fairjobs. org/archive/를 설립했다. 이 센터는 노동자들에게 노사문제에 관한 정보와 지원 방안을 알려 주며, 인터넷을 소통 수단으로 활용한다. 그러나 회사 측과 자체적으로 단체교섭이나 그 밖의 집단적 협상을 하지는 않는다.

　2005년에는 월마트의 전·현직 직원들이 자신들을 대표할 협회를 구성했다. 회사가 직원을 대하는 방식에 개선이 필요하다는 공감대 속에서, 월마트 노동조합은 물론이고 지역의 다양한 단체들도 지지를 보냈다. 참여자들은 협회의 성격에 대해 다음과 같이 설명했다. "단체교섭이나 노조 인증 선거와 같은 개념의 전통적인 노동조합은 아니다. 협회는 월마트 직원들의 문제가 무엇이며, 직장 생활의 질을 개선하기 위해 어떻게 해야 하는지 풀어 가고자 한다."[26] 월마트 직원들은 미국 전역에서 일하고 있다. 자연스럽게 다음의 과제는 인터넷을 통해 각 지역 직원들을 연결하는 것이다.

　어쩌면 대부분의 혁신 노력은 실패할지도 모른다. 하지만 일부는 성공해서 미국의 전통적인 단체교섭 모델에서 벗어나 노동자들에게 직장에서의 독립적인 발언권을 제공할 것이다.

[4] AFL-CIO의 전국적 오픈소스 노동조합 운동

AFL-CIO는 중앙 연맹으로 회원은 노동자 개인이 아니라 노조들이다. 여기서도 단체교섭은 존재하는데, 바로 연맹 스스로가 경영진으로서 연맹의 실무자 노조와 벌이는 교섭이다. 이 조직의 자원과 노력이 가장 많이 집중되는 곳은 AFL-CIO 소속의 지역 노동조합들이 아니라 워싱턴 정계이다. 대체로 미국에는 각 주의 도시마다 AFL-CIO 연맹과 노동자협의회labor council가 조직되어 있다. 이런 산하 조직과는 별개로, 연맹은 새로운 노동조합 형태를 표방하며 〈자료 8-4〉와 같이 몇 가지 '최첨단' 노조 운동 방식을 개발했다.

첫 번째가 워킹패밀리네트워크Working Families Network(WFN)(www.unionvoice.org)[지금은 없어졌다]로 이는 노조원들과 활동가들로 구성된 방대한 이메일 목록을 말한다. 이 목록을 하나로 합쳐 놓기 위해 연맹은 회원 노동조합들에게 한 가지를 명확히 했다. 즉, 연맹이 조합원들에게 접근할 수는 있지만, 회원 노조의 권리를 양도받은 것은 아니라는 점이었다. 이로써 AFL-CIO는 회원들의 이메일 목록에 대한 지배적 권리가 개별 노동조합들에게 있음을 확인시켜 주었다. 만약 노조가 WFN 활동에 동의하지 않거나 WFN의 이메일이 회원들을 불편하게 할 것을 우려할 경우, 산하 노동조합은 AFL-CIO 소속 회원들에게 이메일을 보내지 못하도록 조치할 수 있다. WFN의 메시지가 온라인 활동의 일시적 마비를 가져오리라고 우려될 때도 마찬가지다. 2004년에 이르러 AFL-CIO에는 28개 이상의 전국 단위 노조, 84개의 주 연맹 노조와 도시노동자협의회City Labor Councils, 4백 개 이상의 지역 노조 및 WFN과 연계된 기타 노동조합 조직, 특별 회원들을 책임지는 600여 명의 지역 담당자 등이 활동하고 있다. 이 WFN 네트워크에는 200만 명이 넘는 노조 '인터넷 활동가들'eActivists도 포함되어 있다.

이처럼 규모가 크기 때문에 다양한 선택의 문제에 직면한다. 가령 다수의 사람들이 특정 분쟁에 참여할 때, 관련되지 않은 소수에게도 이

일반적인 오픈소스 모델

워킹아메리카 네트워크www.unionvoice.org

200만 조합원과 활동가들의 이메일 주소. 노동 현안에 대한 인터넷 홍보를 조직화하기 위해 사용되었다.

엔론 사와 월드콤 사 노동자 지원

AFL-CIO 변호사는 파산 법정에서 비조합원의 해고에 대비한 퇴직금 및 보상금을 받는다. 연맹은 법원을 압박하기 위해 인터넷 홍보 과정에서 워킹패밀리네트워크를 사용한다.

워킹아메리카www.Workingamerica.org

조직위는 다섯 개 주의 열 개 도시에서 "지역사회 지부"로 회원을 모집한다. 자발적으로 5달러의 회비를 받는다. 2005년 10월까지 100만 명을 모집했다. 인터넷 상에 정보를 제공하며, 다양한 노동 관련 현안에 대한 정보를 회원들에게 제공한다.

국제서비스노조www.purpleocean.org

노동 현안 — 아웃소싱이나 오프쇼어링(생산 시설의 해외 이전)에서부터 보건의료 및 연금에 이르기까지 — 을 논의하기 위해 마련된 이 웹사이트는 노동자의 복지 수준 향상을 위한 방안을 모색하고 있다.

메일을 보내야 하는가의 문제가 있다. 어떤 사안에 대한 호소 내용을 지역별로 구분해 보내야 하느냐도 골칫거리다. 2003년 캘리포니아 주의 슈퍼마켓 체인 세이프웨이가 파업할 당시, AFL-CIO는 주요 활동가 목록을 활용해 이 업체 직원들의 임금을 인상시키는 데 성공했다. 세이프웨이의 경영진을 압박하기 위해, AFL-CIO는 워싱턴 DC에서 활동하는 회원들에게 이메일을 보냈다. 각 지역의 세이프웨이 지점을 타깃으로 활동가들을 배정했으니, 그 팀에 가입해 달라고 요청하는 내용이었다. 세이프웨이 지점들에서 파업이 일어나지는 않았지만, 메일에 호

응한 회원들은 주소지별로 지역 팀을 결성하는 데 성공했다. 이후 회원들은 소속 팀에 있는 다른 회원들(이웃이기도 하다)의 이메일 주소와 전화번호, 더불어 지역 매장에 대한 정보도 받았다.

AFL-CIO의 두 번째 실천은 어떻게 노동조합이 광범위한 공동체로부터 지지를 받고, 전체 노동자들의 경제적 이익을 실현할지 보여 준 성공 사례였다. 이는 임원들의 불법행위로 엔론과 월드콤이 파산한 후 비조합원들이 퇴직금을 받을 수 있도록 하기 위해 연맹이 벌인 활동이었다. 2002년 터진 엔론사 스캔들은 AFL-CIO를 자극했다. 연맹은 법적 문제에서 엔론 노동자들을 돕기 위해 자금과 실무자를 제공했다. 또 엔론의 본사가 있는 텍사스 주 휴스턴에서는 연맹의 협력을 받은 해리스 카운티 중앙노동자협의회가 퇴직자들을 지원했다. AFL-CIO의 변호사들이 최대한의 퇴직 보상을 받기 위해 회사 측과 대립할 동안, 연맹은 대중운동을 조직해 이들을 지원했다. 한편 엔론의 임원진이 다른 회사의 이사나 임원을 겸직한 경우, 이들을 추방시키기 위해 압력을 가하기도 했다. 또 연맹은 401K◀ 자금으로 직원들을 보호하도록 법을 개정하기 위해 의회에 로비를 했다.

어떤 AFL-CIO 소속 노조도 몇 명 안 되는 해고 노동자를 위해 단체교섭에 나서지는 않기 때문에, 해당 노조의 활동은 기본적으로 정보 제공, 지역사회의 지원 촉구, 법적 지원 제공 등을 수행하는 것이었다. 연맹은 엔론 사태 때 유용한 누리집을 개설했다.[27] 연맹은 미국 전역에 산재한 엔론 채권 은행 측에 전단을 돌리고, 엔론 노동자들을 지지해

▶ 미국의 대표적인 개인 연금제도 중 하나로 근로자퇴직소득보장법이 401조 k항에 규정되어 있어 이런 이름이 붙었다.

달라고 전국의 회원들에게 호소했다. 이때 워킹패밀리네트워크를 활용한 덕분에, 수많은 활동가들이 채권단과 엔론 임원들에게 팩스를 보내고 전화를 걸었다. 그 양은 총 5만5,000건에 달했다. 또 연맹의 법률 자문단은 엔론 사태의 문제점 파악과 엄격한 법 적용을 위해 미국 증권거래위원회SEC를 상대로 소송을 제기했다. 2002년에, 엔론의 전 직원과 법원이 지정한 종업원 위원회는 직원들의 퇴직금 총액을 3,200만 달러 인상하는 데 합의했다. 이런 활동들의 성공에 힘입어, 연맹은 월드컴에도 비슷한 방식을 쓸 수 있었다. 즉 직원들에게 퇴직금 전액을 주는 것은 물론, 애초 예정에 없던 복지 혜택까지 제공하도록 사측에 압력을 가했다.

하지만 위의 활동은 비조합원을 대상으로 진행되었기 때문에, AFL-CIO는 캠페인의 수혜자 중 누구도 조합원으로 가입시키지 않았다. 과반수 지지를 받아 단체교섭권을 확보한 노동조합이 아니라면 노동자가 기댈 곳은 그 어디에도 없었다.

〈자료 8-4〉에 설명되어 있는 세 번째 선도적 실천은 이런 약점을 보완해 준다. 2003년 연맹은 워킹아메리카라는 조직을 설립했다. 회원제로 운영되며, 비조합원들과 그 외에 노동자의 이익을 추구하는 사람들을 새로운 비집단적 교섭 조직에 가입시키는 공동체라고 설명할 수 있다. 2004년 여름 현재, 워킹아메리카는 미국의 5개 주 10개 도시에 사무소를 설립한 상태다.◂ 각 지역 노동자와 주민을 조직에 가입시키기 위해, 400명의 회원 모집원이 매일 담당 구역을 방문한다.[28] 이

▶ 현재는 미국 거의 모든 주에서 사업을 진행하고 있으며 회원 수는 300만 명에 이른다. 양질의 일자리, 공정한 경제, 모두를 대표하는 민주주의를 기치로 활동을 진행하고 있다.

조직은 노조원이 많은 인근 지역을 주로 공략한다. 그런 곳의 거주자들의 경우 노동조합 친화적인 입장을 가지고 있을 것이라는 판단에서다. 그 결과, 워킹아메리카의 가입 회원이 늘어나는 속도는 연맹도 놀랄 만했다. 더구나 회원 모집원의 3분의 2는 자신이 가입시킨 회원 1인당 약 6달러의 모집 비용만을 받기로 했다. 〈자료 8-1〉에 나오듯이, 그동안 노동조합은 단체교섭 자격을 얻고 회원을 늘리기 위해, 조합원 1인당 수천 달러를 지불해 왔다. 더불어 연맹은 오픈소스 노동조합 운동을 통해 모집한 회원이 정치사회적으로 다양한 성향을 가지고 있다고 밝혔다. 즉 3분의 1은 기독교로 개종한 사람들이었고, 70%는 정치적으로 보수주의자 아니면 온건주의자였으며, 32%는 전미총기협회National Rifle Association 지지자였다. 또 회원의 4분의 1이 이메일 주소를 알려 준 덕택에 워킹아메리카는 그들과 매주 의사소통을 하고 있다.

한편 부시 행정부는 2004년 8월, 연장 근로에 대한 규제를 골자로 행정규칙을 개정했다. 당시 워킹아메리카는 누리집에 "초과근무 수당을 못 받을지도 모른다구요?"라는 페이지를 추가하고, 새 규제 방안에 대한 'FAQ'(자주하는 질문)란을 만들었다. 또 젊은 변호사가 관리하며 바뀐 규정에 답변을 해주었다. 이는 노동자들이 그 어디서도 받을 수 없던 서비스였다. 그 결과, 당시 워킹아메리카는 인터넷을 통해서만 한 주에 2,000명이 넘는 회원을 모집했다. 워킹아메리카의 누리집 방문자가 회원으로 전환하는 비율은 7%였다. 이는 다른 웬만한 누리집만큼 높은 비율이다. 2005년 10월에 워킹아메리카는 "회원 수가 100만 명에 이르렀다"며 "다음해엔 200만 명을 달성할 계획"이라고 발표했다.

워킹아메리카의 성공은 WRPS의 중대한 발견과 일맥상통한다. 노동자들의 목소리를 들을 수 있는 미개척 시장이 방대하게 펼쳐져 있다는 사실이다. 미국에서 이 책의 초판(1999년)이 나오자, 비판자들은 우리의 분석 결과를 인정하지 않았다. 노동자들이란 노동조합 인증 선거 과정에서 노조를 지지할 것인지 아닌지 제대로 고민하지 않으며, 설문 조사의 경우에도 그저 막연히 답할 뿐이라는 이유에서였다.29 그러나 설문조사의 전화 상담원에게 노조를 통해 작업장에서 더 많은 발언권을 원한다고 답하는 문제와, 경영진의 분명하고 강력한 반대 의사를 들은 뒤 노조에 지지 투표를 할지 결정하는 문제는 전혀 별개의 사안이다. 이런 관점에서, 워킹아메리카는 이 책에 보고된 노동자의 태도들을 현실에서 실험하고 적용한 사례다. 워킹아메리카는 노조 지부에 가입할 기회를 노동자들에게 제공했는데, 여기엔 회사 측의 압력이나 방해가 없었다. 그리고 WRPS의 설문조사 결과에 나온 바대로, 노동자들은 대규모로 노조 가입에 서명했다. 이 조직에서는 어떤 복지 혜택을 받을지 불확실하고, 막 걸음마를 뗀 오픈소스 형태 역시 수박 겉핥기식일 뿐이었는데도 말이다. 워킹아메리카의 성과들을 인정한다면, 우리는 다음과 같은 사실에 주목할 필요가 있다. 노동자들은 **직장에서의** 발언권뿐만 아니라 **직장에 대한** 발언권 또한 원한다.

저자들이 이 글을 쓰고 있는 동안에도, 워킹아메리카는 이처럼 발언권을 원하는 노동자들의 요구에 어떻게 부응할지 알아내기 위해 노력하고 있다. 처음에 워킹아메리카를 설립했을 당시, AFL-CIO는 2004년 대통령 선거에서 무노조 기업의 노동자들에게 지지를 호소하기 위한 조직으로 활용하려 했다. 회원 모집이 늘어날수록 선거에서 결정적인 역할을 하리라는 판단 때문이었는데, 이 조직은 유권자들의 지지율을 높이는 데 어느 정도 성공을 거뒀다. 이 때문에 보수주의자들은 워킹아메리카가 선거운동을 목표로 만들어졌다며 "전형적인 조직 운동으로, 회원을 더 많이 모집해서 대형 노조의 정치적 아젠다를 부각시키려는 활동"이라고 비난했다.[30] 일부 좌파 진영도 워킹아메리카를 백안시했다. 회원 가입이 지나치게 쉽고, AFL-CIO 간부들이 활동을 조정하며, 단체교섭을 지향하지 않는다는 이유에서였다.[31]

과연 워킹아메리카는 새로운 형태의 노동조합으로 발전할까, 아니면 정치적 메시지를 제공하는 네트워크 단체로 전환할까? 설립 초기부터 이 조직은 단체교섭의 범위 밖에서 노동자를 결집시키는 첫걸음에 성공했다. 이런 힘을 이어받아 워킹아메리카는 다음 발걸음을 이어갈 것이며 또 한걸음 결국 새로운 오픈소프의 형태를 찾아갈 것으로 전망된다. 조직의 주요 목표가 선거에서 지지 세력을 규합하는 데 있지 않다면 어떻게 될까? 회원들의 구직 활동이나 직장에서의 문제를 해결하는 과정에 도움을 주는 조직이라면? 만일 그렇다면 미국 노동조합 운동의 모습은 바뀔 것이다. 그렇지 않다면 또 다른 오픈소스 운동 단체가 나타나서, 워킹아메리카의 자리를 차지하는 상황도 얼마든지 가능하리라 생각한다.

실제로 2004년 여름, 오픈소스에 대한 관심이 얼마나 증가하고 있는지를 보여 주는 사건이 하나 있었다. 당시 국제서비스노조 의장 앤디 스턴Andy Stern은 회원들에게 퍼플 오션Purple Ocean◀을 창조할 수 있도록 노조에 권한을 달라고 요구했다.[32] 스턴은 이 사업에 대해 "정의로운 활동에 참여하고자 하는 100만 이상의 회원 모집을 목표로 한다"

▶ 포화 상태의 치열한 경쟁이 펼쳐지는 기존 시장, 즉 레드 오션에서 아이디어나 기술 등으로 새로운 시장인 블루 오션을 향해 나아간다는 의미의 신조어. 레드와 블루를 섞으면 퍼플, 보라색이 되기 때문에 이런 용어가 나왔다.

라며 세계 최초의 오픈소스 노동조합 운동www.seiu.org이라고 불렀다.33

국제서비스노조는 미국에서 가장 성공적이고 혁신적인 노동조합 중 하나이며, AFL-CIO와 경쟁 관계인 '승리혁신연맹'에서도 가장 앞서가는 조직이다. 오픈소스 형태를 발전시키겠다는 이 단체의 결의는 미국의 노동운동에 엄청난 파장을 가져오리라 예상된다.34

노사협의회 대 "어용 노조들"

미국 노사관계법은 기업의 '어용 노조' 설립을 불법으로 간주하고 있다. 구체적으로는 이 법 제8조 (a)항 (2)호에서, 회사와 짜고 단체교섭에 임하는 어용 조직을 금한다. 대공황 시기 미국에서는 많은 기업이 노조 설립을 방해하기 위해 유령 노조를 만들었다. 노사관계법에 따라 이런 관행은 종말을 맞았고, 기업들은 엄청난 수의 어용 노조를 철폐했다. 그런데 노사관계법은 어용 노조와 회사 간에 체결된 단체교섭만 무효화시킨 게 아니다. 비집단적 교섭 조직을 포함해 기업 주도의 **모든** 노동자 조직이 불법화된다. 유럽에서는 노동자에 의해 선출된 노동자 협의회가 노사 관계 시스템의 근간이지만, 미국은 이런 조건을 논의하기 위한 위원회조차 구성하지 못한다.

물론 노사관계법에 따르더라도 회사가 생산성 및 이윤 증대를 위해 "종업원참여"위원회를 구성할 수는 있지만, 여기서 임금이나 노동조건을 논의할 수는 없다. 그러나 노동자들은 자신에게 일정 정도 이익이 돌아와야 회사와 협력하며, 사측도 이 점을 잘 알고 있다. 따라서 임금과 노동조건에 대한 논의는 불법이라 해도 이뤄질 수밖에 없다. WRPS

의 조사 결과, 종업원참여위원회 가운데 28%는 작업장의 생산성과 이윤만큼이나 노동자의 삶이 어떻게 변화할지도 고려한다. 이처럼 노동자에게 이로운 방법을 고민한다면, 기업은 법을 위반하는 셈이 된다.

노동자 위원회는 단체교섭의 틀 밖에서 작업장 문제를 논의하기 위해 설립된다. 이런 조직을 금하는 미국의 노동정책은 세계적인 추세와 맞지 않는다. 앞에서도 언급했다시피, EU는 미국과 반대 방향으로 간다. EU는 기업이 직원들의 선출에 의해 구성된 노동자평의회를 만들어, 직장 내 현안을 논의하도록 규정한다. 사측이 자발적으로 움직이지 않을 경우, 노동자들이 위원회 구성을 요구할 수 있는 법적 권리도 보장하고 있다. EU 국가의 대다수 노동자들은 노조와 직접적으로 이루어지거나 혹은 특정 분야의 경우 법적 강제를 통해 모든 직원들에게 협약이 확대 적용되는 단체협약의 적용을 받기 때문에, 대부분의 분석가들은 노동자 발언의 이 "두 번째 경로"를 임금 및 복지 혜택을 둘러싼 갈등을 지역 작업장으로부터 제거하는 국가적 임금 협정 형태에 의존하는 것으로 보았다. 그러나 영어권 선진국 가운데 캐나다, 호주, 뉴질랜드, 영국처럼 단체교섭 외에도 다른 수단을 허용하는 나라들은 비노조원 역시 직원들을 대표할 수 있도록 노동자평의회와 같은 형태의 작업장 조직을 허용하거나 장려한다. 아일랜드 정도가 예외적인데, 이 나라 역시 다수 노동자와 회사 사이에서 탈중심화된 임금 협상이 가능하다. 반면에 미국은 단체교섭이 아니라면 허울뿐인 노동자 발언권 및 대표제나 선택하라고 강요하는 유일한 나라다.

캐나다와 미국은 공통점이 많기 때문에, 캐나다의 경험은 특별히 살필 만하다. 캐나다는 미국이 전국노동관계법을 입법하고 몇 년 뒤에 주요 노동법안을 마련했다. 미국과 마찬가지로 캐나다도 사이비 단체교섭에 연루된 어용 노조들을 법으로 금지했다. 하지만 캐나다는 노조와 비노조 조직을 구분하면서, 후자의 경우 기업이 작업장 이슈에 대한 노사 간 논의의 장을 마련하는 형태도 허용했다. 물론 캐나다의 비노조 조직이 노동조합과 같은 권한이나 보호 장치를 보장받지는 못한다. 이런 조직이 있는 작업장에서 노조 설립이 금지된 것도 아니다. 그럼에도 캐나다에서 노조가 아닌 조직으로 회사 측과 협의하는 노동자의 비율은 약 10%에 이른다. 비노조 조직의 존재로 노동조합에 문제가 생긴 적도 거의 없다. 이 나라에서 노조 가입률은 미국보다 더 높다. 반면에 노동조합을 원하는 비율은 더 낮다.35

다른 영어권 국가들 역시 미국보다 훨씬 다양한 형태로 노동자대표제를 보장한다. 호주와 뉴질랜드의 경우 임금 결정 시스템은 역사적으로 중앙 집중적인 방식을 따르며, 협상은 노동자 개인이 아니라 노동조합이 주도한다. 따라서 작업장 단위에서는 이 나라의 기업들은 노조가 아닌 노동자 대표 기구를 설립하기 위해 노력한다. 영국의 경우, 직원조합staff associations과 노사공동위원회가 노동자 조직으로 존재했다. 최근에는 EU에 편입됨에 따라 서유럽 스타일의 노동자평의회 제도도 채택했다. 처음에 노동조합은 노동자평의회가 노조를 대체할지 모른다고 반대했지만, 나중에는 우호적으로 바뀌었다. 단체교섭의 범위 밖에서 노동자들이 법률상으로 강제적인 대표 기구를 갖는다면, 노동자들에게 바람직할뿐더러 새로운 조직화의 기회가 생기리라는 판단 때문이었다.

노동자 조직의 선택과 범위를 확대하는 차원에서, 미국은 어떻게 노동 시스템을 개혁할 것인가?

실현 가능한 변화의 하나는 캐나다 사례를 따르는 방안이다. 즉 기업 주도의 위원회처럼 단체교섭에 얽매이지 않는 조직 형태에 대해 그동안의 법적 족쇄를 제거하는 것이다. 더 급격한 변화라면 유럽연합의 예를 들 수 있다. 노동자 스스로 선출한 대표들이 사측과 만나는 방식이다. 노동자들은 회사에 노사공동위원회를 설립해 작업장 문제를 처리하도록 법적 권리를 부여받는다.[36] 두 가지 변화 중에 하나라도 이뤄지면 노동자대표제 및 참여의 문제에서 노동자들이 나타내는 희망 수준과 현재 수준의 격차는 줄어들 것이다. 이런 변화는 단체교섭이 아닌 방식을 원하는 많은 노동자들에게 새로운 기회를 제공할 것이다.

노동자를 대표하는 대안적 형식을 도입하기 위해 미국의 시스템은 어떻게 바뀌어야 할까? 무엇보다 노동자의 권리, 그리고 다양한 노동자 위원회의 권리와 의무를 법적으로 명료화할 필요가 있다. 가령 캐나다와 유럽연합의 경우, 노동조합과 비노조 자문 기구의 권리는 법률로 특정되어 있다. 미국에서도 이와 같은 것이 필요할 것이다. 또 불공정한 노동 관행 문제로 노동자들이 노조를 통해 대표되기 어렵다는 점을 고려해 볼 때, 노동자를 대표하는 다양한 형식을 허용한다면 노동자 권리를 실현하는 데 기여할 수 있을 것이다.[37]

노동법 개혁

미 연방 정부는 전국노동관계법과 후속 법안을 통해 민간 부문의 노사 관계를 규제한다. 주 정부는 해당 주 및 지방 정부의 노사 관계를 규제한다. 그런데 노사관계법을 지지하는 노조와 노동 전문 변호사는 전국 단위의 노동 입법과, 전국노동관계위원회의 행정적 결정을 전통적으로 선호한다. 대신에 주 단위 노동 입법과 법원의 법 해석에 대해선 상대적으로 덜 선호하는 편이다. 단체교섭 방식을 지지한다면, 비전문적인 주 정부보다는 국가의 노사문제 전담 기관에 권력이 귀속되기를 바랄 것이다. 지방법원 및 연방법원에 대해서도 비판적인 입장을 보인다. 노동조합에 호의적이지 않은 사법적 판결의 역사를 알고 있기 때문이다.

주 정부의 권리와 연방주의 사이의 충돌 문제를 따질 때는 대체로 보수적인 정치적 입장으로 기울기 마련이다. 하지만 주 정부가 스스로 법을 채택할 권한이 더 많을수록 노동조합도 더 잘 운영된다. 미국의 공공 부문 노조뿐만 아니라, 주 정부가 노동법 제정에 주도적 역할을 하는 캐나다의 노조 성공 사례에서도 이 사실을 확인할 수 있다. 만일 미국에서 [연방 정부와 주 정부의 법률이 충돌할 경우 연방법이 우선 적용되는] 연방법 우위의 원칙Federal preemption이 없다면 노동정책은 어떻게 시행될까? 노동조합에 호의적이지 않은 주 정부는 노조 설립을 더 어렵게 하는 법을 통과시키려 하겠지만, 호의적인 주는 노조 설립에 노력하는 노동자에게 더 강력한 보호 장치를 제공할 것이다. 그 결과 현재의 공공 부문 노조와 비슷한 상황이 발생할 것으로 예상된다. 즉 민간 부문의 노조 설립에 관한 법이 주별로 다양해지리라는 것이다. 조합원의 수가 적은 주라면, 노조에 유리하지 않은 입법을 할 가능성이 크다. 하지만 이런 지역에서라면 노동조합도 상대적으로 잃을 몫이 적을지 모른다. 비슷한 이치로, 노조 친화적인 주에서는 입법의 도움으로 상당수의 조합원을 확보할 수 있을 것이다.

노동조합에 호의적인 지역과 그렇지 않은 지역 사이에서 이 같은 입법상의 경쟁이 일어난다고 가정해 보자. 집단적 발언권과 노조 설립을 원하는 노동자의 입장에서 보면, 잃는 것보다는 얻는 게 더 많을 것이다.

　종합하면, 노사 관계에 중립적인 주에서 노동 관행을 규제하는 다양한 형태의 정책을 시도할 필요가 있다. 하지만 새로운 입법을 위해서는 노사관계법을 먼저 수정해야 한다. 그 이유는 가먼Garmon 대법원 판례(1959)에 따라, 주 정부는 노사관계법이 보호하거나 금지하는 행위를 독자적으로 규제할 수 없기 때문이다. 또 워런 대법원은 "노사관계법이 규제하는 행위에 대해 전국노동관계위원회가 전속 관할권을 가진다"고 판결했다. 1980년대 초, 위스콘신 주 정부는 다음의 법 해석이 가능한지 평가 분석했다. 위스콘신 주 정부는 산업노동인적관계부를 통해 지난 5년간 노사관계법을 위반한 기업들을 가려내 정부 조달 사업에 참여할 수 없도록 했다. 1986년 대법원은 주 정부가 상습적으로 노동법을 위반한 기업으로부터 물품 및 서비스 구입을 못하도록 금지시킴으로써, 주 정부는 구매자가 아닌 규제자로 행동했고 노사관계법이 위스콘신 주법보다 우위에 있음을 만장일치로 판결했다. 2000년 캘리포니아 주는 이런 규칙을 적용해 고용주가 주 정부로부터 받은 자금을 노조 조직화를 방해하는 데 사용하지 못하도록 하는 법을 제정했다.[38] 다만 이 경우 강조점은 주 정부가 노사관계법을 집행하는 기관으로서 해야 할 역할이 아니라 구매자로서 가진 권리에 있었다. 2002년 뉴욕 주도 비슷한 법을 만들었고, 2003년에는 하와이 AFL-CIO 연맹이 하와이에도 유사한 법률을 만들어 달라고 청원했다. 기업 측은 캘리포니아 입법의 부당성을 문제 삼으려 했다. 노사관계법에 따라 사용자가 노동조합 설립에 반대 의견을 낼 수 있음에도, 주법이 사측의 법적 권리를 제한하고 있다는 내용이었다. 2002년에 캘리포니아 지방법원은 판결을 통해 회사 편을 들어 주었다. 법원은 주 정부에게서 받은 사업상의 계약금으로, 노조 설립 방해에 들어가는 비용을 충당할 수 있다는 회사 측의 주장을 인용했다. 심지어 주 의원들이 납세자의 돈을 그런 식으로 지출하고 싶지는 않다는 내용의 법을 통과시켰음에도 벌어진 일이었다.

상급법원은 하급법원 판결 논리의 설득력이 약하다고 여길 수 있다. 상급법원에 올라갈 경우, 캘리포니아 지방법원의 결정에 대한 근거는 신빙성을 잃을 확률이 높다.[39] 연방법 우위의 원칙을 지지하는 힘은 대부분 진보적인 대법원 판사들로부터 나왔다. 미국 의회는 캘리포니아 지방법원의 판결에 대해 명확한 성명이나 결의안을 내지 않았지만, 아치볼드 콕스Archibald Cox 같은 친노동 성향의 법학자들은 연방 정부가 우선권을 가지고 있다는 논리로 법원에 영향을 주었다.[40] 고용에 관한 법률은 집단이 아니라 개별 노동자에게 적용되며, 주 정부는 저마다 관련 규제법을 보유하고 이를 수많은 상황에서 집행한다. 그럼에도 의회는 강력한 차별금지법을 통과시켰다. 1993년 보스턴 항만 건설공사 사업에서 주 정부는 비조합원들을 계약에서 제외시켰다는 이유로 소송에 휘말렸다. 당시 윌리엄 렌퀴스트 대법원은 주 정부의 결정을 만장일치로 지지했고, 이후 법원은 앞선 캘리포니아 사례처럼 주 정부의 권리에 자주 손을 들어 주었다. 자연히 연방 정부의 우선권을 배척할 가능성은 커졌다.[41] 하지만 두 사례는 차이가 있다. 보스턴 소송의 경우 주 정부가 주요 관심사인 노사 분규 방지에 신경을 쓴 사건이지만, 캘리포니아 소송의 경우는 주 정부와 계약을 맺은 회사가 자신이 받은 자금을 어떻게 사용했는가가 문제였다. 주 정부는 노조 결성 방해 행위에 대한 제재를 통해 규제 확대 의지를 계속 키웠다. 이런 경향은 국가의 규제 경향과도 사뭇 다르다. 다만 주 정부의 규제 권한 확대를 위해 법원의 새로운 법리 해석을 기다릴 필요는 없다. 중립적인 주가 노사문제를 실험에 옮길 때는 다른 문제를 실험할 때와 마찬가지의 전제가 요구된다. 즉 노동 분야에서 연방주의를 어느 정도까지 적용시켜야 하는가에 대한 국가적 논쟁이 있어야 하고, 주 정부의 자치적 공간을 확대하기 위한 입법 활동 역시 필요하다.[42]

결론

현재 미국의 노사 관계 시스템은 망가진 상태다. 직장에서 노동자가 원하는 형태의 대표제와 참여제도를 보장하지 못하고 있기 때문이다. 미국 경제는 지난 10년간, 비교적 가파른 경제적 성장, 낮은 실업률, 생산성 향상을 구가했기 때문에 어떤 사람들은 노동자에게 발언권을 제공하지 못하는 노사 관계 시스템의 실패를 경제성장의 옥의 티로 치부했다. 하지만 노동 분야에서의 실패는 결코 옥의 티가 아니다. 일부 분야에서 경제는 성공했을지언정 노동자들은 성장의 과실을 나눠 받지 못했다. 대다수 노동자의 실질소득은 하락했다. 의료 복지 혜택을 받는 노동자의 비율은 감소했고, 개인연금은 위험해졌다. 경제성장의 이익은 상위 1% 정도에 해당하는 최상위 계층에게로만 흘러들어 갔다. 기업 내에서는 직장 내 노사 간 권력 불균형으로, 기업 범죄로 향하는 길이 열렸고, 엔론이나 월드콤 같은 회사들이 무너졌다. 저임금의 개발도상국과 무역·이민·투자 활동이 활발해지면서, 미국 노동자들에게 더 많은 압력이 가해지고 있다. 이 때문에 숱한 문제가 일어날 것이 불 보듯 뻔하다. 직장에서 적절한 발언권을 행사할 시스템이 없다면, 노동자들은 지속적인 경제적 고통에 시달릴 가능성이 크다. 노동자대표제와 참여의 활성화가 확실하고도 구체적인 대안은 아니지만, 고통 완화에 분명히 도움은 될 것이다.

노동자들이 원하는 대표제와 참여의 문을 열기 위해, 미국은 중요한 전제 하나와 결별해야만 한다. 직장에서 노동자에게 발언권을 제공하는 유일한 방법이 단체교섭뿐이라는 전제다. 현재는 노동조합만이 배타적인 독점권을 가지고 단체교섭에 임할 수 있다. 8장의 분석을 토대로, 미국에서 노동자대표제와 참여의 활성화를 위해 다음의 네 가지 방안을 제시한다. ① 오픈소스 형태의 노동조합을 개발할 것 ② 노사관계법상의 제약을 없애고, 비조합원 그룹도 단체교섭에 참여시키며, 노동자들에게 이런 조직을 설립하거나 회사에 요구할 권리를 부여할 것 ③ 이상의 내용들과 관련해 노사관계법의 기본 전제인, 회사 내 노동자들의 결사의 자유를 보장하고 향상시킬 것 ④ 주 정부가 연방법 우위의 원칙에서 벗어나, 노동자의 권리 개선 방안을 포함해 대안적인 노동 규제에 대한 실험을 실행할 수 있도록 허용할 것. 이런 개혁안은 다양한 형태의 노동자대표제 및 참여 시스템을 선택할 기회를 제공할 것이다. 이상의 새로운 방식은 미국 노동자들이 요구하는, 다시 말해 '노동자가 원하는 것'이기도 하다.

옮긴이 후기

컴퓨터 안에 가상의 경제 시스템을 구현한다고 해보자. 거기에는 다수의 기업이 있을 테고, 그 기업 안에는 또 다수의 노동자와 경영진이 있을 것이다. 역자의 박사 논문은 이 가상의 경제가 어떻게 움직이고 이 안에서 노사관계는 어떤 모습인지 분석하는 것이었다. 이 가상의 경제가 그럴듯하게 마치 현실과 유사하게 움직이려면 이곳에 등장하는 노동자와 경영진이 어떻게 행동하도록 프로그램을 짜야 할까? 해답을 찾지 못하던 내 눈에 나타난 것이 바로 이 책이다.

이 책의 내용은 제목 그대로 '노동자가 원하는 것'What Workers Want 이다. 이 책의 유용한 내용을 알수록 아쉬움은 커졌고 이 책을 번역할 동기는 강해졌다. 노동자들은 직장 내 의사 결정 과정에서 발언하고 싶어 하지만 현실에서는 그럴 수 없다는 것과 현실의 노동자대표제도 역시 그들의 목소리를 제대로 반영해 주지 못한다는 사실이었다.

이 책의 원저는 다음과 같은 질문에서 비롯되었다.

"노동계, 재계, 정부가 스스로 알고 있다고 확신하는 '노동자가 원하는 것', 그것이 정말로 현실의 노동자가 원하는 것일까?"

이 책은 현실의 정치와 노동 관련 제도가 노동자가 희망하는 것을 반영하지 못한다고 말한다. 즉 직장 생활에서 노동자의 희망과 현실 사이에는 커다란 격차가 존재하며 현실의 노동 관련 법규와 시스템은 그 격차를 줄이는 방법을 제시하고 있지 못하다는 것이다.

이 책이 가진 매력은 그 격차 해소를 위해 노동자 측의 입장만을 다루지는 않았다는 데 있다. 저자들은 설문조사 결과가 사회의 변화를 만들어 낼 영향력 있는 결과가 되기 위해 경영진의 목소리를 함께 들었다. 설문조사 결과가 자신들에게 불리하게 나타날 것을 우려해 조사를 거부하는 양측을 끊임없이 설득했다. 이 책은 쉬운 길을 선택하거나 타협하지 않은 바로 그 사실로 인해, 초판 이후 20년이 지난 지금도 여전히 설문조사를 진행하는 연구자와 업계가 지켜야 할 준엄한 기준을 제시해 준다.

이 책이 전 세계 노동경제학 연구자들에게 미친 영향은 상당했다. 노동자대표제 및 참여에 관한 설문조사WRPS의 성과 이후, 캐나다, 영국, 호주, 일본 등 여러 국가에서 자국 버전의 WRPS를 진행했고 대체로 유사한 결과를 얻었다. 노동자의 희망 수준과 현재 수준의 격차가 이들 나라에서도 상당한 수준이었던 것이다.

우리나라에서도 유사한 조사가 진행되었다. '노사관계 국민 의식 조사 연구'가 몇 차례 있었지만 노동자와 경영진이 아닌 전 국민을 대상으로 삼았기 때문에 WRPS와 직접적으로 비교하기는 어렵다. WRPS를 기반으로 한 조사도 있었는데, 2007년 노동연구원이 전기·전자 산업 종사자를 대상으로 분석한 『근로자 참여 한일 비교』KWRPS가 그것이다.

하지만 한국의 KWRPS는 미국에서 진행한 WRPS와는 많은 차이가 있다. WRPS는 일반 노동자와 경영진의 의견을 반영하기 위해 양측과 치밀한 협상을 벌였고, 조사 결과를 그대로 받아들여야 한다는 점을 확신시켜야 했다. 이를 위해 학계에서 권위 있는 조사·분석 전문가들을 선별해 객관성과 타당성을 검증했다. 그러나 KWRPS는 그렇지 못했으며 조사 대상자도 전기·전자 산업 종사자로 제한적이었다. 결과적으로 KWRPS의 조사 내용과 분석 결과는 노동계와 재계 간의 치열한 논쟁을 야기하지도 않았으며 사회적으로 큰 관심을 끌지도 못했다. 게다가 기업의 운영과 노사관계에 대한 경영진의 의견도 물어보지 않았다. 노동계와 사측에 민감할 질문을 배제한 것으로 해석할 수밖에 없어 WRPS의 주요 취지를 살리지 못했다고 봐야 한다.

특히 노동자들이 원하는 새로운 혹은 확장된 노동자대표제 및 참여의 형태를 모색하기 위한 질문을 KWRPS가 제외한 것은 매우 아쉽다. WRPS에서 이 질문을 제시한 이유는, 노동자들이 바라는 제도의 특징과 구조를 해명하지 않고서는 노동 시스템을 발전시킬 수 없다고 판단했기 때문이었다.

초판이 출간된 지 20년이 지난 이 책을 이제라도 소개하고 싶었던 이유는 '당신이 원하는 노동자대표제를 만들어 보라'는 화두가 여전히 우리 사회에 유의미하기 때문이다. 당시와 현재의 미국 노동법과 노사관계 시스템처럼, 현재 우리나라 노동자들도 회사에서 발언하고 싶지만 제대로 의견을 내지 못하는 상황이며 전체 노동자를 대상으로 하는 노동자대표제도 제대로 시행하지 못하고 있다.

현행법상, 노동자의 이익을 대표하는 노동자 대표에는 다음 세 가지, 즉 노동조합및노동관계조정법상의 **노동조합**, 근로자참여및협력증진에관한법률의 **노사협의회**, 근로기준법상의 **근로자 대표**가 있다.

노동조합은 거의 모든 자본주의국가에 존재하는 가장 일반적인 노동자 대표 조직이다. 그러나 노동조합의 조직률이 낮아지고, 노동의 형태가 다양해지고, 전통적 제조업의 이윤율이 낮아지는 흐름 속에서 노동조합의 대표성이 약화되는 것도 현실이다. 2016년 말 기준으로 한국의 노동조합 조직률은 전체 노동자의 10% 수준에 그치고 있다. 노동자의 90%가 노동조합을 대표로 가지지 못하고 있는 것이다. 이런 상황에서는 노동조합을 확대하려는 노력도 중요하지만 비노조 노동자 대표제를 실질화하는 것도 매우 필요한 일이다.

그러나 노동조합 외의 나머지 두 노동자대표제는 여러 가지 미비점으로 사실상 제대로 활용되지 못하고 있다. 특히 근로자의 과반수 찬성을 요하는 근로자 대표나 노사협의회는 서로의 기능과 역할이 중복되거나 원칙 없이 운영되어 왔기 때문에 통합해야 한다는 지적도 있다.

이런 가운데 노사협의회 제도가 대안으로 거론되지만 90%의 노동자에게 적용되기에는 아직 요원하다. 30인 미만 사업장은 말할 것도 없고, 의무적으로 설치해야 하는 30인 이상 사업장마저도 43%가 운영되지 않고 있는 실정이다. 그러나 노사협의회 의무 설치를 5인 이상 사업장으로 확대하고, 노사협의회의 '협의 사항'을 '의결 사항'으로 개정하고, 비정규직 노동자의 참여를 보장하며, 관리·감독을 노동부장관이 정기적으로 수행하도록 하는 등 미비점을 보완한다면 노동조합을 보완하는 추가적 노동자대표제도로 활용을 될 수 있을 것이다.

한편, 보다 더 적극적으로 기업의 운영 과정에 노동자의 참여를 보장하는 제도가 있어 주목할 필요가 있다. 유럽의 많은 나라들에서는 노동자 대표가 이사회에 참여해 경영자 중심의 의사 결정을 견제하고 경영 투명성을 강화해 기업 발전을 도모하는 **노동이사제**를 시행하고 있다. 미국 민주당의 차기 대선 후보로 유력한 엘리자베스 워런 상원의원은 최근 기업 이사회에 종업원의 실질적 참여를 보장하는 법안을 제시했다.

또한 미국에서는 노동자가 다양한 경로로 자사 주식을 취득함으로써 상법상의 주주 지위를 통해 기업 경영에 참여하는 **종업원 주식 소유제**ESOP가 광범위하게 활용되고 있다. 우리나라의 우리 사주 제도는 주로 자사 주식을 저렴하게 취득할 수 있는 기회를 제공하는 수준에 머무르고 있으나, ESOP은 노동자의 적극적인 기업 인수를 지원하는 방향으로 발전하고 있다. 예컨대 기업 매각시 우선 인수 대상자로 노동자를 고려하고 종업원 소유 지원 은행이 인수 자금을 대출해 주는 법안이 전 민주당 대선 후보 버니 샌더스 상원의원에 의해 주요 공약으로 제기되기도 했다. 그는 상당 수준으로 기업 주식을 소유할 경우 노동자들은 책임감을 갖게 되고, 충분한 임금을 받고, 지역사회와 환경을 존중하고, 기업의 생존력이 증가할 동기를 갖게 될 것이라고 주장한다. 저자인 리처드 프리먼 역시 노동자가 기업을 공유함으로써 기술 발달에 따른 과실을 자본과 노동이 나누는 시스템을 만드는 것이 이 시대의 중요한 과제라고 강조한다.

비정규직과 실업자를 포함하는 노동자 대표 조직도 거론되고 있다. **노동회의소**는 비정규직과 특수 형태 근로 종사자, 실업자 등 일정 기간 고용보험 납부 실적이 있는 모든 노동자들이 의무적으로 가입하도록 하여 이들의 이해 대변을 수행하는 법적 상설 기구다. 이 기구가 우리 노동 현실에 적합한가에 대해서는 이론이 있고 산별노조가 급선무라는 주장도 있다. 하지만 비정규·임시·프리랜서직이 증가하는 이른바 긱 이코노미Gig Economy 시대에는 다양한 노동 형태들에 부합하는 새로운 노동자대표제로 발전할 가능성도 배제할 수 없다. 이 책의 8장에 소개된 **오픈소스 노동조합** 등 새로운 노동자대표제들도 계속해서 눈여겨봐야 할 제도들이다. 경쟁적이고 변화하는 환경에서는 다양한 변이가 발생할수록 보다 잘 적응하는 개체도 그만큼 빨리 나오는 법이다.

노동할, 노동하는, 노동했던 사람들의 목소리를 직장과 사회에 반영한다고 해서 당장 일자리가 생기고, 경제적 불평등이 개선되고, 안정된 노후의 삶이 보장되는 것은 아니다. 다만 발언하는 과정을 통해 기업의 대등한 파트너로 인정되고 존중받는 노동자가 늘어난다는 사실만으로도 대단히 의미 있는 일이라고 생각한다. 이런 대등성이 다양한 경제적 관계에도 관철되고 일반화된다면 그 자체만으로도 사회의 혁신과 성장은 보다 높은 가능성으로 실현될 것이기 때문이다. 이것이 진정으로 경제민주주의가 필요한 이유라고 믿는다.

끝으로 이 책을 번역 출간하기까지 큰 도움을 주신 분들께 인사를 드려야겠다. 많은 오류를 지적해 주시고 글의 균형을 잡아 주신 이진실 편집자님께 고마움의 인사를 전한다. 정말 오랫동안 이 책의 번역을 기다려 주셨다. 읽을 수 있는 글이 되도록 다듬어 준 이세형 님께도 감사 인사를 드린다. 그의 지지가 없었다면 이 책의 번역을 결정하지 못했을 것이다. 항상 곁에서 즐거움을 주고 있는 아내 최윤진에게는 특별한 고마움의 인사를 하고 싶다.

미주

개정 증보판 서론

1 기타 WRPS의 설문 자료와 WRPS 이후에 이루어진 조사들의 전체 목록은 다음에서 참고할 수 있다. http://users.nber.org/~freeman/wrps.html

2 다음 조사의 181번 문항을 보시오. James A. David, Tom W. Smith, and Peter V. Marsden, *General Social Surveys, 1972-2004*, 2nd ICPSR version(Chicago, Ill.: National Opinion Research Center, 2005).

3 Lynn Franco, *Take This Job and ...*(New York: Conference Board, 2005). 연령별로 보면, 34-44세 노동자는 12%p(61→49) 감소했고, 45-54세 노동자의 경우 9%p(57→48) 감소했다. 소득별로 보면, 연간 가계 수입이 2만5천-3만 달러 사이인 경우 15%p(56→41), 3만5천-5만 달러인 경우 13%p(60→47) 감소했다.

4 Harris Poll no. 38 (May 6, 2005), "Many U.S. Employees Have Negative Attitudes to Their Jobs, Employers, and Top Managers."

5 http://www.stonybrook.edu/commcms/surveys/projects/healthpulse.html

6 Les Christie, CNN/Money staff writer, "Bad Attitudes in the Workplace Survey Show that Employee Morale Has Taken a Hit Lately," August 24, 2005, 5:19 PM EDT.

7 TIPP/investor's Business Daily/*Christian Science Monitor Poll*, October 2002.

8 Gallup Poll Social Series, Work and Education(http://bit.ly/2qwqzzk).

9 See Peter D. Hart Research Associates, Study no. 7518 (February 2005).

10 CBS News Poll, "Little Faith in Big Biz," July 10, 2002, "The Ethics of Big Business," www.cbsnews.com/htdocs/c2k/bizback.pdf.

11 Gallup Polls: "Mood of the Nation"(2005), for business influence; and November Wave 2(2002) and November Wave 1(2004) on business executive honesty. 해리슨 설문조사는 설문지 문항의 표현을 달리해서 노동자의 83%가 기업의 영향력이 감소하기를 바란다는 사실을 발견했다.

12 See Peter D. Hart Research Associates, Study no. 7518 (February 2005)·

13 Peter D. Hart Research Associates, Study no. 7704 (August 2005)

14 Peter D. Hart Research Associates, Study no. 7518 (February 2005)

15 Peter D. Hart Research Associates, Study no. 6924 (2003)에서는 다음과 같은 질문을 던졌다. "노동조합 대표 인증 선거 기간에 회사 측이 노조에 반대하는 몇 가지 활동이 있습니다. 다음에 나오는 여덟 가지 전술에 대해, 회사가 어느 정도로 시행하는지 답해 주십시오. ① 항상 ② 매우 자주 ③ 가끔씩 ④ 드물게."

16 Kate Bronfenbrenner, *Uneasy Terrain: The Impact of Capital Mobility on Workers, Wages, and Union Organizing*, 2000(http://digitalcommons.ilr.cornell.edu/reports/3/)에 따르면 "민간 기업의 92%가 노조 반대 의견을 제시하기 위해 직원들에게 비공개 미팅을 요구했으며, 78%는 관리자들로 하여금 휘하의 노동자들에게 노조에 대한 반대 의견을 전달하라고 요구했고, 약 50%는 노조를 설립하면 직장을 폐쇄하겠다고 위협했고, 약 25%는 노조 지지자를 해고하겠다고 위협했다."

17 Peter D. Hart Research Associates, Study no. 6924 (February 2003)에 의하면 77%는 노조 설립 과정에서 회사는 어떠한 입장도 취해서는 안 된다고 생각했으며, 대다수 응답자들은 다음과 같은 회사 측의 노조 반대 전술에 대해 "용납할 수 없다"고 밝혔다: 관리자와의 의무적 미팅(60%), 노동자 가정에 노조 반대 통지문 전달(63%), 노조 찬성투표 시 직장 폐쇄 혹은 해고 위협(64%), 봉급 봉투에 노조 반대 인쇄물을 넣어 배포(67%), 노조 찬성시 급여 및 복지 혜택을 축소한다고 경고(73%), 노조 반대를 독려하기 위한 일대일 미팅 소집(78%), 직장에서 친노조 직원에 대한 밀착 감시자 붙이기(85%), 노조를 지지하는 노동자 해고(92%).

18 Peter D. Hart Research Associates, Study no. 7518 (February 2005).

19 Peter D. Hart Research Associates, Study no. 6924 (February 2003).

20 Peter D. Hart Research Associates, Study no. 6221 (January 2001) and Study no. 6924 (February 2003).

21 Peter D. Hart Research Associates, Study no. 6924 (February 2003).

22 Zogby International, *The Attitudes and Opinions of Unionized and Non-Unionized Workers Employed in Various Sectors of the Economy toward Organized Labor*, report to the Public Service Research Foundation, August 2005.

23 우리는 왜 2005년 조그비 조사의 추정치가 하트 리서치의 조사나 조그비의 전년도 추정치보다 훨씬 작은지 설명할 수 없다. 그런데 질문 방식을 약간 달리 할 경우 — 당신이 선택권을 가진다면, 노동조합에 가입할 가능성은 어느 정도 입니까? — 조그비 조사에 따르면 무노조 기업 노동자의 45%가 노동조합에 가입할 것으로 예상된다. 이와 관련해 다음을 참고할 수 있다. Zogby International, *Nationwide Attitudes toward Unions*, report to the Public Service Research Foundation, February 2004.

24 다음을 참고할 수 있다. Gallup Poll, "Shift in Public Perceptions about Union Strength, Influence," August 23, 2005. 투표 결과는 연도별로 매우 다양하게 나타났기 때문에, 53%라는 이상 수치가 나타날 수 있다. 전 기간 평균으로 보면, 노동조합이 보다 약해지고 있다는 답변은 43%인 반면에 보다 강해지고 있다는 의견은 22%였다.

25 Peter D. Hart Research Associates, Study no. 6221 (January 2001).

1장 노동정책은 노동자에게

1 또 다른 자본주의 강대국인 독일과 비교해 보자. 독일은 전체 노동인구의 29%가 노동조합에 가입돼 있지만, 단체협약 조항을 조합원부터 비조합원까지 '확장' 적용이 가능하도록 했다. 그 결과 단체교섭 대상 사업장의 비율이 95%에 이른다. 프랑스의 경우도 노조 가입률은 단지 9%에 그치지만, 95%의 노사가 단체협약을 맺는다. See OECD, *Employment Outlook*, July 1997(Paris: OECD, 1997), Table 3.3.

2 미국의 노사 관계 시스템이 현대 경제와 조화를 이루지 못하고 있다고 지적하는 저서와 논문들은 다음과 같다. Among the major studies are Richard B. Freeman and Joel Rogers, "Who Speaks for Us? Employee Representation in a Non-Union Labor Market," in *Employee Representation: Alternatives and Future Directions*, ed. Bruce Kaufman and Morris Kleiner (Madison, Wis.: Industrial Relations Research Association, 1993); William B. Gould IV, *Agenda for Reform: The Future of Employment Relationships and the Law* (Cambridge, Mass.: MIT Press, 1993); Bruce Kaufman, "Company Unions: Sham Organizations or Victims of the New Deal?" *Industrial Relations Research Annual* (1997):166-80; Thomas Kochan, "Principles for a Post-New Deal Employment Policy," in *Labor Economics and Industrial Relations: Markets and Institutions*, ed. Clark Kerr and Paul Staudohar (Cambridge, Mass.: Harvard University Press, 1994), 646-71; Joel Rogers, "Reforming U.S. Labor Relations," in *The Legal Future of Employee Representation*, ed. Matthew W. Finkin (Ithaca, N.Y.: ILR Press, 1994), 95-125; David Levine, *Reinventing the Workplace: How Business and Employees Can Both Win* (Washington D.C.: Brookings Institute, 1995); Miles Raymond, "A New Industrial Relations System for the 21st Century," *California Management Review* 21 (Winter 1989): 9-28; Kim Moody, *Workers in a Lean World* (London: Verso, 1997); Michael Piore, "The Future of Unions," in *The State of the Unions*, ed. George Strauss, Daniel Gallagher, and Jack Fiorito (Madison, Wis.: Industrial Relations Research Association, 1991), 386-410; Joseph Reid, "Future Unions," *Industrial Relations* 31, no. 1 (1992): 122-36; George Strauss, "Is the New Deal System Collapsing? With What Might It Be Replaced?" *Industrial Relations* 34, no. 3 (1995): 329-49; Lowell Turner, *Democracy at Work: Changing World Markets and the Future of Labor Unions* (Ithaca, N.Y.: Cornell University Press, 1991); Paul C. Weiler, *Governing the Workplace: The Future of Labor and Employment* (Cambridge, Mass.: Harvard University Press, 1990); and Charles C. Heckscher, *The New Unionism: Employee Involvement in the Changing Corporation* (Ithaca, N.Y.: ILR Press, 1996).

3 그 시발점이 바로 1977년에 노동부가 실시한 '고용의 질에 관한 설문조사'(Quality of Employment Survey)다. 이후 많은 여론조사 기관이 노동자 태도의 이런저런 측면을 연구했다. 하지만 다양한 형태와 제도에 초점을 맞춰서 노동자들의 참여 혹은 대표제에 대한 요구를 조사한 작업은 없었다.

4 WRPS의 조사 대상은 민간 기업 중 25인 이상 사업장에 한정되었다. 소규모 기업 노동자와 공공 부문 노동자는 제외했다. WRPS를 마친 뒤, 우리는 캐나다와 미국 공공 부문의 일부

분야 노동자를 대상으로 똑같은 내용과 방법으로 설문조사를 실시했다. 다른 연구자들은 영국 노동자들을 대상으로 우리가 만든 설문조사를 활용했으며, 오스트리아와 일본에서도 그것을 분석에 사용했다.

5 보다 면밀한 조사를 원한다면 다음에서 관련된 모든 데이터를 온라인상에서 이용할 수 있다. http://www.nber.org/data_index.html

6 이 위원회가 진행한 논의를 보려면 다음 문헌을 참고하시오. Thomas Kochan, "Using the Dunlop Report to Achieve Mutual Gains," *Industrial Relations* 34, no. 3 (1995)과 John T. Addison, "The Dunlop Report: European Links and Other Odd Connections," *Journal of Labor Research* 17, no. 1(Winter 1996): 77-99.

7 WRPS 조사 대상자들의 노조 가입률은 16%다. 이는 미국의 민간 부문 평균치를 상회하는데, 그 이유는 대기업보다 노조 가입률이 낮은 중소기업이 조사 대상에서 제외됐기 때문이다. 조사 대상에 중소기업을 포함시켰다면 노동조합을 원하는 노동자의 비율은 감소하겠지만, 44%의 찬성률은 1990년대 후반의 민간 부문 전국 평균 노조 가입률인 10~11%보다는 서너 배 이상 높은 것이다. WRPS의 조사 대상은 미국 노동인구의 4분의 3을 대표한다.

8 William Bridges, "The End of the Job," excerpt from "JobShift," *Fortune*, September 1994, 62-66.

9 월간 미국 가계 표준 조사 — 인구 현황 추계 — 를 활용한 연구는, 소득 변동에 관한 미시건 패널 조사와 같이 수년간 미국 노동자 집단을 추적 조사한 데이터를 활용한 연구와 마찬가지로, 미국인들의 근속 기간이 길다는 사실을 보여 주고 있다. 다음 연구를 보시오. Henry Farber, "Are Lifetime Jobs Disappearing? Job Duration in the United States," *NBER Working Paper* No. 5014, 1 February 1995; Francis X. Diebold, David Neumark, and Daniel Polsky, "Job Stability in the United States," *NBER Working Paper* No. 4859, 1 September 1994; David Neumark, Daniel Polsky, and Daniel Hansen, "Has Job Stability Declined Yet? New Evidence for the 1990's," *NBER Working Paper* No. 6330, 1 December 1997. 미국인들은 대부분의 선진국들에 비해 이직률이 높으며, 결과적으로 일본이나 독일에 비해 근속 기간이 짧은 게 사실이다(Organization for Economic Cooperation and Develop-ment, *Employment Outlook*, July 1993 [Paris: OECD, 1993]). 이런 현상의 주된 원인은 미국인들이 자신에게 잘 맞는 직장을 모색하는 시기에 이직을 자주하기 때문이다. 1990년대 들어 남성들의 근속 기간은 완만하게 감소했지만, 여성들의 평균 근속 기간은 증가했다. 가장 중요한 것은 재직 기간이 감소한 사람은 대부분 젊거나 학력이 낮았다는 사실이다. 젊은 남성의 재직 기간이 줄어드는 현상은 단순 노동시장의 상황이 열악해졌다는 사실의 일환으로 이해되어야지, 전통적인 노사 관계로부터 벗어나는 새로운 흐름이 형성되었다는 증거로 이해되어서는 안 된다.

10 근속 기간 데이터를 분석해 보니, 정년을 마친 사람의 재직 기간은 정년을 채우지 못한 사람의 두 배였다.

11 <자료 3-3> 참조.

12 퇴사하는 노동자는 자신이 정말 힘들었던 문제를 회사 측에 알려 줄 유인이 없다. 불만을

제기할 경우 회사가 자신에게 책임을 전가하거나, 추천서에 나쁜 평가를 쓸 수 있기 때문이다. 일부 기업은 퇴사 사유를 파악하기 위해 그만두는 직원에게 인터뷰를 시도했지만, 이런 인터뷰는 별다른 정보를 제공하지 못한다. 좋은 손잡이를 달아 줘 봐야 이미 문밖으로 나선 사람에겐 아무런 소용이 없다.

13 Richard Freeman and James Medoff, *What Do Unions Do?* (New York: Basic Books, 1984). 사회에서 발언권의 중요성은 Albert O. Hirschman의 명저 *Exit, Voice, and Loyalty* (Cambridge, Mass.: Harvard University Press, 1971)[앨버트 허시먼, 『떠날 것인가, 남을 것인가: 퇴보하는 기업, 조직, 국가에 대한 반응』, 강명구 옮김, 나무연필, 2016] 이후 강조되어 왔다.

14 이 주장을 수학식으로 표현해 보자. V 를 두 집단 $I \cdot II$ 가 관계를 유지함으로써 얻게 되는 총가치, λ 를 이 총가치 중 집단 I 가 차지하는 비율이라고 하자. 또한 W_I 를 집단 I 가 이 관계를 단절함으로써 얻게 되는 가치, W_{II} 를 집단 II 가 이 관계를 단절함으로써 얻는 가치라고 하자. $\lambda V > W_I$ 이면 집단 I 는 이 관계를 지속하고, $(1-\lambda)V > W_{II}$ 이면 집단 II 가 관계를 지속하려 할 것이다. $V > W_I + W_{II}$ 가 유지된다면, 관계를 단절하기보다는 교섭을 통해 갈등을 해결하는 것이 두 집단 모두에게 이익이 될 것이다. 만약 $\lambda V < W_I$ 이면 관계 지속을 위해서는 집단 I 의 이윤 몫을 증가시킬 필요가 있으며, $(1-\lambda)V < W_{II}$ 이면 그 반대가 될 것이다. 만약 $V < W_I + W_{II}$ 라면 λ 가 어떤 값을 갖더라도 이 두 집단의 관계는 지속될 수 없다.

15 Richard B. Freeman and Edward P. Lazear, "An Economic Analysis of Works Councils," in *Works Councils*, ed. Joel Rogers and Wolfgang Streeck (Chicago: University of Chicago Press for NBER, 1995)에서 그 설명을 확인할 수 있다.

16 많은 애널리스트들이 이런 사실을 자료로 정리했다. 예컨대, Richard B. Freeman, *When Earnings Diverge: Causes, Consequences, and Cures for the New Inequality in the U.S.*, National Policy Association Report #284 (Washington, D.C.: NPA, 1997); U.S. Department of Labor, *Report on the American Workforce*(Washington, D.C.: U.S. Government Printing Office, 1994); Lawrence Mishel, Jared Bernstein, and John Schmitt, *State of Working America*(Washington, D.C.: Economic Policy Institute, 1997).

17 OECD 1993년 데이터로 계산했다.

18 가계 소득에 관한 이 데이터는 U.S. Bureau of the Census, *Historical Income Tables: Families* <표 F-6>와 <표 F-3>에서 얻었다. GDP 수치는 *Economic Report of the President, February* 1998 (Washington, D.C.: U.S. Government Printing Office, 1998)의 <표 B-2> 자료를 활용했으며, <표 B-3>에 따라 1996년 가격으로 조정된 것이다. 빈곤율은 이 보고서의 <표 B-33>에서 얻었다.

2장 노동자가 원하는 것 알아내기

1 Studs Terkel, *Working*(New York: Avon, 1975)[스터즈 터클, 『일: 누구나 하고 싶어 하지 만 모두들 하기 싫어하고 아무나 하지 못하는』, 노승영 옮김, 이매진, 2007].

2 뉴욕 시 병원 노조 위원장인 데니스 리베라(Dennis Rivera)의 자료를 참고했다.

3 이 설문조사의 표본은 미국 본토 소재의 전화 교환소로부터 받은 전화번호 표본 중에서 무 작위로 선정해 추출했다. 이렇게 얻은 번호로 전화를 하면 상당수는 서비스가 중단된 번호거 나, 팩스 혹은 기업 전화번호였으며, 일부는 전화를 받지 않거나 자동응답기가 받았다. 이런 종류의 설문조사에서 응답률을 계산하는 데는 몇 가지 방식을 사용할 수 있다. 인터뷰를 진 행한 대부분의 가계(household)가 적합한 조사 대상자가 되는 것은 아니다. 우리는 적합 대 상자로 2,751개의 가계를 추출했고, 이 가운데 2,408명과 인터뷰를 마쳤으며, 응답률은 88%였다. 하지만 3,423명이 대상자 선정을 위한 심사 질문에 대한 응답을 거절했다. 보수적 으로 가정해서 이런 가계들이 우리의 설문에 응답한 가계와 같은 비율로 적합 대상자와 비적 합 대상자로 나뉜다고 보면, 20.5%(701명)만이 우리가 원한 인터뷰 대상 그룹에 속한다. 이 701명을 감안할 경우, 적합 대상 가계의 응답률은 88%가 아니라 70%쯤 될 것이다. Princeton Survey Research Associates, *Worker Representation and Participation Survey: Report on the Findings*(Princeton, N.J.: PSRA, 1994) 중 기술적인 내용을 담고 있는 부록으로부터 확인한 사항이다.

4 이 위원회는 민간 부문 노동법 개정을 목표로 하는 미래노사관계위원회와 구별되어야 한다.

5 Richard Freeman, in "The Evolving Environment of Public Sector Labor Relations," in *Public Sector Employment in a Time of Transition*, ed. Dale Belman, Morley Gunderson, and Douglas Hyatt (Madison, Wis.: Industrial Relations Research Association, 1997)에서 공공 부문의 설문조사 결과를 검토했다.

3장 노동자가 원하는 대로 되지 않는 이유

1 우리가 미처 생각하지 못한 문제가 있거나 새로운 해석의 여지가 있다고 생각한다면, 이메 일로 문의를 하거나 누리집(1장의 미주 5를 보시오)에서 WRPS를 내려받아 분석해 보길 바 란다.

2 우리는 어떤 한 분야에 대한 입장을 조명하기 위해서 여러 개의 질문을 사용했는데, 설문 조사의 모든 질문들이란 어쩔 수 없이 결점을 가지고 있기 때문이다. 질문들은 상이한 문장 으로 표현될 수 있고, 상이한 순서로 다른 위치에 있을 수도 있다. 노동자들이 작업장에서 원 하는 것이 무엇인지를 찾아내기 위해, 우리는 특정 질문 조합을 선택했다. 다른 누군가는 상 이한 질문 조합을 선택할지도 모른다. 오늘은 우리가 또 다른 질문 조합을 선택할 것이다. 특 정 사항을 바라보는 최선의 방법은 어떤 단일 사항에도 적용되는 내재적 입장과 성향에 관한 지표를 확인하는 것이다. 기술적으로 이런 내재적 입장과 성향을 '잠재 변수'(latent variable) 라고 한다. 다양한 통계적 모형은 기본적으로 동일한 현안에 속한 특정 사항들 중에서 일반

적인 패턴을 확인함으로써 잠재 변수를 측정한다.

3 우리는 프린스턴 설문조사연구회가 개발한 표본 가중치가 적용된 표를 이 자료와 이 책 전반에서 제시하고 있다. 하지만 WRPS 표본은 응답률이 매우 좋아서 표본 가중치를 사용하지 않더라도 그 결과는 거의 모든 경우에 표본 가중치를 사용한 것과 사실상 동일한 수치를 제공한다.

4 10년 이상 재직한 노동자의 67%는 영향력을 더 많이 발휘하고 싶다고 말한 반면, 1년 이하로 재직 중인 노동자는 52%가 그렇게 하고 싶다고 답했다. 주 45시간 이상을 일하는 노동자의 67%가 더 많은 영향력을 발휘하고 싶다고 답한 반면, 35시간 이하로 일하는 노동자는 55%였다. 대졸 혹은 그 이상의 학력을 가진 노동자의 66%가 더 많은 영향력을 원한다고 답한 반면, 대학 교육을 받지 못한 노동자는 61%였다. 그러나 일부 매우 헌신적인 노동자들은 이미 상당한 영향력을 행사하고 있기 때문에, 회사 내 더 많은 영향력 행사 욕구에 대한 기술과 지위 사이의 관계가 다른 모든 집단에까지 나타나지는 않는다.

5 이것은 다음과 같은 두 가지 질문에서 드러난다. 하나는 개인적인 문제에 관한 것이고 다른 하나는 집단적인 문제에 관한 것이다. 첫 번째 질문은 다음과 같았다. "귀하의 회사나 조직 문제를 해결할 때, 개인보다는 집단으로서의 노동자가 더 많은 발언권을 가진다면, 이런 시스템이 **더욱** 효과적이라고 생각하십니까, **덜** 효과적이라고 생각하십니까?" 76%는 보다 효과적이라고 답했고, 10%는 덜 효과적이라고 했으며, 4%는 똑같다고 했다. 두 번째 질문은 노동자 위원회나 노동조합이 없는 노동자를 대상으로 다음과 같이 주어졌다. "노동자들이 집단적으로 겪는 문제를 논의하는 노동자 위원회를 경영진이 선정한다고 상상해 보시기 바랍니다. 이렇게 하는 것이 노동자의 고민을 해결하는 데 **더욱** 효과적이라고 생각하십니까, **덜** 효과적이라고 생각하십니까?" 73%는 보다 효과적일 것, 21%는 덜 효과적일 것, 25%는 똑같을 것, 4%는 모르겠다고 응답했다.

6 이는 경제학의 기본적인 문제로서, 산출량의 수준에 의존하는 산출량의 분포에 관한 예상 효과와 연관된다. 직장에서 한 측(예컨대 경영진)이 다른 측(노동자)에 비해 더 많은 의사 결정 권한을 가진다면, 경영진이 이익을 본다고 생각하십니까, 손해를 본다고 생각하십니까? 권한을 나누는 것이 직장 조직의 총가치를 높인다면, 노동자 측이 총산출량의 자기 몫을 증가시키기 위해 자신의 권한을 사용한다고 하더라도, 적어도 양측 모두 기꺼이 이익을 얻을 수 있다.

7 일하고 싶은 의욕이 없는 사람의 비율은, 주당 200~599달러 사이의 소득을 갖는 사람들의 39%, 고등학교 중퇴자 중에서는 43%, 흑인 노동자 중에서는 42%, 생산직 노동자 중에서는 42%였다.

8 개인별 응답에 따르면 회사의 약속에 대한 신뢰가 회사에 대한 평균적인 애착보다 낮은 노동자의 비율을 보다 높게 추정하는데, 그 이유는 그 평균이 이런 노동자들과 회사에 대한 신뢰가 회사에 대한 애착보다 큰 사람들을 혼합했기 때문이다. 우리는 응답의 차이를 보다 쉽게 비교하기 위해 똑같이 4점 척도와 그에 따른 표현법을 사용했다.

9 Richard B. Freeman, "Evolving Institutions for Employee Voice," in *Exit and Voice in the Actual Working of the Economies*, ed. Luca Meldolosi(unpublished manuscript, 1998).

10 그 요약이 어떠한 정보의 손실을 가져오는지를 알기 위해, 많은 영향을 발휘하고 싶어 하는 두 명의 노동자를 생각해 보자. 한 노동자는 작업장 의사 결정 과정에서 일정 정도의 영향력을 행사한다고 말했고, 다른 노동자는 아무런 영향력을 행사할 수 없다고 했다. 전자에 비해 후자가 더욱 심각한 문제이지만, 우리가 한 측정은 이 둘 사이의 차이를 구별하지 못한다. 이 같은 심각한 문제를 체크하려면, 교차분석표를 검토하는 것도 필요하지만, 희망하는 영향력 수준과 현재의 영향력 수준에 대한 반응을 분리해 계산하고 그런 척도들 사이의 격차 또한 검토할 필요가 있다. 이런 분석 결과는 요약 통계가 그 차이를 왜곡시키지 않는다는 사실을 보여 주고 있다.

11 극단적인 사례를 들어, 만약 사람들의 60%가 많은 영향력을 행사하길 바라지만 아무런 영향력을 발휘하지 못하며, 40%는 많은 영향력을 발휘하지만 많은 영향력 행사를 원하지 않는다면, 60%의 노동자는 그들이 원하는 수준의 영향력을 갖지 못할 것이지만, 총 격차는 단지 20%에 그칠 것이다. 예를 들어, 많은 영향력을 행사하고 싶은 산업 안전 문제에는 영향을 미치지 못하는 반면, 영향력을 행사할 마음이 없는 교육 훈련에는 많은 영향을 미칠 수 있다면, 종합적으로 측정할 경우 산업 안전 분야에서의 노동자대표제 및 참여 격차는 드러나지 않을 것이다.

12 이 항목은 평균을 나타낼 뿐, 여덟 가지 모든 사항에 대한 영향력의 희망 수준이 현재 수준보다 높다고 답한 노동자의 비율을 대표하는 것은 아니다. 예컨대 분야에 따라 현재 가진 영향력이 희망 수준에 미치지 못한다고 답한 비율이 83%에 이르는 경우도 있었다.

13 우리는 라쉬 척도(Rasch scaling)를 사용해 유사한 결과를 얻었다.

14 Freeman, "Evolving Institutions for Employee Voice."

15 이는 약 80% 노동자의 견해다.

16 이 집단은 우리 표본의 24%를 구성한다.

17 43%는 단지 다른 사람의 의견을 듣고 경영진이 노동조합을 반대한다고 말했으며, 23%는 회사가 노동조합 지지자를 위협한다고 말했다.

18 36%는 확실히 그렇게 할 의향이 있다고 답했으며, 47%는 아마도 그렇게 할 의향이 있다고 답했다.

19 실제로 전반적인 이야기는 좀 다르다. 미국의 많은 관리자들은 종업원참여위원회, 작업팀, 기타 노동자 단체를 만들고 이 단체에 중요한 결정권을 위임한다. 그러나 미국의 노동 관련 제도와 법으로 인해서 무노조 기업 종업원들의 발언권을 높이는 데 관심을 갖기가 어려워진다. 그리고 이 나라의 노동 시스템에는 노동자가 작업장에 자신들을 대표할 조직을 발전시킬 수단이 없다. 하지만 이것이 우리가 노동자들과 함께 제기한 문제는 아니다.

20 이탈과 발언 사이의 상호 관련에 관한 고전적 분석으로 Albert Hirschman, *Exit, Voice, and Loyalty*(Cambridge, Mass: Harvard University Press, 1972)[앨버트 O. 허시먼, 『떠날 것인가, 남을 것인가』, 강명구 옮김, 나무연필, 2016]이 있다.

1 See Richard B. Freeman and Joel Rogers, "Who Speaks for Us," and Henry Farber and Alan Krueger, "Union Membership in the U.S.: The Decline Continues," in *Employee Representation: Alternatives and Future Directions*, ed. Bruce Kaufman and Morris Kleiner (Madison, Wis.: Industrial Relations Research Association, 1993).

2 고용정책재단(Employment Policy Foundation)이 1993년에 실시한 설문조사는 이 질문을 하지 않았다. 이 조사 결과에 따르면 민간 기업 노동조합원의 62%가 노조를 지지했으며, 15%는 노조가 있다고 답했으며(이들은 질문을 잘 이해하지 못했을 것이다), 18%는 노조 설립을 반대할 것이라고 답했다. 62%와 15%를 합한 약 77%가 노동조합을 지지하고, 18%가 반대하는 것이라고 판단된다. 조합원의 지지는 상당하다고 보이지만, WRPS 결과인 90%에는 못 미치는 것으로 확인된다. 지지자들의 비율을 분명하게 밝혀내기 위해서는 더 많은 표본이 필요하다. 하지만 노조 설립 지지율이 62%든, 77%든, 90%든 그리고 반대 비율이 8%든 18%든 간에, 질적으로는 차이가 없는 이야기다. 즉 조합원은 자신의 노조를 지지한다.

3 이 질문은 5점 척도를 사용했다. 즉 노동자에게 중간 입장(좋지도 않고 나쁘지도 않다)을 선택지로 만들어 넣었다.

4 공기업에서는 다르다. 공기업 노조에는, 민간 부문에 대규모로 조직된 생산직 노동자처럼, 교사, 간호사, 경찰관 및 소방관 같은 고학력 전문 기술 노동자들이 많이 조직되어 있다.

5 발언권에 대한 노동자의 요구 혹은 집단적인 작업장 문제 처리에 대해 현 직장 생활 이전에 가졌던 선호를 보여 주는 자료가 없기 때문에, 노조에 대한 경험 그 자체가 발언권과 집단행동에 대한 노동자들의 요구를 증가시킨다면, 이런 예측은 노조에 대한 찬반 성향의 차이를 과장해서 설명할 수 있다는 사실에 주의해야 한다.

6 성별, 인종별, 연령별, 학력별 더미 변수에 따른 투표 성향의 선형 회귀분석 결과, 과거 노조원에 대해서 표준편차 0.029와 0.095라는 유의미한 크기의 계수를 얻었는데, 그들은 노조를 지지할 가능성이 다른 집단보다 9.5% 이상 높다는 사실을 의미한다. 주급의 로그값을 설명변수로 포함시킨다면 이보다 낮은 표준 오차 0.033과 0.065라는 계수를 얻게 된다. 하지만 이전에 조합원들에 대한 계수는 노사 관계라는 척도를 추가할 경우, 유의미하지 않은 값 0.024로 낮아진다. 따라서 이전에 조합원이었던 사람들은 항상 비조합원이었던 사람보다 노동조합을 지지할 가능성이 크지만, 그 효과는 현재 그들이 다니는 직장 상황에 따라 다르다.

7 Daniel Kahneman, Jack L. Knetsch, and Richard H. Thaler, "The Endowment Effect, Loss Aversion, and Status Quo Bias: Anomalies," *Journal of Economic Perspectives* 5, no. 1 (Winter 1991): 193-206 Daniel Kahneman, Jack L. Knetsch, and Richard Thaler, "Fairness as a Constraint on Profit-Seeking: Entitlements in the Market," *American Economic Review* 76, no. 4 (September 1986): 728-41. For a different analysis, see Tom Langford, "Involvement with Unions, Union Belief Perspectives, and Desires for Union Membership," *Journal of Labor Research* 15, no. 3 (summer 1994): 257-70.

8 Tom Kochan, "How American Workers View Labor Unions," *Monthly Labor Review* 102 (April 1979): 15-22. For a study of how local unions function, see Tove Hammer and

David L. Wazeter, "Dimensions of Local Union Effectiveness," *Industrial and Labor Relations Review* 46, no. 2 (1993): 302-19.

9 Wilson Center for Public Research, Workers' *Views of the Value of Unions* (May 1992)를 보시오.

10 노동조합에 대한 반대 비율을 단순히 각 노동자에게 지정해 주는 게 더 좋을 수도 있다. 비조합원의 3분의 2가 노동조합에 반대하기 때문에, 각 개인의 반대 여부를 올바로 판단할 수 있는 확률도 평균적으로 3분의 2이라고 할 수 있다. 하지만 이럴 경우 오해의 여지가 반드시 발생한다. 이는 마치 주식시장 붕괴나 허리케인, 혹은 기타 흔치 않은 사건들은 그야말로 흔치 않은 사건들이기에 결코 일어나지 않을 것이라고 말하는 것과 같다. 이처럼 책임 회피식으로 접근하면, 발생 빈도가 낮은 사건들의 경우에는, 정확히 예상한다는 측면으로는 더 유리하고 부정확하게 예측한다는 측면에서는 더 불리하며, 보통의 사건의 경우에는 유리할 것도 불리할 것도 없다는 결점이 있다.

11 출처: 위 답변과 관련된 WRPS 설문지 상의 질문은 다음과 같다: (w1.10b) "전반적으로 현재 일하고 있는 회사/기관에서의 노사 관계를 어떻게 평가하십니까?", (w1.10a) "대체로, 귀하는 회사/기관이 귀하나 다른 노동자와의 약속을 지킨다고 믿습니까?", (w2.16ab) "현재 일하고 있는 회사의 경영진에게 점수(매우 잘하면 A, 잘하면 B, 보통이면 C, 별로면 D, 못하면 F)를 매긴다면, 노동자에 대한 관심 면에서 경영진에게 몇 점을 주시겠습니까?", (w1.8) "평상시 출근하는 귀하의 마음을 가장 잘 설명하는 것은 다음 중 무엇입니까?" (w1.14_1,2,3,4) "귀하의 업무와 직장 생활에 영향을 줄 기업의 의사 결정 과정에서 자신이 행사할 수 있는 영향력에 얼마나 만족하고 계십니까?", (w2.16ad) "현재 다니는 회사의 성과에 대해 점수(매우 잘하면 A, 잘하면 B, 보통이면 C, 별로면 D, 못하면 F)를 매긴다면, 권한과 권한을 공유하고자 하는 경영진의 의지에 대해 몇 점을 주시겠습니까?"

12 노동자가 노동조합을 어떻게 바라보는가에 대한 과거의 비교 사례들, 그리고 자신의 작업장에서 노조 설립 찬·반을 유도하는 노동자의 특성들에 대해선 다음 논문을 보라. Karen E. Boroff and David Lewin, "Loyalty, Voice, and Intent to Exit a Union Firm: A Conceptual and Empirical Analysis," *Industrial and Labor Relations Review* 51, no. 1 (1997): 50-63 Gary Chaison and Dileep G. Dhavale, "The Choice between Union Membership and Free-Rider Status," *Journal of Labor Research* 13, no. 4 (1992); Gregory Defreitas, "Unionization among Racial and Ethnic Minorities," *Industrial and Labor Relations Review* 46, no. 2 (1993): 284-301 Richard B. Freeman and James Medoff, *What Do Unions Do?* (New York: Basic Books, 1984); Daniel S. Hamermesh and Albert Rees, *The Economics of Work and Pay* (New York: Harper & Row, 1988); Henry Farber and Daniel Saks, "Why Workers Want Unions: The Role of Relative Wages and Job Characteristics," *Journal of Political Economy* 88 (1980): 349-69 Henry Farber, "The Determination of the Union Status of Workers," *Econometrica* 51 (1983): 1417-37 Duane Leigh, "The Determinants of the Workers' Union Status: Evidence from the National Longitudinal Surveys," *Journal of Human Resources* 20 (1985): 555-66 Barry Hirsch, "The Determinants of Unionization: An Analysis of Interarea Differences", *Industrial and Labor Relations Review* 33 (1980): 158 William Dickens and

Jonathan Leonard, "Accounting for the Decline in Union Membership, 1950-1980," *Industrial and Labor Relations Review* 38 (1985): 323-34 George Neumann and Ellen Rissman, "Where Have All the Union Members Gone?" *Journal of Labor Economics* 2 (1984): 175-92 Robert Flanagan, "NLRA Litigation and Union Representation," *Stanford Law Review* 38, no. 4 (1986): 957-89 Rebecca Demsetz, "Voting Behavior in Union Representation Elections: The Influence of Skill Homogeneity and Skill Group Size," *Industrial and Labor Relations Review* 47, no. 1 (1993): 99-113 John S. Heywood, "Who Queues for a Union Job?" *Industrial Relations* 29, no. 1 (1990): 119-27 Steve Hills, "The Attitudes of Union and Non-Union Male Workers toward Representation," *Industrial and Labor Relations Review* 38 (July 1985); Lisa Schur and Douglas L. Kruse, "Gender Differences in Attitudes toward Unions," *Industrial and Labor Relations Review* 46, no. 1 (1992): 89-102.

13 자료에 제시된 모델에 추가해, 우리는 작업장의 또 다른 어떤 환경이 노동조합을 지지하는 노동자에게 영향을 미치는지 검토했다. 예컨대 작업장 노사 관계의 상태, 노동자 수, 영향력 격차 같은 요인들로 살펴본 결과도 그 자료와 유사한 결과를 보여 준다. 이는 한 질문에 대해 회사와의 노사 관계가 좋거나 나쁘다고 답한 노동자가 다른 질문들에 대해서도 비슷한 답변을 했기 때문이다.

14 Henry Farber, "Trends in Worker Demand for Unionization," *American Economic Review* 79, no. 2 (1989): 16671 Henry Farber, "The Decline of Unionization in the United States: What Can Be Learned from Recent Experience," *Journal of Labor Economics* 8, no. 1, part 2 (1990): S75-105 Henry Farber and Alan Krueger, "Union Membership in the United States: The Decline Continues," *NBER Working Paper No.* 4216 (1992). The predominant view that management resistance is critical to union success or failure is given by Paul Weiler, "Striking a New Balance: Freedom of Contract and the Prospects for Union Representation," *Harvard Law Review* 98 (1984): 351-420 Paul Weiler, "Promises to Keep: Securing Workers" Rights to Self-Organization Under the NLRA," *Harvard Law Review* 96 (1984): 1769-1827 Richard B. Freeman, "Why Are Unions Faring Poorly in NLRB Representation Elections?" in *Challenges and Choices Facing American Labor*, ed. Tom Kochan (Cambridge, Mass.: MIT Press, 1985); Freeman and Medoff, *What Do Unions Do?* The literature on union-organizing efforts is also voluminous: Stephen Bronars and Donald R. Deere, "Union Organizing Activity, Form Growth, and the Business Cycle," *American Economic Review* 83, no. 1 (1993): 203-20 Marion Crane, "Gender and Union Organizing," *Industrial and Labor Relations Review* 47, no. 2 (1994): 227-48 Gary Chaison and Dileep Dhavale, 'The Changing Scope of Union Organizing," *Journal of Labor Research* 11, no. 3 (1990): 307-22 Gary Chaison and Dileep Dhavale, "A Note on the Severity of the Decline in Union Organizing Activity," *Industrial and Labor Relations Review* 43, no. 4 (1990): 366-73 William Dickens, "The Effect of Company Campaigns on Certification Elections: Law and Reality Once Again," *Industrial and Labor Relations Review* 36, no. 4 (July 1983): 560-75 Richard B. Freeman and Morris M. Kleiner, "Employer Behavior in the Face of Union

Organizing Drives," *Industrial and Labor Relations Review* 43, no. 4 (April 1990): 351-65 Thomas Lee and Barbara Finnegan, "Strategies and Tactics in Union Organizing Campaigns," *Industrial Relations* 31, no. 2 (1992): 370-81 Terry Leap et al., "Discrimination against Pro-Union Job Applicants," Industrial Relations 29, no. 3 (1990): 469-78 Monty Lynn and Jozell Brister, "Trends in Union Organizing Issues and Tactics," *Industrial Relations* 28, no. 1 (1989): 104-13 Joseph B. Rose and Gary N. Chaison, "New Measures of Union Organizing Effectiveness," Industrial Relations 29, no. 3 (1990): 457-68 Donna Stockwell and John Thomas Delaney, "Union Organizing and the Reagan NLRB," *Contemporary Policy Issues* 5, no. 4 (1987): 28-45.

15 Employment Policy Foundation, *Fact and Fallacy: Updating the reasons for Union Decline,* May 1998.

16 이는 올바른 판단이다. 캔자스시티와 보스턴에서 진행된 전국노동관계위원회 선거에 관한 연구에서, 프리먼과 클라이너(Freeman and Kleiner)는 대략 5명 중 1명의 비율로 노조를 지지했던 관리자가 해고된 사실을 확인했다.

17 19%는 "훨씬" 나아졌다고 했으며 45%는 "조금" 나아졌다고 답했다.

18 31%는 노사 관계가 보다 협력적으로 변했다고 답했는데, 이에 비해 16%는 보다 대립적으로 변했다고 했으며, 42%는 아무런 변화가 없었다고 답했다. 관리자가 협력 증진을 위한 노동조합의 노력을 어떻게 평가하는가에 관한 연구를 보려면 다음 논문을 보시오. Martin M. Perline and Edwin A. Sexton, "Managerial Perceptions of Labor-Management Cooperation," *Industrial Relations* 33, no. 3 (1994): 377-85.

19 특이한 점은 66%가 "아무런 차이가 없다"고 답했고, 23%가 "회사 업무를 더 힘들게 만든다"고 했으며, 7%가 "회사 업무를 더 편하게 만든다"고 했다.

5장   노동자는 회사 경영을 어떻게 생각할까?

1 일본식 경영 제도가 유행이던 1980년대에, Miyamoto Mushashi"s Samurai classic, *A Book of Five Rings*, Overlook Press (Woodstock, N.Y., 1982) and Viking Press (New York, 1982) [미야모토 무사시, 『미야모토 무사시의 오륜서』, 안수경 옮김, 사과나무, 2016]가 출판되었다. 최신판은 랜덤하우스(Random House, New York,1993)에서 출판되었다. *The Leadership Secrets of Attila the Hun*, by Wess Roberts (NY: Warner Books, 1991))[『훈족 아틸라 그 리더십의 비밀』, 한미영 옮김, 자유문학사, 2004]은 1990년대 베스트셀러였다.

2 이 분야의 많은 책들 중에는, Jeffrey Pfeffer, *Competitive Advantage through People: Unleashing the Power of the Workforce* (Boston: Harvard Business School Press, 1994), and Thomas A. Kochan and Paul Osterman, The Mutual GainsEnterprise (Boston: Harvard Business School Press, 1994)이 있다.

3 이 비율은 종업원 주식 소유 제도(ESOPs)를 실시하는 기업 중 종업원 주식 소유 제도 규정에 따르는 기업 혹은 전국종업원기업소유협의회(National Council on Employee Ownership)

가 계산한 기업에 속한 노동자의 비율을 초과하는데, 그 주요 원인은 WRPS가 노동자들을 대상으로 기업 고유의 주식 소유 제도에 대한 조사를 하지 않았기 때문이었다. 많은 회사들이 자사 주식을 보유하는 401k 및 기타 퇴직 제도를 시행하고 있다. 이 제도를 시행한다고 해서 노동자 소유 기업으로 볼 수는 없지만, 노동자들은 그런 구분을 하지 않았을 것이다.

4 두 개의 서로 다른 연구가 선진 인적 자원 제도의 확산에 대해 조사했다. Paul Osterman, "How Common Is Workplace Transformation and Who Adopts It?" *Industrial and Labor Relations Review* 47, no. 2 (January 1994): 173-88, and Edward Lawler, Susan Mohrman, and Gerald Ledford, *Employee Involvement and Total Quality Management: Practices and Results in Fortune 1000 Companies* (San Francisco: Jossey-Bass, 1992). 이 두 연구는 노동자와 반대 입장을 가진 경영진에게 다양한 사례에 대해 질문했다. 오스터맨의 연구는 던과 브래드스트릿이 만든 표본을 근거로 한다. 롤러, 모어맨, 레드포드의 연구는 포춘지 선정 1천 대 기업의 표본을 근거로 했다. 그들이 이들 사례로부터 발견한 일반적인 내용은 이번 조사에서 노동자들이 우리에게 말한 것과 유사하다.

5 예컨대, 대기업 노동자의 84%는 자기 회사에 인사과나 인적 자원 부서를 갖고 있다고 말했다. 제조업에 근무하는 노동자의 77% 역시 이렇게 답했다. 이는 표에 제시된 68%를 초과한다.

6 데이터가 구트만 모델(Guttman model)과 완벽히 일치한다면, 삼각 행렬(triangular matrix)로 정리될 수 있기 때문에, 최소 총점을 받은 사람들은 오직 가장 쉬운 문항에만 정답을 맞춘 것이다. 그 다음 낮은 점수를 가진 개인은 그 문항과 그 다음으로 쉬운 문항의 정답을 맞춘 것이며 나머지도 이런 식으로 전개된다.

	문항1	문항2	문항3	문항4
개인1	×	○	○	○
개인2	×	×	○	○
개인3	×	×	×	○
개인4	×	×	×	×

(× 표시가 정답)

7 여기서 통계적 가정의 핵심은 각 항목에 대한 개인들의 반응이 로지스틱 확률분포를 따른다는 것이다. David Bartholemew, *The Statistical Approach to Social Measurement* (San Diego: Academic Press, 1996), shows that the sufficiency principle for conditional distributions of latent variables yields the Rasch logistic model on the assumption that individuals and items can be located on a single continuum. Gerhard H. Fischer and Ivo W. Molenaar, *Rasch Models: Foundations, Recent Developments, and Applications* (New York: Springer-Verlag TELOS, 1995), give alternative algorithms for estimating Rasch models.

8 우리는 이미 MIT의 오스터맨이 사업장을 대상으로 수행한 설문조사(Osterman, 1996)와 오스트로프가 기업을 대상으로 수행한 설문조사 내용을 접하고 있었다. Richard B. Freeman, Morris M. Kleiner, and Cheri Ostroff, "The Anatomy and Effects of Employee Involvement," mimeo, 16 July 1997. University of Minnesota, 1998. 두 결과 모두, 직장 제

도의 수나 범위는 하나의 잠재적 척도에 잘 맞으며, 우리가 더 많은 제도에서 봤듯이 종형 분포는, 좋은 회사와 나쁜 회사로 뚜렷이 분리시키는 대안 가설적 분포보다도, 데이터가 가진 유의미한 내용을 제공한다는 사실을 알게 됐다.

9 WRPS에 포함된 제도에 대해서만 적용될 뿐, 모든 제도에 대해서 적용되는 것은 아니다. 오스터맨은 일부 선진적인 제도들은 노동조합이 존재하는 상황에서는 나타날 가능성이 더 적을 것이라고 지적했다.

10 출처: <자료 5-2>에 제시된 인적 자원 제도의 비율을 사용해 계산했다. 이 비율들은 하나의 "잠재 변수"를 구성하기 위해 7가지 인적 자원 제도와 노동자들이 자신에 대해 평가한 효율성 정도를 반영하고 있다. 상위 10%는 노동자가 소속 기업에 매긴 점수가 상위 10%에 드는 노동자들로 구성되며, 하위 10%는 노동자가 소속 기업에 매긴 점수가 하위 10%인 노동자들로 구성된다. 하위 10%에 해당한다고 점수를 매긴 노동자 그룹은 선진적인 인적 자원 제도가 있는 기업에서는 많지 않았다. 그렇다고 해도 상위 10%에 해당한다고 점수를 매긴 노동자 그룹이 선진적 제도를 가진 기업에서 비례적으로 많이 나타나지는 않았다.

11 WRPS에 사업장이나 직장에 관한 정보가 없다는 것을 의미하지는 않는다. 대기업 소속의 많은 노동자들은 사업장이나 직장에서 근무한다. 시티은행은 은행 산업에서는 거물이지만 전형적인 시티은행 분점은 한 명의 매니저와 5~10명의 노동자들로 운영된다.

12 특히 21%는 이 정책을 지난 열두 달 동안 세 차례 이상 사용한 반면, 24%는 한두 번 사용에 그쳤다.

13 특히 경영자의 61%와 대졸 노동자의 58%가 이전 해에 이 정책을 사용했다.

14 특히 18-24세의 노동자는 46%, 55세 이상 노동자는 47%, 비숙련 노동자는 47%, 육체 노동자는 42%였다.

15 이 그림들은 이 설문조사의 2차 조사로부터 나왔으며, 여기에는 열린 문 정책을 다루는 특별한 질문 모듈이 들어 있다. 우리는 또한 1차 조사에서 나타난 종업원 참여의 효과를 2차 조사에서 나타난 효과와 비교했다. 이 경우에, 자신의 시스템이 "매우 효과적"이라고 답한 노동자의 50%는 지난 1년 동안 세 차례 이상 사용했는데, 반면 그 외의 답변을 제시한 노동자들은 35%만이 지난 1년 동안 세 차례 이상 사용한 것으로 나타났다.

16 38%는 생산·과정·운영을 다루기 위해 사용했으며, 22%는 일반적 노동조건을 다루기 위해 그것을 사용했으므로, 이런 분야에 그것을 사용한 사람들은 대략 60%에 이른다.

17 특히 노동자의 8%는 중간 관리자와의 문제를 제기했고, 11%는 임금 및 복지와 관련된 문제를 제기했다. 한편 관리자의 18%와 조합원의 17%는 임금 및 복지에 관한 문제를 제기했다.

18 열린 문 정책을 임금 및 복지 문제에 사용한 노동자의 약 3분의 1(32%)이 효과적이지 않았다고 답했지만, 그 제도를 사용해 생산 문제를 다루려 했던 노동자 중 효과적이지 않다고 답한 비율은 12%에 그쳤다. 22%의 노동자는 열린 문 정책이 노동조건 문제를 다루는데 효과적이지 않다고 말했다.

19 Charles J. Morris, "A Dialogue with the Chairman of the Labor Board: Challenging Conventional Wisdom on the Impact of Current Law on Alternative Forms of Employee

Representation," *Hofstra Labor & Employment Law Journal* 15 (1998): 319-44, and "Alternative Labor Organizations under the National Labor Relations Act: a How-To Manual for Employees Councils", *American Style* (unpublished manuscript, 1998).

20 WRPS는 노동자와 관리자 모두에게 제안의 빈도에 대한 경영진의 반응에 대해 물어보았다. 그 사례는 노동자들이 가장 정확한 지식을 가져야 하는 정보— 제안의 빈도— 와 경영진이 가장 정확한 지식을 가져야 하는 정보— 제안이 얼마나 유용한가를 발견하는 것— 를 결합한다. 이와는 달리 사람들은 노동자와 관리자의 인식을 각각 검토할 수 있다. 여기서 종업원 참여는 또한 제안의 빈도와 가치가 증가하는 것으로 보이지만, 노동자들은 EI와 비EI 환경 사이에는 경영진이 생각한 것보다 더 큰 격차가 있다고 말한다.

21 여기에 다른 사람들을 관리하는 사람들의 비율이 있다. 즉 EI 참가자는 48%, EI가 있는 기업의 불참자는 28%, 다른 기업의 노동자는 32%.

22 특히 32%는 그것이 "매우 효과적이다", 55%는 "어느 정도 효과적이다", 11%는 "그다지 효과적이지 않다" 혹은 "전혀 효과적이지 않다"라고 답했다.

23 <자료 5-5>는 또한 EI가 있는 기업에 있지만 이 프로그램에 참여하지 않는 노동자는 그 효과에 대해 그다지 긍정적이지 않다는 사실을 보여 준다. 그들 중 더 많은 비율이 그 프로그램을 "매우 효과적이다"라기보다는 "그다지 효과적이지 않다" 혹은 "전혀 효과적이지 않다"고 평가했다. 그 격차가 프로그램에 대한 비참여자의 생소함에 있는지 아니면 참여의 중요한 장점이 참여자가 지나치게 호의적인 입장을 가져서인지는 상상에 맡겨 둔다.

24 사례를 보려면 다음을 참조. Harry Katz, Thomas Kochan, and Jeffrey Keefe, "Industrial Relations and Productivity in the U.S. Automobile Industry," *Brookings Papers on Economic Activity* 3 (1987): 685-728.

25 For a general review of studies through the mid-1980s, see the various chapters in Alan Blinder, ed., *Paying for Productivity* (Washington, D.C.: Brookings Institution, 1990). Other studies include Joel Cutcher Gershenfeld, "The Impact on Economic Performance of a Transformation in Workplace Practices," *Industrial and Labor Relations Review* 44 (January 1991): 241-60 John Paul MacDuffie and John F. Krafcik, "Integrating Technology and Human Resources for High-Performance Manufacturing: Evidence from the International Motor Vehicle Research Program," in Transforming Organizations, Thomas A. Kochan and Michael Useem (New York: Oxford University Press, 1992), 209-26 Casey Ichniowski, Kathryn Shaw, and Giovanna Prennushi, "The Effects of Human Resource Management Practices on Productivity: A Study of Steel Finishing Lines," *American Economic Review* 87, no. 3 (June 1997): 291-313. EI 프로그램의 효과에 대한 논문은 다음과 같다. Paul S. Aidler, Barbara Goldoftas, and David I. Levine, "Ergonomics, Employee Involvement, and the Toyota Production System: A Case Study of NUUMI"'s 1993 Model Introduction," *Industrial and Labor Relations Review* 50, no. 3 (1997): 416-37 Rosemary Batt and Eileen Appelbaum, "Worker Participation in Diverse Settings: Does the Form Affect the Outcome, and If So, Who Benefits?" *British Journal of Industrial Relations* 33, no. 3 (1995); 353-78 Avner Ben-Ner and Derek C. Jones, "Employee Participation, Ownership, and

Productivity: A Theoretical Framework," *Industrial Relations* 34, no. 4 (1995): 532-54 Peter Berg, Eileen Appelbaum, Thomas Baily, and Arne Kolleberg, "The Performance Effects of Modular Production in the Apparel Industry," *Industrial Relations* 35, no. 3 (1996): 356-73 Denis Collins, "Self-Interests and Group-Interests in Employee-Involvement Programs: A Case Study," *Journal of Labor Research* 16, no. 1 (1995): Edward M. Shephard III, "Profit Sharing and Productivity: Further Evidence from the Chemicals Industry," *Industrial Relations* 33, no. 4 (1994): 452-66 Mark Huselid, "The Impact of Human Resource Management Practices on Turnover, Productivity, and Corporate Financial Performance," *Academy of Management Journal* (June 1995): n.p.; Casey Ichniowski and Katherine Shaw, "Old Dogs and New Tricks: Determinants of the Adoption of Productivity- Enhancing Work Practices," *Brookings Paper on Economic Activity: Microeconomics* (1995): 1-65 Casey Ichniowski et al., "What Works at Work: Overview and Assessment," Industrial Relations 35, no. 3 (1996): 299-333 Ichniowski, Prennushi, and Shaw, "The Effects of Human Resource Management Practices on Productivity."

26 산출량의 변화 3%는 이윤으로 계산하면 그 4배, 즉 12%의 증가를 가져오는데, 이는 이윤이 산출량의 4분의 1이기 때문이다.

27 Lisa M. Lynch and Sandra E. Black, "How to Compete: The Impact of Workplace Practices and Information," *NBER Working Paper Series* No. 6120, 1 August 1997 Mary Ellen Kelley and Bennett Harrison, "Unions, Technology, and Labor-Management Cooperation," in *Unions and Economic Competitiveness*, ed. Lawrence Mishel and Paula B. Voos (NY: M.E. Sharpe, 1992). EI 프로그램에서의 노조의 역할에 대한 논문은 다음과 같다, William Cooke, "Employee Participation Programs, Group-Led Incentives, and Company Performance: A Union-Nonunion Comparison," *Industrial and Labor Relations Review* 47, no. 4 (1994): 594-609 Adrienne E. Eaton, "The Survival of Employee Participation in Unionized Settings," *Industrial and Labor Relations Review* 47, no. 2 (1994): 173-88 Charles Hecksher and Sue Schurman, "Can Labor-Management Cooperation Deliver Jobs and Justice?" *Industrial Relations Journal* 28, no. 4 (1997): 323-30 Tom Juravich, Howard Harris, and Andrea Brooks, "Mutual gains? Labor and Management Evaluate Their Employee Involvement Programs," *Journal of Labor Research* 14, no. 2 (spring 1993): 165-85 Maryellen R. Kelley, "Participatory Bureaucracy and Productivity in the Machined Products Sector," *Industrial Relations* 35, no. 3 (1996): 374-99 Maryellen R. Kelley and Bennett Harrison, "Unions, Technology, and Labor-Management Cooperation," in Lawrence Mishel and Paula Voos, eds., *Unions and Economic Competitiveness* (New York: M. E. Sharpe, 1992), 247-86 John Paul Macduffie, "Human Resource Bundles and Manufacturing Performance: Organizational Logic and Flexible Production Systems in the World Auto Industry," *Industrial and Labor Relations Review* 48, no. 2 (1995): 197-221 Paul Osterman, "How Common Is Workplace Transformation and Who Adopts It?" *Industrial and Labor Relations Review* 47, no. 2 (1994): 173-88.

28 Ralph T. King Jr., "Infighting Rises, Productivity Falls, Employees Miss Piecework System," *Wall Street Journal*, 20 May 1998, 1.

29 여기서 "상당한 비율"이란 79%를 말한다.

30 44%는 경영진이 그 프로그램에 "전적으로 헌신적이었다"고 말했고, 47%는 "대체로 헌신적이었다"고 했으며, 단지 9%만이 "그다지 헌신적이지 않았다" 혹은 "전혀 헌신적이지 않았다"고 응답했다.

31 그 차이는 의사 결정 과정에서 많은 영향력을 행사하는 것은 매우 중요하다고 말한 노동자의 비율과 그런 의사 결정 과정에서 많은 직접적인 참여가 중요하다고 말한 노동자의 비율 사이의 격차라는 사실을 상기하라.

32 이와 일치하는 것으로, EI가 있는 기업의 노동자 중 대략 17%는, 노동조합이 결성되던 시기에 근무를 하고 있었다고 했으며, 당시 회사는 노동조합 지지자들을 해고하거나 협박했다고 답했다. 반면 EI가 없는 기업의 경우엔 노동자 중 32%가 당시 회사가 노조 지지자들을 해고하거나 협박했다고 답했다. 노동조합 운동에 관해 물어볼 때 그 운동이 응답자의 현 소속 기업에서 발생했는지 아닌지에 대한 질문은 없었기 때문에, 이 결과는 현재 소속된 회사와는 연관이 없을지도 모른다. 또한 현재 EI 참여자들일수록 보다 더 노동자 친화적인 회사에서 일했다고 볼 수도 없을 것이다. 또한 현 경영진에 대한 그들의 호의적인 태도가 시간을 역행해 과거의 태도에 대한 그들의 판단에 영향을 미칠 수도 있을 것이다.

33 United States Department of Labor. Commission on the Future of Worker-Management Relations, *Fact-Finding Report, Commission on the Future of Worker-Management Relations* (Washington, D.C.: U.S. Department of Labor: U.S. Department of Commerce, 1994).

34 Kelley and Harrison, "Unions, Technology, and Labor-Management Cooperation"; Lynch and Black, "How to Compete: The Impact of Workplace Practices and Information."

6장 노동자는 정부 규제를 어떻게 생각할까?

1 1960년대에 마련된 주요 법안에는 동일임금법(Equal Pay Act, 1963), 민권법(Civil Rights Act, 1964), 고용에서의 나이차별금지법(Age Discrimination in Employment Act, 1967)이 있다. 1970년대의 주요 입법은 교육기회평등법(Equal Opportunity Act, 1972), 재활법(Rehabilitation Act, 1973), 산업안전보건법(Occupational Health and Safety Act, 1970), 연방광산안전보건법(Federal Mine Safety and Health Act, 1977), 종업원퇴직소득보장법(Employee Retirement Income Security Act, 1974)을 포함하는데, 행정 명령 11246호와 마찬가지로 이는 연방 계약자들을 위해 차별 철폐 조치를 단행했다. 1980년대에 마련된 주요 법안에는, 이민개혁통제법(Immigration Reform and Control Act, 1986), 종업원 대상 거짓말 탐지기 사용 금지법(Employee Polygraph Protection Act, 1988), 근로자 적응 및 재훈련 통지법(Worker Adjustment and Retraining Notification Act, 1988)이 있다. 1990년대에 마련된 주요 법안에는, 미국장애인법(Americans with Disabilities Act, 1990), 민권법(Civil

Rights Act, 1991), 가족 및 의료 휴가법(Family and Medical Leave Act, 1993)이 있다.

2 이중 분할 설계에 따라, 이 표본의 반은 자료에 있는 세 가지 질문을 받았으며, 다른 반은 다른 세 가지 항목의 질문을 받았다. 사람들이 제시된 세 가지 항목을 쉽게 생각했다면, 12.5%는 모든 항목에 올바르게 답했을 것이다. 실제로 이 세 가지 항목 모두에 올바로 답한 노동자는 9%에 그쳤다. 51%는 한 질문에 오답을, 35%는 두 질문에 오답을, 5%는 세 질문에 오답을 제시했다.

3 이 원칙은 일부 법정에서는 문제시되고 있다. 1987년 몬태나 주는 모든 비조합원들에게 임의적인 해고로부터의 광범위한 법적 보호 장치를 제공하는 부당해고법(Wrongful Discharge from Employment Act)을 마련했다. 전국통일주법위원회전국회의(National Conference of Commissioners on Uniform State Laws)는 1991년에 고용계약해지법 모델에 동의했다.

4 15년에 걸쳐 600만 번의 소송·고소 건은 평균적으로 매년 40만 번의 소송·고소가 있었다는 것이다. 이는 개인이 실제로 제기한 소송 건수보다 과소평가된 것인데, 일부 사람들이 여러 번에 걸쳐 소송을 제기하기 때문이다. 그래도 여전히 이는 대략적인 수치다.

5 1971년부터 1991년 사이, 노동 및 고용 법과 관련된 연방 지역 법원에 제기된 소송 수는 6,800건에서 25,000건으로 증가했다. (Commission on the Future of Worker-Management Relations, Fact-Finding Report, May 1994[Washington, D.C.: U.S. Department of Labor, 1994], Exhibit IV-3). 1996년까지, 미국 노동자는 고용 차별 관련해서만 2만3,000건의 소송을 회사 측에 제기했다. 1983년에서 1993년 사이, 산업안전보건법(OHSA) 소송 건수는 1만5,601건에서 3만2,359건으로 증가했다. 그 외 다른 당국에 제기한 고소 건수도 유사한 수준의 증가를 보였다. 미국 노동부의 다음 내용을 참고하기 바람. U.S. Department of Labor, Tables on Staffing, Workload, and Backlog: Five Agencies, 3 March 1995.

6 위스콘신 주 정부 행정 당국과 법원은 집행 중인 분쟁(법정 소송 건, 행정 소송, 특별 청문회 등)이 적어도 연간 5,000건에 이른다. 위스콘신 주의 인구 500만을 가지고 미국 전체 인구에 적용해 추정하면 미국 전체에 주 정부 단위 공식 신고는 연간 적어도 25만 건에 이른다고 주장할 수 있게 된다. 위스콘신 주가 "진보적인" 전통과 강력한 주 관료주의로 유명하기 때문에, 다른 주 정부보다 더 많은 법적 분쟁이 발생한 것으로 파악되며 그런 측면에서 20만 건 정도로 추정했다.

7 Stephen Overall, "Court Out on Discrimination Law," Financial Times, 16 July, 1997, 11.

8 출처: WRPS 조사 결과를 토대로 작성됨. (W1.53) (작업장 권리 침해 문제로 소송을 제기해 본 경험이 있는 사람들에게) "귀하가 제기한 소송의 결과에 얼마나 만족하십니까?" (W1.37d) (귀사 직원들의 문제 혹은 관심사를 해결하는 데 노동조합은 얼마나 효과적이라고 생각하십니까?" (W1.32) "개별 노동자가 직장 생활 중 겪는 문제를 귀하가 다니시는 회사/기관의 시스템은 전반적으로 볼 때 얼마나 효과적으로 해결하고 있다고 생각하십니까?

9 예컨대, 노조 활동 때문에 회사로부터 불법적인 해고를 당했다는 문제로 노동자가 회사를 전국노동관계위원회에 고소를 한다면 무슨 일이 벌어지는지 생각해 보라. 전국노동관계위원회와 이후의 법 규정이 노동자의 손을 들어 줘서 복직시키고 1, 2년 후에 체불임금을 지불했다고 치자. 많은 노동자들은 그 과정 중에 새로운 일자리를 얻을 것이고 처음부터 자신을

불법적으로 차별했던 회사로 복직하기보다는 새로운 회사에 남고자 할 것이다. 전국노동관계위원회하에서 체불임금은 그다지 높지 않은 수준에서 타결될 것이다. 불공정 행태를 보인 기업 내에서 노동자가 얻은 것과 문제를 해결하는 동안 회사 밖에서 얻은 것 사이에는 격차가 존재한다.

10 변호사를 고용할 돈이 없는 저임금의 노동자는 아마도 그런 식으로 회사를 압박할 수 없겠지만, 고소득 노동자(종종 중년의 백인 남성)는 회사를 압박할 수 있다. 미국 노동법은 차별을 이유로 해고할 수는 없지만 아무런 이유 없는 통상적인 해고는 허용한다.

11 노동자들에게 그들의 불만이 현 고용주에 대한 것인지 아니면 전 고용주에 대한 것인지를 물어보지 않았기 때문에, 이런 데이터는 아마도 작업장 문제와 정부 규제에 대한 문제 사이의 사실관계를 과소평가할지도 모른다.

12 자원에 대한 접근성이 소송이나 고소를 증가시킨다는 주장과 마찬가지로, 소송을 하거나 고소할 마음을 가졌지만 실행에 옮기지 못했다고 답한 비율은 조합에 가입된 고소득 노동자가 비조합원인 저소득 노동자보다 더 적었다.

13 특히 19%는 고용주의 보복을 두려워한다고 말했고, 13%는 위협을 당하고 있다고 말했다. 하지만 노동자들은 다음과 같은 이유로 소송을 포기하기로 결심했다. 소송을 생각했으나 결국 포기한 노동자 중 3분의 1보다 많은 (36%의) 노동자들이 그 문제는 그런 불편을 감수할 만큼 중요하거나 가치 있다고 여기지 않는다고 답했으며, 13%는 그 문제는 다른 방식으로도 해결될 수 있다고 말했고, 4%는 직장을 그만둠으로써 문제를 해결했다.

14 <자료 7-4> A그룹의 61%와 B그룹의 55%의 평균. 응답자들은, 찬반 투표 상황처럼, 그 질문에서 오직 두 개의 답 중 하나만을 선택할 수밖에 없었다. 그러나 일부 응답자들은 특정 영역에서 현행법은 적당한 보호조치와 제한 조치를 제공했다고 자진해서 이야기했으며, 우리는 그런 응답도 기록했다.

15 특히 13%는 "그다지 효과적이지 않다"고, 8%는 "전혀 효과적이지 않다"고 답했다.

16 불만에 대해 소송을 제기하거나 고소하지 않은 사람들의 25%는 회사 측이 중재기관을 정하면 중재가 "매우 효과적"일 거라고 답했으며, 26%는 노사가 함께 중재기관을 정하면 "매우 효과적"일 거라고 답했다. 이와는 대조적으로, 불만에 대해 소송을 걸거나 고소한 사람들의 17%는 회사 측이 중재기관을 정하면 "매우 효과적"일 거라고 답했으며, 반면에 35%는 노사가 함께 중재기관을 정하면 "매우 효과적"일 거라고 답했다.

17 특히 22%는 완벽히 이해하고 있었으며, 55%는 잘 이해하고 있었다.

18 현 프로그램이 작업장 안전과 보건 증진에 미치는 효과에 관한 문헌들은 광범위하게 존재한다. 일부 분석가는 이 분야 노동자가 보다 많은 권한을 가진다면 어떤 일이 일어날지 생각했다. John F. Burton and James R. Chelius, "Workplace Safety and Health Regulations: Rationale and Results," in *Government Regulation of the Employment Relationship*, ed. Bruce E. Kaufman (Madison, Wis.: Industrial Relations Research Association, 1997), 253-93 Greg LaBar, "What If Your Workers Had the Right to Act?" *Occupational Hazards* 52, no. 2 (1990): 49-54 David Levine, "They Should Solve Their Own Problems: Reinventing Workplace Regulation," in *Government Regulation of the Employment Relationship*, 475-97

and Robert S. Smith, "Have OSHA and Workers" Compensation Made the Workplace Safer?" in *Research Frontiers in Industrial Relations and Human Resources*, ed. David Lewin, Olivia S. Mitchell, and Peter D. Sherer (Madison, Wis.: Industrial Relations Research Association, 1992), 557-86.

19 Commission on the Future of Worker-Management Relations, 1994, 121-22.

20 왜 노동자들은 위원회에 의사 결정권을 양도하는 문제로 인해 그렇게 분열되는가? 일부 노동자들은 규제 이슈 때문에 실질적인 자본 투자가 기업 전반의 재정 건전성에 영향을 미칠 것으로 우려했지만, 또 다른 노동자들은 규제 마련 비용이 덜 드는 근로 기준을 생각하고 있었다.

7장   노동자가 선택할 수 있다면

1 일부 특성들을 선택하고 나머지를 제외함으로써, 우리는 노동자 선호에 대한 이해의 범위를 명확히 했다. 우리는 그 안에서 직장 조직에 관한 논의가 이어지도록 도왔다. 그러나 선택 항목에 관해 우리가 제시한 설명은 최대한 중립적인 입장을 유지했다. 즉 노동자들에게 어느 한쪽으로도 선입견을 줄 여지가 있는 어떠한 형용 혹은 관련된 묘사도 없이 단지 사실만 언급했다.

2 본문에 제시한 백분율은 표본 전체를 대상으로 한 비율이다. 만약 직장 조직 활동에 시간을 낼 수 있다고 답한 경우, 직장 조직을 원하지 않는다고 답한 사람들에게는 물어보지 않았다. 그들은 직장 조직을 거부할 것이라고 추정된 23% 안에 포함된다.

3 노조가 있는 기업의 관리자 중 54%가 선출된 대표를 선호하는 반면 노조가 없는 기업 관리자는 45%가 그러했다. 유노조 기업 관리자의 43%가 분쟁을 중재기관에서 해결하기를 선호했는데, 이는 무노조 기업 관리자의 37%와 대비된다. 이 두 표에는 어떠한 조직도 원하지 않는다고 답하거나 명확한 답변을 회피한 관리자도 포함되어 있다.

4 특히 노동자가 대표를 선출하기를 바라는 관리자들 중에서 24%는 작업장 의사 결정에 관한 영향력에 "매우 만족스럽다"고 답한 반면, 16%는 "매우 만족스럽지는 않다" 혹은 "전혀 만족스럽지 않다"고 답해, "매우 만족스럽다"가 8% 많았다. 이와는 달리, 다른 관리자들의 35%는 자신이 가진 영향력에 "매우 만족스럽다"고 답했으며, 11%는 "매우 만족스럽지는 않다" 혹은 "전혀 만족스럽지 않다"고 답해 그 격차는 24%였다. 노동자들이 자신의 대표를 선출하기를 원하는 관리자의 39%는 자신의 회사를 매우 신뢰했는데, 이는 그 외의 관리자 54%가 그러했던 것과 대비된다.

5 선출된 노동자대표제를 지지하는 관리자의 20%가 자기 회사의 노사 관계가 보통이거나 나쁘다고 평가한 반면, 지지하지 않는 관리자는 16%가 그렇다고 답했다. 노동자대표제를 지지하는 관리자의 8%는 자기 회사의 노사 관계가 평균보다 나쁘다고 했지만, 다른 관리자는 4%가 그렇다고 대답했다.

6 극단적 사례를 제공하기 위해, 각각 A 혹은 B의 특성을 갖는 두 항목에 대한 선호 분포가,

AA 20%, AB 40%, BA 40%, BB는 0%라고 하자. 첫 번째 항목에서 60%가 특성 A를 선택하고, 두 번째 항목에서는 60%가 A를 선택했다. 하지만 AA를 선택한 사람은 20%다.

7 특히 대표 선출을 선호하는 노동자 중 56%는 회사가 자금을 지원해 주기를 원했으나, 대표 선출을 바라지 않는 경우에는 66%가 회사의 자금 지원을 원했다. 이와는 달리, 직장 조직에 회사가 자금을 지원하기를 바라는 사람들 중에서, 60%가 대표를 선출하기를 원한 반면, 그 조직이 자신들의 자금과 전임자로 이루어지기를 바라는 사람들 중에서는 69%가 대표를 선출하기를 원했다. "잘 모르겠다"와 "어떤 조직도 원하지 않는다"는 답변은 이 계산에 전혀 반영하지 않았다.

8 5개의 특성들이 각각 2개를 선택할 수 있다면 2^5, 즉 32개의 구성을 갖게 된다. 여기에 3개를 선택할 수 있는 특성이 하나 추가되면 96개의 구성을 갖게 된다.

9 이런 표들은 6개의 모든 항목에 답한 응답자의 의견을 바탕으로 작성되었다.

10 정확한 비율은 36%였다.

11 5장의 미주 18을 보시오.

12 이 그림들은 전체 표본을 대상으로 한 것이다. 노동조합으로 질문 받은 사람들과 단체교섭을 할 수 있는 종업원 조직으로 질문 받은 사람들 사이에는 약간의 차이가 있다.

13 이 추정치 9%는, 노사공동위원회와 약한 직장 조직을 원한다고 답한 노동자 혹은 자신이 원하는 직장 조직의 유형에 대한 답변을 거부한 사람들로 구성된 것이다. 소수의 노동자들은 더 많은 보호 법안 혹은 노동조합이나 교섭할 수 있는 작업장 조직을 원한다고 답했음에도 직장 조직의 장점에 대한 질문에는 답하지 않았다. 우리는 그들을 법안, 노동조합, 혹은 교섭 가능한 조직을 지지하는 응답자로 계산했다.

8장   새로운 노사 관계

1 그 외에 주요한 영어권 국가로는 캐나다, 뉴질랜드가 있으며, 적어도 2005년까지는 호주도 해당된다. Richard B. Freeman, Peter Boxall, and Peter Haynes, eds., *What Workers Say: Employee Voice in the Anglo-American World* (Ithaca, N.Y.: Cornell University Press, 2006).

2 현재 미국에서 민간 부문 작업장의 노동자 대표를 관할하는 법률은 노사관계법이다. 이 법은 1935년의 전국노동관계법(소위 와그너법)과, 이를 개정한 1947년의 '태프트-하틀리법'으로 구성된다. 태프트-하틀리법은 미국의 노사관계법을 지칭하는 데도 사용되고 있다.

3 그동안 민권 법안, 산업 안전 규제, 연금 및 기타 절세 혜택, 일과 가정 문제 등 직장의 현안에 대해 엄청난 양의 관련 법안이 만들어졌다. 하지만 노동자대표제와 직접 관련된 것은 하나도 없었다.

4 처벌의 내용은 다음과 같다. 회사 설립 시나 노동자와 첫 번째 계약 협상을 진행하는 중에 관련 법을 위반하는 사용자에 대한 금지명령, 이 과정에서 노동자의 권리를 반복적이고 의도적으로 위반한 사용자에게 건당 최고 2만 달러의 벌금 부과, 노사관계법상의 권리 행사를 이유로 부당하게 차별 받거나 해고된 노동자에게 회사 측이 체불임금의 세 배를 지급하도록 하

는 것 등이다.

5 또한 EFCA에 대한 상원의 지지는 하원에 미치지 못했다. 노동법 개정 분야에서 당시의 분위기는 1970년대 후반의 상황만큼이나 매우 암울했다. 만일 민주당이 다수를 차지한다고 해도, 공화당이 이 법의 입법을 방해하는 데 성공했으리라 쉽게 예상할 수 있었다.

6 노사관계법에 따라 회사 측은 노조 활동을 했다는 이유로 부당 해고한 노동자를 복직시키고, 해고 기간 동안의 임금도 지불해야 했다. 즉 불법 행위의 피해자들에게 충분히 보상을 하자는 것이다.

7 2003년 하트 리서치는 작업장에서 노동조합을 설립할 때, 다음의 두 가지 중 어떤 방식이 더 나은지 물었다. "A: 노동조합 인증 선거에서 무기명 비밀투표로 결정하는 방식 B: 노동조합에 찬성하는 노동자는 노조 설립을 지지한다는 내용의 청원서를 돌리고, 만약 과반수 직원들이 여기에 서명할 경우 노동자대표제로서 노동조합을 설립하는 방식." 일반 대중을 대상으로 조사한 결과에서 A와 B의 지지도는 각각 60% 대 32%였으며, 조합원을 대상으로 했을 때는 69% 대 28%였다(Peter D. Hart Research Associates, Study no. 6924. 2003 참조). 조그비 인터내셔널이라는 여론조사 기관은 설문 과정에서 다음과 같이 언급했다. "의회가 노동조합 대표 인증을 위한 무기명 비밀투표 제도를 폐기하고, '카드 체크'(서류 서명) 선거라는 방식을 도입하겠다고 발표했다. 즉 과반수의 노동자가 노조 인증 서류에 서명하면 노동조합은 모든 노동자의 대표로서의 지위를 승인받는다." 이 조사는 무기명투표와 카드 체크 방식 중 어느 쪽이 더 낫다고 생각하는지 사람들에게 물어보았다. "(카드 체크 방식) 지지자들은 이 시스템을 채택할 경우, 사용자 측이 노조에 반대하는 압력을 행사하지 못할 거라고 주장했다. 반대자들은 카드 체크 시스템을 도입할 경우, 노동조합이 노동자들을 위협해 서류에 사인하는 수단을 제공하게 될 것이라고 말했다. 지지도는 카드 체크 방식이 비밀 무기명투표 방식을 47% 대 38%로 앞섰다(18%의 응답자는 두 가지 항목 모두 거부하거나 잘 모르겠다고 답했다)." 이 내용에 대해서는 다음을 참조하라. Zogby International, *The Attitudes and Opinions of Unionized and Non-Unionized Workers Employed in Various Sectors of the Economy toward Organized Labor*, a report to the Public Service Research Foundation (August 2005). 조그비가 카드 체크를 하나의 선거로 언급함으로써, 카드 체크와 무기명 비밀투표 사이의 차이는 모호해졌다.

8 David Moberg, "Labor Debates Its Future," *The Nation* (March 14, 2005).

9 우리는 무노조 기업으로의 전환과 이런 사업장의 고용 증가로 인해 노조 가입률이 매년 5%씩 감소한다고 가정했다. 이런 추정치에 1억500만 민간 기업 노동자와 노조 가입률 7.5%를 적용하면, 노동조합에서 매년 39만4,000명, 대략 40만 명의 노동자가 빠져나간다고 볼 수 있다.

10 전국노동관계위원회 외부에서의 조직화로 한정한 자료를 활용해 보면, 2000년대 들어 '비투표 방식에 의한 조직화' 비중이 증가했다는 사실을 알 수 있다. 2002~05년 사이에 전국노동관계위원회 선거는 2,724건에서 2,117건으로 줄었으며, 조직화된 조합원 수는 8만 1,315명에서 6만3,744명으로 감소했다. (*Daily Labor Report*, "Number of NLRB Elections, Win Rate by Labor Unions: Both Decreased in 2005," April 26, 2006, C1 참조) 그동안 노동조합은 민간 부문에서 연간 대략 20만 명의 신규 회원을 확보하고 있다고 주장하면서, 이

가운데 전국노동관계위원회 선거를 통하지 않은 조합원 확보 비율은 약 70%에 이른다고 했다. 그러나 20만 명이라는 수는 여전히 기존 가입률을 유지하는 데 필요한 수의 절반에 불과하며, 노조 가입률을 1% 증가시키기 위해 필요한 인원에는 고작 20%에 그치는 수준이다. 여전히 비투표 방식의 조합원 확대는 노동조합 조직화 전략에서 중요한 변화를 가져왔으며, EFCA 법안 발의에 반영되기도 했다(이런 변화를 주의 깊게 살펴보려면 다음을 참조하시오. James Brudney, "Neutrality Agreements and Card Check Recognition: Prospects for Changing Paradigms." *Iowa Law Review* 90 (2005): 819-96). 만약 비투표 방식의 조직화 과정이 통계로 측정되거나 EFCA 법안 등을 통해 일반화될 수 있다면, 조직화 비용 추정치에도 매우 큰 영향을 줄 것이다. 그동안 노조 지도부는 우리가 추정한 조직 비용을 의심 없이 채택해 왔다. 그 과정에서 독자들은 자유롭게 조직화 비용을 반으로 줄일 수 있어야 한다. 이는 노조가 비공식적으로 주장하는 20만 명도 아니고 다소 부풀려진 가정에 기초한 10만 명을, 전통적인(예컨대 전국노동관계위원회 선거) 조직화 대상에 편의적으로 사용한 것이다.

11 AFL-CIO, *Work in Progress* (2005) www.aflcio.org/aboutaflcio/wip/.

12 2001년도 도표는 다음에서 구한 것이다. www.aflcio.org/aboutaflcio/wip/.

13 조직화 비용에 관한 최고의 논문은 Paula Voos, "Union Organizing: Costs and Benefits," *Industrial and Labor Relations Review* 36, no. 4 (July 1983): 576-91이다. 폴라 부스는 평균적인 조직화 비용이 729달러라고 추정했으며, 여기서 한계비용은 계산 모형에 따라 1967년의 달러 가치를 기준으로 176-579달러에 달했다. 이 금액을 2005년 기준으로 적용해 볼 경우, 평균 조직화 비용은 4,338달러이며 한계비용은 모형에 따라 1,047-3,445달러에 이른다. 한계비용의 중간 값은 2,250달러다.

14 과거 특정 지역에서 대규모로 조합원을 모집했던 시도들(예컨대 1980년대 AFL-CIO의 휴스턴 조직화 프로젝트 캠페인, 혹은 1990년대의 라스베이거스 건축 프로젝트, 혹은 2000년대 워싱턴 주 사과 가공 산업 캠페인)은 이제 별로 권장하지 않는다.

15 조직화에 대해 가능성 있는 실험이 몇 차례 이루어지긴 했다. 뉴저지 주와 텍사스 주에서 국제서비스노조가 시도했던 '사측이 많은 지역에서의 노동시장 접근 방식'이 그중 하나다. 하지만 이런 시도가 대부분의 노동조합들에 충분히 적용될 수 있는 모델이 될 수 있는지에 대해선 잘 모르겠다. 판단을 내리기엔 아직 너무 이르다.

16 셰익스피어의 희곡 <햄릿> 5막 1장.

17 Richard B. Freeman, "Spurts in Union Growth: Defining Moments and Social Processes," in *The Defining Moment: The Great Depression and the American Economy in the Twentieth Century*, ed. Michael Bordo, Claudia Goldin, and Eugene White (Chicago, Ill.: University of Chicago Press for NBER, 1998): 265-95.

18 법률상(de jure)으로 법은 다른 형태의 합의된 고용 활동과 동등한 보호 장치를 제공하기 때문에 여기서는 사실상(de facto)이란 단어를 사용했다. 이는 아래에도 언급되어 있다.

19 Richard B. Freeman and Joel Rogers, "Open-Source Unionism: Beyond Exclusive Collective Bargaining," *Working USA* 7, no. 2 (spring 2002): 3-4, and Freeman and Rogers, "A Proposal to American Labor," *The Nation* 274, no. 24 (June 2002): 18-24.

20 Daphne Taras and A. Gesser, "How New Lawyers Use E-Voice to Drive Firm Compensation: The 'Greedy Associates' Phenomenon," *Journal of Labor Research* 23, no. 4 (2002): 9-29.

21 Dorothy Sue Cobble, "Lost Ways of Organizing: Reviving the AFL's Direct Affiliate Strategy," *Industrial Relations* 36 (July 1997): 278-301.

22 과반수 지지를 받지 못한 노동조합이 사용할 수 있는 잠재적 권한 문제는 다음을 참조하시오. Clyde Summers, "Unions without Majority - A Black Hole?" *Chicago-Kent Law Review* 66, no. 3 (summer 1990): 531-48. 그 이후 학술적 논쟁, 역사적 기록, 최초의 입법 의도가 Charles J. Morris, *The Blue Eagle at Work: Reclaiming Democratic Rights in the American Workplace* (Ithaca, N.Y.: Cornell University Press, 2005)에 담겨 있다. 오랫동안 이런 이슈가 다뤄지지 않아서 전국노동관계위원회의 위상을 정리할 필요가 생겼다. 그것은 과반수 지지를 얻지 못한 노동조합을 대표하는 전미철강노조가 대규모 유통업체인 딕스 스포팅 굿즈(Dick's Sporting Goods)와 싸우게 된 사건으로부터 나왔다. Charles J. Morris, "Members-Only Collective Bargaining: Rejecting Conventional Wisdom," *Perspectives on Work: The Magazine of the LERA* (Fall 2005) www.lera.uiuc.edu/Pubs/Perspectives/online-companion/Fall05-morris.htm.

23 영국과 그 외 나라의 사례를 보려면 다음을 보시오. Richard B. Freeman, "Searching outside the Box: The Road to Union Renascence and Worker Wellbeing in the U.S." in *The Future of Labor Unions: Restoring the Balance in a Market Economy*, ed. Julius Getman and Ray Marshall (Austin, Tex.: Ray Marshall Center for the Study of Human Resources, Lyndon B. Johnson School of Public Affairs, University of Texas at Austin, 2004): 75-110 Freeman, "From the Webbs to the Web: The Contribution of the Internet to Reviving Union Fortunes," in *Trade Unions: Resurgence or Demise? ed. Sue Fernie and David Metcalf* (London, UK: Routledge 2005); and Wayne J. Diamond and Richard B. Freeman, "Will Unionism Prosper in Cyberspace? The Promise of the Internet for Employee Organization," *British Journal of Industrial Relations* 40, no. 3 (September 2002): 569-96.

24 Linda Guyer, "Real World Experiences of Online Organizing," Conference on Unions and the Internet, London (May 11-12, 2001) (www.allianceibm.org).

25 Jay Greene, "Troubling Exits at Microsoft," *Business Week Cover Story*(September 26, 2005).

26 Mitch Stacy, "Florida Wal-Mart Workers Start to Organize - without Union," Associated Press, *Akron Beacon Journal website*(October 1, 2005), www.ohio.com/mld/ohio/business/12792913.htm.

27 www.aflcio.org/enron/connections.htm

28 Steven Greenhouse, "Labor Federation Looks beyond Unions for Supporters," *New York Times* (July 11, 2004, Sunday, Late Edition-Final, Section 1): 26.

29 Kenneth McLennan, "What Do Unions Do?: A Management Perspective," *Journal of Labor Research* 26, no. 4(fall 2005): 597-621.

30 Justin Hake, National Right to Work Legal Defense Foundation, as quoted in Randy Hall, "AFL-CIO's Non-Union Affiliate Tops 1 Million Members," *CSNNews.com* (September 4, 2005) www.cnsnews.com/Nation/archive/200509/archive.asp.

31 Harry Kelber, "Is 'Working America,' a New Affiliate, A Rising Star in AFL-CIO's Future?" *LaborTalk*(May 18, 2005) www.laboreducator.org/workgamer.htm.

32 Andrew Stern, www.seiu2004.orglpress/keynote.cfm., June 21, 2004.

33 Leigh Strope, "Major Union Takes Organizing Drive to Web," *USA Today website* (June 23, 2004), www.usatoday.com/tech/webguide/internetlife/2004-06-22-unions-online_x.htm.

34 현재 퍼플 오션은 직장과 관련된 광범위한 문제들에 대한 목소리를 내고 있다. 가입자는 10만 명을 넘었다.

35 Seymour Martin Lipset and Noah M. Meltz, with Rafael Gomez and Ivan Katchanovski, *The Paradox of American Unionism: Why Americans Like Unions More than Canadians Do, but Join Much Less* (Ithaca, N.Y.: ILR Press, 2004).

36 이런 흐름의 최초 주장을 보려면, Joel Rogers, "United States: Lessons from Abroad and Home," in *Works Councils: Consultation, Representation, and Cooperation in Industrial Relations*, ed. Joel Rogers and Wolfgang Streeck (Chicago: NBER and University of Chicago Press, 1995): 375-410.

37 이런 변화는 행정적인 벌금 부과나 실행 명령을 사용하거나, 정부와의 계약이나 세제 혜택에 대한 자격 조건을 제한하거나, 그들의 위반 행위에 대해 징벌적 손해배상이 가능한 민사소송을 제기함으로써 이룰 수 있을 것이다.

38 California Assembly Bill, AB 1889, Cedillo, 00-872, State Funds: Unionization (2000).

39 2005년 9월에 미연방 항소심 제9구역 법원(U.S. Court of Appeals for the 9th Circuit)은 Chamber of Commerce of the United States v. Lockyer, No. 03-55166(9th Cir. 2005) 소송에 대한 지방법원의 결정을 지지했다. 그러나 2006년 1월에 제9구역 법원은 전원 합의체 판결로 해당 사건을 재심리할 예정이며 앞선 결정이 선례에 의존해서는 안 된다고 발표했다. 우리가 서술한 대로, 이 캘리포니아 법안의 운명은 끝나지 않았다.

40 Michael H. Gottesman, "Rethinking Labor Law Preemption," *Yale Journal on Regulation* 7 (summer 1990): 355-410.

41 *Building & Construction Trades Council v. Associated Builders & Contractors of Massachusetts*, 507 U.S. 218 (1993), known as "Boston Harbor."

42 많은 영역에서 더 많은 주 정부 실험을 하자는 주장을 보려면 다음 문헌을 보시오. Freeman and Rogers, "The Promise of Progressive Federalism," in *Making the Politics of Poverty and Inequality*, ed. Jacob Hacker, Suzanne Mettler, and Joseph Soss(New York, N.Y.: Russell Sage Foundation, 미출간 원고).

찾아보기

가먼 대법원 판례(San Diego Unions v. Garmon, 359 U.S. 236)(1959) 337

가족 및 의료 휴가법(Family and Medical Leave Act, FMLA) 237-239, 364

갤럽(Gallup) 25-27, 29, 30, 45

거트만 척도(Guttman scaling) 202, 203

고성과 작업장(High-Performance Workplace) 196, 200, 201, 204, 206, 214

고용정책재단(Employment Policy Foundation, EPF) 189, 252, 355

고충 처리 제도(Grievance mechanisms) 142, 146, 161, 198, 205

공공 부문 104, 119, 120, 162, 305, 309-311, 314, 318, 320, 336, 349, 352

공공 정책 50, 51, 52, 64, 71, 271, 292, 314

과반수 지지 노조(majority union) 311, 318, 370

교원 노조(Teachers unions) 319

(직장 내)교육 훈련 20, 24, 31, 32, 34, 135, 136, 138, 144, 145, 227, 267

국가전시노동위원회National War Labor Board(NWLB) 311

국제기계노동자협회International Association of Machinist(IAM) 322, 323

국제서비스노조(Service Employees International Union, SEIU) 301, 302, 331, 332, 369

기업 문화 210, 221

길드 322, 323

노동기사단(Knights of Labor) 310, 317

노동법 41, 56, 57, 60-63, 67, 68, 71, 72, 89, 102, 116, 123, 152, 154, 161, 190, 191, 214, 237, 239-241, 264, 280, 287, 295-298, 300, 333, 335-337, 352, 365, 368

노동시장 35, 71, 75, 84, 115, 116, 129, 155, 160, 168, 186, 188, 189, 196, 199, 211, 235, 243, 303, 309, 313, 314, 318, 320, 350, 369

노동의 질에 관한 설문조사(Quality

of Work Survey)(1977) 179

노동자 대표제 및 참여에 관한
설문조사Worker Representation
and Participation Survey(WRPS)
15, 17, 19, 21, 23, 26-29, 31, 32,
36, 37, 40, 43, 44, 47, 50, 52, 56,
57, 61-64, 73, 74, 81, 84, 85, 89,
91, 93, 100, 104, 105, 108,
110-115, 117-120, 123, 124, 128,
132, 139, 143, 146, 149, 154, 167,
172, 177, 178, 182, 188, 204, 210,
223, 231, 237, 243-245, 249, 252,
258, 259, 288, 291, 298, 311, 314,
329, 330, 332, 347, 350, 359

노동자자유선택법(Employee Free
Choice Act, EFCA) 298

노동자평의회(works councils) 143,
295, 333, 334

노사공동위원회(Joint organizations)
56, 69, 123, 155, 160, 264, 272,
285, 286-290, 298, 334, 335, 367

노사관계법(Labor Management
Relations Act, LMRA) 296, 297,
299, 300, 311, 317, 319, 332, 335,
337, 340

노사협력법(Teamwork for Employees
and Management Act)(TEAM)
299

노사협의회(workplace committees)
20, 21, 52, 53, 66, 187, 213, 264,
265, 266-268, 271, 282, 298, 332

노조 활동가 102, 105

논의와 합의법(Meet-and-confer legis-
lation) 314

뉴 보이스(New Voices) 301

단기 계약 72, 73

단체교섭 20, 21, 42, 52, 54, 59, 60,
66, 68, 159-162, 195, 214, 272,
285, 287, 295-297, 300, 303, 304,
306, 310-315, 317, 318, 321-324,
327-329, 331-336, 340

대공황 57, 235, 296, 308-310, 332

대안적 분쟁 해결 제도 68, 91, 258,
263

WRPS 이후의 설문조사 15, 22-25,
31, 40, 45, 47, 48, 53, 56, 62, 347

던롭 위원회(Dunlop Commission)
63

던롭, 존(John Dunlop) 17, 63, 196,
199, 320

독일 19, 349, 350

라쉬 척도(Rasch scale) 203-205, 354

라이트, 에릭 올린(Erik Olin Wright)
17, 107

란스타드 노스아메리카(Randstad
North America) 28

먹고사는 문제("Bread and butter" is-
sues) 31, 180

모토로라(Motorola) 221

목수 노조(Carpenters Union) 302

"문제는 경제라고" 71, 77

미국간호사협회(United American
Nurses) 305

미국노동총연맹
산업별조합회의(American
Federation of Labor-Congress of

Industrial Organizations,
AFL-CIO) 21, 86, 285

미국의료동향조사(Health Pulse of
America Survey) 26

미국인적자원관리협회(U.S. Society
of Human Resource Management)
245

미국철강노조(Steelworkers. United
Steelworkers of America)(USWA)
301, 322, 370

미래노사관계위원회(Commission
on the Future of
Worker-Management Relations)
61, 63, 123, 196, 231, 320, 352

민간 부문 67, 104, 117, 118,
161-163, 168, 243, 271, 295-297,
302, 303, 305, 308-310, 319, 335,
336, 350, 352, 355, 367, 369

복지 혜택 27, 34, 47, 48, 57, 59, 65,
76, 78, 135-138, 144-146, 152,
153, 161-163, 171, 179, 188, 211,
212, 214, 223, 224, 227, 245,
321-323, 328, 330, 333, 339, 348

(조지 W.)부시 행정부 22, 178, 299,
300, 329

북미노동자국제연맹(Laborers,
Laborers' International Union of
North America)(LIUNA) 302

분할 표본 설계(split-sample design)
29, 285

불평등 78, 95, 121, 131, 156, 189

비노조 자문 기구 335

비밀투표 40, 42, 189, 368

빈곤율 78, 351

사무직 노동자 55, 90, 91, 94, 97, 98,
143, 160, 175, 282, 283

사이버 홍보(Cyber picketing) 318

사이버로지(Cyberlodge) 323

산업안전보건국(Occupational Safety
and Health
Administration)(OSHA) 94

생산성 22, 57, 70, 76, 138, 151, 189,
196, 201, 205, 214-220, 232, 236,
316, 332, 333, 339

생산직 노동자 88, 90, 94, 129, 143,
168, 282, 283, 353, 355

서비스업 22, 59, 91, 161

선형 확률모형 168, 184, 186

성별 20, 89, 90, 111, 139-141, 159,
171, 184, 186, 206-208, 249, 282,
283, 355

세이프웨이 파업 326

소득 수준 26, 55, 78, 79, 129, 140,
141, 156, 159, 168, 171, 189, 207,
208, 339, 347, 350

소송 21, 236, 242-246, 248-252,
256-261, 263, 264, 289, 290, 328,
338, 364, 365, 371

소유 효과(endowment effect)
174-176, 200

손자병법 195

스타벅스 162

승리를위한변화연맹(Change to Win
coalition)(CTW) 302

식품상업노동자조합(United Food

and Commercial Workers) 302

아웃소싱 326

IBM 노조 321, 322

어용 노조 214, 299, 332, 334

엔론(Enron) 30, 326-328, 339

여성 노동자 80, 88, 90, 91, 141, 256, 257, 296, 350

연령 26, 32, 88, 111, 159, 168, 171, 184, 186, 206-208, 249, 254, 255, 355

열린 문 정책(open-door policies) 65, 142, 197-200, 205, 210-212, 360

영국 118, 120, 333, 334, 350, 370

오픈소스 노동조합주의(Open-source unionism) 311-322, 324, 326, 329-332, 340

옴니버스 서베이(Omnibus survey) 113, 120

요약 통계(summary statistics) 138, 354

워시테크(WashTech Union) 321, 322

워크 인 프로그레스(Work in Progress) 305

워킹아메리카(Working America) 304, 326, 328-331

워킹패밀리네트워크(Working Families Network)(WFN) 325, 326, 328

월드콤(Worldcom) 30, 326-328, 339

의료보험 27, 51, 57, 59, 65, 76, 245

의무 중재 제도 311

이윤 공유 34, 195, 198, 199

이직(률) 76, 350

이탈(exit) 76, 77, 156, 157, 354

인구통계학적 특성 90, 111, 115, 139, 168, 170

인사 및 인적 자원 부서 198, 205, 359

인적 자원 제도 197, 199, 205-209, 359, 360

인종 20, 32, 88, 90, 111, 139-141, 159, 168, 182, 184-186, 206-208, 239, 249, 254, 255, 282, 283, 355

인터넷 312-314, 316, 318, 320, 322-324, 326, 329

인터넷 활동가들(eActivists) 325

『일』(Working)(터클) 83

일본 19, 78, 96, 118, 195, 350, 358

임금 협상 162, 333

임시직 72, 74, 254, 255

임의 고용 원칙(employment-at-will doctrine) 239

자문위원회(consultative committees) 53, 66

잠재 변수(latent variables) 205, 209, 352, 360

재직 기간 73, 75, 127, 350

전국노동관계법(National Labor Relations Act)(NLRA) 80, 91, 161, 163, 214, 241, 333, 335, 367

전국노동관계위원회(National Labor Relations Board)(NLRB) 40, 47, 164, 175, 189-191, 230, 244, 245,

280, 296, 300, 304, 318, 335, 337, 358, 364, 368, 370

"전문가는 따로 있다"("Father knows best") 71, 80, 84

전문직 78, 90, 140, 141, 159, 283

전미교육협회(National Education Association) 285, 311

전미자동차노조(United Automobile Workers)(UAW) 161, 301, 322, 323

전미통신노조(Techs Unite, CWA) 301, 321, 322

전화 설문조사 15, 28, 62, 100, 110, 111, 114

"절이 싫으면 중이 떠나야지"("Take this job and shove it") 71, 75, 76

정규분포 206

제너럴모터스General Motors(GM) 160-162

제너럴일렉트릭(GE) 323

제록스(Xerox) 221

제조업 22, 59, 60, 91, 103, 161, 162, 199, 225, 296, 343, 359

조그비 여론조사(Zogby poll) 44, 348, 368

(노조)조직률 91, 104, 116, 117, 302, 303, 304, 306, 307, 317

조직화 54, 161, 163, 164, 170, 188, 302-307, 309, 310, 319, 321, 323, 326, 334, 337, 368, 369

조합주의(unionism) 45, 117, 168, 296, 300, 308, 309, 310

종업원 위원회 143, 155, 197, 198, 200, 205, 254, 255, 328

종업원 주식 소유 제도 195, 198, 199, 345, 358, 359

종업원 참여(Employee involvement)(EI) 프로그램 10, 67, 93, 96, 104, 105, 107, 128, 140, 154, 185, 195, 198, 199, 205, 212, 213, 215-233, 257, 284, 289, 299, 361-363

종업원참여위원회 20, 107, 110, 111, 160, 195, 213-215, 226, 283, 284, 289-291, 333

종합 사회 조사(General Social Survey)(GSS) 25

중재 제도 258-260, 262-264, 271

중재(arbitration) 21, 68, 187

중재자 20, 69, 150, 198, 205, 230, 258, 261-263, 273, 275, 277, 279-281, 287

지식 노동자 91, 94, 99

직업 만족도 23-26, 28, 97, 129

직장 내 의사 결정 24, 36, 37, 56, 79, 123-126, 180, 226, 267, 271, 291

"직장의 종말"("Death of the job") 71-73

집단적 발언권(Collective voice) 20, 36, 42, 55, 145, 157, 229, 336

초과근무 수당 32, 51, 322, 329

총화평정(summated rating) 139-141, 202-204

추가 조사(follow-up survey) 114, 120, 259

카드 체크 선거(card check election)
368

캐나다 116-118, 120, 162, 264,
333-336, 349, 367

캘리포니아 노동 인력
설문조사(California Workforce
Survey) 36, 47, 49

캘리포니아 주 종업원
연합(California State Employees
Association) 305

컨퍼런스 보드(Conference Board) 26

콜라산토, 다이앤(Diane Colasanto)
17, 87, 105

콜먼, 존(John Coleman) 83

『크리스천 사이언스 모니터』 28

클린턴 행정부 21, 61, 71, 117, 123,
178, 231, 300

타운 미팅(town meetings) 142, 197,
198, 200, 205

태프트-하틀리법(Taft-Hartley Act)
80, 367

팀스터스(Teamsters) 301, 302

파업 42, 63, 116, 237, 238, 240, 315,
318, 319, 326

퍼플 오션(Purple Ocean) 331, 371

포커스 그룹 86-89, 91, 92, 94-101,
113, 119, 120, 125, 146, 201, 210

프린스턴
설문조사연구회(Princeton
Survey Research Associates)(PSRA)
87, 92, 93, 99, 111, 113, 252, 353

하트 리서치 어소시에츠(Hart
Research Associates) 16, 29, 31-33,
35, 38, 40-47, 49, 50, 53, 54, 348,
368

한국 19

해리스 여론조사(Harris Poll) 26, 29,
44, 47, 49, 50

협력적 관계 20, 42, 56, 66, 70, 229,
267

회사 기밀 정보에 대한 접근권 109,
273, 275, 277, 279

회사에 대한 애착(loyalty) 131-133,
174, 353

후마니타스의 책 | 발간순

북한 경제개혁연구 | 김연철·박순성 외 지음
선거는 민주적인가 | 버나드 마넹 지음, 곽준혁 옮김
미국 헌법과 민주주의(개정판) | 로버트 달 지음, 박상훈·박수형 옮김
한국 노동자의 임금실태와 임금정책 | 김유선 지음
위기의 노동 | 최장집 엮음
다보스, 포르투 알레그레 그리고 서울 | 이강국 지음
과격하고 서툰 사랑고백 | 손석춘 지음
그래도 희망은 노동운동 | 하종강 지음
민주주의의 민주화 | 최장집 지음
민주화 이후의 민주주의(개정2판) | 최장집 지음
침묵과 열광 | 강양구·김범수·한재각 지음
미국 예외주의 | 세미무어 마틴 립셋 지음, 문지영·강정인·하상복·이지윤 옮김
조봉암과 진보당 | 정태영 지음
현대 노동시장의 정치사회학 | 정이환 지음
일본 전후 정치사 | 이시가와 마스미 지음, 박정진 옮김
환멸의 문학, 배반의 민주주의 | 김명인 지음
어느 저널리스트의 죽음 | 손석춘 지음
전태일 통신 | 전태일기념사업회 엮음
정열의 수난 | 문광훈 지음
비판적 실재론과 해방의 사회과학 | 로이 바스카 지음, 이기홍 옮김
아파트 공화국 | 발레리 줄레조 지음, 길혜연 옮김
민주화 20년의 열망과 절망 | 경향신문 특별취재팀 지음
비판적 평화연구와 한반도 | 구갑우 지음
미완의 귀향과 그 이후 | 송두율 지음
한국의 국가 형성과 민주주의 | 박찬표 지음
소금꽃나무 | 김진숙 지음
인권의 문법 | 조효제 지음
디지털 시대의 민주주의 | 피파 노리스 지음, 이원태 외 옮김
길에서 만난 사람들 | 하종강 지음
전노협 청산과 한국노동운동 | 김창우 지음
기로에 선 시민입법 | 홍일표 지음
시민사회의 다원적 적대들과 민주주의 | 정태석 지음
한국 사회민주주의 정당의 역사적 기원 | 정태영 지음
지역, 지방자치, 그리고 민주주의 | 하승수 지음
금융세계화와 한국 경제의 진로 | 조영철 지음
도시의 창, 고급호텔 | 발레리 줄레조 외 지음, 양지은 옮김
정치적인 것의 귀환 | 샹탈 무페 지음, 이보경 옮김
정치와 비전 1 | 셸던 월린 지음, 강정인·공진성·이지윤 옮김
정치와 비전 2 | 셸던 월린 지음, 강정인·이지윤 옮김

정치와 비전 3 | 셸던 월린 지음, 강정인·김용찬·박동천·이지윤·장동진·홍태영 옮김

사회 국가, 한국 사회 재설계도 | 진보정치연구소 지음

법률사무소 김앤장 | 임종인·장화식 지음

여성·노동·가족 | 루이스 틸리·조앤 스콧 지음, 김영·박기남·장경선 옮김

민주 노조 운동 20년 | 조돈문·이수봉 지음

소수자와 한국 사회 | 박경태 지음

평등해야 건강하다 | 리처드 윌킨슨 지음, 김홍수영 옮김

재벌개혁의 현실과 대안 찾기 | 송원근 지음

민주화 20년, 지식인의 죽음 | 경향신문 특별취재팀 지음

한국의 노동체제와 사회적 합의 | 노중기 지음

한국 사회, 삼성을 묻는다 | 조돈문·이병천·송원근 엮음

국민국가의 정치학 | 홍태영 지음

아시아로 간 삼성 | 장대업 엮음, 강은지·손민정·문연진 옮김

우리의 소박한 꿈을 응원해 줘 | 권성현·김순천·진재연 엮음

국제관계학 비판 | 구갑우 지음

부동산 계급사회 | 손낙구 지음

부동산 신화는 없다 | 전강수·남기업·이태경·김수현 지음, 토지+자유연구소 기획

양극화 시대의 한국경제 | 유태환·박종현·김성희·이상호 지음

절반의 인민주권 | E. E. 샤츠슈나이더 지음, 현재호·박수형 옮김

민주주의와 법의 지배 | 아담 쉐보르스키·호세 마리아 마리발 외 지음, 안규남·송호창 외 옮김

박정희 정부의 선택 | 기미야 다다시 지음

의자를 뒤로 빼지마 | 손낙구 지음, 신한카드 노동조합 기획

와이키키 브라더스를 위하여 | 이대근 지음

존 메이너드 케인스 | 로버트 스키델스키 지음, 고세훈 옮김

시장체제 | 찰스 린드블롬 지음, 한상석 옮김

권력의 병리학 | 폴 파머 지음, 김주연·리병도 옮김

팔레스타인 현대사 | 일란 파페 지음, 유강은 옮김

자본주의 이해하기 | 새뮤얼 보울스·리처드 에드워즈·프랭크 루스벨트 지음, 최정규·최민식·이강국 옮김

한국정치의 이념과 사상 | 강정인·김수자·문지영·정승현·하상복 지음

위기의 부동산 | 이정전·김윤상·이정우 외 지음

산업과 도시 | 조형제 지음

암흑의 대륙 | 마크 마조워 지음, 김준형 옮김

부러진 화살(개정판) | 서형 지음

냉전의 추억 | 김연철 지음

현대 일본의 생활보장체계 | 오사와 마리 지음, 김영 옮김

복지한국, 미래는 있는가(개정판) | 고세훈 지음

분노한 대중의 사회 | 김헌태 지음

워킹 푸어, 빈곤의 경계에서 말하다 | 데이비드 K. 쉬플러 지음, 나일등 옮김

거부권 행사자 | 조지 체벨리스트 지음, 문우진 옮김

초국적 기업에 의한 법의 지배 | 수전 K. 셀 지음, 남희섭 옮김

한국 진보정당 운동사 | 조현연 지음

근대성의 역설 | 헨리 임·곽준혁 엮음

브라질에서 진보의 길을 묻는다 | 조돈문 지음

동원된 근대화 | 조희연 지음

의료 사유화의 불편한 진실 | 김명희·김철웅·박형근·윤태로·임준·정백근·정혜주 지음

대한민국 정치사회 지도(수도권편) | 손낙구 지음

대한민국 정치사회 지도(집약본) | 손낙구 지음

인권을 생각하는 개발 지침서 | 보르 안드레아센·스티븐 마크스 지음, 양영미·김신 옮김

불평등의 경제학 | 이정우 지음

왜 그리스인가? | 자클린 드 로미이 지음, 이명훈 옮김

민주주의의 모델들 | 데이비드 헬드 지음, 박찬표 옮김

노동조합 민주주의 | 조효래 지음

유럽 민주화의 이념과 역사 | 강정인·오향미·이화용·홍태영 지음

우리, 유럽의 시민들? | 에티엔 발리바르 지음, 진태원 옮김

지금, 여기의 인문학 | 신승환 지음

비판적 실재론 | 앤드류 콜리어 지음, 이기홍·최대용 옮김

누가 금융 세계화를 만들었나 | 에릭 헬라이너 지음, 정재환 옮김

정치적 평등에 관하여 | 로버트 달 지음, 김순영 옮김

한낮의 어둠 | 아서 쾨슬러 지음, 문광훈 옮김

모두스 비벤디 | 지그문트 바우만 지음, 한상석 옮김

진보와 보수의 12가지 이념 | 폴 슈메이커 지음, 조효제 옮김

한국의 48년 체제 | 박찬표 지음

너는 나다 | 손아람·이창현·유희·조성주·임승수·하종강 지음
                         (레디앙, 삶이보이는창, 철수와영희, 후마니타스 공동 출판)

정치가 우선한다 | 셰리 버먼 지음, 김유진 옮김

대출 권하는 사회 | 김순영 지음

인간의 꿈 | 김순천 지음

복지국가 스웨덴 | 신필균 지음

대학 주식회사 | 제니퍼 워시번 지음, 김주연 옮김

국민과 서사 | 호미 바바 편저, 류승구 옮김

통일 독일의 사회정책과 복지국가 | 황규성 지음

아담의 오류 | 던컨 폴리 지음, 김덕민·김민수 옮김

기생충, 우리들의 오래된 동반자 | 정준호 지음

깔깔깔 희망의 버스 | 깔깔깔 기획단 엮음

정치 에너지 2.0 | 정세균 지음

노동계급 형성과 민주노조운동의 사회학 | 조돈문 지음

시간의 목소리 | 에두아르도 갈레아노 지음, 김현균 옮김

법과 싸우는 사람들 | 서형 지음

작은 것들의 정치 | 제프리 골드파브 지음, 이충훈 옮김

경제 민주주의에 관하여 | 로버트 달 지음, 배관표 옮김

정치체에 대한 권리 | 에티엔 발리바르 지음, 진태원 옮김

작가의 망명 | 안드레 블첵·로시 인디라 지음, 여운경 옮김

지배와 저항 | 문지영 지음

한국인의 투표 행태 | 이갑윤

그들은 어떻게 최고의 정치학자가 되었나 1·2·3 | 헤라르도 뭉크·리처드 스나이더 지음,
　　　　· 정치학 강독 모임 옮김
이주, 그 먼 길 | 이세기 지음
법률가의 탄생 | 이국운 지음
헤게모니와 사회주의 전략 | 에르네스토 라클라우·샹탈 무페 지음, 이승원 옮김
갈등과 제도 | 최태욱 엮음
자연의 인간, 인간의 자연 | 박호성 지음
마녀의 연쇄 독서 | 김이경 지음
평화는 어떻게 만들어지는가 | 존 폴 레더라크 지음, 김동진 옮김
스웨덴을 가다 | 박선민 지음
노동 없는 민주주의의 인간적 상처들 | 최장집 지음
광주, 여성 | 광주전남여성단체연합 기획, 이정우 편집
한국 경제론의 충돌 | 이병천 지음
고진로 사회권 | 이주희 지음
스웨덴이 사랑한 정치인, 올로프 팔메 | 하수정 지음
세계노동운동사 1·2·3 | 김금수 지음
다운사이징 데모크라시 | 매튜 A. 크렌슨·벤저민 긴스버그 지음, 서복경 옮김
만들어진 현실(개정판) | 박상훈 지음
민주주의의 재발견 | 박상훈 지음
정치의 발견(개정3판) | 박상훈 지음
세 번째 개똥은 네가 먹어야 한다[자유인 인터뷰 1] | 김경미 엮음
골을 못 넣어 속상하다[자유인 인터뷰 2] | 김경미 엮음
한국 사회 불평등 연구 | 신광영 지음
논쟁으로서의 민주주의 | 최장집·박찬표·박상훈·서복경·박수형 지음
어떤 민주주의인가(개정판) | 최장집·박찬표·박상훈 지음
베네수엘라의 실험 | 조돈문 지음
거리로 나온 넷우익 | 야스다 고이치 지음, 김현욱 옮김
건강할 권리 | 김창엽 지음
복지 자본주의 정치경제의 형성과 재편 | 안재흥 지음
복지 한국 만들기 | 최태욱 엮음
넘나듦(通涉)의 정치사상 | 강정인 지음
막스 베버, 소명으로서의 정치 | 막스 베버 지음, 최장집 엮음, 박상훈 옮김
한국 고용체제론 | 정이환 지음
이것을 민주주의라고 말할 수 있을까? | 셸던 월린 지음, 우석영 옮김
경제 이론으로 본 민주주의 | 앤서니 다운스 지음, 박상훈·이기훈·김은덕 옮김
철도의 눈물 | 박흥수 지음
의료 접근성 | 로라 J. 프로스트·마이클 R. 라이히 지음, 서울대학교이종욱글로벌의학센터 옮김
광신 | 알베르토 토스카노 지음, 문강형준 옮김
뚱뚱해서 죄송합니까? | 한국여성민우회 지음
배 만들기, 나라 만들기 | 남화숙 지음, 남관숙·남화숙 옮김
저주받으리라, 너희 법률가들이여! | 프레드 로델 지음, 이승훈 옮김
케인스 혁명 다시 읽기 | 하이먼 민스키 지음, 신희영 옮김

기업가의 방문 | 노영수 지음

니콜로 마키아벨리, 군주론 | 니콜로 마키아벨리 지음, 박상훈 옮김

그의 슬픔과 기쁨 | 정혜윤 지음

신자유주의와 권력 | 사토 요시유키 지음, 김상운 옮김

코끼리 쉽게 옮기기 | 김영순 지음

사람들은 어떻게 광장에 모이는 것일까? | 마이클 S. 최 지음, 허석재 옮김

감시사회로의 유혹 | 데이비드 라이언 지음, 이광조 옮김

신자유주의의 위기 | 제라르 뒤메닐·도미니크 레비 지음, 김덕민 옮김

젠더와 발전의 정치경제 | 시린 M. 라이 지음, 이진옥 옮김

나는 라말라를 보았다 | 무리드 바르구티 지음, 구정은 옮김

가면권력 | 한성훈 지음

반성된 미래 | 참여연대 기획, 김균 엮음

선택이라는 이데올로기 | 레나타 살레츨 지음, 박광호 옮김

세계화 시대의 역행? 자유주의에서 사회협약의 정치로 | 권형기 지음

위기의 삼성과 한국 사회의 선택 | 조돈문·이병천·송원근·이창곤 엮음

말라리아의 씨앗 | 로버트 데소비츠 지음, 정준호 옮김

허위 자백과 오판 | 리처드 A. 레오 지음, 조용환 옮김

민주 정부 10년, 무엇을 남겼나 | 참여사회연구소 기획, 이병천·신진욱 엮음

민주주의의 수수께끼 | 존 던 지음, 강철웅·문지영 옮김

왜 사회에는 이견이 필요한가(개정판) | 카스 R. 선스타인 지음, 박지우·송호창 옮김

관저의 100시간 | 기무라 히데아키 지음, 정문주 옮김

우리 균도 | 이진섭 지음

판문점 체제의 기원 | 김학재 지음

불안들 | 레나타 살레츨 지음, 박광호 옮김

스물다섯 청춘의 워킹홀리데이 분투기 | 정진아 지음, 정인선 그림

민중 만들기 | 이남희 지음, 유리·이경희 옮김

불평등 한국, 복지국가를 꿈꾸다 | 이정우·이창곤 외 지음

알린스키, 변화의 정치학 | 조성주 지음

유월의 아버지 | 송기역 지음

정당의 발견 | 박상훈 지음

비정규 사회 | 김혜진 지음

출산, 그 놀라운 역사 | 티나 캐시디 지음, 최세문·정윤선·주지수·최영은·가문희 옮김

내가 살 집은 어디에 있을까? | 한국여성민우회 지음

브라질 사람들 | 호베르뚜 다마따 지음, 임두빈 옮김

달리는 기차에서 본 세계 | 박흥수 지음

GDP의 정치학 | 로렌조 피오라몬티 지음, 김현우 옮김

미래의 나라, 브라질 | 슈테판 츠바이크 지음, 김창민 옮김

정치의 귀환 | 유창오 지음

인권의 지평 | 조효제 지음

설득과 비판 | 강철웅 지음

현대조선 잔혹사 | 허환주 지음

일본 전후 정치와 사회민주주의 | 신카와 도시미쓰 지음, 임영일 옮김

모두에게 실질적 자유를 | 필리프 판 파레이스 지음, 조현진 옮김

백 사람의 십 년 | 펑지차이 지음, 박현숙 옮김

노동시장의 유연성-안정성 균형을 위한 실험 | 조돈문 지음

나는 오늘 사표 대신 총을 들었다 | 마크 에임스 지음, 박광호 옮김

도시의 역설, 젠트리피케이션 | 정원오 지음

포스트 케인스학파 경제학 입문 | 마크 라부아 지음, 김정훈 옮김

미국의 한반도 개입에 대한 성찰 | 장순 지음, 전승희 옮김

민주주의 | EBS 다큐프라임 〈민주주의〉 제작팀·유규오 지음

지연된 정의 | 박상규·박준영 지음

마르크스를 위하여 | 루이 알튀세르 지음, 서관모 옮김

양손잡이 민주주의 | 최장집·박찬표·서복경·박상훈 지음

그런 여자는 없다 | 게릴라걸스 지음, 우효경 옮김

불타는 얼음 | 송두율 지음

촛불의 헌법학 | 이준일 지음

사자가 소처럼 여물을 먹고 | 한완상 지음

헌법의 약속 | 에드윈 카메론 지음, 김지혜 옮김, 게이법조회 감수

민주주의의 시간 | 박상훈 지음

여공 문학 | 루스 배러클러프 지음, 김원·노지승 옮김

부들부들 청년 | 경향신문 특별취재팀 지음

한국의 불안정 노동자 | 이승윤·백승호·김윤영 지음

정치의 공간 | 최장집 지음

얼굴들 | 한국비정규노동센터 기획, 이상엽 사진

인간의 살림살이 | 칼 폴라니 지음, 이병천·나익주 옮김

일본 노동 정치의 국제관계사 | 나카키타 고지 지음, 임영일 옮김

웅크린 말들 | 이문영 지음

자신에게 고용된 사람들 | 김도균·김태일·안종순·이주하·최영준 지음

시베리아 시간여행 | 박홍수 지음

브라질의 뿌리 | 세르지우 부아르끼 지 올란다 지음, 김정아 옮김

자본주의의 병적 징후들 | 콜린 레이스·리오 패니치 엮음, 연구공동체 건강과대안 옮김

이탈리아 현대사 | 폴 긴스버그 지음, 안준범 옮김

아이는 누가 길러요 | 서이슬 지음

사회계약론 | 장-자크 루소 지음, 김영욱 옮김

감세 국가의 함정 | 김미경 지음

그리운 너에게 | (사)4·16 가족협의회, 4·16 기억저장소 엮음

청와대 정부: '민주 정부'란 무엇인가를 생각하다 | 박상훈 지음

식인의 형이상학: 탈구조적 인류학의 흐름들 | 에두아르두 비베이루스 지 까스뜨루 지음 | 박이대승·박수경 옮김

자만의 덫에 빠진 민주주의: 제1차 세계대전부터 트럼프까지 | 데이비드 런시먼 지음, 박광호 옮김

시스터 아웃사이더 | 오드리 로드 지음, 주해연·박미선 옮김

어쩌다 우리는 환자가 되었나: 탈모, ADHD, 갱년기의 사회학 | 피터 콘래드 지음, 정준호 옮김

배틀그라운드: 낙태죄를 둘러싼 성과 재생산의 정치 | 성과재생산포럼 기획

사라진, 버려진, 남겨진 | 구정은 지음